RITA THALMANN

JOCHEN KLEPPER

Rita Thalmann

JOCHEN KLEPPER

Ein Leben zwischen Idyllen und Katastrophen

Chr. Kaiser Verlag

1978

CIP-Kurztitelaufnahme der Deutschen Bibliothek

Thalmann, Rita

Jochen Klepper: e. Leben zwischen Idyllen u.
Katastrophen. – 2. Aufl. – München : Kaiser, 1978.

ISBN 3-459-01110-6

Lektorat: Ulrich Kabitz
Einbandentwurf und Umschlag: Christa Manner.
Satz und Druck: Georg Wagner, Nördlingen.
Printed in Germany

Meinem Lehrer
und Freund
ROBERT MINDER
in Dankbarkeit
und Verbundenheit

Vorwort

Seit über zwanzig Jahren haben Jochen Kleppers Werke – insbesondere die geistlichen Gedichte und die gekürzte Ausgabe seiner Tagebücher – hohe Auflagen erreicht. Freunde und Bekannte haben des Schriftstellers in pietätvoller Weise gedacht. Neben den Aussagen der Zeugen erhoben sich meistens Stimmen der Huldigung, die auf das »Opfer der Dämonie«, auf den »standhaften Glauben des überzeugten Christen« hinwiesen.

Wohl durch diesen nachträglichen Kult irritiert, erhob sich 1959 in der Schweiz eine für dieses friedfertige Land ungewohnt harte Stimme gegen den »hehren Überwinder, der auf jeden von uns ohne mit der Wimper zu zucken geschossen hätte, wenn ihm das von seinem Nazistaat befohlen worden wäre, und für diese Führung und Fügung obendrein seinem Gott auf den Knieen gedankt hätte«[1].

Zum Glück gibt es neben solch gefühlsbetonten Urteilen einige – leider noch zu wenige – nüchterne Geister, die weder Kult noch Polemik bei derartig schwerwiegenden Problemen gelten lassen. So treffen sich der westdeutsche Kritiker Dieter Lattmann und Pastor Jürgen Henkys, der die Einführung zur DDR-Ausgabe der Tagebücher schrieb, in der Meinung, daß der unverwechselbare Jochen Klepper, der einen einsamen Weg beschritt, gleichzeitig »eben doch nur dachte und handelte, wie es die meisten Deutschen seiner Kreise damals taten«[2]. »Er war«, sagt Dieter Lattmann, »wie die Mehrheit dieser Schicht politisch zu arglos, innerlich zu wenig vorbereitet und im Grunde seines Wesens dem Staat gegenüber zu gehorsam, als daß er hätte gänzlich sehen und begreifen können, was um ihn vorging.«[3]

Der protestantische Schriftsteller Jochen Klepper ist weder ein »Märtyrer der Kirche«, noch war er ein »deutsches Schaf«. Sein

1. R. J. Humm, Ein deutsches Schaf, in: Unsere Meinung, Zürich, Februar/März 1959.
2. J. Henkys, Zur Einführung, in: J. K., Unter dem Schatten Deiner Flügel, Berlin (DDR) 1967, 14.
3. D. Lattmann, Unter dem Schatten deiner Flügel, in: Die neue Schau, Kassel, Juli 1957.

Lebenslauf bekundet nur mit besonderer Prägnanz die Irrungen und Wirrungen eines Bürgertums, dessen Erziehung »zur gottgewollten Gemeinschaft in Volk und Vaterland« keinen Raum für eine kritische Auseinandersetzung ließ.

Diese Darstellung will nun weder zu Gericht sitzen noch als Heroisierung aufgefaßt werden. Das zum Glück noch vorhandene Material – insbesondere die vollständigen Tagebuch-Manuskripte und ein Teil der Korrespondenz aus Jugend- und Kriegszeit – erlauben mir dagegen, den heutigen, gerade auch jüngeren Leser schrittweise in die zwiespältigen Zusammenhänge von privater und gesellschaftlicher Existenz der damaligen Zeit einzuführen.

Im Sinne meines Lehrers und Freundes Robert Minder schien mir der Versuch, durch die Tragödie eines einzelnen einem besonders finsteren Abschnitt deutscher Geschichte in Ursachen und Folgen nachzugehen und ihn zu verstehen, hier aussichtsreich zu sein. Dieser »Versuch des Verstehens« ist vor allem den deutschen Lesern zugedacht. Denn das deutsche Volk hat heutzutage – wie alle Völker der Welt – das Recht und die Pflicht, *seine* Geschichte mit offenen Augen zu prüfen. Nur auf diesem Wege kann unmenschliche Vergangenheit bewältigt und menschliche Zukunft gestaltet werden.

Vielen Freunden und Bekannten des Schriftstellers ist an dieser Stelle für ihre Mitteilungen und verständnisvollen Hilfeleistungen zu danken. Einen besonderen Dank schulde ich Hilde und Erhard Klepper, die mir Aufenthalt und Zugang zum Nachlaß im Hause des Schriftstellers gewährten, damit ich ohne eine Verheimlichung der widerspruchvollsten Seiten ihres Bruders dessen »Lebenslauf« zur Kenntnis nähme. Aussagen der Familie wie der Freunde sind nur wiedergegeben, sofern sie kontrollierbar waren.

Paris, im Mai 1977 Rita Thalmann

Inhalt

I. Die schlesischen Jahre

1903–1931

Ach, nicht mehr das Wirre, Abnorme, Geängstigte, das mein Leben seit meinem 14. Geburtstag hat . . .
Tagebuch, 10. August 1933

Das Elternhaus in Beuthen

Es ist eher Zufall, daß Jochen Kleppers literarisches Debüt im Jahre 1927 in der Würdigung einer Reihe von »Dichtern und Denkern« besteht. Als angehender Journalist, der zur Geltung kommen wollte, mußte er die von den Redaktionen gewünschten und von der Aktualität gebotenen Themen aufgreifen; dazu gehörten seinerzeit der zehnte Todestag des im Ersten Weltkrieg gefallenen Schriftstellers Walter Flex[1] wie die Todestage von Baruch Spinoza[2], Angelus Silesius[3], August Hermann Francke[4] und Rainer Maria Rilke[5], deren Leben und Wirken der Vierundzwanzigjährige darzustellen versucht. Doch diese buntgemischte »Ahnengalerie«, in welcher der schlesische Mystiker neben dem patriotischen Burschenschaftler, der tatkräftige Pietist neben dem sensiblen Ästheten und dem jüdisch-kosmopolitischen Philosophen auftritt, ist bezeichnend für die widerspruchsvollen Einflüsse und Wesenszüge, die in Kleppers Leben zur Geltung kommen werden.

Besonders bemerkenswert ist die Art und Weise, in der sich der junge Literaturkritiker in seinem Artikel über Walter Flex (1887–1917), mit dem er manches gemeinsam hat, von dem damals vorherrschenden nationalen Pathos unterscheidet. Als Sprecher einer Generation – er ist 1903 geboren –, die vom Krieg eher die Schattenseite als die Heldenfeier erlebt hat, verbirgt er kaum eine gewisse Abneigung gegenüber der »Kriegergeneration«, die von dem gefallenen Dichter nur den Opfertod fürs Vaterland im Gedächtnis behält, anstatt die sittlichen und religiösen Werte seines Lebens und Wirkens als Stütze und Vorbild in schwerer Zeit wachzuhalten.

»Zweifellos hat man aber Walter Flex' Bedeutung zu eng abgegrenzt, in ihm nur den vaterländischen Lyriker des Kriegsanfangs gesehen. Nicht als ob das wenig wäre! Aber nachdem zehn Jahre seit dem Soldatentod des Dichters verflossen sind, ist ein Anlaß gegeben, sich mit seinem gesamten künstlerischen Vermächtnis auseinanderzusetzen, zu untersuchen, welche dichterischen Qualitäten unser Volk heut vor zehn Jahren in Walter Flex hingeben mußte.«[6]

Walter Flex' religiöse und sittliche Lebensauffassung entspricht der Ethik eines lutherischen Bauern- und Beamtengeschlechts, gleich dem, welchem Jochen Klepper zum Teil angehört: ein Geschlecht, das durch die Gegenreformation auf deutschen Boden zurückgeführt wurde, wo es seit Generationen Wurzel gefaßt und seine Tradition weitergepflegt hatte.

»In vielen alten Schriften«, so schreibt Klepper in Aufzeichnungen zur Familiengeschichte, »ist unser Familienname zu lesen (Klepper – Klopper – Klapper – Klöpper – Kleber – Kläpper). Unsere Urväter waren Ostgoten von der Insel Scanza (Skandinavien).

Bewegung Donau aufwärts, zwischen Harz und dem Thüringer Wald seßhaft . . . Die Abwanderungen geschahen zumeist im Anfang des 14. Jahrhunderts. Wanderung nach den östlichen Aufbaugebieten Lemberg – Krakau, und später noch weiter Spuren in Sachsen und Schlesien. Die Klepper sind Großkaufleute, Klosterherren, Lokatoren, Städtebauer, Bürgermeister, Wohltäter, von denen heute noch Orte ihren Namen tragen.

Die Mehrzahl unserer Vorfahren waren Hollandgänger (Auswanderer nach den niederrheinischen Gebieten). Dort werden uns wahrscheinlich die Enkel dieser Auswanderer, die Klepper, als Kleriker, Magister und Gelehrte, andere als Leihhofbauern und Kaufleute bekannt. Nach der Bartholomäusnacht 1572 finden Klepper als Glaubensemigranten Zuflucht besonders in Hessen, der Pfalz, der Prignitz (Brandenburg), Rheinpfalz.«[7]

Wie bei Flex finden sich Spuren einer Ansiedlung der Klepper zwischen Oder und Saale. Die älteste Urkunde nennt einen Pfarrer Friederich Klepper 1415 in Niederroßla bei Apolda; der erste schlesische Klepper kommt 1602 aus Thüringen als Pfarrer nach Götzenhayn. In beiden Familien spielt das Haus eine große Rolle; nicht nur als Hort einer »goldenen Kinderzeit«[8] – Jochen Klepper bezeichnet sie später auch als »Verspielte Kindheit«[9] – sondern ebenso als Zentrum geistiger und vaterländischer Anregung für die evangelische Bevölkerung der Kleinstadt. Wenn Jochen Kleppers Vater nicht so unmittelbar wie der Eisenacher Oberstudienrat Rudolf Flex in die politischen Auseinandersetzungen seiner Zeit verwickelt war (als Kandidat der national-liberalen Partei und glühender Verehrer des »eisernen Kanzlers« hatte jener u. a. eine Bismarcksäule in Eisenach errichten lassen), so wirkt der 1866 in

Wappen der Familie Klepper

Beuthen a. d. Oder, links die evangelische, in der Mitte die katholische Kirche und rechts der Rathausturm

Breslau geborene, 1891 zum Pastor secundarius der evangelischen Gemeinde Beuthen a. d. Oder gewählte Georg Klepper doch in einem durch den niederschlesischen Landadel und die Grenzlandsituation stark deutsch-national geprägten Kreise. Vom Großvater, der zwölf Jahre als Regimentsschneider im preußischen Heer gedient hatte, erbt Pastor Klepper die robuste Lebensfreude und die Frömmigkeit Herrnhuter Prägung[10]; gutes Essen, Jagd und Musik, mit Vorliebe Marschmusik, spielen bei ihm eine ebenso große Rolle wie die sorgfältige Vorbereitung der Sonntagspredigt oder die spontane Bereitschaft, den Armen beim Lastentragen und Karrenziehen zu helfen, was bei manchem Bürger verständnisloses Kopfschütteln über das Verhalten ihres »Pasters« hervorruft. »Hab ich meine Sache nicht gut gemacht?«, ruft dieser strahlend den Arbeitern am Oderdamm zu, die ihn zur Geburt des dritten Kindes und ersten Sohnes Joachim (Jochen) am 22. März 1903 beglückwünschen, spendiert ihnen zu Ehren des Tages eine Flasche Korn und behauptet, er bekäme »vor Grinsen den Mund zum Predigen nicht zusammen«. Feiern und Feste gehören wie bei Flex zum Lebensrhythmus des Klepperschen Elternhauses, das bis zum Ersten Weltkrieg wirtschaftlich über weit mehr als das Durchschnittseinkommen eines deutschen Pfarrers verfügte. Das Vermögen seines Vaters, der als Rechnungsrat der Breslauer Universität jedem seiner drei Söhne 100 000 Mark hinterlassen hatte, brachte Pastor Klepper allein ca. 3–4000 Mark Zinsen pro Jahr ein, so daß die Pastorenfamilie jahrelang auf gewisse Privilegien – wie das Anrecht auf eine Dienstwohnung im Pfarrhaus – verzichtete und ein komfortables Haus bewohnte, das in der damaligen Kleinstadt als »herrschaftlich« galt.

Gespart wurde nicht; man leistete sich die neuesten Errungenschaften der Technik wie Auto und Filmapparat, fuhr jedes Jahr zum Ferienaufenthalt an die Ostsee, empfing großzügig Freunde, Verwandte und Bekannte, welche die allwöchentlichen Musikabende, Lichtbilder- und Kintopp-Vorstellungen sowie eine fröhliche Tafelrunde (»Wer noch einen Ring Wurst ißt, bekommt 50 Pfennig!«) zu schätzen wußten.

Etwas befremdend für die Beuthener Bürger wirkte die modisch gekleidete Frau des Pastors. Hedwig Weidlich, im Kloster erzogen und erst durch die Heirat evangelisch geworden, entsprach weder wie Frau Margarete Flex dem Inbegriff der »deutschen Mutter« noch dem überkommenen Bild der deutschen Pfarrfrau. In einem unveröffentlichen Jugenddrama[11] hat Jochen Klepper die Mutter, der er die künstlerische Seite seines Wesens, den Geschmack für Kleider, Möbel, Bilder, den Sinn für die Bühne und das Schauspielertum verdankt, folgendermaßen beschrieben:

»Frau Oberpfarrer, 50 Jahre, mittelgroß, nicht schlank, aber sehr gute Figur, ungewöhnlich edles Profil, zarte Pastellfarben, sehr dezent geschminkt, schwarzes Haar, große blaue Augen, Übergangspelz amerikanisch Fischotter, kleiner Hut mit großer Blume, Lorgnon, Patikale[12] – falls es 1926 noch modern ist. Die Eleganz, von der Balzac sagte: ›Der Elegante darf nur dem Eleganten als elegant erkennbar sein.‹«[13]

Froh erregt erwarten Jochen, die zwei älteren Schwestern Margot und Hilde sowie der jüngere Bruder Erhard (das jüngste Kind Wilhelm – Billum genannt – kommt erst 1915 zur Welt) den alljährlichen Besuch der Großmutter Weidlich aus Nürnberg. Die vier spielfreudigen Kinder des Pastors nehmen keine Notiz davon, daß die alte Dame teils in den katholischen, teils in den evangelischen Gottesdienst geht. Sie sind gefesselt von dem, was sie ihnen stundenlang erzählt: von der französischen Frau, die der Urgroßvater mütterlicherseits, ein Bezirksschornsteinfegermeister, 1815 vom Feldzug aus Frankreich mitbrachte, und von ihrer Tochter Liesel, die als Schauspielerin in einem richtigen Theater auftritt.

Von Kindheit an nimmt das Theater einen wesentlichen Platz in Jochens Leben ein. So entwirft er mit seinem Bruder Erhard für ihr Puppentheater mit annähernd dreihundert Figuren Kostüme und dramatische Begebenheiten. Aus dem Erzähleifer des einen und der Freude am Zeichnen des anderen entsteht sogar eine kleine »Kunst- und Modezeitung«. Die künstlerische Veranlagung, das äußerst sensible Wesen, das beide Brüder von der Mutter geerbt haben, erhält jedoch bei Jochen einen etwas ängstlich leidenden Zug. Asthmaanfälle, die seit dem dritten Jahr sein Leben mitunter bedrohlich gefährden, und eine schwere Drüsenoperation halten den Knaben bis zum vierzehnten Lebensjahr von den Schul- und Straßenerlebnissen anderer Kinder fern (bis zur Untertertia gibt ihm sein Vater Privatunterricht) und verweisen ihn fast ausschließlich auf die behütete Welt der Familie und die innige Liebe der Mutter, die ihr »Sorgenkind« hegt und pflegt. Der sonst so wesentliche Einschnitt zwischen Spiel- und Schuljahren fehlt in seiner Kindheit und erklärt das Anlehnungsbedürfnis an mütterliche Frauen, das immer wieder im Laufe seines Lebens zutage tritt.

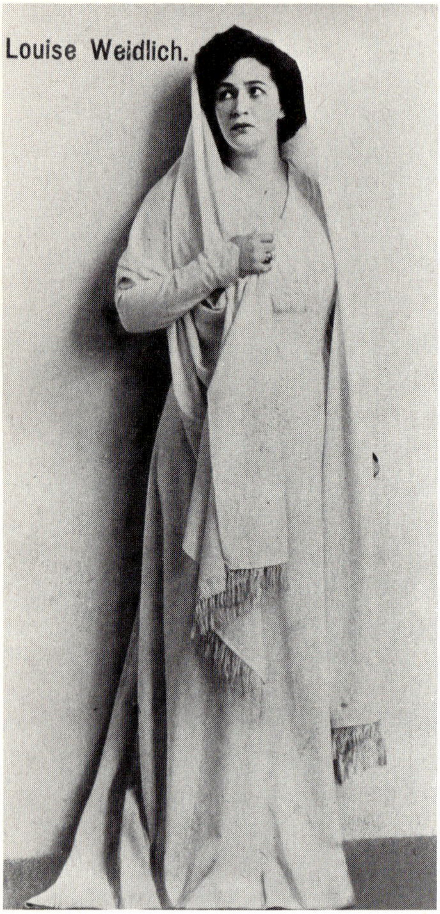

*Tante Liesel,
die Schauspielerin*

Das »Erkenne dich selbst«-Album der Familie, in das Jochen zwischen 1911 und 1920 Neigungen und Abneigungen einträgt, deuten auf ein äußerst widerspruchsvolles Wesen. Zu den bei preußischen Jungen dieser Zeit üblichen Regungen treten die Wunschträume des Einzelgängers und die Ängste eines empfindlichen Gemüts. Jochen möchte Pastor oder Soldat werden, einmal auch Kinderarzt, etwas später (1920) Journalist oder Privatdozent der Theologie. Er bewundert Friedrich den Großen, die Königin Luise, Hindenburg, haßt mit derselben Inbrunst Nero, Brunhilde und Napoleon, findet aber gleichzeitig, daß er »in der Geschichte zu wenig Bescheid weiß«. Trotzdem wählt er schon als Zwölfjähriger das Motto »Bevor du Wissenschaft lernst, lerne dich selbst kennen«. Seine Lieblingsschriftsteller heißen Goethe, Schiller, Kleist, Chamisso, aber auch Hölderlin, Heine, Ibsen und Rilke. Neben deutschen Künstlern der Bildhauerei und der Musik liebt er besonders Michelangelo, Leonardo da Vinci, Raffael, Chopin und Grieg. Nur einmal wünscht er sich in seiner Zeit in Dresden oder Thüringen zu leben. Meistens entführen ihn seine Träume zu den Jüngern Jesu Christi oder in das glanzvolle Italien der Renaissance. Siegfrieds Kraft und Mut würden dem kränklichen Jungen gefallen, wenn er zugleich Takt, Kunst- und Schönheitssinn besäße, die Jochen zu seinen Lieblingsbeschäftigungen: Dichten, Lesen, Schriftstellern, Französisch sprechen braucht.

Als Hauptcharakterzüge seines Wesens bezeichnet der Achtjährige die Eleganz, zwei Jahre später das Mitleid, als Siebzehnjähriger Ekstase, Zärtlichkeit, Willensschwäche, immer: den Jähzorn. Das höchste Glück wäre ihm: vollkommen sein, allen Menschen gefallen, Theater spielen, Künstler werden, nicht leiden.

Die Belastung früherlebter Leiden äußert sich in seiner Vorstellung des Unglücks: krank sein, operiert werden, mit den Seinen in Unfrieden leben, Halluzinationen, Trennung, Tod stehen in engem Zusammenhang mit den persönlichen Erfahrungen des Knaben zwischen 1911 und 1920. Einer späteren Erinnerung zufolge hat sich ihm während des Krieges in besonderem Maße eingeprägt, wie sein Vater stets vom Rathaus die Gefallenenmeldungen bekam und sich auf den Weg zu den Hinterbliebenen machen mußte, um ihnen die bittere Nachricht zu überbringen. Vom vierzehnten Lebensjahr an beginnt für ihn, was er später die »wirren, fantastischen Zustände« nennt, d. h. eine über zehn Jahre währende Pubertätskrise.

Eine Novelle »Die Nacht in der Schachtel«[14] schildert die ersten Gemütsverwirrungen des Knaben:

»Der Vater und die Mama hatten Streit miteinander . . . Zozos Bett stand quer zu den Füßen der elterlichen Betten. Man konnte das schwächliche, leicht erschreckbare Kind nicht gut allein schlafen lassen. Als der erwachende Zozo begriff, was vorging, schimpfte der Vater leise vor sich hin, wie jemand, der sich ausgeschrien hat. Die Mutter frisierte sich weiter, und Zozo merkte, wie sie mitunter an ihren Tränen schluckte . . . Der Vater sprang vom Bettrand auf und ging, seine Unterhosen heraufziehend, in das Wohnzimmer nebenan. ›Stör doch das Kind nicht so, es wird geweckt‹, flüsterte Mama und wollte sich nicht anmerken lassen, daß sie weinte. Als der Vater das Schlafzimmer verlassen hatte, erhob auch sie sich und ging durch den Korridor zur Küche hinüber, um ein Glas Zuckerwasser zur Beruhigung zu trinken, wie sie meinte, in Wirklichkeit aber, um während der gräßlichen Nacht kleine, nicht allzu sinnlose Beschäftigungen zu finden. Zozo setzte sich im Bett auf. Er horchte nach der Mutter. Falls sie nicht gleich zurückkäme, wollte er ihr nacheilen und sie küssen in der Vorstellung, sich mit seinem kleinen Körper schützend über sie werfen zu können. Oh, er wollte unter Küssen vernichtende Worte gegen seinen Vater sagen, er wollte laut rufen, daß Papa so viel schlechter als Mama wäre, wie seine faltigen, alten Unterhosen sich von Mamas schönem glatten Morgenrock unterschieden . . . Vielleicht war Zozo für einen Augenblick vor Traurigkeit und Müdigkeit wieder eingeschlafen, denn plötzlich hörte er Mama wieder lachen und Papa in behaglich brummendem Tonfall ihr etwas zuflüstern. Die Eltern waren wieder im Schlafzimmer, zogen sich endgültig aus, hüllten sich in ihre Schlafdecken und löschten das Licht, Zozo hatte das Gefühl, die Dunkelheit müsse ihn ersticken. Er sprang aus dem Bett, tappte mit den bloßen Füßen zur Tür und tastete sich in den Gang hinaus. Er wollte nicht mehr hierbleiben. Er wollte die Eltern nicht wiedersehen, die sein Herz zerrissen und in die Irre führten. Immer mußte man beim Zank den einen hassen und den anderen schützen. Und dann war aller Schmerz so umsonst: sie lachten.«

Nachdem der Knabe vergeblich zu entfliehen sucht, beschließt er, in einem Versteck zu sterben.

. . . »Aber droben auf dem breiten Schrank stand eine große, runde Schachtel aus Span. Zozo hatte gesehen, daß Mama Pelzmützen und kleine Muffe und Kragen hineingelegt hatte, damit keine Motten hineinkämen. Diese Schachtel würde bis zum ersten Schnee niemand öffnen. Und dann, dann läge er tot in ihr. Ja, tot würde er auf Mamas Pelzmützen und kleinen Muffen liegen . . . Er öffnete die Schachtel, räumte die Pelze heraus und suchte sich in ihr seinen Platz, um zu sterben. Einen Augenblick kam noch einmal Bangigkeit nach seinen Eltern über ihn, und er hob den Kopf über den Rand der Schachtel, um in dem zuckenden Schimmer der Kerze die Tür zum Schlafzimmer der Eltern zu erspähen . . . Er wollte nicht mehr leben, nicht mehr leben und sich von den großen Menschen und den Schatten ängstigen lassen! Daß einem nicht einmal dieser letzte Abschied von seinen Eltern gegönnt wurde! Daß die riesigen Schrecken sich so in die Kinder festkrallten. So eng Zozo in die Schachtel gepfercht war, wiegte er seinen Körper in schmerzlicher Erregung doch leise hin und her und flüsterte, das Grauen zu überwinden, seine Gedanken gerade für ihn vernehmbar, vor sich hin. Seine Zähne schlugen dabei leicht aufeinander. Sein Blut stockte und er fror, obwohl es schwül in dem fensterlosen Gang war. ›Ich weiß alle meine Angst‹, stammelte Zozo vor sich hin. Er hatte das Gefühl, daß die Schrecken dieser Nacht ihm fernbleiben müßten, wenn er nur gewissenhaft aufzählte, wie oft er der Angst schon seinen Tribut gezahlt hatte. Er war zudem versunken in die eigenen Worte, die er sich noch nie gesagt hatte. Sie schienen das Leid zu mildern und eine Waffe zu sein gegen den Ansturm nächtlicher Unheimlichkeiten. Es war schön, ganz neue Worte vor sich hinzudenken. Ganz leicht war Zozo, seine kleinen Glieder wurden steif und kalt, aber

Die Eltern, Hedwig geb. Weidlich und Georg Klepper als junge Eheleute

Jochen, Margot und Hildegard Klepper beim Ferienaufenthalt in Swinemünde

Große Ereignisse für die kleine Stadt: das Schützenfest in den Jahren vor 1914; Gemeindeausflug auf einem Oderdampfer

Vater Klepper (Mitte) mit seinem Orchester und mit seinen Schülern (links Jochen)

Jochen Klepper mit seinem Bruder Erhard (rechts)

er spürte sie gar nicht mehr. Nun sterbe ich, dachte Zozo, voller Bewunderung, nun bin ich selig und tot . . .«

Jochen Kleppers überschwengliche Liebe zur Mutter führt zu heftigen Konflikten zwischen Vater und Sohn; welche Kluft sich zwischen beiden auftat, macht eine Tagebucheintragung kurz vor dem Tod des Vaters 1934 deutlich:

»Vater und ich sind uns ja eine der schwersten Prüfungen gewesen, die Gott uns auferlegt hat, und was Sünde und Gnade, Führung Gottes ist, haben wir in großen Erregungen und Leiden aneinander erfahren. Es ist das einzige Mal, daß ich im Leben die Bitte des Vaterunsers ganz begriffen habe, im jahrelangen Prozeß: ›Und vergib uns unsere Schuld, wie wir vergeben unseren Schuldigern.‹«[15]

Wie schwer das daraus erwachsene Schuldgefühl auf dem Schriftsteller gelastet hat, wird an der übermächtigen Vatergestalt offenbar, die seine künstlerische, politische und religiöse Weltanschauung bis zum Tode beherrscht hat. Dem entspricht wohl auch die Faszination, die »männliches« Auftreten, zuerst bei Lehrern und Kommilitonen, später in Geschichte und Heer auf ihn ausübte.

Die Glogauer Jahre

Die erste Faszination dieser Art erlebt der junge Gymnasiast während der Zeit zwischen Oktober 1917 und März 1922, in der er als Pensionär – da die 20 Kilometer täglicher Bahnfahrt zu anstrengend sind – bei seinem Französischlehrer Erich Fromm in Glogau Aufnahme fand. Zwischen dem dreißigjährigen Pastorensohn und dem sensiblen Jungen mit den großen verträumten Augen, der so schwer die Härte des »Gott, Vaterland, Wissenschaft und Tugend« geweihten Gymnasiums erträgt (fünf der elf Schüler seiner Klasse begehen zwischen 1918 und 1925 Selbstmord), entwickelt sich ein komplexes Vater–Sohn-Verhältnis, das bis in die Studienzeit anhält. Da aber Jochen zu jener Zeit in der zwanzigjährigen Arztfrau Brigitte Hacker die erste Vertraute für seine noch geheimen lyrischen Versuche[16] findet, entwickelt Erich Fromm bereits ab 1919 eine eifersüchtige Obhut, die 1924 zum völligen Bruch Kleppers mit diesem führt. Dem zeitweise zutiefst verehrten Mentor verdankt der junge Klepper die Entdeckungen der klassischen Kultur, wohl auch das erste Empfinden einer männlichen Freundschaft.

In der kleinen Garnisonstadt Glogau, die damals 25–30 000 Einwohner zählte, begegnet ihm auch zum ersten Mal das für sein Schicksal später so schwerwiegende Judenproblem. Denn während bei den 3500 Bürgern und Bauern der Kleinstadt Beuthen die zwei oder drei jüdischen Händlerfamilien weniger Achtung als Verachtung genossen, stand hier die seit dem Mittelalter bestehende jüdische Gemeinde mit ihren 600 meist wohlhabenden Mitgliedern im Mittelpunkt des gesellschaftlichen Lebens. Die rechtsstehenden Kreise der Stadt, denen auch Oberlehrer Erich Fromm angehörte, waren leidenschaftliche Antisemiten, deren Haß gegen »die Republik der Roten und der Juden« während des Kapp-Putsches 1920 hemmungslos zum Ausbruch kam. Eine Beschwerde jüdischer Schüler gegen Fromm, der ihnen als Schularbeit eine Würdigung der Militärdiktatur aufgegeben hatte, führt zu einer Ermittlung, welche 1921 mit einer Strafversetzung endet. Der Oberlehrer weigert sich jedoch, die Stadt zu verlassen, ehe sein Zögling das Reifezeugnis erhalten und damit die Gymnasialzeit erfolgreich abgeschlossen hat.

Welche Haltung der junge Gymnasiast in dieser Angelegenheit einnahm, ist nicht bekannt; engere Beziehungen zu jüdischen Kreisen entwickelten sich erst später, in den Breslauer Jahren. Indessen befinden sich im Nachlaß Zeitungsausschnitte und Aufzeichnungen zur Atmosphäre der Jahre 1919–1921, die der Schriftsteller im August 1932 während eines Aufenthalts in Beuthen für einen geplanten Roman über seine Geburtsstadt mit dem bezeichnenden Titel »Hoffnungslosigkeit«[17] gesammelt hat. Das idyllische Bild des unter den drei Türmen liegenden Marktplatzes mit seinen alten Giebelhäusern und der malerischen, zur Oder hinabführenden Fischertreppe vermag ihn nicht über die Erkenntnis hinwegzutäuschen, daß die politische und wirtschaftliche Entwicklung der Nachkriegszeit das Absterben dieser einst so typisch deutschen Kleinstädte zur Folge hat. Zu der damals im ganzen Reich herrschenden Not des Volkes, der Knappheit und ständigen Verteuerung der Lebensmittel, der Wohnungen und der Dinge des täglichen Bedarfs, der Lahmlegung vieler Betriebe durch Mangel an Kohle und Rohstoffen, tritt in diesen östlichen Grenzgebieten noch die Unsicherheit über die durch den Versailler Vertrag festgelegte neue Grenzziehung zwischen Deutschland und Polen. Wie die meisten deutschen Zeitungen im Reich erhebt der »Beobachter an der Oder« bittere Anklage gegen die Unmenschlichkeit der Sieger. Anläßlich der Heimkehr deutscher Gefangener aus Frankreich liest man am 19. Januar 1920:

> Noch einmal färben sich die bleichen Wangen,
> auf denen Deutschlands Schmach geschrieben steht!
> Die, die in Frankreich jahrelang gefangen,
> sind auf dem Weg, der hin nach Deutschland geht.
>
> Kein freudig Glockentönen weiht die Stunde
> des Wiedersehns mit Mutter, Weib und Kind,
> in deutschen Herzen brennt die Todeswunde –
> wie Grabgesänge liegt's im Morgenwind . . .
>
> Wir glaubten, daß der Friede Palmen trüge
> der Menschlichkeit und der Gerechtigkeit,
> doch alles war nur Lug und Trug und Lüge –
> ein Völkerfrieden liegt so weit – so weit . . .

So kommt es auch zur Gründung einer Ortsgruppe ehemaliger Kriegsgefangener für Beuthen a. d. Oder und Umgebung, zu deren Ehren zahlreiche Festlichkeiten im »Schwarzen Adler« veranstaltet werden. Zur Unterhaltung der Zurückgekehrten und ihrer Familien zeigt unter anderem das Lichtspieltheater den Lustspielfilm »Komtesse Dotty«, worin die beliebte Schauspielerin Pola Negri zum ersten Mal in einer heiteren Rolle auftritt. Eine Volkshochschule wird gegründet. Besonderen Beifall erntet die »Künstlerische Musikvereinigung«, die zu Beethovens 150. Geburtstag unter Hinzuziehung eines Konzertharmoniums das Klavierkonzert op. 16 und die 1. Symphonie zur Aufführung bringt.

Die Versailler Schmach

Indessen, das Aufbegehren gegen den Versailler Vertrag, das sich Jochen Klepper derart einprägte, daß er später in den Tagebüchern immer wieder die nationalsozialistische Außenpolitik als unvermeidliche Konsequenz des »Versailler Diktats« betrachtet und meistens gutheißt, beherrscht weiterhin die deutsche Presse und so auch die Ortszeitung. Gleich nach der Ratifikation kann man folgendes lesen:

> »Ein Schriftstück, das auf alles weniger denn auf Menschlichkeit und Gerechtigkeit Anspruch hat, ist uns mit gezücktem Schwert in die Hand gedrückt worden. Der Frieden mit seinen Vertragsbestimmungen bringt jetzt nach wenigen Tagen schon einen Vorgeschmack von dem, was noch kommen wird. Das

Präludium ist die Viehabgabe an die Entente, nach der auf unseren Kreis das Ablieferungssoll auf 314 Kühe und Kälber, 57 Stück Zugvieh und vier Bullen entfällt.«

Warum und wie es zu dieser unerfreulichen Lage gekommen ist, wird in den Artikeln des »Beobachters an der Oder« nie erörtert. Ganz im Gegenteil: Das Verlangen der Alliierten nach Auslieferung des Kaisers als Kriegsverbrecher ruft einen neuen Sturm der Entrüstung hervor, bis der Kapp-Putsch für eine Weile alles andere in den Schatten stellt. Nun entschuldigt sich das Lokalblatt, daß es »infolge des gestörten Einganges an Nachrichtenmaterial nur in beschränktem Maß erscheinen kann«. In Beuthen, wo das Kollegium der Stadtverordnetenversammlung zu einer dringenden Sitzung um zehn Uhr morgens einberufen wird, verweigert die Mehrheit einem von der SPD gebildeten Volksrat das Recht, bei den städtischen Behörden und in der Verwaltung mitzuwirken sowie öffentliche Maßnahmen mitzubestimmen. Jedoch faßt der Magistrat einen Beschluß, der die neue in Berlin gebildete Regierung nicht anerkennt und nur die bisherige verfassungsmäßige Regierung unterstützt. Daraufhin ermahnt der Vorsitzende die Anwesenden, dem Ernst der Stunde gerecht zu werden und die Ruhe im Ort zu bewahren. Zur Sicherung des Städtchens ist die Einwohnerwehr einberufen, die während der Nachtzeit die Zugänge kontrolliert. Bahn und Post sind auch tagsüber bewacht. Um größere Ansammlungen zu verhindern, werden sämtliche Tanzveranstaltungen aufgehoben. Ja, was bis jetzt nie möglich war: die Straßen sind der Sicherheit halber nun hell beleuchtet. Unter dem Datum des 1. April 1920 trägt Jochen Klepper folgende aus der Presse entnommene Beurteilung des mißlungenen Putsches ein:

»Als am 13. März Kapp und Lüttwitz in wahnsinniger Verblendung glaubten, die Herrschaft an sich reißen zu können, da waren jedem Einsichtigen sofort die furchtbaren Folgen klar, die aus diesem Beginnen erwachsen mußten. Die Gefahr, daß die Reichseinheit zerstört würde, ist noch dadurch gebannt worden, daß sich die Machthaber nach 5 Tagen ihrer Herrschaft entschlossen, Berlin fluchtartig zu verlassen. Aber ein Erbe haben sie uns zurückgelassen, das auch jetzt noch sehr schwere Gefahren für den Bestand des Reiches in sich birgt. Gegen die Berliner Putschregierung erhob sich die Arbeiterschaft des Ruhrgebiets wie ein Mann. Ursprünglich war die Bewegung nichts anderes als eine Abwehraktion gegen Kapp und seine militärischen Helfershelfer. Aber wie das bei derartigen Bewegungen so oft geschieht, verändert sich das Ziel, nachdem das erste Ziel, die Beseitigung der Militärdiktatur, erreicht war. Die radikalen Teile der Arbeiterschaft wollten jetzt plötzlich politische Ziele verwirklichen, die ebenso verfassungswidrig sind, als es der Kapp-Putsch war. Die Kommunisten glaubten, die Zeit für die Putschdiktatur sei gekommen und sie fanden besonders viel Anhänger dieses Glaubens in den Industriestädten des Niederrheins. Aus dieser Sachlage heraus wurde ein Ultimatum der Reichsregierung notwendig. Wenn die andere Seite weder Ruhe noch verfassungsmäßige Zustände will, so müssen eben andere Mittel in Anwendung gebracht werden und diese Mittel bestehen in der Anwendung militärischer Maßnahmen. Plündernde Rotten durchziehen das Ruhrgebiet.«

Wer zu den »ordnungsliebenden Bürgern« zählt, lobt die »musterhafte Organisation des von seiten der SPD erklärten Generalstreiks«, die »vollkommene Ruhe und Sachlichkeit«, mit der sich der Verkehr der Straßen und des öffentlichen Lebens abwickelt, und ist bereit, die »verfassungsmäßige Regierung« bei jeglicher militärischen Maßnahme gegen die »Radikalen« von rechts und von links zu unterstützen.

Zu den Reichstagswahlen 1920 finden im Bezirk Liegnitz, zu dem Beuthen gehört, zahlreiche politische Versammlungen statt, während die diversen Vereine ebenso zahlreiche Sommerfeste veranstalten und man sich des überwältigenden deutschen Sieges bei den Abstimmungen in Ost- und Westpreußen erfreut. Indessen kommt neue Beunruhigung über die schlesische Bevölkerung durch die ständigen Kämpfe zwischen Polen und Sowjet-Rußland und durch Gerüchte von bevorstehenden bolschewistischen Überfällen. Man weiß nicht recht, wie man über die Waffenstillstandsverhandlungen zwischen Rußland und Polen urteilen soll: ein Berliner Blatt berichtet, sie seien endgültig abgebrochen und man wisse nicht, ob die Alliierten Polen seinem Schicksal überlassen wollen. Andererseits ist man der Meinung, Frankreich und England hätten bereits eine Teilmobilmachung vorgenommen, während wieder andere behaupten, es könne den Alliierten gar nicht einfallen, Polen militärisch zu unterstützen, weil diese Unterstützung zu spät käme und man Gefahr liefe, sich einer Blamage auszusetzen. Jochen Klepper notiert als Schlußfolgerung:

»Jedenfalls zeigt sich immer mehr, daß die Weisheit der Ententestaatsmänner, auf deren in Paris gefaßte Beschlüsse alle diese Schwierigkeiten zurückzuführen sind, ein ungeheures Fiasko erleidet, das um so klarer in Erscheinung tritt, je weiter wir uns zeitlich von dem Tag der Unterzeichnung des Versailler sogenannten Friedensvertrags entfernen.«

Am 20. August beginnt in Schlesien die Hühnerjagd, nachdem die ganze Bevölkerung – trotz Aufhebung der Standesvorrechte des

Adels – die Vermählung Seiner Durchlaucht Hans Carl zu Carolath-Beuthen mit Fräulein Irene von Auderken durch einen imposanten Fackelzug gefeiert hatte, während auf den Höhen Freudenfeuer brannten. Die in den oberschlesischen Abstimmungsgebieten wütenden Kämpfe zwischen polnischen Freischärlern, die das ganze oberschlesische Randgebiet besetzt haben, und der »Sicherheitswehr« bringen einen neuen Strom deutscher Flüchtlinge in die Grenzdörfer und erhitzen die Gemüter. »Helferdienste der Franzosen gegenüber den Polenbanden«, »Weitere Ausdehnung des oberschlesischen Aufstandes« lauten die Schlagzeilen der Zeitungen. In Breslau kommt es zur Erstürmung von Amtsgebäuden und Hotels der Interalliierten Kommissionen. Daneben demonstriert man auf der Antonienstraße gegen die nach Breslau geflüchteten Ostjuden.

Auf einem Sommerfest für das »Deutschtum in Schlesien« bildet der letzte Wagen, die »polnische Wirtschaft« darstellend, einen krassen Gegensatz zu dem sonst ordentlichen Festzug, der mit dem Wagen des Mühlengewerbes beginnt. »Besser«, heißt es in einer zum 20. August 1920 verfaßten Notiz, »kann uns der schlesische Heimatdichter Gurtner in seinen deutsch-polnischen Schilderungen nicht die Gegensätze vor Augen führen, als wie es in diesem Bild geschah. Schmutzige, zerlumpte Gestalten, verlottertes Gespann und Wagen zeigten, wie es in Polen ganz und gar ist.« In diese Richtung zielt auch die Auseinandersetzung mit den polnischen »Agitatoren«, die im Blick auf die 1921 erfolgende Abstimmung Oberschlesiens im Herbst 1920 einsetzt.

Mit kalter, klarer Witterung hat der Oktober begonnen. Die Fleischversorgung ist wieder dem freien Handel übergeben. Die Züge sind wieder geheizt. Auslandszucker, Auslandsbutter sind in jeder beliebigen Menge zu schwindelhaften Preisen zu haben, während der auf staatliche Lebensmittelzuteilung wartende kleine Mann darbt und hungert. Hier und da kommen die Sicherheitsbeamten wohl einem Zucker- oder Weizenmehlschieber auf die Spur, aber was können sie machen, wenn selbst die Stadtbehörde dazu übergeht, die rar gewordenen Energiemittel und Rohstoffe gegen Obst, Gemüse und Vieh einzutauschen? Die Stunden, ja oft Tage dauernde Elektrizitätssperre artet zur Kalamität aus. Viele Betriebe sind lahmgelegt; die durch den herannahenden Winter verminderte Landarbeit steigert noch die wachsende Arbeitslosigkeit, die manchen auf die Straße treibt. Die Meldungen von Überfällen teils bewaffneter Diebe auf Domänen und Landstraßen mehren sich, indes sogar die in den Gärten hängende Wäsche gestohlen wird, so daß der »Beobachter an der Oder« im Namen der Bevölkerung die Polizei zu schärferer Kontrolle auffordert.

Das beginnende Jahr 1921 bietet zu einigen erfreulicheren Meldungen Anlaß: im Adler-Saal hat der Besitzer Hermann George ein zweites Kino eröffnet, und die Breslauer Konzertsängerin Charlotte Sander gastiert mit einer »ausgezeichneten« Darbietung ihrer Kunst. Weniger erfreut allerdings wendet sich die Witwe Bertha Fischer aus Neustadt an den »Beobachter«, um ihr Leid zu klagen:

Das Christkind sollt' mir ein Wohnung bescheren,
doch muß man zuvor erst Knecht Rupprecht hören;
derselbe ist ein Bösewicht
und sagt zu mir: »Nun grade nicht!«
Die Fitznersche Wohnung lag lang mir im Sinn,
nur komm' ich da – nun grade nicht hin.

Die Wohnungsnot soll sehr groß sein,
drum nimmt mein Herr Nachbar 2 Wohnungen ein,
trotzdem Er, das weiß ich sehr genau,
Auf dem Schiff wohnt, meist mit seiner Frau.

Als ich das meldete, sagte man:
Das ginge mich überhaupt nichts an.
Es geht nach Gunst, nicht nach Gerechtigkeit,
das liegt jetzt einmal so in der Zeit.

Ein schöner Trost bleibt uns Armen doch!
Ein jeder bekommt nur ein Grabeloch;
wer da auch noch will vier Räume bewohnen,
den würde gleich der Teufel holen.

Der siebzehnjährige Jochen Klepper indessen zeigt sich in seinen Gedichten mehr von Schatten im Mond[18], Schmetterlingen[19] und Nachtgesichten[20] beeindruckt.

Wilde, rote Rosen blühen,
schwere schwarze Wolken ziehen –
bunte wirre Lieder klingen,
Schmetterling regt samtene Schwingen,
und du weinst?

Wenn in Nachtsees dunklen Fluten
Sonnenstrahlen still verbluten,
ernste Glocken müde grüßen,
weiße Blumen Kelche schließen,
lächle ich[21].

In der Bevölkerung taucht zu Beginn des Jahres 1921 ein neues Gesprächsthema auf: Die »schwarze Schmach«, worüber die »Tägliche Rundschau« vom 21. Januar 1921 folgendermaßen berichtet:

»In den besetzten Gebieten wird von der französischen Regierung verlangt, daß selbst das kleinste Städtchen sein ›Dirnenhaus‹ habe. Hauseigentümer, die ihr Grundstück zu diesem Zweck verweigern, kommen vor ein Kriegsgericht. Die Häuser werden nun von weißen Frauen und Mädchen besetzt; zum größten Teil mit Gewalt. Tagtäglich werden im besetzten Gebiet rund 100 Mädchen geschändet, Kinder beiderlei Geschlechts und Greisinnen bis zu 70 genotzüchtigt, Syphilis und Tuberkulose durch die Schwarzen übertragen.«

Das oberschlesische Abstimmungsgebiet starrt von französischem Militär. Im Industriegebiet liegen Truppeneinheiten meist außerhalb der Städte; ihre Batterien sind derart in Stellung gebracht, daß sie die Gruben und Stadtzugänge beherrschen. Anläßlich einer Gedächtnisfeier an den Gräbern der Franzosen, die 1870/71 in Gefangenschaft starben, erklärt General Gontier vor der versammelten Garnison: »Ihr Helden seid gerächt!«

Doch im März 1921 vermerkt man mit großer Befriedigung, daß die Londoner Abendpresse einstimmig den großen deutschen Sieg in der oberschlesischen Abstimmung hervorhebt, ihr Ergebnis als »ernsten Schlag gegen die Politik Frankreichs« bezeichnet und daraus folgert: »Der Traum der Niederhaltung Deutschlands ist ausgeträumt.« Lloyd George spricht sich für die Zuweisung des oberschlesischen Industriegebiets an Deutschland aus. Da dies nicht erfolgt, ermahnen Reichspräsident und Reichsregierung das deutsche Volk, dieser »schwersten Herausforderung« mit musterhafter Ruhe und Ordnung zu begegnen.

Kleppers Material zu »Hoffnungslosigkeit« endet im Herbst 1921 mit Belegen über die durch Erzbergers Ermordung hervorgerufene Erregung im arbeitenden Volk und das Verbot rechtsstehender Zeitungen wegen ihrer Ausfälle gegen die Republik.

Aus dem Jahr 1922 befindet sich im Nachlaß lediglich das Reifezeugnis des Staatlichen Evangelischen Gymnasiums in Glogau. Es wird darin bescheinigt, daß Joachim Klepper sechs Jahre (vom 29. Oktober 1917 bis zum 9. März 1922) – davon zwei Jahre Prima und ein Jahr Oberprima – diese Schule besucht hat. Die Prüfungskommission hat ihm zum Abschluß folgende Zensuren erteilt:

Betragen:	gut
Handschrift:	mangelhaft
Religionslehre:	gut
Deutsch:	gut
Lateinisch und Griechisch:	genügend
Französisch:	völlig genügend
Geschichte und Erdkunde:	völlig genügend
Mathematik und Physik:	nicht genügend

Vom Turnen war er befreit.

Auf der Universität

In Erlangen

Bei der Herkunft des Abiturienten und seinen Anlagen erscheint der Entschluß zum Studium der Theologie naheliegend. Erstaunlicher ist, daß er sich im Mai 1922 an der Friedrich Alexander-Universität in Erlangen immatrikuliert. War die Wahl dieser Hochburg lutherischer Orthodoxie in bewußtem Gegensatz zum Vater, der ausschließlich von pietistischen und liberalen Theologen ausgebildet worden war, erfolgt?

Oder geschah sie lediglich aus dem Wunsch, den in Nürnberg seßhaften Verwandten mütterlicherseits, insbesondere Tante Liesel, der Schauspielerin, und Onkel Kunz, dem Maler, nahe zu sein? Jedenfalls scheint ihm das Einleben in das fränkische Universitätsstädtchen, in dem Walter Flex so glückliche Burschenschaftlerjahre verbrachte, schwer zu fallen. Sein einziger Verkehr ist die Logierwirtin, eine sechsundvierzigjährige geschiedene Arztfrau und exaltierte Schriftstellerin, Olga Maria (Olly) Budjuhn.

»Meine Erlanger Studentenzeit«, notiert er 1938 in seinem Tagebuch, »sehe ich heute in einem anderen Lichte. Es war ein Unglück, daß nach meiner namenlos schweren letzten Schülerzeit in den ersten Semestern Olly Budjuhn mein einziger Mensch war. So sehr ich Pathos hasse: dieser rätselhafte Mensch ist eine Art seelischer Vampyr.«[22]

Nach zwei Semestern und bestandener hebräischer Admissionsprüfung siedelt Jochen im Mai 1923 zur Breslauer Fakultät über. Ein Führungszeugnis der Polizei für die Aufnahme an die Universität bestätigt, daß er sich von der Geburt bis zum 29. Oktober 1917, vom 1. April bis zum 2. Mai 1922 und vom 24. Februar bis zum 27. April 1923 in Beuthen aufgehalten hat. Aus dem Erlanger Abgangszeugnis geht hervor, daß der junge Kandidat der Theologie neben den üblichen Fachvorlesungen auch Seminare und Kollegien über »Deutsche Kunst bis Dürer«, »Nordische Dichter und Denker«, »Theorie der Musik«, »Theorien und Bewegungen der französischen Revolution« und sogar »Gerichtliche Psychiatrie« mitgemacht hat. Von den damaligen Erlanger Theologieprofessoren, dem Kirchenhistoriker Preuß oder den Systematikern Grützmache und Bachmann scheint keiner einen besonderen Eindruck bei ihm hinterlassen zu haben.

In Breslau

Über die sechs folgenden Breslauer Semester sind wir dank der Mitteilungen von Frau Milli Hermann und Frau Melie Lohmeyer (Berlin) sowie der einstigen Kommilitonen Pfarrvikarin i. R. Ilse Jonas (Dresden), Professor Joachim Konrad (Bonn) und Dr. Harald Poelchau (Berlin), die ihm besonders nahestanden, besser unterrichtet. Alle erinnern sich an das allgemeine Erstaunen über diesen sonderlich eleganten Theologiestudenten, der nie wie die anderen im Schillerkragen, sondern stets mit Krawatte und peinlich sauber gebürstetem Anzug erschien, Wappenring und parfümiertes Taschentuch trug und seine karge »Bude« mit Porzellandöschen, zierlichen Decken und modernen Bildern seines Bruders Erhard ausgestattet hatte.

»In der Schar der Theologiestudenten, die das Sedlnitzkysche ›Johanneum‹ in Breslau bevölkerten«, schreibt Frau Hermann, deren Mann Rudolf damals Privatdozent und theologischer Inspektor des kirchlichen Heimes war, »fiel der feingliedrige Jochen Klepper mit seiner melodischen, warmen Stimme und seinen guten braunen, vielleicht ein wenig ängstlichen Augen auf. Die robusteren, lauten Kommilitonen nahmen ihn als angehenden Dichter nicht so ganz ernst. ›Du ästhetisches Schmaltier‹ nannten sie ihn wohl, und wenn er in seiner zaghaften Art ab und zu einmal zu einem Vortragsabend auf seiner Stube einlud, so folgten nur wenige seinem Ruf . . . Klepper trug bei solchen Abenden dann seine Erstlingsgedichte vor – ganz in Rilkescher Manier gedichtet. Das Bett in der altväterischen ›Spittel-Bude‹ hatte er damals schon zu einer Art Couch hergerichtet. Auf ihr mußte der größte Teil der Gäste Platz nehmen. Wenn ich nicht irre, gab es auch einmal kleine Süßigkeiten zu knabbern.«[23]

So spärlich die Mittel für solche Gastlichkeit in der Inflationszeit waren, hier zeigt sich bereits die besondere Freude an festlicher Ausgestaltung, die Klepper bis in die schlimmsten Jahre des Dritten Reiches nie aufgegeben hat und die den Leser der Tagebücher wohl manchmal in Verwunderung setzt oder gar peinlich berührt.

Zeitbedingte Interpretationen haben sein tragisches Schicksal und die Zeugnisse seiner Zuflucht im Glauben derart herausgestellt, daß das ausgeprägte, etwas manirierte Ästhetentum, das in den ungekürzten Tagebüchern immer wieder zutage tritt, kaum Beachtung fand. Es ist kein Zufall, wenn ihn Voltaires kühne und skeptische Gestalt jahrelang solchermaßen gebannt hat, daß er sie zum Gegenstand eines Romans machen wollte. »Die Exzentriker hatten es ihm angetan.«[24] Während sein Bruder Erhard, mit dem er zu dieser Zeit des öfteren in der Breslauer Bohème verkehrt, früh den Entschluß gefaßt hat, den Schranken der bürgerlichen Ordnung durch das Leben in Berliner Künstlerkreisen zu entkommen, scheut der Theologiestudent den Sprung ins Ungewisse solcher Existenz. Die enorme Spannung, die aus der Sehnsucht nach freier Entfaltung seiner Neigungen und der Belastung des streng geordneten Konviktdaseins erwächst, droht Kräfte und Gemüt des Zweiundzwanzigjährigen zu zermürben. Vom Seminar über Luthers Römerbrief-Kommentar eilt er zu Asta Nielsen, dem gefeierten Stummfilmstar, die ihn während ihres Breslauer Aufenthalts empfängt, oder in das Haus Professor Ernst Lohmeyers, wo der unbemittelte, kunstliebende Student ein gern gesehener Gast ist.

»Ich sah Jochen Klepper zum ersten Mal«, erzählt Frau Lohmeyer über zwanzig Jahre später, »bei einem jener Abende, die die theologische Fakultät in Breslau mit ihren Studenten gesellig vereinte. Es mag das Jahr 1923 oder 24 gewesen sein . . . So war es an diesem Abend eine Art Laienspiel, ich sehe es noch vor mir. Eine Reihe langer Gasthaustische wurde als Szenarium aneinander gestellt, worauf sich die Saaltür öffnete und die Spieler sich feierlich hereinbewegten, sich auf die Tische schwangen und einer hinter dem anderen gemessen weiterschritten. Alle hatten sich faltenreich in weiße Bettücher gehüllt. Die erste dieser wunderlichen Gestalten war ein überaus schlanker Jüngling, sehr bleich, mit aufgeschlagenen Augen und vorgestrecktem Kinn, der in ekstatischer Weise und Lautstärke Worte in den Saal rief, deren Sinn mir nicht mehr erinnerlich ist. Aber es war etwas Prophetisches oder doch von religiösem Pathos Erfülltes. Was sich weiter abspielte, ist mir entfallen. Ich konnte mich nur eines kleinen Gefühls der Belustigung ob der Komik nicht erwehren. So fragte ich leise: ›Um Gottes willen, wer ist denn der erste, der da so schreit?‹ und hörte: ›Das ist Jochen Klepper.‹«[25]

Literarische Anfänge

Wie aus den weiteren Mitteilungen von Frau Lohmeyer hervorgeht, entspann sich im Laufe der Zeit zwischen ihr und dem literarisch betriebsamen Theologiestudenten ein reger Gedankenaustausch.

»Er hatte«, bemerkt sie rückblickend, »in dieser Zeit schon eine richtige Getriebenheit in sich, zu formen und zu gestalten und scheute keine Mühe, die Ansätze dazu aufs Papier zu bringen. So erzählte er mir, er schreibe alle Gespräche des Tages am Abend ganz genau auf, einerlei mit wem er sie geführt habe, ob in einem Laden, ob mit einem Straßenbahnschaffner oder über einen Zaun, ob in der Universität mit Kameraden oder mit einem Professor oder mit einer Portiersfrau. Aus guten Gründen war ich bei seiner Eröffnung bedenklich und fragte: ›Aber was machen Sie denn bloß damit?‹ Und er erzählte mir, am Schluß des Jahres zöge er alle Fäden, die diese Gespräche verbänden, zusammen und dann gäbe es ganz von selbst Geschichten.«[26]

Wie am Ende der Glogauer Zeit die junge Arztfrau Brigitte Hacker und in Erlangen Olly Budjuhn, so ist hier Frau Lohmeyer die mütterliche Freundin, bei der er Anlehnung und Bestätigung seines Talents sucht. Die eigene Mutter, so innig sich beider Verhältnis jahrelang gestaltet hat, scheint diesem Bedürfnis nicht mehr zu genügen. Dies klingt in den Zeilen an, in denen Jochen Klepper in der bereits erwähnten Würdigung von Walter Flex auf dessen Beziehung zu seiner Mutter eingeht:

»Das seelische Verstehen der Mutter ist Glück vieler Söhne. Aber selten sind die Frauen, die mit aller Sensibilität ihres Gefühlslebens die intellektuelle Kühnheit verbinden, die auch den erwachsenen Sohn unwandelbar weiter begreifen kann. Die Märchenerzählerin der Walter Flexschen Kinderjahre wurde die wissenschaftliche und kunstkritische Mitarbeiterin seiner Reifezeit.«[27]

Daß Frau Lohmeyer, wie sie heute erzählt, seine Gedichte »unreif« und »unoriginell« fand und sie in den Papierkorb versenkte, mag wohl stimmen. Gleichwohl ist anzunehmen, daß sie dem leidenschaftlichen jungen Dichter ein verständnisvolles Gehör schenkte, so daß er den Mut aufbrachte, seine Erstlingsgedichte an etwa sechzig Zeitungen zu schicken, die mitunter auch eines veröffentlicht haben.

In Ernst Lohmeyer scheint Klepper weniger den Neutestamentler

Jochen Klepper als Gymnasiast

Brigitte Hacker und Jochen Klepper

Das Gymnasium in Glogau

Das Portal der Breslauer Universität

Erich Seeberg während einer Vorlesung (rechts in der 2. Reihe Harald Poelchau und Jochen Klepper)

Asta Nielsen, der große Star der Stummfilmzeit, ein von Jochen Klepper aufbewahrtes Bild

Rudolf Hermann in späteren Jahren

Kurt Ihlenfeld 1928

Jochen Klepper während seiner Zeit beim Ev. Preßverband in Breslau

als den wesensverwandten Pfarrerssohn geschätzt zu haben. Während er – nach dem Abgangszeugnis der Breslauer Universität – nur in den Sommer- und Wintersemestern 1923 dessen Vorlesungen über synoptische Evangelien und Geschichte des Jüdischen Volkes gehört hat, unterhält er sich später gern mit dem aus dem Stefan George-Kreis kommenden Theologen über moderne Ästhetik und begleitet ihn zu den Vorträgen des Arztes und Philosophen Richard Hönigswald, durch die er die Welt des fortschrittlich gebildeten Judentums kennenlernt.

Noch eifriger als in Erlangen besucht er neben den obligatorischen Kollegs und Seminaren Vorlesungen über »Kunst des Mittelalters« bei Franz Landsberger, der ihn 1927/28 mit der Redaktion der Jugendrubrik in den »Schlesischen Monatsheften« betraut, ferner über »Kant und der deutsche Idealismus«, »Sozialismus und sozialistische Bewegungen«, »Bismarck« bei Manfred Laubert, »Weltanschauung russischer Dichter« bei Haase und »Kriminalpsychologie und Psychiatrie« bei Kehrer.

Von den zahlreichen Theologen beachtet er nur die prominentesten, insbesondere den Goetheaner Karl Bornhausen, dem Klepper 1924 das Gedicht »Der Erlöser« widmet, und Erich Seeberg, den Sohn des berühmten Reinhold Seeberg, unter dessen mehr nomineller als faktischer Leitung er seine Lizentiatenarbeit über Gottfried Arnold und August Hermann Francke vorbereitet.

Wie weit Kleppers späteres Interesse an kirchengeschichtlichen Themen durch Leopold Zscharnacks Seminar über Quellen des 17. und 18. Jahrhunderts geweckt wurde, bleibt fraglich. Fest steht hingegen, daß der mehr dem Glanz als der Tiefe nachgehende Theologiestudent von 1923 bis zu seinem Tode dem nüchternen, wortkargen Systematiker Rudolf Hermann Zustimmung und Verehrung entgegenbrachte. In ihm fand er einen Vater nach seinem Herzen, einen strengen, doch verständnisvollen Freund und Berater. Bereits in seinem ersten Semester in Breslau hörte er dessen Vorlesung über »Grundfragen der Religionspsychologie«, in den folgenden Semestern »Gedanken aus Luthers Schriftauslegung für Theologie und Leben«, »Ethik«, »Schleiermachers Theologie«, »Die dogmatischen Systeme seit Schleiermacher« und »Religionsphilosophie der Gegenwart«. Rudolf Hermanns eindringliche Auslegung Luthers gebot seinem leicht dem mystischen Schwärmertum verfallenden Geist Einhalt und lenkte ihn in die Schranken einer lutherisch-konservativen Ordnung.

So früh er Sinn für religiöse Kunst und Dichtung bekundete, so wenig lag Klepper das selbständige Erforschen und Ausarbeiten wissenschaftlicher Untersuchungen. Nach Aussagen eines noch lebenden ihm nahestehenden Kommilitonen bestand die einzige Probepredigt, die er in Steinbecks Seminar für »Katechese und Homiletik« hielt, aus einer jede persönliche Überzeugung entbehrenden Zusammenstellung von Zitaten aus dem Johannes-Evangelium.

Ohne richtige Anleitung, bei mangelnder psychischer und physischer Konstitution zum Studium, bedrängt von den ständigen Geldsorgen des Elternhauses, das durch die Inflation vom einstigen Wohlstand in finanzielle Notlage geraten war, verfällt Klepper in einen derart neurotisch krankhaften Zustand, daß ihn die Breslauer Studentenhilfe im September 1925 in das Evangelische Erholungsheim nach Bad Saarow schickt. Im Wintersemester 1925/26 geht es ihm so schlecht, daß er nach Beuthen heimkehrt, ohne Gewißheit einer Rückkehr an die Breslauer Universität.

Zu dieser Zeit scheint er in dem gleichaltrigen schlesischen Pfarrerssohn und Studiengefährten Harald Poelchau den entscheidend tragfähigen und heilsamen Beistand gesucht und gefunden zu haben. Aus den zwischen März 1926 und Januar 1927 an Poelchau geschriebenen Briefen[28] ist deutlich zu erkennen, wie schwer er sich aus seinem Entwicklungsstadium loslöste; Stichworte wie »unheimliche Kopfschmerzen«, »angsterregende Träume«, »Halluzinationen«, »schreckliche Zustände«, »Hysterie«, »einen Strich unter alles machen« geben eine Ahnung von der schweren Krise, die nicht nur sein Gleichgewicht erschütterte, sondern seinen Geist, ja sein Leben bedrohte. Aus der Korrespondenz mit Poelchau ist zu entnehmen, daß er sich auf dessen Rat zum endgültigen Bruch mit dem Glogauer Lehrer Erich Fromm entschloß und wahrscheinlich auch hier den Rückhalt fand, um die nötige Klarheit und Distanz zu seinen sexuellen Erfahrungen und dem daraus entstandenen Schuldgefühl zu gewinnen. Es ist wohl kein Zufall, daß sein im März 1926 entworfenes Stück »Der eigentliche Mensch«, eine kaum chiffrierte Darstellung dieser Erlebnisse, Harald Poelchau gewidmet ist.

Der »eigentliche Mensch«, der darin geschildert wird, ist der von seinen Verwirrungen umgetriebene J. K., der dem jungen Mediziner Walter Sch., als 49jährige Frau Beate verkleidet, liebend zu begegnen sucht, bevor er, Kostüm und Perücke abwerfend, als 23jähriger Akt mit schwarzseidener Badehose bekleidet dasteht: »sehr schlanker nicht zu schöner Körper, aber doch edle Rasse, sehr quadrozentrisch, römischer Gesichtstypus, kurzgeschorenes Haar und über der Stirn etwas rundgekämmt«. An die auf Tatsachen beruhende Neigung zu Walter Sch. fügt sich die Begegnung mit einem lungenkranken Künstler. Die Beziehungen zu dem ehemaligen Glogauer Lehrer kommen hier ebenfalls zur Sprache:

»O die Nacht – wie hab ich immer gesagt –?: wenn Du mich nicht hast gehen lassen, als ich so jung nur Dein Schüler war und hab Dich gebeten, wenn Du mich nicht hast gehen lassen, wo ich so fromm geworden bin, wenn Du mich nicht hast gehen lassen, wo ich schon 5 Semester Theologe war, laß mich jetzt gehen, wo ich einen anderen so namenlos liebe . . .«

Die danach auftretende »entzückende Frau Oberpfarrer« bekommt zu hören: »Meine süße Mammi – Ich habe genau so schöne Kleider wie Du. Ich habe aber nicht so viel Schulden wie Vatel und Du.« Sie meint: »Jochel, Du bist doch nur krank.« Doch er erwidert:

»Alles hysterisch – bin aber nicht verrückt – alles bloß hysterisch und minderwertig – Aber muß reden – ist nicht alles bloß pathologisch – letztenendes alles Geheimnis – immer Gott dahinter – sehr richtige Vorstellungen von Gott, gar nicht Pantheismus, lange Theologe gewesen – Mensch – Bin Mensch – so klar der Fall ist – hätte Walter alles durchschauen müssen, Mediziner – Transvestitismus, Masochismus extremster Fall im sozialen Typus – Kretschmer, Tübingen, neue Einteilung gemacht – alles Rätsel – gar nichts pathologisch – alles Gott. Straße, gar kein Selbstbewußtsein, weil häßlich geworden – Aber mit Schminke schöner als Straßenjungs, viel klüger. Reizende Capricen . . .«

Auf die Frage der Mutter, warum er sich nicht das Leben genommen hat, antwortet Jochen im »Eigentlichen Menschen«:

»Ich nehme es mir auch nicht. Alles weiterleben. Alles Weg zu Gott. Selbstmord, wenn nicht in genug großer Angst, unverzeihbar. Man läßt der Möglichkeit Gottes kein Wirken übrig. Sünde gegen heiligen Geist, welche allein nicht vergeben werden kann.«

Hier taucht zum erstenmal die Frage des Selbstmords auf, mit der sich Klepper immer wieder bis an sein Lebensende auseinandergesetzt hat. Die damals geltende kirchliche Stellung zum Selbstmord als »Sünde wider den Heiligen Geist« erfährt hier bereits durch die existentielle Erfahrung eine für Kleppers Zukunft wichtige Einschränkung: der Selbstmord des zutiefst geängsteten Menschen ist entschuldbar.

Auch Kleppers Hang zu opferbereitem Sich-Ausliefern, der zwei Jahre später in seinem Sebastian-Gedicht so stark zum Ausdruck kommt, klingt hier an im Gedanken einer völligen Hingabe an Kranke und Gefangene, falls er als Künstler scheitern sollte. »Dann doch wenigstens Existenz erhalten für Gott. Vor Gott muß ich noch etwas werden . . .«

Kleppers Schwanken zwischen künstlerischer Existenz und theologischer Laufbahn äußert sich deutlich in seiner damaligen Korrespondenz. So läßt sich einem Brief an Harald Poelchau vom 1. April 1926 entnehmen, daß er seinem Bruder Erhard anvertraut hat, wie gern er nach Berlin ginge – »eventuell ohne Theologie«. Am selben Tag schreibt er aus Beuthen an Rudolf Hermann, er werde nicht ins Johanneum zurückkehren, sondern zu Hause die Lizentiatenarbeit über Gottfried Arnold und August Hermann Francke beenden. Doch trotz eines streng geregelten Tages- und Arbeitsprogramms, das er sich schon damals als Therapie auferlegte, kam er nicht über das Exzerpieren der Quellen hinaus. In einem Brief vom 20. April erwähnt er selbst Seebergs Skepsis gegenüber einer Vollendung seiner theologischen Arbeit. Gleichzeitig aber entfaltet sich bei ihm – trotz physischer und psychischer Beschwerden – eine rege Beschäftigung mit der Welt der Bühne, des Films, der Literatur. Die intensive Lektüre von Andersens Märchen gibt den Anlaß zu einer Puppentheater-Erzählung, in der Klepper den Stoff des Gelesenen mit den eigenen Erinnerungen aus der Kindheit und der Sehnsucht nach der Künstlerwelt verknüpft.

»In dieser Geschichte kann mein Wesen restlos leben, und in diesem Tag [hat es] seine glücklichste Zeit in dem völligen Aufgehen im Spiel, über dem aber schon eine Ahnung liegt von der Mütterlichkeit und von dem Gebanntsein ans Theater.«[29]

Erhards Berichte von seinen freundschaftlichen Beziehungen zu Schauspielern wie Lettinger und Rosa Valetti, des Bruders Begeisterung für Filmstars wie Asta Nielsen und Diana Carenne fördern sein Bedürfnis, gerade in dieser Welt eine Rolle zu spielen. Während er stets über die Qual der theologischen Arbeit klagt, empfindet er das Abfassen eines Film-Treatments »Madame« als willkommene Entspannung.

Schon im Juni 1926 bekennt er dem Freund, daß er nur seiner

Zum Tode Rainer Maria Rilkés.

Zu der Büste von Fritz Huf im Museum von Winterthur.

Sein ganzes Leben war ein Zittern
vor dem Fluch des Unvollendetbleibens.
In der erschrockenen Zartheit der Kinder, im Fliehen vor allem
des Lebens, der Not alles zerrissenen Treibens [Bittern
der in Hast erstarrten Städte war es gefühlt,
gefühlt in dem ängstlichen Schreien der Tiere vor fremden Gewittern
und in jedem Sturm, der in verzweifelten Aesten gewühlt.
Jedes Lachen, das Leichtsinn war und niemals Befreiung,
schuf ihm jene Furcht; denn die große Verzeihung
sah er in keinem menschlichen Sterben gefunden. [Wunden,
Immer nur sah er den Tod als die letzte, unheilbarste menschlicher
die wir uns selbst im Leichtsinn Stunde um Stunde gerissen.
An keinem Menschen fand er das letzte Wissen,
daß die Ewigkeit sich in jeder Stunde erhebt,
und uns will,
damit das Leben den Sinn empfange.
Der Sinn ist so still,
und das Leben so laut,
das noch immer den Turm von Babel erbaut.
Ihm war bange
vor der Stunde, in der er zerfällt.
Er wußte, daß der Turm langsam zerbricht
in jedem einzelnen Sterben.
Er floh auf der Welt;
und immer in gleiches Verderben,
das er in jeder Gestalt immer wieder erkannte.
Denn er wußte es selbst, wie in tausend ewigen Verlangen
die Sünde im Rauschen des Blutes brannte.
Er war zu den stillen und weichen Winden gegangen,
daß sie ihn kühlten.
Und der sanfteste Hauch hat ihn nahe umfächelt.
Nicht sein Mund, seine Stirn hat ein wenig gelächelt.
Das Lächeln der Stirn ist so seltsam unkennbar,
worin seine Heiterkeit liegt, mit „Lächeln“ kaum nennbar;
wir können es nur umschreiben mit „Lachen“.
Die viel zu frühen Falten waren plötzlich glatt;
man sah ihr Veralten.
Aber er wurde nicht matt.
Nur die Augen brachen:
Das war das verstehende Aufsehen. Joachim Kleppen.

Zum Tode Rainer Maria Rilkes, eines der ersten veröffentlichten Gedichte Jochen Kleppers

Familie zuliebe die theologische Arbeit nicht völlig aufgibt:

»Harald, daß es jemals ernstlich zur Promotion kommen kann, glaube ich nicht. Du wirst mir ja glauben, daß mir jetzt jede nervöse Übertreibung fernliegt. Ich glaube, wenn ich den Lic. machen könnte, würden meine Eltern, Erhard, Margot, Hilde alles direkt vergessen, was war, an Hysterie etc. u. allem, was sie nicht wissen.«[30]

Dem Arzt scheint Kleppers psychischer Zustand derart gefährdet, daß er die Meinung vertritt, er müsse auf jegliche geistige Berufsaussicht verzichten. Doch dieser weiß schon jetzt, was er später immer wieder klagend zum Ausdruck bringt: er braucht Ruhm wie das tägliche Brot. Die insgeheim bei Lettinger vorgenommene Prüfung seiner Stimme läßt ihm keinerlei Hoffnung, jemals Schauspieler zu werden. So will er wenigstens den Ruf eines angesehenen Schriftstellers erlangen, wobei die materielle Lage seiner Familie ihn dringend nötigt, für ein gesichertes Einkommen zu sorgen.

In einem Brief vom 14. Januar 1927 an Poelchau erwähnt Klepper seine Schritte bei Asta Nielsen und bei Zeitungsredaktionen im Blick auf eine Veröffentlichung seiner Schriften. Drei Zeitungen haben sich schon bereit erklärt, etwas von ihm zu bringen. Gleichzeitig bittet er den Freund, ihm wenn möglich den Weg zu Verlegern zu ebnen und das in seinem Besitz befindliche Manuskript des »Eigentlichen Menschen« zur Verfügung zu stellen.

Drei Monate später kann er Rudolf Hermann die Veröffentlichung seiner ersten Manuskripte und die unerwartete Anstellung im Evangelischen Preßverband Schlesiens mitteilen.

»Die pekuniäre Lage meiner Familie hatte sich gar nicht gebessert, im Gegenteil. Ich mußte für einige Wochen meine Arbeit, die schon so weit fortgeschritten war, unterbrechen, um bloß zu Geld zu kommen. Alle Stellungsgesuche bei Bibliotheken waren erfolglos; ich hatte mich nicht etwa nur an Universitätsbibliotheken gewandt. Ein Erfolg war aber die Veröffentlichung meiner Manuskripte. Außer dem Verkauf der einzelnen Manuskripte kam jetzt ein Angebot vom Evangelischen Schlesischen Presseverband, bei dem ich mich gar nicht beworben hatte. Nun habe ich neben den einzelnen Honoraren noch ein festes Einkommen. An Dienststunden bin ich nicht gebunden. Zu schreiben habe ich über das Aktuellste auf dem Gebiet der Kunst und Kultur im allgemeinen. Die Auswahl der Themen ist mir überlassen. Habe ich auch eine erhebliche Mehrarbeit, bin ich doch die Geldsorgen los, die viel mehr Kraft verbrauchten.«[31]

Im Evangelischen Preßverband

Noch glaubt Klepper, daß diese neue Tätigkeit trotz Mehrarbeit seine Pläne begünstigen wird, weil sie ihm die Möglichkeit bietet, unter materiell weit günstigeren Umständen nach Breslau zurückzukehren. Durch dieses gesicherte Einkommen ist er nicht mehr auf das dürftige Dasein im Konvikt angewiesen. Er kann sich privat ein komfortableres Zimmer mieten, wo er neben der beruflichen Arbeit seine theologische Untersuchung zu Ende zu führen hofft. Diese Erwartung erweist sich jedoch bald als illusorisch. Das kleine Büro am Schweidnitzer Stadtgraben, das er seit Mai 1927 mit Rudolf Mirbt, dem Sohn des berühmten Göttinger Kirchenhistorikers, und dem Theologiestudenten Kurt Ihlenfeld teilt, nimmt ihn ganz in Anspruch.

»Wir saßen«, so schreibt Kurt Ihlenfeld, »an einem großen Arbeitstisch – Rudolf Mirbt, Jochen Klepper und ich. Mirbt, der Laienspieler, war viel unterwegs in Schlesien, hatte auch sonst mit der damals recht lebendigen Volksbildungsarbeit zu tun, die im Volkshochschulheim Klein-Silsterwitz, dann Kamenz ihren festen Standort hatte. Mir oblag die Redaktion des schlesischen Gemeindeblattes und Volkskalenders – Jochen Klepper war die des Rundfunk-Pressedienstes zugefallen . . .

Man interessierte sich nicht nur für den Rundfunk, sondern auch für die Literatur, das Theater (Eckart-Kreis und Bühnen-Volksbund), – und dieses Interesse war nicht nur ein apologetisches oder organisatorisches, nein, es ergab sich aus der Freude an den Dingen, und wir haben damals, glaube ich, auf unsere Weise dazu beigetragen, daß sich manche kirchlichen Scheuklappen lüfteten, wir hatten gute Verbindung zum Theater und zur Literatur, wir holten uns schlesische und außerschlesische Autoren zu Vorlesungen, Josef Wittig oder Friedrich Bischoff (damals Intendant des Breslauer Senders – wie später [nach 1945] des SWF) oder Agnes Miegel und Eduard Reinacher. Da endlich auch die bildenden Künste in unser Blickfeld traten, luden wir Rudolf Koch zu uns ein – er kam und versetzte seine große Hörerschar, über hundert Maler, Graphiker, Bildhauer, Architekten, die zu der Freizeit nach Salzbrunn gekommen waren, in helle Aufregung durch die prachtvolle Gegenständlichkeit seiner Berichte und seines Bekenntnisses. Sehr nahe stand uns Eugen Rosenstock-Huessy, der sich mit der Theorie der Volksbildung beschäftigte, mit Josef Wittig befreundet war und das heute verschollene Aktenwerk ›Das Alter der Kirche‹ herausgegeben hatte . . .

Ich erinnere mich, daß auch zu den kirchenmusikalischen Kreisen die Verbindung aufgenommen wurde, 1928 gab es eine große Freizeit ›Musik und Kirche‹ in Klein-Silsterwitz (am Fuße des Zobtengebirges). Günther Ramin kam aus Leipzig herüber, eine neue, nach den jüngst erarbeiteten Reform-Prinzipien gebaute Orgel wurde für das Volkshochschulheim angeschafft und eingeweiht. In einer Baracke auf dem Preßverbandsgrundstück zogen der Elternbund und das Sozialpfarramt ein – Pfarrer Walter Schwarz, der unermüdliche, großzügige und ideenreiche Initiator des ganzen Unternehmens[32], pflegte zu unserer kleinen Mannschaft frei von generaldirektorialen Anwandlungen, die sich sonst häufig genau auf solchem Felde geltend machen, die denkbar kollegialsten Beziehungen. Mindestens wir drei – Mirbt, Klepper und ich – gaben ihm mit unserer so gar nicht behördenfrommen Naivität unserer Arbeitsweise gewiß manche Nuß zu knacken.«[33]

Diese zwischen Volksmission, Volksbildung und modernen Medien angesiedelte Tätigkeit wirkt zweifellos fördernd und bereichernd auf den leicht errötenden jungen Presseredakteur, der mit seinem schwarz umrandeten Monokel manchen Landpfarrer in Schrecken versetzt. Doch entbehrt sie nicht, wie Kurt Ihlenfeld es auch erkennt, einer gewissen Naivität, die sich besonders stark auf sozialpolitischem Gebiet kundtut. Denn neben Funkkritiken und 1927/1928 regelmäßig erscheinenden Betrachtungen über das kirchliche Jahr[34] betreut Jochen Klepper als Schriftleiter die von Pfarrer Schwarz herausgegebenen »volksaufklärenden« Flugblätter. Der Autor des »Eigentlichen Menschen«, der diejenigen bewundert, »die Paris und Lesbie« kennen, »Morphium nehmen und sich schminken«, nicht Börries von Münchhausen, sondern »Hamlet« für Kunst halten, paßt sich nun willig dem einfältig-konservativen Frömmigkeitsstil kirchlicher Kreise an, der in diesen Flugblättern zum Ausdruck kommt.

So heißt es z. B. in einer metaphysischen Deutung des Unwetters, das in den bereits vom Ersten Weltkrieg heimgesuchten Ländern – insbesondere Deutschland – schwere Schäden angerichtet hat:

»Vielleicht häufen sich deshalb in der Gegenwart Katastrophen in so unheimlicher Weise, weil so viele sich nicht mehr vom Worte Gottes Buße predigen lassen wollen. Da redet der Herr auf andere Weise mit uns! Katastrophen richten den Hochmut der Menschen, die sich dünken gegen ihn ankämpfen zu können. Katastrophen offenbaren unsere Ohnmacht, unsere völlige Abhängigkeit von Gott trotz aller Fortschritte der Wissenschaft und Technik.

Katastrophen, die uns zeigen, daß zwischen uns und dem Tod nur ein Schritt ist, sollen uns aufrütteln aus unserer Sicherheit.

Katastrophen weisen in der Vergangenheit auf die Sintflut, in der Zukunft auf das Weltgericht.«[35]

In ähnlicher Weise werden die Probleme der Ehe, der Wohnungsnot, der Sonntagsgestaltung behandelt. Wobei die Bibel und Luther, aber auch Aussagen von Bismarck, Fichte, Jahn, Storm oder Anzengruber zur Bekräftigung herangezogen werden. Jedesmal wird den Leidtragenden der Weg der Ergebenheit in ein von Gott gewolltes Schicksal gewiesen.

In einer Betrachtung zum Reformationsfest 1927 erscheint bereits das später in den Tagebüchern zum Leitmotiv gewordene Wort Luthers, »Gott reißt das Übel nicht von der Person, aber die Person vom Übel«. Den Verbesserungsrufen der gesellschaftlichen Vereine und Logen, den »blutvergießenden Umsturz- und Revolutionsrufen« der Parteien und Sekten stellt der junge Redakteur die christliche Freiheit Luthers entgegen:

»Willst Du schon einmal Reformation, versuche doch, ob nicht der Reformator Martin Luther Dir auch heute etwas von der Freiheit zu verkünden hat, die er einst brachte und die Du heut ersehnst.«[36]

Bemerkenswert ist bei Kleppers Anpassung an das damals geltende kirchliche Normendenken, daß er die Auslegung des Selbstmordes als »Sünde wider den Geist«, die er im »Eigentlichen Menschen« nur mit einer beachtlichen Einschränkung gelten ließ, nun kritiklos in einem Flugblatt des Evangelischen Preßverbands übernimmt. So schreibt er angesichts der durch wirtschaftliche Not verursachten Selbstmorde:

»An dem Wort ›Selbstmord‹ wird die ganze Grauenhaftigkeit des Mordes so recht klar. Es enthüllt sich, was im Selbstmord umschlossen liegt an Schuldigsprechen, an Vorwurf, an Rache, an Zerrissenheit, in der der Mensch sich selbst auflauert, an Überfall, an Raub des Rechtes über gottgeschaffenes Leben.

Aber ein Zug am Selbstmörder ergreift uns in unserem ganzen Wesen. Das Bekenntnis menschlicher Schuld.

Denn käme der Mensch unschuldig in die Angst seines Lebens, er hielte aus und ertrüge. Jedoch, was ist das für ein großer Stolz des Menschen, daß er aburteilen und richten will und die Vergebung nicht sieht? Glaubt wieder an Vergebung und der Selbstmord wird ein Ende haben! . . .

Möchte doch einer, der sich mit Mord- und Selbstmordgedanken trägt, in den Stunden vor seiner Tat irgendwo in Wort und Schrift dem ›Vaterunser‹ begegnen, und er würde sehen, daß Gott noch unzählige Wege hat, wo der Mensch keinen Ausweg mehr sieht. Er würde sehen, daß alles noch möglich ist, solange er dem Willen Gottes still hält, daß aber nichts mehr geschehen kann, wenn das Leben geraubt wird.«[37]

Die »unpolitische« Kunst

In anderer Rolle und Stimmlage meldet sich der junge Redakteur als neuer Mitarbeiter der Zeitschrift »Eckart« zu Wort – offenbar im Gefühl, hier der provinziellen Enge enthoben zu sein und als noch unbekannter Schriftsteller über diesen Zugang zum literarischen Markt Anschluß zu gewinnen.

Ursprünglich war der »Eckart« ein Organ der Volksbibliotheken gewesen, von nationalem wie protestantischem Sendungsbewußtsein im Geiste der damaligen Volksbildung bestimmt. Bis zu seiner kriegsbedingten Einstellung im Jahr 1915 hatten hier Schriftsteller wie Friedrich Lienhard, Walter Flex und Dietrich Schäfer publiziert.

1924 war die Zeitschrift neu begründet worden von August Hinderer, dem Gründer und Leiter des Ev. Preßverbands, der in der evangelischen Kirche eine gewisse Publikationsstrategie durchzusetzen bestrebt war. Zur Pflege des literarischen Sektors sollte diese Zeitschrift dienen, als deren Schriftleiter Hinderer gleich zum Start den damals 24jährigen Pfarrerssohn Harald Braun berief, der gerade über Liliencron promoviert hatte. Dessen Sätze unter dem Titel »Zum neuen Anfang« in Heft 1/1924 klingen eher nach einer Rückorientierung am alten Kurs vor 1914:

> »In dem chaotischen Vielerlei der geistigen Gegenwart will [der ›Eckart‹] unter dem Bilde des treuen Wächters und Kämpfers innere Kräfte wecken, die imstande sind, die vielfachen Bildungselemente des Tages zu sichten und in ein bestimmtes evangelisch-deutsches Persönlichkeitsleben einzuordnen, – Kräfte, die an ihrem Teil mitarbeiten wollen an der Wiedergeburt unserer deutschen Volksseele.«

Das Spektrum der Zeitschrift, die in ihrem Habitus gewiß nicht avantgardistisch wirkt, spiegelt jedoch in gewissem Maße – zumindest reflektierend und rezensierend – die literarischen Profile der zwanziger Jahre, mit Debatten um Jakob Wassermann, Franz Werfel, Alfred Döblin und Ernst Jünger. Die eigene Intention ist dabei unverkennbar nach zwei Seiten gerichtet: dem protestantischen Bildungsbürgertum als Leserkreis Zugänge zur Gegenwartsliteratur mit besonderem Interesse an deren christlichen Spurenelementen zu vermitteln, andererseits sich den Schriftstellern als Gesprächspartner und als Plattform anzubieten, sofern ihnen an Kontakt mit dem gesellschaftlichen und weltanschaulichen Milieu liegt, das der »Ekkart« repräsentiert.

Im Mittelfeld findet sich allmählich ein Kreis von Mitarbeitern zusammen, beiden genannten Feldern entstammend: kultivierte Theologen, dichtende Pfarrer, Publizisten und Schriftsteller, mehr oder weniger noch dem protestantischen Milieu verhaftet. Zu ihnen zählen u. a. das sächsische Pfarrersehepaar Esther und Arndt von Kirchbach, der schlesische Pfarrerssohn Gerhard Menzel, die Schriftsteller August Winnig, Hermann Claudius, Ina Seidel, Hildur

Dixelius, Ernst Wiechert, dann Theologen und Philosophen wie Paul Tillich, Albert Schweitzer, Martin Buber, Max Picard und Rudolf Kaßner.

Die Bezeichnung »Eckart-Kreis« gehört indessen zunächst den Veranstaltungen an der »Basis«, vor allem in ostdeutschen Städten, in Berlin, Leipzig, in Westfalen und im Rheinland. So meldet der »Eckart« vom Januar 1933 die Gründung eines neuen Kreises in Bielitz (Oberschlesien) und zitiert die programmatischen Sätze des dortigen Initiators Dr. Waldemar Broda:

»Wenn auch die Gottlosenpropaganda bei uns noch nicht fühlbar wird, so scheint es doch letzte Zeit zu sein, das Ererbte zu erwerben, um es halten zu können in dem Doppelansturm von fremdem Volkstum und anderer Religion, die sehr streitbar ihre Ziele verfolgt.«

Die Linie vom »unverweslichen Erbe« und vom »inneren Reich«, wie sie Robert Minder einmal bezeichnet hat[38], tritt hier unverkennbar zutage und ist auch den Jahrgängen des »Eckart« anzumerken, wobei Harald Braun hin und wieder auch das Interesse am literarischen Experiment merken läßt, so wenn er frühe Versuche einer Funkdichtung abdruckt. Andererseits sind nicht wenige Autoren, die hier zu Wort kommen, eher Vertreter einer protestantischen Heimatkunst.

Bei solchem Gefälle und Bemühen, möglichst verschiedenen Geistern Aufnahme zu gewähren, bleibt allerdings deren kritische Sichtung weithin auf der Strecke, und man stößt in jenen Jahren auf merkwürdige Allianzen, die in wenigen Jahren unfaßbar erscheinen werden. So geht es auch Jochen Klepper, der noch kurz zuvor den »Charme der Dekadenz« gerühmt, mit Leidenschaft Flauberts »Madame Bovary« gelesen und »alles Gesunde horrend dumm« gefunden hatte und nun das Lob der »idealen Sittlichkeit« und »gläubigen Übersinnlichkeit« des völkischen Schriftstellers Hanns Johst anstimmt[39].

Wie stark gefühlsbestimmt und wenig reflektiert Jochen Kleppers Anschauungen zu dieser Zeit waren, verrät Kurt Ihlenfelds Schilderung ihres Erlebens der damaligen Luther-Renaissance:

»Ich habe die lebhafteste Erinnerung daran, wie sehr Jochen Klepper vom Luther-Erlebnis angerührt war, das damals – zwischen 1920 und 30 – so manchen jungen Theologen in seinen Bann geschlagen hat. Wie er sich als Student damit auseinandergesetzt hat, weiß ich nicht, wohl aber, daß in den Gesprächen des kleinen Kreises von jungen Breslauer Theologen, zu dem wir beide gehörten, und der sich gerne im Café Vogel in der Ohlauer Straße ein

Stelldichein gab, von lutherischer Theologie oft die Rede gewesen ist – und daß wir uns in einer merkwürdigen, schwer zu beschreibenden Übereinstimmung befanden hinsichtlich dessen, was wir an Luther erkannt und gewonnen zu haben meinten. Es war in dem vielen Abgeleiteten, womit die Theologie sonst belastet war, die Erfahrung eines Tief-Ursprünglichen, das sich nun auch ursprünglich aussprach: Wir waren ja zugleich empfänglich für das dichterische Wort, wir lebten weniger aus dem Studium wissenschaftlicher Untersuchungen historischen oder exegetischen Charakters, wir sogen den Honig der Wahrheit aus einer wissenschaftlich vielleicht sehr unzulänglich durchgearbeiteten Erkenntnis, die sich uns eben noch von woanders her erschloß als aus der Wissenschaft allein: Luther selber sprach zu uns über die Jahrhunderte hinweg als ein Lebendiger, wir hatten wohl Karl Holl gelesen, Luthers ›Deus absconditus‹[40], sein ›pecca fortiter‹[41] ebenso wie die Formel des ›simul justus simul peccator‹[42] waren uns Chiffern eines ungeheuren Lebens unter dem göttlichen Geheimnis, es gab Momente in unsern Gesprächen, in denen diese Chiffern zugleich den Charakter von Geheimzeichen unserer Freundschaft gewannen.«[43]

Das Theologiestudium hat Jochen Klepper zu dieser Zeit endgültig aufgegeben.

»Ich möchte nicht lange«, so lautet ein Brief vom 24. April 1928 an Prof. Hermann, »über Sentiments und Ressentiments reden. Das, was ich in der Theologie gewollt habe, bleibt mir ja nach wie vor . . . Am Breslauer Sender werde ich jetzt aus meinen Novellen und Gedichten lesen . . . Ich habe nun schon über 100 Manuskripte veröffentlicht. Außer Zeitschriften habe ich als ständiges Absatzgebiet Zeitungen in Berlin (Tag, Tägliche Rundschau), Essen, Nürnberg, Hamburg und natürlich hier. Im Herbst gehe ich voraussichtlich nach Frankreich. Aber im tiefsten Grunde reise ich ungern und bin am liebsten bei meinen Eltern. In Breslau lebe ich weiter ganz zurückgezogen.«[44]

Diese Zurückgezogenheit spiegelt sich in den Novellengestalten, die er zu dieser Zeit entwirft. Sei es die häßliche Modedirektrice Leonie Menken oder das Zirkuszwergenpaar Frick-Frack und Elvira oder gar Voltaire, es handelt sich stets, so berichtet er selbst dem Lehrer und Freund, »um entstellte, liebende, erfolgreiche Menschen, deren Schicksal der Einsamkeit dazu führt, daß gerade ihr isoliertes Leben durch seinen klärenden Abstand prototypische Geltung erlangt, weil es keine private Neigung geben durfte«[45].

Seine Angst vor der Entwurzelung, etwa bei Auslandsreisen, die er später in den Tagebüchern mit derjenigen Immanuel Kants vergleicht, führt den jungen Schriftsteller von der Extensität zur Intensität. Wählte er schon als Zwölfjähriger das Motto »Bevor du Wissenschaft lernst, lerne dich selbst kennen«, so hat die in den zwanziger Jahren erlittene wirtschaftliche und seelische Belastung eine wachsende Abkehr vom »äußeren Leben« zugunsten des »inneren Lebens« zur Folge. Er will nicht *die,* sondern *den* Menschen kennenlernen, und diese Kenntnis soll nicht dem gewaltsamen Suchen nach Erfahrungen und Eindrücken, sondern dem »Nachempfinden am Einzelschicksal« entspringen. Vergleicht man die zwei Fassungen des »Heiligen Sebastian«[46], die in einem Abstand von vier Jahren geschrieben sind, so offenbart sich die Ausklammerung der sozialen zugunsten der psychischen und religiösen Elemente, wobei sich die lächelnde Ergebenheit ins Leiden in Verbundenheit mit dem Peiniger verwandelt.

Der heilige Sebastian
1924

Und seine Sehnsucht war sehr schmerzensreich.
Denn in ihr war das Rauschen großer Städte,
Aus Buntheit und aus braunen Händen aufgetürmten,
In denen waren Straßen, welche stürmten,
Und Menschen und viel bunte Dinge,
Darüber Sonnenüberströmen schwebte.
Und bis zu seiner Ferne war ihr Lied.

Doch wenn Er rief,
So lebte er nur Ringe,
Von denen jeder Kreise um Ihn zieht.
Es war nicht, daß er sich verschloß.
Er sprach nur: Du bist tief!
Und lächelte, weil es ihn nicht verdroß.

Der heilige Sebastian
1928

Sebastian ist der Heilige der Dichter,
der – wie der Leuchter Zions sieben Lichter –
an seinem Körper tiefe Pfeile trägt
und, obgleich ganz erfüllt von seinen Wunden,
dem Peiniger zutiefst und still verbunden,
die Macht sucht, die bestimmt, daß er ihn schlägt.

Kleppers existentielles Angstgefühl äußert sich bereits in einer »Bücherstunde«, die er am 6. Oktober 1927 für den schlesischen Rundfunk gestaltet, wenn er die Lage des europäischen Künstlers in den zwanziger Jahren betrachtend meint:

»Wir sind ein Geschlecht, dem durch den Kampf um die bloße Existenz alle Kunst so fern gerückt ist. Kunst aber ist für uns Mitteleuropäer die schönste, stillste und doch lebensvollste Form unseres Seins. Aller Weg zum Kunstwerk ist reich an Geld- und Zeitopfern, und Geld und Zeit wurden doch die Pole unseres Lebens.«

Aus den zwischen 1928 und 1930 behandelten Themen[47] spricht der Hang zur Natur und Heimat, die Sehnsucht nach der geborgenen, verspielten Kindheit und der schützenden Wärme fraulicher Liebe. Zurückgezogenheit in einem tieferen Sinne zeigt sich auch in seiner ausgesprochenen Badelust.

»Er lebte wie Voltaire, beziehungsweise, wie er ihn sah. Täglich ging er in die Schwimmhalle. Dort aß er auch zu Mittag in den kühlen, vom Wasser umflossenen Räumen, so meinte man. Er erzählte von dem Kinde François Marie Arouet, das mit Schwimmhäuten zwischen den Fingern geboren war. Das Leben im Wasser war sein Element in dieser Zeit, auch sein tieferes theologisches. Die Gedichte von Petrus, von den Fischen, von der Taube bezeugen das, Meditationen über das Wasser des Lebens.«[48]

Die Fähigkeit, das Leiden anderer nachzuempfinden, führt – in Ermangelung eines politischen Maßstabes – zu den widerspruchsvollsten Aussagen. So lobt Klepper z. B. in der »Bücherstunde« am 15. Februar 1928 an Erich Scheuermanns »Lichtbringer« die Einfühlungsgabe in das Wesen eines Naturvolkes:

»Das Interessante an Scheuermanns Arbeit ist, daß hier einmal ein Buch geschrieben wurde, in dem der Leser nicht vom Standpunkt der Kolonisatoren und Missionare aus, sondern aus der Situation des Schwarzen heraus zu empfinden gezwungen wird.«

Doch ein Jahr danach lobt er ebenso den Schriftsteller Hans Grimm, der bei einer Veranstaltung des Breslauer Eckart-Kreises als Autor des Romans »Volk ohne Raum« auftritt.

»Selbstverständlich kann man ›Volk ohne Raum‹ einen Tendenzroman nennen. Aber was heißt Tendenz, wo es um Tod oder Leben eines Volkes, um sein Gedeihen oder Verderben geht? Gewiß, hier und dort und zumeist gegen das Ende drängt sich das Politische und Volkswirtschaftliche aus dem dichterischen Rahmen stark hervor, aber es will schließlich auch irgendwo gesagt sein. Jedenfalls gilt das, was Grimm schreibt, keiner Klasse, keiner Schicht, keiner Partei: ›Welches Recht ist es, daß ein deutsches Kind, wenn es geboren wird, in solche Enge hineingeboren wird, daß es bald nicht weiter kann, daß es bald ein Zänker werden muß, daß, wenn es mit Eigenschaften der Kühnheit geboren wird, es vor lauter Mangel auf den bösen Weg gedrängt wird?‹ Solche Worte liegen lediglich in der Sphäre des rein Menschlichen.«[49]

Daß solche Worte auf den weit böseren Weg des Raubkriegs und der Unterjochung fremder Länder führen können, ist dem 26jährigen Literaturkritiker ebensowenig bewußt wie später dem 38jährigen Christen die Fragwürdigkeit seiner Teilnahme am deutschen Angriff gegen die Sowjetunion.

Ebenso »unpolitisch« wirkt sein damaliger Eintritt in die Bewegung der Religiösen Sozialisten, der automatisch die Zugehörigkeit zur SPD bedingt. Daß dieser Schritt nicht aus ideologischen Gründen geschah, läßt schon ein Artikel vermuten, den er in der »Schlesischen Zeitung« anläßlich August Winnigs Besuch in Breslau veröffentlicht.

»Winnig ist eine der wenigen Persönlichkeiten der deutschen Gegenwart, die sich aus der Enge des sozialdemokratischen Parteiprogramms zu einer nationaldeutschen Auffassung und Arbeit durchgerungen haben.«[50]

Der Wunsch, nach all diesen unsicheren Jahren als angesehener Schriftsteller über ein sicheres Einkommen zu verfügen, treibt Klepper zu den politischen Kräften, die Macht und Einfluß in seinem Bereich, d. h. in Funk, Presse und Verlagswesen besitzen.

Auffallend ist, daß Kleppers Übergang zur SPD mit der Mehrheitsverschiebung von den Deutschnationalen zur Sozialdemokratie im Wahlbezirk Breslau bei den Reichstagswahlen 1928 zusammenfällt. Zu diesem Schritt haben wahrscheinlich auch Kleppers freundschaftliche Beziehungen zu linksorientierten Persönlichkeiten des gebildeten Breslauer Judentums beigetragen; zu ihnen zählen der Kunsthistoriker Franz Landsberger, der Rechtsanwalt Hans Marcus und seine Frau, die Malerin Käthe Ephraim Marcus, der er 1928 einen Artikel[51] und das folgende Bekenntnis widmet:

Der Dichter

Ich bin den stillsten Weg gegangen,
der zu dem Grund des Lebens führt,
der ohne Willen und Verlangen
nur noch den Sinn im Un-Sinn spürt.

Ich fand das Ende aller Fragen
und bin von Willen ganz umhüllt,
ich kenne weder Angst noch Klagen
und liebe, was die Nähe füllt.

Mein Leben ist in sich geschlossen
und nur noch mit sich selbst befaßt.
In meinem Kreise, unverdrossen,
trag ich der anderen Menschen Last[52].

Die hier nicht eingestandene Unsicherheit und Schwäche treibt den Dichter zur immer wieder erwähnten Konzentration auf die Lebenskreise der bürgerlichen Ordnung. Fünf Jahre später betrachtet er es als Irrtum, diese Einordnung auf dem Weg der Politik versucht zu haben, und läßt nur noch sein »Bedürfnis nach Klarheit«, seine »Ablehnung aller Extravaganz und Isolierung«, die ihn dazu bewegten, gelten[53].

Im Haus von Hanni Stein

Einen bedeutenden Wandel in dieser Hinsicht bringt der Juni 1929 mit dem Einzug in das im Breslauer Residenzviertel liegende Haus von Hanni Gerstel-Stein. Die damals 39jährige wohlhabende Witwe eines Rechtsanwalts, deren Bekanntschaft er am 26. April 1929 – wahrscheinlich durch das mit beiden befreundete Ehepaar Marcus – gemacht hat, sucht weniger das Einkommen eines vermieteten Zimmers als eine anregende Gesellschaft in der männerlos gewordenen Wohnung, wo sie mit den sieben und neun Jahre alten Töchtern, Köchin und Dienstmädchen lebt. Der neue Untermieter fühlt sich gleich geborgen in dem gepflegten Heim, wo er die lang entbehrten großzügigen Verhältnisse der Beuthener Kindheit wiederfindet. Er fühlt sich auch angezogen durch den Charme der reifen Frau, die neben der ihr eigenen Eleganz aus der jüdischen Modedynastie, der sie entstammt, Schönheitssinn und Welterfahrung mitgebracht hat.

Ihr verdankt er zweifellos die Anregung, sich hauptsächlich dem ihm am nächsten liegenden Themenbereich der Kunst zuzuwenden. Fast alle Artikel, die er zwischen 1929 und 1931 in verschiedenen Zeitungen veröffentlicht, behandeln Probleme des Theaters, des Varietés, der Mode, der Konzeption und Kritik des Rundfunks, wobei immer wieder der metaphysische Sinn des Spiels aufgegriffen wird.

»Haben Sie nicht gemerkt«, liest man in einem Artikel, den er bei Grocks Abschied vom Zirkus schreibt, »daß ich auch vor den Kindern das Schämenswerte und Schwache spiele, als könnte ich sie überleiten aus der Unwissenheit ihrer Kindheit in das Wissen, daß alle Erbarmungswürdigkeit zum Schluß nicht wehtut, weil sie uns wieder zu Kindern macht? Mich bewegt, daß doch aber auch über diesem Spiel der Fluch liegen muß. Sie werden ja bemerkt haben, wie ich meine Hände brauche. Da, meine rechte Hand – verbrannt bei einem Varietébrand. Jedes Auftreten bedeutet eine maßlose Anstrengung für mich, und doch empfinde ich die ganze Seligkeit zwecklosen Spiels mit meiner Geige, meiner Klarinette und der ›Orgel‹. Ich muß soviel Instrumente beherrschen, um alles durch Musik sagen zu können. Denn ich will, daß mich die Menschen überall gleich klar darin verstehen, daß sie von mir verstanden sind. Da müssen alle sprachlichen Hemmungen wegfallen. Ich brauche die Musik wie Asta Nielsen den Film. Ich denke sehr viel an Frau Nielsen, weil sie mir als die größte Tragödin erscheint, und weil ich der größte Clown genannt werde und wir beide die Schwachheit des Menschen bekennen. Zu uns gehört noch eine dritte: Renée Sintenis. Ihr Schaffen ist ein Spiel mit den Tieren als unwissenden Geschöpfen, denen ihr eigenes Leben vollkommen Selbstzweck ist . . . Tiere und Töne – das ist für mich die Vollendung des Spiels in der Schöpfung.«[54]

Erwählung und Verworfensein der Menschen stehen auch im Mittelpunkt des 1927 begonnenen, 1929 wieder aufgenommenen Moderomans »Die große Directrice«, den Klepper mehrmals umgearbeitet und drei Jahre lang vergeblich den großen Verlagen in Deutschland angeboten hat. Mit dem Frühling 1930 hat für den Schriftsteller eine neue Periode wirtschaftlicher und seelischer Belastungen begonnen. Zweimal, im April und im Juli, hält er sich in Beuthen auf, wo der Vater nach einem schweren Schlaganfall teuere Pflege braucht und die seit der Inflation angewachsenen Schulden die prekäre Lage der Familie verschärfen.

»Jochen«, schreibt Hanni Stein in Notizen über diese Periode, »war mit seiner Familie so verwachsen, wie ich es noch kaum je erlebte. Er erzählte mir viel von jedem Einzelnen und schilderte mir besondere Züge mit der größten Liebe. Besonders zugetan schien er seinem Bruder Erhard, den ich auch im Sommer in Berlin sprach und der einen angenehmen Eindruck auf mich machte. Die Eltern und den jüngsten Bruder hatte ich im Frühjahr auf der Durchreise flüchtig kennengelernt. Zu der Zeit war Jochen häufig verstimmt und sehr bedrückt. Es ging immer um Angelegenheiten von zu Hause, aber über Andeutungen kam er nicht hinaus. Bis er eines Tages das Vertrauen zu mir fand und mich zum größten Teil einweihte. Nun gab es für mich kein Überlegen, ich mußte handeln, um ihm seine Ruhe wiederzugeben. Ich machte Geld flüssig, erst eine kleine Summe von wenigen tausend Mark, dann mehr und zum Schluß war ich genötigt, meine Lebensversicherung zu beleihen. Er stellte mir Schuldscheine aus, ließ sich von den Eltern die Möbel verpfänden und hat nun jeden Monat die Angst, ob auch die Zinsen von ihnen bezahlt werden . . . Der Vater ist leider von der Last, die Jochen von ihm nahm, nicht sichtbar befreit. Er sieht die Dinge nicht wie sie sind, jammert nur um verlorengegangene Genüsse wie Musikabende etc. Dabei soll er sich seit seinem Schlaganfall schonen und gar nicht viel Menschen um sich haben. Dies ist eine große Enttäuschung Jochens . . .

Als Jochen die Regelung in die Hand nahm und mit meinem Geld bezahlte, war Freude und Jubel unter den Kindern. Es wurde zwar als sehr störend empfunden, daß ich Jüdin bin, aber immerhin vermögend, da kann man ja nicht so genau sein!«[55]

Zweifellos haben diese Geldprobleme das von Anfang an bestehende Unverständnis zwischen der Beuthener Familie und der aus einer kosmopolitischen Welt stammenden Hanni Stein vertieft. Zu der Abneigung, ihren Sohn, den einstigen Theologiestudenten, mit einer dreizehn Jahre älteren Witwe und deren zwei Kindern leben zu sehen, kam das mehr oder weniger bewußte Ressentiment eines durch die wirtschaftliche Rezession ruinierten Bürgertums gegen das »jüdische Kapital«.

Daß die jüdischen Geschäfte gleichfalls von dieser Misere betroffen sind, will man nicht zur Kenntnis nehmen. So vermerkt Hanni Stein in ihrem Tagebuch den Konkurs zahlreicher Bekannter, darunter denjenigen des 40jährigen Damenhutfabrikanten Hans Freund, der nun eine Stelle zu 300 Mark pro Monat annehmen muß. Das alte reiche Blumen- und Federngeschäft Leopold Levy in Breslau steht vor dem Ruin; der Sohn des Besitzers, ein Referendar, verdient seinen Unterhalt mit Schlagertexten im Stil von »Wenn ich heut' nacht nicht schlafe, bist du schuld«.

»Am Tage liest man in den Zeitungen von Hochwasser, einer neuen Grubenkatastrophe, von Orkanen, Einsturz eines ganzen Stadtteils, Selbstmorden aus Hunger und Not. Und hat man wirklich einmal abends den Wunsch, ins Theater oder Kino zu gehen, so wird man bis auf wenige Ausnahmen angeekelt heimkehren.«[56]

Daß Klepper auch beruflich unter der allgemeinen Rezession leidet, geht ebenfalls aus Hanni Steins Tagebuch hervor:

»Seit dem Sommer geht es mit dem Journalismus bergab. Viele Manuskripte kamen zurück, wenige wurden behalten. Jochen, der glaubt, er hätte einen besonderen Riecher für Konjunkturen, denkt an eine geschäftliche Rundreise mit der Ware im Köfferchen, richtig wie ein ›Streckenarbeiter‹. Die Sache leuchtete mir ein und wir wollten zugleich eine Studienreise nach Paris anschließen. Er sollte Anregung finden für die Modescenen seines Romans ›Die große Directrice‹, ich für Funk und Zeitung.«

Dieses Vorhaben kommt tatsächlich zustande. Nachdem Klepper in der ersten Septemberwoche in Leipzig, Frankfurt am Main, Köln Zeitungsredaktionen und Verlage mit seinen Manuskripten aufgesucht hat, reisen beide für eine Woche nach Paris, wo sie im Hotel Beaujolais, dessen Fenster auf den Garten des Palais Royal blicken, absteigen. Klepper versucht einige seiner ins Französische übersetzten Novellen bei Pariser Verlegern anzubringen. Doch die Situation ist besonders ungünstig, da die deutschen Wahlresultate (107 Sitze im Reichstag für die Nationalsozialisten) »ungeheure Verstimmung bei den Franzosen auslösen«.

Auf der Rückreise besucht Klepper in München Dr. Landauer vom Delphin-Verlag, dem er seit einem Jahr vier Romanentwürfe,

»Marquise Schornsteinfeger« (die Geschichte der französischen Urgroßmutter), »Voltaire«[57], »Frick-Frack und Elvira«[58] und »Die große Directrice« anbietet. Der Verleger läßt ihm wenig Hoffnung. Schon am 22. Januar 1930 hatte er ihm geschrieben: »Wenn Sie mir die Frage stellen, worum es sich anscheinend handelt, ob Sie Ihr gegenwärtig gesichertes Einkommen aufgeben können und sollen, um einen oder die Romane in Angriff zu nehmen, kann ich Ihnen keine Antwort, nicht einmal einen Rat geben.«

Daß sein Einkommen als Funk- und Literaturkritiker auch nicht mehr gesichert ist, kommt Klepper zum Bewußtsein durch die hämischen Angriffe der rechtsgerichteten Breslauer Presse, die ihm sein »chamäleonhaftes Verhalten« vorwirft.

»Es gibt in Breslau«, schreibt Fritz Kunde in der ›Freiheit‹ vom 11. November 1930, »keine Funkkritik, die unabhängig ist; eine versippte und vercliquete Gesellschaft vielmehr tummelt sich auf diesem Gebiete, geradezu groteske Blüten produzierend. So passierte es neulich, daß in der ›Volkswacht‹ das Sommerprogramm dauernd als katastrophal bezeichnet wurde, während gleichzeitig der Sozialdemokrat (!!) Klepper in den schwerbürgerlichen ›Neuesten Nachrichten‹ wochenlang seinen Funkschmus mit bombastischen Lobeshymnen auf das herrliche (!) Sommerprogramm der Sendeleitung regelmäßig zu beginnen pflegte!! Daß dieser Herr Klepper gleichzeitig den Ev. Pressedienst Schlesiens leitet, ist wohl ein Beweis dafür, daß hier ein neuer Koalitions-Literatentyp im Werden ist, vor dem einem einfach gruselig werden kann.«

Dieselbe Zeitung wiederholt ihren Angriff in einem Artikel vom 29. November 1930, in dem es u. a. heißt:

»Herr Klepper ist eingeschriebenes Mitglied der Sozialdemokratischen Partei, Rundfunkkritiker an dem bürgerlich-volksparteilichen ›Generaler‹ und gleichzeitig ist Herr Klepper – welch famoses Dreieck! – im evangelischen Pressedienst tätig! Herr Klepper, der lange Zeit zwischen Kritiker und Funksprecher schwankte, ist augenblicklich nur Kritiker, aber seine süßliche, unkritische Art ermöglicht es ihm jederzeit, gestützt auf die Ausweise der genannten Drei-Mannfaltigkeit, ins Sendehaus zurückzukehren, um im lähmenden Einerlei seines Tonfalles fortzufahren.«

Die ›Schlesische Volksstimme‹ greift ihn ebenfalls an, als Handlanger des ›verjudeten‹ Rundfunks.

»Der Abbau der Funkjuden macht unter der Direktion Hadert reißende Fortschritte: das Wochenprogramm vom 13.–19. Mai z. B. nennt nur noch 16 jüdische Namen! In der Schlesischen Tagespost versucht sich seit etlichen Wochen ein Herr Jochen Klepper als Funkkritiker, ohne bisher von seiner Objektivität überzeugen zu können. Möglich, daß diesem sonst sicherlich talentvollen jungen Mann an der gerechten Ausübung kritischer Pflichten seine gelegentliche Beschäftigung vor dem Mikrophon (also im Sold derer, die er beurteilen soll) hinderlich ist. Eigenartig wirkt aber, daß eine sonst vornehm sachliche deutschnationale Tageszeitung es zuläßt, daß ihr Funkreferat offen Partei für zwei anerkannte Schädlinge des neutralen Rundfunks, die Herren Landsberg und Fuchs (evtl. noch Lipmann) ergreift, bzw. ihr Treiben unmoniert läßt . . . Wenn Herr Klepper, entgegen den Feststellungen von sieben unabhängigen hiesigen Tages- und Wochenzeitungen, V. H. Fuchs einen Darsteller (!) von Wirkungssicherheit und nie versagender Wärme, sowie seine Conference als qualifiziert bezeichnet, wenn er einen deutschen Sprachverstümmler und Christusschänder wie Kerr lobend begrüßt und wiederum zwei mikrophongerechte und anerkannte Künstler ohne jede Begründung ›verreißt‹ usw., so tauchen uns heftige Zweifel an der Qualifikation des Kritikers Klepper auf, die wir hiermit der verehrlichen ›Tagespost‹ zur Kenntnis geben.«

Wie haßerfüllt die politische Atmosphäre zu dieser Zeit in Breslau ist, beweist eine von Hanni Stein aufgehobene Zeitungsnotiz, die unter dem Titel »Akademische Schimpffreiheit?« von stürmischen Szenen bei einer Veranstaltung der rechtsgerichteten Breslauer Studentenschaft berichtet. In Anwesenheit beider Rektoren der Universität und Technischen Universität, die daraufhin den Saal verlassen, beschimpft der oberschlesische Reichstagsabgeordnete Kleinert Reichskabinett und preußische Staatsregierung.

»Der Redner stellte fest, daß zwischen den Gewalttaten in Polen und der Tschechoslowakei gegen Deutsche und der Unterdrückung der nationalen Bewegung im eigenen Lande tiefe Zusammenhänge bestünden. Unter Hinweis auf den Ministerpräsidenten Otto Braun meinte der Redner höhnisch, der Doktortitel brauchte heute nicht mehr erarbeitet zu werden, man könne sich ihn kaufen oder auf politischem Wege verdienen. Als nach diesen Worten wieder einige Professoren den Saal unter Protest verlassen, brechen die Studenten in stürmische Pfui-Rufe aus.«

Es gibt von Jochen Klepper selbst keine Notiz, die erkennen läßt, wie ihm dabei zumute ist. Ähnlich stellt sich die Frage, wie ihn die Nachricht trifft, daß der Thüringer NS-Innenminister Frick innerhalb weniger Stunden die ganze Abteilung expressionistischer Gemälde aus dem Weimarer Schloßmuseum entfernen läßt und dazu erklärt: »Die ausgeschalteten Künstler haben in ihrer Kunst nichts gemein mit nordisch deutschem Wesen, sie haben sich vielmehr darauf beschränkt, das ostische und sonstige minderrassige Untermenschentum darzustellen.« Findet der Schriftsteller, der im »Deutschen Pfarrerblatt« über die »Kultur des deutschen Expressionismus« geschrieben hat[59], kein Wort mehr dazu?

Den Zeitungsbericht über Fricks Bildersturm hat Hanni Stein ebenfalls aufgehoben; kommentiert ist er nicht. Klepper arbeitet unterdessen fieberhaft an seinem Roman und nimmt sich sogar zeitweise einen 18jährigen arbeitslosen Sekretär, um die »Große Directrice« möglichst schnell zu Ende zu bringen.

Erwählung und Verworfensein

Auch in der »Großen Directrice«, über deren Inhalt Klepper anläßlich einer Rundfrage über »Literatur von morgen« drei Seiten Auskunft gibt[60], verbindet sich ein »unpolitisches Mitfühlen« mit den theologischen Kategorien der Erwählung und des Verworfenseins. Gleich zu Beginn des Romans erfahren wir, daß Leonie Menken, die zwölfjährige Tochter des Glogauer Oberbürgermeisters, die »Dicke, Alte in der Sexta«, darunter leidet, aus dem Kreis der Klassengefährtinnen ausgeschlossen zu sein. Sie flüchtet sich daher in das Studium und das Schneidern von Puppenkleidern, das den Anfang ihrer späteren Laufbahn bildet.

»Jeder Mensch war ihr wie ein willenloser Träger von Lebensmächten, Ideen und eines fertigen Schicksals, in das er hineingeboren wurde.«[61] Zwischen dem Gefühl menschlicher Ohnmacht, der Ergebenheit in ein »von Gott bestimmtes Schicksal«, das von Anfang an Kleppers Weltbild beherrscht, und dem Willen, »die Personen des Buches nicht als Privatpersonen, sondern als Exponenten von Menschengruppen und Repräsentanten von Ideen darzustellen«, klafft ein Widerspruch, den der Schriftsteller durch »Anpassung an die gegebene Ordnung« und durch »innere Freiheit« zu überbrücken sucht.

Denn was versteht er unter »Exponenten« und Repräsentanten von Menschengruppen und Ideen? Seine drei Hauptgestalten sind: die Modedirektrice Leonie Menken als Sinnbild des vergänglichen Glanzes alles Irdischen, der aus Ratibor stammende katholisch getaufte Jude Jacubache, der sich als berühmter Coiffeur in Paris dem Kult der Schönheit widmet, und die jüdische, evangelisch getaufte Theologin Valeska Cohen, ihre gemeinsame Freundin.

»Dieser frömmste und klügste Mensch des Buches«, heißt es von ihr in dem oben erwähnten Exposé, »ist zugleich der eleganteste, denn ich suche an ihm zu demonstrieren, daß gerade der modische Mensch durch das Entgegenkommen in allem Äußeren, durch die strenge Einhaltung der Form, durch das willige Sichbeugen unter die Konventionen der Gesellschaft, ein Maximum von innerer

Freiheit, eine völlige Unberührtheit der Zentren des Lebens durch das unvermeidliche Bindungsquantum erreicht. Die Gelehrte ist der Mensch, der den Heiligen Geist besitzt, *die Erwählte.* Die Directrice ist der Mensch, der sich nur auf das Diesseits beschränken darf, *die Verblendete.* Der Friseur ist der Mensch, der alles von Gott weiß, aber ihn ablehnt bis zum Hohn, also die Sünde gegen den Heiligen Geist begeht, *der Verworfene*[62]. Für die theologische Fundierung dieser Romanabschnitte habe ich theologische Vorlesungen bei Professor D. Erich Seeberg und Professor D. Rudolf Hermann gehört.«

Wie sich solche metaphysischen Begriffe im Leben auswirken, wird besonders deutlich an dem Schicksal der beiden Frauen. Die »verblendete« Leonie Menken erreicht Ruhm in der internationalen Modewelt dank der ostjüdischen Modedynastie Elkes, zu deren Kundenkreis sogar die Kaiserin zählt. Doch die Glogauer Eltern mißbilligen derartige Beziehungen. »Leonie bittet ihre Eltern, jede antisemitische Regung bei Elkes zu unterdrücken. Es mußte ihnen durchaus klar sein, daß Leonies Karriere nur durch das Bündnis mit der Aktivität und dem Weitblick des Judentums möglich gewesen war.«[63]

Die soziale Ausklammerung der Juden wird Leonie noch deutlicher, als Stefan Elkes, der Sohn des angesehenen Modehauses, bei Kriegsausbruch wohl ins Feld ziehen und mit einer nervösen Erschöpfung, die ihn jahrelang ins Sanatorium bringt, heimkehren darf; doch »Leutnant war er als Jude nicht geworden«. »Der Krieg hat alle alten Begriffe über den Haufen geworfen«, meint Leonie, stellt aber zugleich fest, daß Jude Jude bleibt und eine häßliche alte Jungfer wie sie »aus der großen Solidarität des Frauenschmerzes« ausgeschlossen sei. »Sie wollte an den Urkräften des Lebens teilnehmen. Sie wollte eingeschlossen sein in den Lebenszusammenhang.«[64]

Nachkriegszeit, Inflation, Spekulation der einen, totale Verarmung der anderen, Sport, Film, Technik, Parteipolitik, Rundfunk verändern das Bild des besiegten Landes. Doch Leonie stellt nur fest, daß »die Männer, die zurückkehren, haßerfüllt gegen die Reichen – vom Krieg sprechen«. »Jeden hat der Krieg entwurzelt, jeder sucht das völlig andere.«[65]

Sie sucht Trost in ihrem schön eingerichteten Haus, in der Landschaft, dem gepflegten Äußeren und dem persönlichen Luxus. »Nicht herunterkommen, bettelte es förmlich in ihr.«[66]

Da nun Molineux, Lanvin, Patou die Mode bestimmen, gibt sie ihren Beruf auf und beginnt mit 42 Jahren eine neue Laufbahn als

Komikerin im Film. Endlich findet sie auch die lang ersehnte Eingliederung durch die Heirat mit dem süddeutschen Tuchhändler Fischer.

Diesem bürgerlichen »Sich-Bescheiden« steht das tragische Schicksal der »Erwählten« Valeska Cohen gegenüber. Noch häßlicher als ihre Freundin Leonie, mit einem unverhüllten Buckel, welligem rotem Haar, einer kleinen, schmalen Figur und hervorstehenden Zähnen, treibt diese Tochter eines namhaften Davoser Sanatoriumbesitzers als Ehrendoktor der Theologischen Fakultät Marburg Studien über Spinoza und die Geschichte der Frömmigkeitsstile. »Ich habe nur unter den Menschen zu leben, meine Arbeit zu tun und von Gott zu erzählen«[67], sagt diese Einsame der Freundin, durch die sie »die Nähe des anderen Lebens« kennenlernt. Doch ihr rastloses Wesen führt sie nach dieser kurzen Freude von Europa bis in die geliebte Urlandschaft der Wüste Sahara. Während des Krieges ist sie in der Schweiz interniert. Danach arbeitet sie als Übersetzerin und will »die Hauptabschnitte der Bibel als Geschichte großer Persönlichkeiten in moderne Verhältnisse übertragen«. Der Plan scheitert: »Man verübelt ihr, daß sie geborene Jüdin war.« So landet die gelehrte Theologin als Empfangsdame bei einem Würzburger Zahnarzt, dann als Hilfsbibliothekarin in Dresden, schließlich im Prager Getto, wo Leonie sie herzkrank im Elend lebend wiederfindet.

»Sie wollte sterben. Als sie dann sah, daß sie noch weiter in der Welt bleiben mußte, zog sie es am stärksten an die eine Stelle in der Welt, an der ein Mensch in seinem ganzen Wissen um die Ohnmacht der Menschen und um das Gericht über diese Welt in einem stillen Spiel eine kleine Welt höchstmöglicher Vollkommenheit geschaffen hatte. Es zog Valeska nach Ferney, wo noch die Spuren von Voltaires Musterstaat zu finden waren.«

Dieses Schwanken zwischen den Entfaltungsmöglichkeiten des aufgeklärten Geistes und das »willige Sich-Beugen unter die Konventionen der Gesellschaft« führt in den Tod. Wie bei dem bewunderten Philosophen Spinoza, dessen Ende Klepper schon 1927 als das »Durchbrechen der schmerzlichen Idylle« schilderte, erscheint Valeska Cohens Scheiden von dieser Welt als Lösung und Erlösung.

In der Krisenkonjunktur der Weimarer Republik weiß kein Verleger, was er mit diesem Roman anfangen soll. Dr. Bopp von der »Kölnischen Zeitung«, der manchen Artikel von Klepper über Kunst und Variété gebracht hat, ist gerne bereit, seine Artikel zugunsten von Asta Nielsen, die als großer Stummfilmstar nach dem Aufkommen des Tonfilms in den Hintergrund zu geraten droht, aufzunehmen. Aber »Die große Directrice« findet er zu »phantastisch« für einen Abdruck[68]. Dr. Richard Landauer vom Münchner Delphin-Verlag findet ihn wie »ein kaltes Feuer«, »zu exakt, Skelett, und man möchte das blühende Leben des Fleisches, der Haut etc. etc. empfinden«[69]. Das einzige, was er ihm als Publikationsmöglichkeit anbieten kann, sind Zeitglossen in Versen und Prosa für die »Jugend«. Zsolnay, Fischer, Rowohlt, Reclam, Beck, Diederichs schicken das Manuskript ablehnend zurück. Ullstein, der zuerst Interesse zeigt, lehnt schließlich auch ab unter der Begründung: »Der Fall der Leonie Menken ist nur historisch zu werten und durch die Lebenskurve heutiger Frauenrechtlerinnen längst überholt, auch in ihrer inneren Bedeutung abgeschwächt.«[70]

Etwas Hoffnung erweckt Hermann Kestens Empfehlung bei Kiepenheuer, der sich bereit erklärt, das Angebot bei Zeitungen zu versuchen, aber nicht verhehlt, daß Kleppers Romanprojekte über die »Vernichtung der Stadt Danzig« oder »Um Stresemann und die deutsche Volkspartei« bessere Chancen hätten[71].

Während der Chr. Kaiser Verlag an dem Roman bemängelt, daß das Theologische nicht genügend in die Augen springt[72], beanstanden Dr. Eggebrecht (DVA), der spätere Entdecker des »Kahn der fröhlichen Leute«, und der Cassirer Verlag die zu betont gedanklichen Partien.

> »Auch möchten wir nicht unerwähnt lassen«, schreibt u. a. letzterer, »daß es geraten erscheint, die Ereignisse nicht auf Jahreszahlen und geschichtliche Epochen festzulegen, weil eine derartige historische Einordnung das Frische und zeitlich Anonyme nimmt, das für ein solches Werk unserem Empfinden nach notwendig ist.«[73]

Seine standesamtliche Eheschließung am 28. März 1931 mit Hanni Stein bezeichnet Klepper als Rettung von »zwei Vereinsamten«. Noch zehn Jahre später, anläßlich eines Besuches seiner einstigen Breslauer Kommilitonin Käthe Staritz, erinnert er sich dankbar an seine psychische Rettung durch Hanni:

> »Ich glaube ein gutes Gedächtnis zu haben. Und nun sah ich aus Käthes Erzählungen, daß kranke, wirre, verzweifelte Dinge, die gefährlich klingen, mit mir los waren; und daß wie in einem tiefen Schlaf alles, alles in eine Schicht völligen Vergessens versinken durfte und daß in mir, obwohl jede Erinnerung ausgelöscht war, nur das Gefühl lebte: ›Wäre Hanni nicht gekommen, wäre ich verrückt geworden.‹«[74]

Im Blick auf seine Ehe ersehnt der Schriftsteller noch mehr als zuvor die Sicherheit der bürgerlichen Ordnung. Daher beschließt er, Breslau, das ihm immer weniger Erwerbsmöglichkeiten bietet, mit »der Front«, d. h. Berlin zu vertauschen. In der Hauptstadt will er sich eine Position im Funk und Verlag erkämpfen und dann Hanni mit den Kindern, sobald er Fuß gefaßt hat, nachkommen lassen.

II. Unter den Rädern

1931–1935

Wenn ein unpolitischer Mensch in ein politisches Zeitalter gerät, ist es fast, als ob er unter die Räder kommt.
Tagebuch, 19./20. August 1933

Berlin – die neue Heimat

Anfang Oktober 1931 trifft Jochen Klepper in Berlin ein. Eine Unterkunft hat ihm seine Schwester Hilde verschafft, gleich neben ihrer eigenen Wohnung in der Hebbelstraße. Seine ersten Briefe aus der Hauptstadt spiegeln die politische Lage und deren Auswirkungen auf die persönlichen Probleme.

»Politisch rechnet man nicht mit Unruhen, weil die Schupo zu schwer bewaffnet ist, ausgerüstet wie es im Kriege noch nicht annähernd möglich war. Aber mit immer weiterem Abbröckeln rechnet man – und mit Nationalsozialismus und Kommunismus im selben Maße.«[1]

Zwei Tage später schreibt er nach Breslau:

»Ich wehre mich halt mit Händen und Füßen gegen meinen Abstieg, gegen das Nichtvorwärtskommen . . . Auf sozialistischer Seite rät man mir allgemein, ohne Bedenken den Anschluß auch an Scherl zu suchen, weil die Partei einfach nicht in der Lage ist, für ihre Leute zu sorgen. Es ist halt eine Zeit, wo alle ethische Noblesse, um nicht zu sagen jeder Anstand, schweigt.«[2]

Tag für Tag berichtet Klepper seiner Frau von den vergeblichen Besuchen in Zeitungsredaktionen und Verlagen. Tag für Tag liefert er ihr eine genaue Aufstellung seiner Ausgaben, wobei kein Telefongespräch, keine Schachtel Zigaretten, nicht einmal die U-Bahn-Fahrkarten vergessen sind.

Während dieser unzähligen Fahrten kreuz und quer durch die Stadt, während der Wartezeit auf den Redaktionen liest er Bücher, die man ihm zur Besprechung anvertraut. Besonders hart trifft ihn eine Absage des Knaur-Verlages, der in der »Großen Directrice« Streichungen und Änderungen für notwendig hält, aber auch »das reichlich enthaltene jüdische Element für eine Abdrucksmöglichkeit nicht sehr günstig« findet[3].

Allmählich gelangt Klepper zur Einsicht, daß dieses Manuskript kein literarischer Anfang sein kann.

»Der Mißerfolg der ›Directrice‹«, schreibt er Hanni, »wird ja nun auch für Dich besiegelt sein. Allerdings halte ich ihn nicht für endgültig. Ich rechne durchaus damit, daß ich in 10 oder 15 Jahren die ganze ›Directrice‹ noch einmal neu schreibe. Es hat verlegerisch aber nur dann einen Sinn, wenn ich vorher mit einem anderen Buch einen Erfolg hatte. Dahinter bin ich auch schon gekommen, daß in Berlin Erfolg haben nicht etwa heißt, sich durchsetzen mit den Dingen, die man für sich bezeichnend hält – das gilt als Liebhaberei –, sondern Erfolg haben heißt hier, daß man überhaupt mitmachen darf und daß irgendein Genre von einem verlangt wird, ganz egal ob es einem liegt oder nicht. Der kleine Erfolg von ›Handel in Dvorrok‹[4] erklärt sich sehr leicht. Eine Novelle zu veröffentlichen, ist nicht annähernd dasselbe Risiko wie die Publikation eines Romans. Sie riskieren damit nicht das mindeste. Außerdem darfst Du nicht vergessen, daß zwei Seiten (von 8) mit ›Judaismen‹ herausgenommen sind. Und endlich und vor allem sind die Redakteure nicht sensibel und klug genug, um es zu merken, daß in der Novelle die ganze jüdische Hoffnung uneingeschränkt enthalten ist, auch in der neuen Fassung. Sie bemerken nur das Episodische und die Milieuschilderung – und die ist ja fast etwas ›erdhaft‹.«[5]

Mit bemerkenswertem Klarblick beurteilt Klepper den Tiefstand des kulturellen Lebens in der wirtschaftlichen und politischen Unsicherheit der zu Ende gehenden Weimarer Republik.

»Ich kann es so gut verstehen, daß in meinem Beruf unzählige Leute herumsitzen und fast nichts verdienen, obwohl sie mindestens journalistisch so viel können wie ich! Sie bringen es einfach nicht über sich, den halbgebildeten, betrügerischen und anmaßenden ›Machthabern‹ nachzulaufen. Karriere machen wollen, heißt in aller erster Linie Schluß machen mit allem Stolz. Ach, Hannerle, manchmal kapiere ich es auch recht gut, daß die Prominenten so eklig sind – sie haben zu viel runterschlucken müssen und haben nun ein recht erklärliches Rachebedürfnis allem und allen gegenüber.«[6]

Die Folgerung, die er für sich aus der Analyse zieht, ist immer wieder ein Sich-Anpassen an die gegebene Lage.

»Übrigens sehe ich immer wieder, wie richtig meine Einstellung zur ›Bildung‹ ist: radikal auf das Bedürfnis nach einer einigermaßen vollständigen Bildung zu verzichten und sich leiten lassen von der gerade vorliegenden literarischen Arbeit. Denn an jeder neuen hängt ein ganzer Komplex von ›Bildungsgut‹ dran. An der ›Directrice‹ die Mode und das Judentum. An der Hörfolge[7] der deutsche Idealismus. An dem Glum-Gespräch[8] die ganze moderne Forschung. Dann die vielen Gedenktagartikel: Philipp Otto Runge, Voltaire, Adrienne Lecouvreur usw. usw. Allmählich wird sich doch einmal etwas einigermaßen Abgerundetes ergeben und das friedlose Suchen und Zusammenstellen und nicht wissen wo anfangen und wo aufhören, hat gänzlich aufgehört. Seit fast fünf Jahren halte ich es so und bin so zufrieden dabei. Und es ist nicht einmal dilettantisch, weil ich ja den festen Ansatzpunkt auf meinem eigenen Arbeitsgebiet habe, auf dem ich doch, wo ich mich durch keinen Nebenberuf zu zersplittern brauche, wirklich Fachmann sein kann. Denn ich mag auf den Journalismus jetzt noch so sehr schimpfen: es gibt doch kein Feuilleton, keinen kleinen Aufsatz, kein widerwärtiges Interview, keine blöde Reportage, die nicht eines Tages vorteilhaft umgewandelt in einem Roman wiederkehren wird. Allein die Menschenkenntnis, die ich durch diese Arbeiten und alles, was an Unangenehmem mit ihnen zusammenhängt, bekomme! Wie wichtig das für die Erfahrungen zu meiner Arbeit ist: auf der einen Seite unentwegt aus tausend verstreuten, unangenehmen, widerwärtigen Dingen zu lernen und auf der anderen stehst Du ganz allein als der völlige Ausgleich, als die Erfahrung alles Glücks, alles Guten, als der Beweis, daß die größten, unerfüllbar scheinenden Illusionen sich verwirklichen lassen.«[9]

Trotz der immer wieder auftauchenden Bangigkeit, »gegen die es keinen Ausgleich und keine Mittel gibt«, sucht Klepper unentwegt Artikel, Interviews, Erzählungen bei Presse und Funk unterzubringen. Wären nicht der »verflixte Appetit« und die vielen für den Beruf notwendigen Telefongespräche – wie soll man da sparen? –, erschiene ihm das Leben in Berlin durchaus erträglich. Denn die Hauptstadt bietet ihm die Möglichkeit, neue Lebensbereiche, aber auch sich selbst auf eine neue Weise in den Blick zu bekommen.

». . . Ich bin fest davon überzeugt, daß z. B. alle die Stars, die es radikal ableugnen, Ehrgeiz zu haben, gemein lügen. Ich habe es vor Berlin wirklich nicht gewußt, daß ich auf den Erfolg aus bin wie die Dohle auf was Glänzendes. Es widerspricht vielen Eigenschaften und Überzeugungen von mir, aber man muß es sich endlich einmal eingestehen, sonst wird man auch so ein ekelhafter Heiligtuer wie das ganze Pack.«[10]

Um dieses »Pack« bemüht sich Klepper nur, »weil der reale Nutzen für mich auf der Hand liegt«. Hingegen scheint es ihm schade um die 50 Pfennig Fahrt zu Arnold Zweig, dessen Hilfe ihm äußerst problematisch erscheint:

»Solche Schriftsteller denken, sie tun etwas großartiges, wenn sie einen Roman kritisieren und etwas ›förderliches‹ sagen . . . Und was das Jüdische betrifft, das doch die einzige Verbindung zwischen Zweig und mir ist, so hat er schon beim ersten Mal so Törichtes gesagt, daß ich auf große Expektorationen von ihm verzichte; z. B. sagte er, daß alle Frömmigkeit asketisch sein muß. Was reiner Quatsch ist.«[11]

So wandert Klepper weiter zu Verlagen und Redaktionen:

»Gestern bei Westermanns begegnete mir wieder mal der zweite Typ von Redakteuren. Nach den ›Hetzern‹ die ›Quatscher‹, die jeden Anlaß benutzen, um ihre Doktrinen vom Stapel zu lassen. Man selbst kommt in keinem Fall zum Worte. Der Hetzer will ›Schlagkunst und Popularität auf 60 Zeilen‹, der Quatscher Schau und Erdgebundenheit in einem vom Geistigen und Blutmäßigen her bestimmten und den Traditionen der Zeitschrift entsprechenden Format. Ich wundere mich, daß ich mir den Kopf noch nicht abgeschüttelt habe!«[12]

Nichts kann ihm die Gewißheit nehmen, daß seine Stärke in der Darstellung von Juden und von Frauen liegt. Nachdem ihn die Juden abgelehnt haben, will er sehen, was die Frauen für ihn tun können. Gertrud Bäumer empfängt ihn auf seine Bitte im Reichstag. Kommt auch nicht viel dabei heraus, so kann man wenigstens die Beziehung gelegentlich in Redaktionsgesprächen diskret erwähnen: »Genau dasselbe wie Sie hat neulich Gertrud Bäumer gesagt« oder »Sagen Sie doch bitte Herrn Dr. Soundso, ich kann leider nicht länger warten, weil ich gleich zu Professor Glum bestellt bin«. Das sind wohl »nichtswürdige snobistische« Redensarten, aber sie helfen weiter . . .

Auch sein Auftreten zu dieser Zeit läßt noch den gewissen mondänen Anstrich merken, der schon in Breslau an Klepper auffällig war. Kurt Ihlenfeld hat sich später daran erinnert:

»Klepper, damals eben von Schlesien nach Berlin gekommen, hatte tatsächlich etwas dandyhaftes in seinem Äußeren, seinen Bewegungen, selbst in seiner Art zu sprechen. Er hat es dann bald abgelegt, doch ist es in der Freude am kostbaren Lebensdetail wohl auch später noch wirksam gewesen.«[13]

Indessen geht Kleppers Anpassungsbereitschaft so weit, daß er nochmals versucht, die »Directrice« annehmbarer zu gestalten, indem er die Anstoß erregenden Partien daraus entfernt, Valeska Cohen in eine deutsche Theologin, die Elkes in eine deutsche Bauernfamilie verwandelt.

»Und gedacht wird in der neuen Fassung überhaupt nicht mehr. – Das ist aber die einzige für mich heilsame Lehre: ich werde nie mehr in einem Roman reflektieren. Mir ist nämlich plötzlich klar geworden, daß ein klares System hinter dem Buch stecken muß, nie aber darin errichtet werden darf. Stelle dir einmal vor, wie vollkommen Zola weithin wäre, wenn er nicht ethische und politische Erwägungen eingestreut hätte. Und was an seinen Überzeugungen Wert hätte, wüßte man viel besser, wenn es einem in den Menschen und in ihren Empfindungen und Handlungen unauffällig begegnete . . .«

Seine Aussichten auf mehrere Hörfolgen im Rundfunk erwähnend, verteidigt er sich im voraus gegen die Anklage damit verbundener politischer Zugeständnisse:

»Selbstverständlich ist der hiesige Sender stark rechts und der Breslauer wird es auch immer mehr werden. Ich kann aber leider nicht vermeiden, durch die linksstehenden Verlage etwas verbittert zu sein. Wenn ich solche Konzessionen mache und man greift mich an, werde ich nur die Briefe der Verlage und

Redaktionen über die ›Directrice‹ vorlegen. Daß ich auf der linken Côté von Pontius zu Pilatus gelaufen bin, und daß man mich nicht akzeptiert hat.«[14]

Neben Eindrücken von seiner Pariser Reise[15] veröffentlicht Klepper zu dieser Zeit Erzählungen und Artikel mit Motiven aus seiner engeren Heimat[16], bespricht Bücher in der »Woche«. Bei der »Deutschen Welle« sowie den Funkstunden Breslau und Leipzig gelingt es ihm, mehrere Hörfolgen über Kunst und Künstler anzubringen, auch kann er für spezialisierte Zeitschriften über Hörspiel und Drama[17] und Rundfunkkritik[18] schreiben.

Bemerkenswert ist in diesem Zusammenhang, wie aufmerksam er auf Bert Brecht reagiert, dessen »Radio-Lehrstück« »Der Flug der Lindberghs« er sachkundig im Blick auf die neuen funkischen Gestaltungsmittel bespricht[19]. Die Verfilmung der »Dreigroschenoper« bleibt ihm bei einem späteren Rückblick[20] als das bedeutendste Filmdokument dieser Zeit in Erinnerung. Auch auf Brechts Mahagonny-Oper geht er mit spürbarem Respekt ein, reagiert freilich auf dessen gesellschaftskritische Offensive ausgesprochen verinnerlicht:

»Diese Operndichtung vom Libertinismus gibt uns das Weltbild und die Gottesanschauung eines Modernen von ungewöhnlicher Reichweite. In Mahagonny gilt es ein Zitat aus Brechts ›Dreigroschenoper‹ umzukehren:

›. . . er sieht nur die im Dunkeln,
die im Lichte sieht er nicht‹, –

nämlich die Erwählten in der Welt, die dennoch alle Leiden und Leidenschaften genauso wissen wie er. Sein Gott ist auch ein absconditus . . .«[21]

Etwas von Brecht klingt dem Titel nach an, wenn sich unter den eigenen Hörfolgen unter anderem ein »Emigrantenlehrstück« befindet, das bemerkenswerterweise schon das Thema des »Vater« aufgreift.

»Die Emigranten«, heißt es darin, »haben allein Friedrich Wilhelm I. als ihren Vater und Pfleger empfunden. Das ist ein Vorgang, der sich immer wiederholen wird, wo das Reich des Blutes und der Erde und das Gottesreich des Geistes einander gegenüber treten.«[22]

Wie oft sollte sich für Klepper diese verhängnisvolle Dualität in den kommenden Jahren wiederholen . . .

Am 29. März 1932 trifft Kleppers Frau nach halbjähriger Trennung, in der er sie nur besuchsweise gesehen hatte, endgültig in Berlin ein. Die Kinder folgen eine Woche später, und der erste gemeinsam begründete Haushalt wird im Villenvorort Südende,

Ein wesentlicher Schauplatz im »Kahn der fröhlichen Leute«: die Beuthener Fischertreppen zum Oderufer hinab

Oehlertstraße 1, bezogen. Erlesen gestaltet ist die neue Wohnung mit Barockarbeitszimmer und Empfangsraum, resedafarbener Bibliothek, altrosa Schlafzimmer in friesischer Renaissance und Kinderzimmer mit den Beuthener Möbeln. Aus allen Räumen geht der Blick ins Freie; »vom ersten grünen Schimmer über den kahlen Ästen, den ersten Knospen an hatten wir den Frühling hier draußen miterlebt; Kastanien, Flieder, Linden, Buchen, Akazien, Birken, Tannen vor unseren Fenstern«.

Freilich bleibt die eigene Welt dadurch nicht abgeschirmt von der politischen Misere. Mit Reichskanzler Brünings Sturz schwindet für Klepper »die letzte Stütze politischen Vertrauens«; entsprechendes Mißtrauen bringt er dem feudalen Kabinett Papen samt dessen Verkündung seiner »christlich-nationalen Kultur« entgegen. Dazu werden die Geldsorgen belastend: Hannis Monatsetat ist von 1500 bis 2000 auf 250 Mark gesunken; er selbst verdient kaum mehr 300 Mark.

Daher verbringt man die Sommerferien am billigsten und einfachsten in Beuthen. Noch einmal »Spaziergänge um die Stadt, auf den Oderwiesen, an reifen Feldern und hügeligen Waldrändern, Schwimmen in der Oder, Fahrt mit dem Marketenderboot zum Handel am Schleppzug, Entdeckung der eigentlichen Gliederung der Beuthener Einwohnerschaft in Schiffer, Fischer, Ackerbürger und Holzbauern – der Einmarsch der Schützen am dritten Abend des Schützenfestes; Kerzenillumination in den Fenstern, Lampions über den Straßen; Bäume, Mond und bengalische Flammen«[23]. Aber alles wirkt armseliger und politisierter als ehemals. Er findet nichts mehr von dem einstigen vergnügten Badeleben; das Oderufer liegt verlassen wie die Bänke der jungen und der alten Arbeitslosen am Hafen. »Es war wie zu Weihnachten nach der Kinderzeit: das Herz wurde nicht mehr weit«[24]. Die Türen der Vergangenheit schließen sich vor ihm; er findet keinen Zugang zur einst so geliebten Landschaft, auch nicht zum kranken Vater und zur besorgten Mutter. Nur die Arbeit an der »Großen Directrice«, dem Roman, der jetzt bezeichnenderweise »Das Glück der Vergänglichkeit« heißen soll, und Hannis Beistand helfen ihm, diese fünf Wochen eines enttäuschenden Wiedersehens hinter sich zu bringen.

Der Bruch mit den Sozialisten

Die Rückkehr nach Südende läßt keine Zeit zur Nachtrauer. Berlin befindet sich im Ausnahmezustand. Papen hat die sozialdemokratischen Minister Preußens durch Militärgewalt aus ihren Ämtern entfernen lassen. Die Republik hat offenbar keine Republikaner mehr an den Schaltstellen, die dem unverhohlenen Zusammenspiel des nationalkonservativen Kabinetts mit der Reichswehrführung hätten Einhalt gebieten können. Die Tendenzwende ist allenthalben spürbar, auch in den Verlagslektoraten und Redaktionen. Sollte der gute Anfang in Berlin nur ein Irrweg gewesen sein? Wäre es richtiger gewesen, vor einem Jahr das Haus bei Toulon in Südfrankreich zu kaufen und dort still für Familie und Werk zu leben? Bedenken und Zweifel kommen auf. Drei Jahre zuvor war er den Religiösen Sozialisten und der SPD beigetreten; unter dem Druck der neuen Verhältnisse meint er sie verlassen zu müssen.

»Die Zugehörigkeit zum Bund religiöser Sozialisten bedingte die Mitgliedschaft bei der SPD. Da ich in der gespannten Lage zwischen SPD und Religiösen Sozialisten an einer Auswirkung meiner Bestrebungen immer mehr zweifeln mußte, betrieb ich vom Sommer 1931 ab den Austritt aus der Partei, der infolge interner Verzögerungen im Herbst 1932 erfolgte.«[25]

Diese spätere Schilderung entspricht nur teilweise der Wirklichkeit; denn Kleppers Tagebucheintragung vom 19. Oktober 1932 begründet die Notwendigkeit einer endgültigen Lösung von der Sozialdemokratie mit der in Aussicht stehenden Anstellung im Berliner Funkhaus. In einer Aufzeichnung vom 21. Oktober 1932 wird derselbe Entschluß als »einer der kritischsten Momente meines Lebens« bezeichnet[26]. Jedenfalls wird der offizielle Austritt aus der SPD durch einen Brief vom 20. Oktober 1932 an die Leitung des Bezirks Steglitz bestätigt. Vier Wochen vorher hatte Klepper den Reichsverband der deutschen Presse verlassen, und am 31. Dezember dieses Jahres löst er sich vom Schutzverband deutscher Schriftsteller. Damit schwindet die letzte Verbindung auf linker Seite, wo man den nicht mehr zu haltenden Schriftsteller mit seinen Manuskripten bei rechtsstehenden Redaktionen hausieren schickt.

Vorher hatte ihn eine Reportagereihe über »Das Kinderleben 1932« mit Günther Birkenfeld in die sozialen Probleme der Hauptstadt eingeführt. »Die Kinderaufsätze für den ›Vorwärts‹ gehören zu den ganz wenigen Arbeiten unter meinen journalistischen Publikationen, die ich anerkenne.«[27] Aber der »Vorwärts« zahlt nur 30 Mark dafür, während die zur selben Zeit mit Eugen Diesel und Generaldirektor Glum von der Kaiser-Wilhelm-Gesellschaft in der »Woche« veröffentlichten Gespräche 150 Mark einbringen. Wovon soll man leben? Im übrigen hält Klepper trotz all seiner Liebe und Bewunderung für Balzac und Zola den sozialen Stoff für »abgewirtschaftet«, die sozialen Probleme für endgültig in die Politik überführt, die »depravierte Kirche«, deren »Aufstreben in der nationalen Erneuerung« ihn anwidert, für den einzigen Romangegenstand der nächsten Zukunft.

»Ich werde niemals ein proletarischer Schriftsteller sein; das Religiöse wird mir bei der SPD immer im Wege stehen. Ich werde niemals diesen neuen nationalen Aufstieg des Protestantismus mitmachen können, ich werde seinen ›Ton‹ nicht finden können und wollen und für diese Leute immer der allenfalls geduldete, harmlose Sozialdemokrat sein. Diese Kirche ist mein Todfeind. Aber ich kann nicht aus ihr austreten. Es hält mich etwas, das bis auf den ersten Jüngerkreis zurückreicht.«[28]

Aus solch widerspruchsvollen Regungen entsteht die »Verringerung, das Zerbrechen des inneren Elans«. Mit dreißig Jahren, einem unveröffentlichten Roman, drei Novellen und vielen Aufsätzen, von denen er nur wenige schätzt, steht Jochen Klepper vor einer ungewissen Zukunft. Maßgebend ist nur noch der Widerwille gegen ein freiwilliges Gesinnungsmartyrium, die Verbindung mit Hanni und der Glaube an seine Aufgabe als Schriftsteller und als Christ.

»Der Kahn der fröhlichen Leute«

Im Augenblick dieses Abschieds von der Vergangenheit entsteht der Plan einer »Odererzählung« mit dem Titel »Der Kahn der fröhlichen Leute«, der gleichzeitig Neigung und finanzielle Bedürfnisse befriedigen soll. Monty Jacobs von der »Vossischen Zeitung« zeigt Interesse dafür und ebnet die Wege zum Ullstein-Lektorat, das seinerzeit die »Große Directrice« abgelehnt hatte.

Die Arbeit am »Kahn« schreitet rasch und ohne besondere Schwierigkeiten voran, da die Studien des Oderlebens und die Sammlung von Zeitungsausschnitten schon für den vorher geplanten Roman »Hoffnungslosigkeit« bereitlagen. Die Hauptgestalt der Novelle, das kunstliebende Schiffermädchen Wilhelmine Butenhof, erwächst aus den zusammenfließenden Erinnerungen an den jüngsten Bruder Billum, an Sarah Bernhardts Aufzeichnungen über ihre Schwester Regina und an den tiefen Eindruck, den Anny Ondra bei der Premiere ihres neuesten Films »Kiki« auf ihn gemacht hatte.

Selbstkritisch stellt Klepper fest, in der Behandlung der deutschen Nachkriegszeit fühle er sich als Dilettant, und tatsächlich verbleibt alles – durchaus seinem eigenen Lebensgefühl entsprechend – mehr in der Perspektive von unten, im Mitgefühl für die Opfer undurchschaubarer gesellschaftlicher Veränderungen, als daß diese durchschaubar würden. Aber es gelingt ihm, im heiter-bitteren Schicksal einer Gruppe erwerbsloser Artisten das Schwinden einer Welt darzustellen. Es ist die glänzende und scheinbar unbeschwerte Welt der Kunst und des Spiels, die er seit seiner Kindheit im Banne von Mutter und Tante zusammen mit dem jüngeren Bruder Erhard erlebt hat, die Verzauberung vom Puppentheater, der Geruch von Schminke und Kostümen, die bunten Farben einer Palette, der sich die Brüder und Onkel Kunz mit mehr oder weniger Talent verschrieben hatten, die festliche Belebtheit mit Konzerten und Vorstellungen im Beuthener Pfarrhaus.

Diese Welt übt immer noch eine solche Anziehungskraft aus, daß Klepper mit Hanni und dem Bruder Erhard, der als Pensionär und pekuniäre Stütze mit ihnen im Südender Heim lebt, ungeachtet all ihrer Sorgen, mit Plastiken, Federn, Stoffen, Schmuck und Grammophon eine wahre Revue in Szene setzt. Er ist übrigens der festen Überzeugung, daß sich in ihm eines der stärksten deutschen Regietalente verbirgt, wobei ihn wiederum eine unerklärliche Scheu von der Bühne fernhält. Um so heftiger drängt es ihn ins Parkett des Großen Schauspielhauses zu Max Reinhardts Inszenierung von Offenbachs »Schöner Helena« oder des Theaters am Gendarmenmarkt zur Aufführung von Wedekinds »Liebestrank«. Mehr als Arnold Zweig, der ihn bei einem Interview enttäuscht, gefällt ihm die Gesellschaft der Tänzerin und Sängerin Valeska Gert, die er abends in ihrem ärmlichen Kabarett »Kohlkopp« aufsucht.

Am 2. November, zu Hannis Geburtstag, kann er den glücklichen Abschluß seiner »Novelle« melden, und zum 15. November steht ihm bereits, dank Harald Brauns Vermittlung, ein Assistentenposten im Berliner Funkhaus in Aussicht. Die Wahl vom 6. November, bei der er zum letzten Mal SPD wählt, bringt sogar einen gewissen Stimmenrückgang für die Nationalsozialisten. Sollte sich doch noch

Jochen Klepper in der Voranzeige zu einer Sendung »Zehnmal Publikum auf Schallplatten« im Dezember 1932

alles zum Besseren wenden? Klepper kämpft gegen die Erschöpfung an; er schläft erst nach drei oder fünf Uhr morgens ein und träumt von Verschüttung in Sandgruben, von mühevollem Kriechen durch dunkle endlose Schächte, von Verbrennungen und Messerstichen, die er nicht mehr spürt. Wohin treibt das kommende Jahr?

»Die Tage sind Münzen mit zwei verschieden geprägten Seiten. Man weiß: Gott kann auf jeden Tag des neuen Jahres Leiden über Leiden häufen. Gott legt zuvor eine einzige Ausgefülltheit über das ganze Wesen: ›. . . zu verkünden das angenehme Jahr des Herrn‹. Er wird reden. Das ist das einzige Versprechen über die Zukunft. Das Versprechen, das alles andere auslöscht, was als Idyll und als zäher Kampf meines Lebens unentwegt wechselt, sich ablöst, ineinander greift, nebeneinander läuft.«[29]

Im Umbruch

Die erste Post im neuen Jahr bringt die Absage von Ullstein für den »Kahn«. Gleichwohl bieten sich neue Möglichkeiten für Kleppers literarisches Schaffen. Die Deutsche Verlags-Anstalt (DVA) in Stuttgart erklärt sich zum Erwerb des kleinen Romans bereit mit einem Vorschuß von 4 bis 5000 Mark und einem Honorarsatz von 15 Prozent je verkauftes Exemplar bei einer Auflage von 2 bis 3000. Auch ist man bereit, dem neuentdeckten Autor zur Sicherung des Lebensunterhalts eine monatliche Pauschale von 300 Mark zu überweisen. Klepper macht mehrmals Bilanz; sein Wunsch wäre, »wenigstens so dazustehen wie ein höherer Beamter (preußisches Ideal deutscher Dichter!)«[30].

Doch inzwischen ist es zum 30. Januar des Jahres 1933 gekommen, dem folgenschweren Datum. Klepper ahnt bereits die aufziehenden Gefahren, als er in sein Tagebuch schreibt:

> »Hitler ist Reichskanzler. Noch einmal ist das verhängnisvollste Bündnis zustandegekommen, das Gustav Freytag die größte deutsche Gefahr nennt: das Bündnis zwischen dem Adel und dem Pöbel. Im Funk müssen wir fast alle mit unserer Entlassung rechnen, obwohl es schon der reaktionäre Rundfunk war.«[31]

Alarmierend wirkt die Nachricht vom Brand des Reichstagsgebäudes, überschattet die ersten Vorfrühlingstage in Südende. Zu Renis Geburtstag sind die Schwester Hilde und Herr Ehlers von »Westermanns Monatsheften« mit Frau zu Gast. In alle Gespräche mischt sich die Unruhe angesichts der bevorstehenden Reichstagswahl. Diesmal haben Jochen und Hanni Klepper das Gefühl, »Nathan der Weise« zu spielen: die Jüdin und der Protestant wählen den Katholiken Brüning, in dem sie den Vertreter des unverzerrten Nationalismus und des maßvollen Bürgertums zu finden glauben. Hitler verkündet indessen über alle Sender ein neues deutsches Reich »in Einigkeit, Kraft und Herrlichkeit«. Die »Reform« des Rundfunks macht sich in schnellen Schritten bemerkbar, und die Angestellten – ob demokratisch, liberal oder kulturbolschewistisch eingestellt – bangen als gleich verdächtig um ihre Zukunft[32]. Seit dem 11. März ist Joseph Goebbels zum »Minister für Volksaufklärung und Propaganda« ernannt und damit auch Machthaber über den Rundfunk geworden; es beginnt der »Wettlauf um das runde Plakettchen«, das Parteiabzeichen. Schon weht die Hakenkreuzfahne auf dem Funkhaus. In der allgemeinen Begeisterung über Aufbau und Umschwung scheinen Begriffe wie »Krise des Kapitalismus«, »Krise der Demokratie«, »Krise des Klassenkampfes« zu Museumsgegenständen erstarrt zu sein. Gleichwohl vermutet Klepper hinter diesem Neuaufstieg des deutschen Nationalismus »seine größte Krise und seine Enderscheinung«. Durchaus positiv wertet er an der neuen Staatsführung die »verwaltungsmäßige Gleichschaltung der Länder bei stärkerer Berücksichtigung alles Bodenständigen und Landsmannschaftlichen«; unüberbrückbar trennt ihn davon die Gleichschaltung von Staat und Kirche und der täglich anwachsende Antisemitismus. Schnabels Beethoven-Abende mußten ganz plötzlich abgesagt werden. Die so groß aufgemachte Revolution schürt Pogromstimmung.

Zwischen Klepper und seiner Frau nehmen die religiösen Gespräche mehr und mehr Raum ein. An wen soll man sich in dieser Zeit halten? Nach der Loslösung von den sozialdemokratischen Kreisen bleibt nur noch die Flucht ins Private, die Flucht in das »maßvolle Bürgertum, das sich so schwer zwischen zwei Revolutionen behauptet«. Der Machtlose rettet sich in eine positive Deutung: vielleicht kommt auf diese Weise das Individuum wieder einmal zu Ehren? Eine merkwürdige Hoffnung gerade jetzt, da sich das stille Judenpogrom zum legalisierten Boykott gegen jüdische Geschäfte, Richter, Anwälte, Ärzte und Künstler wandelt. In Berlin ist relativ wenig davon zu merken, weil es sich am stärksten im Blickfeld der Auslandspresse befindet. Dafür äußert sich der Antisemitismus um so unverhohlener in den Provinzstädten von Bayern, Hessen, Thüringen, Sachsen, ja auch im nächsten Kreis der schlesischen Heimat. So wird Klepper vorgeworfen, daß er unter dem Einfluß seiner jüdischen Frau zu hohen Zins für die Schulden der Eltern fordert: »Gegen deine eigene Familie bist du hartherzig und der verfluchten Judenbande gegenüber steckst du alles rein.«[33] Dabei empfindet sich Klepper dem Judentum gegenüber »weder als Antisemit noch als Philosemit«. Gewiß fühlt er sich mit ihm durch seine Frau verbunden – der übrigens von ihrer ursprünglichen Religion nur einige Verwandte und Freunde nahegeblieben sind –, aber vor allem in der Überzeugung des gläubigen Christen, daß die Heilsgeschichte der Juden erst der Weltgeschichte den Sinn gibt. In diesen Tagen der Verfolgung und des Hasses leidet er besonders unter dem Schweigen seiner Kirche. Er sehnt sich nach Predigten des Mutes und der Wahrheit und weilt lieber »dort, wo Gott leiden läßt, als jetzt mit Gott für das Vaterland ›emporgetragen‹ zu werden«[34]. Offenbar ahnt er die Tragweite dieser Einstellung, wenn er bemerkt: »In mir wird in diesen Tagen etwas geboren, was auf das Zentrum meines Lebens zustößt.«[35]

Hanni und Jochen Klepper in Berlin, vor ihrem Einzug in Südende

Harald Braun (rechts) während einer Sendung

Verführerische Szene: Reichspräsident v. Hindenburg mit Ministern des neuen Kabinetts und hohen Geistlichen (darunter Generalsuperintendent Otto Dibelius) beim Verlassen der Potsdamer Nikolaikirche am »Tag von Potsdam«, dem 21. März 1933

Erhofftes Idyll: das Haus in Südende

Der ungeliebte Arbeitsplatz: das Ullstein-Haus

. . . und immer wieder Potsdam (Durchblick zur Garnisonkirche)

Die in Aussicht genommene Taufe von Frau und Kindern erweist sich politisch als sinnlos. Dazu wartet der Geistliche, bei dem Hanni sich zur Taufe angemeldet hatte und der sich nach vier Wochen zum ersten Mal sprechen läßt, mit solchen religiösen Plattheiten auf, daß der Plan endgültig aufgegeben wird. Ehe und Stellung sind nun bedroht. Eine Denunziation gegen Jochen Klepper als ehemaliges Mitglied der SPD mit jüdischer Frau ist bereits über den Reichsverband der nationalsozialistischen Rundfunkhörer eingelaufen. Der Anstellungsvertrag muß hinausgeschoben werden, und Kleppers Name darf nur noch selten in dem Funkprogramm auftauchen. Hörfolgen, die seine glühende Liebe zum Vaterland und zur Heimat an der Ostgrenze bekunden, ganze Zyklen, die von A bis Z von ihm entwickelt wurden, laufen jetzt unter dem Namen anderer, geistig unbegabter, aber politisch unbelasteter Autoren.

»Schicksal als Jude, Schicksal als Geist, Schicksal als Künstler (Schicksal in der Familie) – Demütigungen, Demütigungen. Gegen meine Liebe, gegen meinen Ehrgeiz wird wilder Sturm gelaufen, und das in einer Zeit, in der ich bis an die Ohren in Kunst stecke, Einfälle, Erfahrungen, Formen und Konstruktionsvermögen zur Verfügung habe. Deutlicher als durch meine unentwegte anonyme Beschäftigung kann mir gar nicht gezeigt werden, wie stark an sich jetzt Aufnahmefähigkeit für meine Arbeit da ist. Und nun so im Schatten zu stehen, abgearbeitet, freudlos. Das alles muß ich klar sehen, denn ich hasse religiöse Schwärmerei.«[36]

Diese Sätze sind am 5. Juni 1933 geschrieben. Zwei Tage darauf erfährt er, daß er aus dem Funk entlassen ist. Dreißig Wochen voller Freude, Verbitterung und maßloser Arbeit – und alles reißt jäh ab. Vor Presse und Verlag steht er als »nicht genehm« abgestempelt da. Zwei Jahre des Neuaufbaus sind dahin – getroffen vom vierten Schlag nach dem Verlust von Hannis Vermögen, dem Zusammenbruch seiner Breslauer Existenz und dem völligen Ausbleiben von Aufträgen aufgrund der feudalen Gegenrevolution im Sommer 1932.

Doch ein Schlag schwächt den anderen ab, lähmt allmählich den innerlich zermürbten Menschen. Klepper hielt den Aktivismus nie für seine Sache (»da bin ich einer, der gar nichts zu sagen hat«), dafür fühlt er sich angezogen vom Glauben an den verborgenen und offenbarten Gott, von »Eltern, Kindern, Mann und Frau. Vom Idyll, vom Kampf, vom Abgrund, der jedes Leben umschließt. Von Heimat«.[37] Er will sich vor religiöser Schwärmerei hüten, fühlt sich jedoch immer mehr von der aktiven in die passive Sphäre gedrängt.

»Nun kann sich zwischen mich und meine Zeit eine dicke Schicht legen, eine böse Entfremdung wird vielleicht einsetzen. Ich werde alles, was geschieht, nicht im Abstand, sondern, fürchte ich, in der Verzerrung sehen. Emigranten-Stimmung tut nie gut: ich bin jetzt durchaus im Exil.«[38]

Die Krise

Die Tagebuchseiten dieser vier Wochen haben alle Facetten der Erfahrung einer Lebenskrise – der zweiten nach dem Abbruch des Studiums – festgehalten: den ersten lähmenden Schock und den Versuch, an kleinen alltäglichen Verrichtungen Halt zu gewinnen, mit Gartenarbeit, Ordnen der eigenen Sachen und Schriften, »als wäre es mein Nachlaß«. Er spürt, daß solche Sichtung eine fast heilende, beruhigende und ablenkende Wirkung ausübt.

Aber die Sichtung zeitigt auch eine unerbittliche selbstkritische Bilanz. Zweifel türmen sich auf, lassen alles bisher Geschaffene unzulänglich erscheinen. Dazu kommen die Selbstanklagen. Der Bruch mit Beuthen nährt das Schuldgefühl, und der unerfüllte Wunsch nach einem eigenen Kind vertieft das Empfinden eines unfruchtbaren Daseins. »Mir ist klarer als früher, daß in meiner Ehe das Verhältnis Mann zu Frau eine erschreckend geringe Rolle spielt. Das A und O dieser Ehe ist: der übriggebliebene Mensch.«[39] Aus tiefen Depressionen tritt immer zwingender der Gedanke an den freiwilligen Tod hervor, jetzt mit veränderter Einstellung; »ich glaube, daß der Selbstmord unter die Vergebung fällt wie alle andere Sünde«. Mit Hanni werden diese letzte Möglichkeit und alle die Kinder betreffenden Angelegenheiten besprochen. Wer sterben will, sagt es dem anderen . . .

Allmählich setzt sich jedoch eine neue Entschiedenheit durch: »Die Ehe ist eine Lebensgemeinschaft, aber kein Todesbund.« Und die äußerste Krise scheint überwunden, wenn es im Tagebuch heißt:

»Aus dem Krankhaften unserer verkappten Erregung müssen wir heraus. Wir haben es beide gleichzeitig gespürt. Mich hält einfach der leidenschaftliche Wunsch, noch weiter da zu sein, dann der Schauder vor dem Unwiderruflichen. Hanni hält die Pflicht gegen die Kinder und vielleicht das Mitleid mit meiner Lebenslust, auch hält sie manchmal das Glück unserer Liebe, unseres Zusammenlebens . . . Ich selbst bin, was das Schreiben betrifft, verdammt bescheiden geworden. Alle großen Worte sind mir vergangen, und viele große Gefühle scheinen mir nebensächlich, ja, ich empfinde Scham für vieles, was ich geschrieben habe . . . Die größte Skepsis spüre ich gegenüber den – als Form von mir so geliebten – Gedichten. Dort macht sich die Lüge am frechsten breit! In Tagebüchern und Gedichten! Tagebuch führe ich, weil ich fasziniert bin von der Handlung, die ein anderer mit meinem Blute schreibt . . .«[40]

Verfolgt man Schritt für Schritt diese Lebensspur in Kleppers Eintragungen, dann wird einem deutlich, in welchem Maße ihm dies zweifache Gegenüber zur Bewältigung der Krise geholfen hat: das Tagebuch und die Bibel. »Ja, ich bin sehr rasch ein erbitterter Gegner meiner Theologie, nicht aber meines Glaubens geworden.«[41] Gott ist ihm näher gerückt, »wie ein Mann mit seinem Freunde redet . . .«

Der Wunsch nach Nähe und Geborgenheit, durchaus regressive Züge, gehören mit zum Abklingen der Krise. Schon anfangs hatte er an eine Aufzeichnung seiner Kindheitserinnerungen gedacht, »aber Beuthen mischt sich zu schmerzlich darein«. Beim Blumenpflanzen im Garten, auf Spaziergängen unterwegs und im Nachdenken für eine naturkundliche Reihe, einen anonymen Auftrag von Harald Braun für den Funk, versenkt er sich in die elementaren Dinge der Landschaft und Natur. Die Gedichte aus diesen Wochen sind stark davon getönt: »Bauerngebet«, »Nachspruch zu einem Buch«, Fischlegende 1 und 2«, »Petri Ring«, »Mein Herz hat einen Schlag getan«[42]. Kennzeichnend hierfür, zugleich für eine stärkere Verdichtung im lyrischen Ausdruck, mag der folgende kurze Text stehen, der auch Kleppers Taufspruch (»Ich habe dich bei deinem Namen gerufen . . .«) anklingen läßt:

Ohne Gott bin ich ein Fisch am Strand,
ohne Gott ein Tropfen in der Glut,
ohne Gott bin ich ein Gras im Sand
und ein Vogel, dessen Schwinge ruht.
Wenn mich Gott bei meinem Namen ruft,
bin ich Wasser, Feuer, Erde, Luft.[43]

Nach Stürmen, Gewittern, Wolkenbrüchen, jähen Sprüngen von Kälte zu Schwüle endlich ein stiller Sommertag Anfang Juli; »die geliebte kleine Umwelt noch zu haben, das alles wird man dankbar ergreifen müssen in einer Zeit, die Krieg und Bürgerkrieg unter nur dünner Decke verbirgt«. Klepper vermerkt wieder aufmerksam, was die Zeitungen vom politischen Geschehen in der fernen wie der näheren Welt berichten. Über den Aufbau im neuen Deutschland werden wahre Hymnen gedruckt, Verfolgung und Selbstmorde dagegen verharmlost oder verschwiegen. Der schleichende Pogrom macht ihrer beider Schicksale zu einem von vielen eingekreisten Schicksalen, die in Deutschland keinen Raum mehr finden, jedoch: »Mein Beruf bietet uns im Ausland keine Lebensmöglichkeit . . .«[44] Es ist ein grausamer, heimlicher Krieg, in dem die »Stillen im Lande« entgegen allen Behinderungen Würde und bürgerliches Dasein aufrechtzuerhalten suchen. »Gerade wenn man alles beiseitegeschoben hat, findet man ja . . . eine neue Möglichkeit zu leben; nur da zu sein.«[45]

So ist schon fünf Wochen nach der Entlassung aus dem Funk die Krise überwunden. Dazu verhilft auch Harald Brauns Bescheid, der eine Anstellung im Ullstein-Haus bei der Funkzeitung »Sieben Tage« mit 3 bis 400 Mark Monatsgehalt in Aussicht stellt, freilich nur solange das Journalistengesetz nicht dem Beamtengesetz mit seinem »Arierparagraphen« angeglichen wird. Wenn dies geschieht, haben auch in der Presse Männer mit jüdischen Frauen keine Zukunft mehr.

Im Ullstein-Haus

Die Mitarbeit bei Ullstein beginnt am 27. Juli. Trotz heftiger Depressionen arbeitet der neue Redakteur den ganzen Tag in dieser subalternen Stellung. Um sieben Uhr morgens steht er auf, um neun beginnt der Dienst, außer am Umbruchstage (Montag) ist er nachmittags um fünf Uhr beendet; dann holt er, wenn schönes Wetter ist, seine Frau im Garten ab. Manchmal geht er auch schnell noch schwimmen. Nach dem Abendessen führt er die anderen schriftstellerischen Aufträge zur Aufbesserung des Einkommens aus.

»Warum darf man als höchstes Ideal nur noch begehren, versteckt in einem Winkel mit unpersönlicher, risiko- und elanloser Arbeit sein Existenzminimum verdienen zu können? Der Tag einer leeren Erwerbsarbeit – der Abend anonymer und pseudonymer Nebenarbeit, weil die Hauptarbeit den Bedarf für unser Leben nicht deckt . . . Aber unser Leben geht weiter. Dort liegt der Antrieb. Dort liegt die Quelle der Dankbarkeit. Gott läßt einen die Linien seiner Führung nicht erkennen – er gibt einem nur in ihrem Hin und Her, Kreuz und Quer das Bewußtsein, daß man geführt wird.«[46]

Mit Verwunderung nimmt Klepper die äußerst günstigen Besprechungen seines Mitte Juni erschienenen Buches »Der Kahn der fröhlichen Leute« auf. Es kommt ihm voreilig vor, wenn die meisten Blätter und Zeitschriften[47] sein »literarisches Entrée« durch dieses einzige Buch für absolviert halten. Die Zweifel richten sich weniger gegen das eigene Talent, vielmehr »der Glaube rüttelt immerzu an den Wurzeln und Wipfeln der Kunst in einem . . . ich lebe nur in der Spannung, was Gott mit mir in meinem Widereinander von Kunst und Glauben beginnt«.[48] Wird ihm jemals der Wunsch erfüllt, ein protestantischer Dichter sein zu dürfen? Auf alle Fälle wird er sich zu keiner liebenswürdigen Schilderung hergeben, in der es gilt, den Menschen, denen viel versagt ist, eine heitere Illusion zu schenken! Jedoch die Ereignisse dieser Monate und ihre Auswirkungen auf seine Existenz lassen keine Sammlung aufkommen. Vielleicht muß er mit einer bestimmten Gattung von Schriftstellern, die keinen Wehrgeist, kein Gemeinschaftserlebnis, keinen Beugungswillen gegenüber politischen Heilslehren haben, aus der Literatur verschwinden? Tief beglückt ihn dementgegen die aufmerksame Zustimmung seines ehemaligen Breslauer Lehrers Rudolf Hermann zu dem Buch und den eingesandten Gedichten, weil er »die Unverlogenheit in Person ist und weil es niemand gibt, der in religiöser Hinsicht so auf mich gewirkt hat wie er mit seinen schlecht besuchten Kollegs«[49].

Manchmal wünscht er sich »wesentlich künstlerische Leistungen als geistige Ahnen und Nachkommen«, weil ihm die Familie aus Fleisch und Blut so niederdrückend entfremdet ist; doch solche Wunschträume werden von der harten Wirklichkeit rasch verdrängt. Heinrich Mann, Alfred Kerr, Ernst Toller, Lion Feuchtwanger ist bereits die deutsche Staatsbürgerschaft aberkannt und ihr Vermögen beschlagnahmt worden. Die Funkgrößen des alten Regimes sind in das Konzentrationslager Oranienburg verbracht und in Reih und Glied mit Händen an der Hosennaht fotografiert worden. Der Berliner Sendeleiter Mariaux, ein leidenschaftlicher Nationalist, mußte seinen Platz räumen und wird als Ullstein-Vertreter nach Paris gehen. Den Juden soll das Betreten der Badeanstalten verwehrt werden, eine Maßnahme, die besonders hart Kleppers Stieftöchter Reni und Brigitte trifft, die bei jedem Wetter und jeder freien Stunde im Schwimmbad stecken. Offizielle Erklärungen kennzeichnen »Mischehen mit Fremdrassigen« als den »Grund für geistige und seelische Entartung wie für die Entfremdung dem eigenen Volke gegenüber«. Beziehungen zu Juden sollen in Zukunft mit Konzentrationslager bestraft werden.

Im Bann des »Vater«

Trotz zunehmender Isolierung denkt Klepper nicht daran, diesen Staat und diese Kirche zu verlassen, auch wenn er sich mehr und mehr davon ausgeschlossen sieht. Um so mehr an Gewicht gewinnt das eigene Haus, das sich ihm jetzt mit dem Bild des Pfarrhauses als Hort der bleibenden Werte verbinden kann. Der Gefahr des Ghettos, auch dem Gefühl der Sterilität will er mit seinem literarischen Schaffen begegnen. Er weiß, daß dieses ihm nicht mehr zum sozialen Aufstieg verhelfen kann. Jede Hoffnung auf eine Rehabilitierung des Individuums, wie er sie noch ein Jahr davor hegen konnte, ist in diesem »überpolitisierten« Dritten Reich, das nur die Uniform gelten läßt, völlig aufgegeben. In seiner Lage erscheint es ihm sogar höchst zweifelhaft, ob man ihm noch die Publikation eines weiteren Buches unter seinem Namen gestattet. Schreiben bedeutet für Klepper unter solchen Umständen ein Zeugnis des Glaubens, ein Gespräch mit Gott und den Menschen, die auf seine Allmacht vertrauen.

In diesen Tagen blüht der Hochsommer in seiner letzten Pracht. Das Auge kann sich von den Schlagzeilen erholen im malerischen Ausblick von Nikolskoe, im Anblick der Fülle von Segeln auf dem Wannsee, eines Sonnenuntergangs auf der Pfaueninsel. Aus dem leidenschaftlichen Bedürfnis, hier neu Wurzeln zu fassen, sich und den Kindern eine Tradition zu schaffen, an die das Herz sich halten kann, durchschweifen Hanni und Jochen Klepper die weitere Umgebung, Strausberg, Rheinsberg, Schloß Charlottenhof, das Neue Palais, den Park von Sanssouci, das Potsdamer Stadtschloß, wo ihn die Gemälde von der Hand des Soldatenkönigs seltsam anrühren. Jeder freie Sonntag ist diesen Entdeckungsreisen durch die neue Heimat gewidmet. »Je mehr ich mich geistig als Emigrant im Vaterlande fühlen muß, desto heftiger und inständiger wünsche ich dieses Heimischwerden.«[50]

Am 13. Sepember schreibt Klepper in sein Tagebuch:

»Und dann, mitten beim Abendbrot, durchfährt es einen auf einmal am ganzen Körper: Das ist das neue Buch! Der Vater. Die Geschichte Friedrich Wilhelms I.

Daher also Potsdam und immer wieder Potsdam. Daher die eigentümliche Wirkung der Bilder Friedrich Wilhelms – der Gedanke an Billum im Hofleben des frühen 18. Jahrhunderts; die Entdeckung eines ›Märkischen Rokoko‹, als das Kind mir auf der Fahrt nach Rheinsberg gegenübersaß, verstruppt, bäurisch, mit dem Hochmut einer Infantin. Daher richtete ich mir in Gedanken immer wieder Schlösser ein und verwarf sie und landete bei einem alten, würdigen Bürgerhaus. Daher das Kreisen meiner Gedanken um das Haften an Familie und Heimat. Das Werben um die Mark als Heimat. Daher das Spielen nur mit einem Buchtitel: ›Der Vater‹. (Ich dachte, es wäre Beuthen.) Bis heut habe ich nicht gewußt, daß es auf ein bestimmtes Buch zugeht und schon so weit ist.«[51]

Tags darauf beginnt er bereits mit den Vorarbeiten, obwohl er nicht einmal weiß, ob dieses Buch jemals in Deutschland erscheinen kann.

Die Absicht, in dieser Zeit das Leben Friedrich Wilhelms I. darzustellen, geht also auf verschiedene Anstöße zurück, ist aber hauptsächlich von drei Bedürfnissen genährt: er möchte, »weil ich nur vor mir und hinter mir keine Familie habe . . . ›Ahnen‹ und ›Nachkommen‹ in der geistigen Geschichte haben«, ferner seine politische und gesellschaftliche Ausschaltung durch Eingliederung in das protestantische Preußentum kompensieren, schließlich seine eigene, existentielle Erfahrung, vor allem in der Beziehung zu seinem eigenen Vater, im Rahmen eines historischen Modells verarbeiten. Von vornherein tritt er Vermutungen einer »geschickten Flucht vor heikler Aktualität« oder gar raffinierter Parallelen zwischen dem Staat des Soldatenkönigs und dem Dritten Reich entgegen. Andererseits räumt er ein, daß ihm dieser »märkische Heimatroman« die Möglichkeit bietet, »seiner Lage und seiner Zeit zu entgehen«. Die hier vertretene Tendenz könnte nach seinem Ermessen, obwohl nicht ausgesprochen nationalsozialistisch, durchaus von den amtlichen Stellen toleriert werden. In diesem Sinne schlägt Klepper dem Direktor des Ullstein-Verlags vor, eine »neu-märkische« oder »Neu-Potsdamer Gruppe«, aus Edlef Köppen[52], Harald von Koenigswald, Reinhold Schneider und ihm selbst bestehend, ins Leben zu rufen.

Mit der Konzeption dieses Romans verbindet Klepper aber noch eine andere Absicht: da er sich nicht berufen fühlt, seine Weltanschauung theoretisch zu formulieren, sieht er hier die Möglichkeit, seine Vorstellungen von Familie, Staat und Kirche, die ihn beschäftigende Spannung zwischen Glaube und Ethik, andererseits die zwischen Gottes Wegen und dem scheinbar regellosen Geschick der Menschen gleichsam »in Bildern« darzustellen. Ein kühnes Vorhaben für einen Schriftsteller, dessen Produktion sich bis jetzt auf einen kleinen Roman, einige mehr oder weniger autobiographische

Erzählungen, ein paar Romanfragmente, eine Handvoll Gedichte und Hörfolgen beschränkt. Im Urteil der Buchkritik und des Publikums zählt er seit dem »Kahn der fröhlichen Leute« zu den »guten Heimatdichtern«. Den Mut und den Ansporn, sich zum protestantischen Deuter der preußischen Monarchie zu erheben, hat Klepper nicht nur aus seiner psychischen und sozialen Bedrängnis, sondern auch aus dem Beispiel empfangen, das ihm Reinhold Schneider gab; denn die Begegnung mit diesem hat ohne Zweifel einen ausschlaggebenden Einfluß auf seine eigene Entwicklung ausgeübt.

Der gleichaltrige hochgewachsene katholische Schriftsteller – »Friedrich Wilhelm hätte ihn sofort in sein Regiment gesteckt« – beeindruckt Klepper schon bei ihrem ersten Zusammentreffen im Berliner Funkhaus. Diese Unterredung, die im April 1933 stattfindet, steht bereits im Zeichen des Soldatenkönigs, da Schneiders Manuskript »Dienst an der Erde«, das Friedrich Wilhelm I. als Schutzherrn der Salzburger Vertriebenen darstellte, nach Kleppers Ansicht noch für die Sendung zu bearbeiten war. Schneiders Erinnerungen an diese erste Begegnung verraten, daß Kleppers Sympathie nicht auf Gegenseitigkeit beruhte. »(Klepper) saß am Fenster eines hellen Büros an der Masurenallee. Wir verstanden uns nicht oder jedenfalls nicht gut. Sein allzu gepflegtes Äußere, eine gewisse moderne Eleganz mißfielen mir.«[53] Die Besprechung endet ergebnislos; da Reinhold Schneider nicht in die von Klepper vorgeschlagenen Änderungen einwilligt, bleibt das Manuskript liegen.

Ein Jahr nach diesem ersten Kennenlernen empfängt Schneider zu seinem Erstaunen eine Karte von Klepper und dessen Frau mit äußerst freundlichen Worten zum Erscheinen seines »Hohenzollern«-Buches. Sicher wäre es übertrieben, in diesem Buch und seinem Autor den ausschließlichen Inspirator des Romans zu sehen; dennoch besteht kein Zweifel, daß dieser »badische Katholik«, wie ihn Klepper bezeichnet, durch sein Werk, durch den tiefen Ernst seiner religiösen Überzeugung, die ungeachtet aller Konjunktur Gottes Führung im Schicksal der Völker nachspürt, den protestantischen Schriftsteller auf den Weg seiner eigentlichen »Sendung« gewiesen hat. Das bezeugt seine Tagebucheintragung vom 15. April 1934:

»Der Tag hatte seine besonderen Eindrücke: die Dahlemer Dorfkirche, den alten Gutshof daneben. Und Reinhold Schneiders Hohenzollernbuch, das mehr in mein Leben und seine gegenwärtigen Verwirrungen oder Entscheidungen

– wie soll ich ermessen, was es ist! – eingreift, als ich heut noch sagen könnte. Schneider ist kaum wesentlich älter als ich. Aber sein Leben hat ein Resultat. Ich bin gerade beim Lesen dieses Buches so erschrocken, weil es mit meinen Gedanken so übereinstimmt, ja, ich kann mir nichts anderes mehr wünschen, als neben diesem Buch und diesem Autor mit meinem ›Friedrich Wilhelm‹ zu bestehen. Sonst hätte nämlich mein Buch nicht die mindeste Daseinsberechtigung!

Ich kenne Schneider von meiner Funkzeit her gut: die Bescheidenheit und Askese und Gediegenheit in Person, keiner Verführung durch Eitelkeit und Gewinnsucht fähig; durch echtes Verständnis der Zeit allen aktuellen Konjunkturschreibern weit voraus; bei allen Auszeichnungen, Berufungen und Ernennungen übergangen; Achtungserfolg, aber kein Publikum. Doch die Leistung liegt vor, und in dem einen Buche ist ganz Preußen.«[54]

Demgegenüber bedenkt Klepper unerbittlich seine eigenen Schwächen:

»Ich habe bisher unter dem Druck furchtbarer Sorgen gehandelt, soweit es Beuthen betrifft – im Antrieb der Dankbarkeit, wo es um Hanni ging – im Bedürfnis nach einem gutbürgerlichen, gepflegten Leben und aus kleinlichem, krankhaftem Ehrgeiz, wo ich selber im Spiele war, – dazu verleitete mich eine nicht sonderlich fundierte geistige Beweglichkeit (die sich auf den verschiedensten Gebieten des Schreibens sehr rasch Sicherheit und Selbständigkeit aneignete), Talmi für Gold zu nehmen. Nun kommt die große Angst, daß alles, alles das nicht einen Schritt auf die Kunst zuführt. Nun folge ich allein dem egoistischen Wunsch, in diese Sphäre des Ernstes zu dringen, der allein das Leben erträglich macht. Ich nehme dafür Opfer an, ich verleugne meine finanziellen Wünsche, meinen Ehrgeiz – und weiß nicht im mindesten, ob das Talent überhaupt da ist, das mich in jenen Bezirk führen muß.«[55]

In den darauf folgenden Tagebuchaufzeichnungen kommt Klepper mehrmals auf die neugewonnene Gewißheit seines Auftrags als Schriftsteller zurück und reflektiert seine Nähe zu Schneiders Werk:

». . . wenn ich Reinhold Schneiders Buch lese, spüre ich plötzlich etwas, was in allem Unpersönlichen stärker ist als Freundschaft. Ja, dieses Buch ist das einzige, was es – neben der Ehe – für mich an Freundschaft gegeben hat. Hier könnte einmal einer kommen und von Plagiat reden, so stark ist die Übereinstimmung meiner Pläne mit Schneiders Leistung.«[56]

Bei soviel Übereinstimmung sind jedoch die Unterschiede nicht zu übersehen. Fraglos prägt sich bei Klepper wie zuvor schon bei Schneider der bestimmende Zug einer Sakralisierung der Monarchie aus, wobei Schneider in seinen Erinnerungen betont, erst Klepper habe ihn auf die »strenge Katholizität« in seinen Büchern angesprochen und an der »Errichtung des Kreuzes in meinem Leben einen großen Anteil«[57]. Beider Profil hebt sich jedoch stär-

Selbstbildnis Friedrich Wilhelms I. im braunen Rock »Und dann, mitten beim Abendbrot, durchfährt es einen auf einmal am ganzen Körper: Das ist das neue Buch! Der Vater. Die Geschichte Friedrich Wilhelms I. Daher also Potsdam und immer wieder Potsdam. Daher die eigentümliche Wirkung der Bilder Friedrich Wilhelms ...«

Manuskriptseite aus »Der Vater«

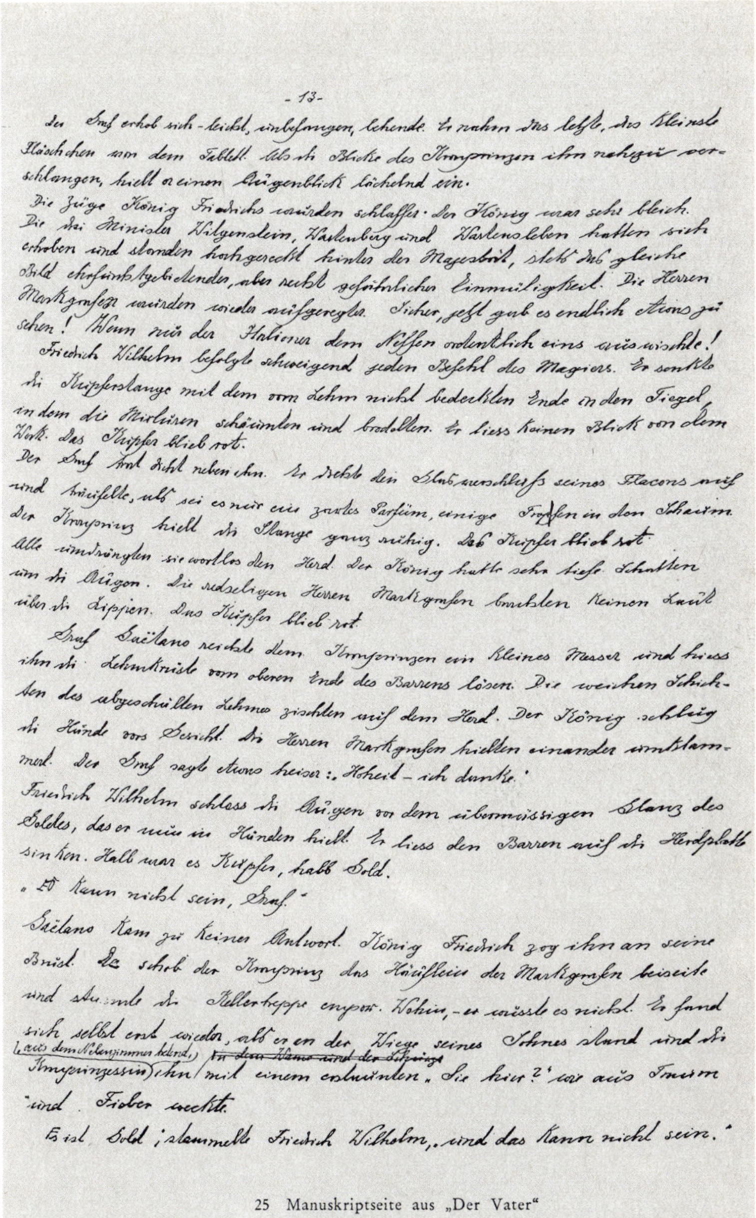
- 13 -

Der Graf erhob sich – leicht, unbefangen, lächelnd. Er nahm das letzte, das kleinste Fläschchen von dem Tablett. Als die Blicke des Kronprinzen ihn nahezu verschlangen, hielt er einen Augenblick lächelnd ein.

Die Züge König Friedrichs wurden schlaffer. Der König war sehr bleich. Die drei Minister Wittgenstein, Wartenberg und Wartensleben hatten sich erhoben und standen kerzengerade hinter der Majestät, stets das gleiche Bild ehrfurchtgebietender, aber recht gefährlicher Einmütigkeit. Die Herren Markgrafen wurden wieder aufgeregter. Sicher, jetzt gab es endlich etwas zu sehen! Wenn nur der Italiener dem Neffen ordentlich eins auswischte!

Friedrich Wilhelm befolgte schweigend jeden Befehl des Magiers. Er senkte die Kupferstange mit dem vom Lehm nicht bedeckten Ende in den Tiegel, in dem die Mixturen schäumten und brodelten. Er liess keinen Blick von dem Werk. Das Kupfer blieb rot.

Der Graf trat dicht neben ihn. Er drehte den Glasverschluss seines Flacons auf und träufelte, als sei es nur ein zartes Parfüm, einige Tropfen in den Schaum. Der Kronprinz hielt die Stange ganz ruhig. Das Kupfer blieb rot. Alle umdrängten sie wortlos den Herd. Der König hatte sehr tiefe Schatten um die Augen. Die redseligen Herren Markgrafen brachten keinen Laut über die Lippen. Das Kupfer blieb rot.

Graf Gaëtano reichte dem Kronprinzen ein kleines Messer und hiess ihn die Lehmkruste vom oberen Ende des Barrens lösen. Die weichen Schichten des abgeschälten Lehms zischten auf dem Herd. Der König schlug die Hände vors Gesicht. Die Herren Markgrafen hielten einander umklammert. Der Graf sagte etwas heiser: „Hoheit – ich danke."

Friedrich Wilhelm schloss die Augen vor dem übermässigen Glanz des Goldes, das er nun in Händen hielt. Er liess den Barren auf die Herdplatte sinken. Halb war es Kupfer, halb Gold.

„Es kann nicht sein, Graf."

Gaëtano kam zu keiner Antwort. König Friedrich zog ihn an seine Brust. Da schob der Kronprinz das Häuflein der Markgrafen beiseite und stürmte die Kellertreppe empor. Wohin, – er wusste es nicht. Er fand sich selbst erst wieder, als er an der Wiege seines Sohnes stand und die (aus dem Nebenzimmer tretend,) ~~in dem Raum und der Säugling~~ Kronprinzessin) ihn mit einem erstaunten „Sie hier?" wie aus Traum und Fieber weckte.

„Es ist Gold", stammelte Friedrich Wilhelm, „und das kann nicht sein."

25 Manuskriptseite aus „Der Vater"

ker voneinander ab, achtet man auf ihre jeweilige Intonation und Sichtweite. Unverkennbar zeigt sich das »Katholische« in Schneiders tragischer Geschichtsdeutung mit ihren großen Perspektiven auf historische Zusammenhänge und kontinentale Ausmaße, während das Geschichtsbild bei Klepper mehr der protestantischen Schriftauslegung nahekommt und von dieser strukturiert wird, andererseits eingegrenzter am mittel- und norddeutschen Raum haftet. Er hat diese Begrenzung selber wahrgenommen:

»Wo ich in Schlössern und in Menschen denke, denkt er in Ländern und Völkern.«[58] »Der Norden und der Osten sind mein Schicksal: Welche Überfülle birgt diese Begrenzung! Gott lasse mich von meinem Lande und von seiner Kirche schreiben.«[59]

Unter dieser Devise steht nun Kleppers Arbeit an seinem ersten großen Werk, in dem er Friedrich Wilhelm I., – anders als die meisten Historiker, die ihn bis dahin als bigotten und primitiven Herrscher dargestellt und lediglich seinen bürgerlichen Sinn für Ordnung und Sparsamkeit respektiert hatten – zum Prototyp des Gottesknechts und Vaters erhöht. Der Autokrat von Gottes Gnaden, der seine Untertanen wie die eigenen Kinder zwingt, die Uniform der Pflicht und des Glaubens zu tragen, wird für Klepper zur »vollkommensten Fiktion« seines Ideals: einem protestantischen Preußen, gegründet auf die gottgewollte Autorität des Vaters in den drei wesentlichen Lebensbereichen, der Familie, dem Staat und der Kirche. Indem Klepper diesem Schicksal nachspürt, der Tragödie des von den Seinen unverstandenen Vaters, des von seinem Volk zugunsten des aufstrebenden Sohnes mißachteten Herrschers wie des in seinen Werken getroffenen Menschen, der sich leidend und büßend Gott unterwirft, sublimiert Klepper besondere Erfahrungen seines eigenen Lebens: die Trauer um den Vater, den er nicht zu lieben vermochte und der nun fern von ihm dahinsiecht; dann den Wunsch nach einem Staat, der sich auf eine Vaterfigur wie die des alten Hindenburg stützen kann,und ferner den Hang zur preußisch protestantischen Tradition von Ordnung und Gehorsam, auf die er bemüht sein eigenes Dasein gründen möchte. So verherrlicht der erste Teil des Romans die harte und spröde Haltung, mit der der junge Preußenkönig die »Anarchie« und die frivolen Sitten »französischer Art«, wie sie unter der Herrschaft seines Vaters üblich waren, bekämpft. Bedenkt man Kleppers zwiespältige Natur, die in seiner Jugend immer wieder zwischen den künstlerisch »frivolen« Neigungen von der Mutter her und der preußischen Zucht des Vaters schwankte, dann ahnt man in dieser Verherrlichung den Ausdruck eines tiefen Schuldgefühls, das auf eine masochistische Verurteilung all der Züge drängt, die der Breslauer Student im »Eigentlichen Menschen« noch zur Lebensdevise erhoben hatte.

Klepper unterschlägt nicht das autoritäre Verhalten des Soldatenkönigs, der seinen Untertanen Glücksspiele und Alkoholgenuß verbietet, den Bäuerinnen auf dem Markt wie den Knaben im Waisenhaus das Sockenstricken für seine Soldaten befiehlt, die Häuser der Reichen wie der Armen von seinen Beamten willkürlich durchsuchen läßt. Seine Absicht indessen, das Regime des »Vaters« als mustergültig darzustellen, verleitet ihn zu manchen Retuschen, so zur Abschwächung der sozialen Unzufriedenheit, die zu jener Zeit in Preußen herrschte. Während er historisch zutreffend das Aufbegehren des Adels schildert, von dem das Einigungswerk des Königs gefährdet wird, läßt er die Klagen der entrechteten Bürger außer acht, weil diese den erwünschten Einklang zwischen monarchistischem Walten und bürgerlicher Ordnung stören könnten. Noch bedenklicher (wenn auch von seinem konservativen Blickwinkel her verständlich) wirkt sein Verschweigen der Bauernaufstände in Cottbus und in der Mark 1717–1720 sowie der Handwerkerunruhen, die 1722–1731 durch die Hungerlöhne ausgelöst wurden. Bezeichnend für Kleppers »Obrigkeitsmystik« ist auch seine stillschweigende Billigung der Bevölkerungspolitik des Soldatenkönigs, der aus »Staatsraison« die Brandenburger Bauerntöchter zur Ehe mit den erstbesten Abenteurern zwang und nicht vor der »Vernichtung lebensunwerten Lebens« zurückschrak, das solchen Verbindungen entsprang. Wie bei Walter Flex, den er am Anfang seiner Journalistenlaufbahn gerühmt hat, beugt sich bei ihm der Rebell am Ende vor der Königsmacht als Inbild göttlicher Majestät. So ist, gleich dem falschen Zar Dimitri oder Thomas Müntzer bei Flex, der Abenteurer Clement im »Vater« bereit, den Frevel, die bestehende Ordnung in Gefahr gebracht zu haben, mit dem Tode zu sühnen.

> »Könige, Majestät, Könige im Glauben, sind wandelnde Gleichnisse unter den Menschen, sind Hüter der heiligen Ordnung Gottes, für die er sich in seinem Sohne hingab; Haushalter seiner Geheimnisse sind die Könige der Erde – auch dort, wo sie morden.«[60]

Die Herrschaft von Gottes Gnaden kann also nach Kleppers

Ansicht nicht bestritten werden, sofern sich ihr Träger seiner Rolle als Diener Gottes voll bewußt ist. Denn allein der Glaube, nicht der Glanz seiner Machtentfaltung verschafft dem Herrscher seine hervorragende Würde. Gerade dieser Primat des lutherischen »sola fide« als Rechtfertigung der Macht, den Klepper im Laufe des Jahres 1935 zum Leitmotiv des zweiten Teiles seines Königsromans erwählt, spielt nach seiner schmerzlichen Einsicht für die Machthaber des Dritten Reiches keine Rolle mehr. Gleichwohl klammert er sich – nach eigenem Urteil ausgesprochenermaßen ein »politischer Laie« – an konstruierte Unterscheidungen zwischen innen- und außenpolitischem Mandat oder zwischen NS-Partei und Staat, um so lange wie möglich (man wird sehen: noch als Soldat im Osten) am Begriff der Nation als Gottes Schöpfungsordnung festzuhalten. Nationalistische Wortführer von Carl Schmitt bis zu Wilhelm Stapel, ebenso Theologen wie Paul Althaus, Emanuel Hirsch und Rudolf Hermann hatten mit unterschiedlichen Akzenten doch insgesamt das entsprechende Klima erzeugt.

»Weder den Religiös-Sozialen, noch den Liberalen, noch der dialektischen Theologie gelang es in den Jahren zwischen 1918 und 1933, einen tiefergehenden Einfluß auf die Kirche selbst zu gewinnen. Diese Kirche blieb vielmehr, aufs Ganze gesehen, auch nach dem Kriege das, was sie vor seinem Ausbruch gewesen war: konservativ und deutschnational.«[61]

Das ist der bestimmende Hintergrund, vor dem sich der Autor des »Vater« als Einsamer in seiner Zeit vorfindet, um später beglückt zu erleben, wie ihm ringsum lauter Zustimmung entgegenkommt – aus eben dieser Welt.

Als »guter Deutscher«

Gewiß, der Respekt vor der gottgewollten Ordnung des Staates hat für Klepper dort seine Grenze, wo die Freiheit des Glaubens angetastet wird. So wie sich die Kreise der »Bekennenden Kirche« seit dem September 1933 zur Verteidigung der Selbständigkeit ihrer Kirche sammeln, so verurteilt auch er die »schreckliche Farce« einer religiösen Revolution, das Eindringen der weltlichen Ideologie des Nationalsozialismus in die Kirche, die doch allein auf Gottes Wort zu hören hat. Aber diese konservative Auffassung von Luthers Zwei-Reiche-Lehre erlaubt keinen Gedanken an eine politische

Opposition – sie erscheint Klepper als »höchst trügerische und windige Angelegenheit, für die Entwicklung des Staates ohne alle Bedeutung«[62] – und bestärkt nur – selbst bei der Mehrheit der Bekennenden Kirche[63] – die völlige Verblendung gegenüber den gesellschaftlichen und politischen Realitäten, wie sie in einer Tagebucheintragung Kleppers zu dieser Zeit beklemmend zum Ausdruck kommt:

»Wie viele Berührungspunkte müßte es mit dem Nationalsozialismus geben, und immer wieder wird man entweder durch Zwang oder Ausschließung zurückgestoßen.

Die Berührungspunkte sind: daß der NS weiß, die Deutschen können ohne eine mitreißende Ideologie auch in wirtschaftlichen Kämpfen nichts beginnen. Dann die Abkehr vom ›Asphalt‹. Die Ablehnung des Intellektualismus. Der unkriegerische Militarismus als soldatische Lebensform (unsere Rettung vor dem Kommunismus; das, was uns vor dem Aufstand der Straße bewahrte, als man es den enttäuschten jungen Arbeitslosen gab). – Sonst große Trennung, mir sehr fern wie aller Aktivismus, und furchtbar die Verbannung des Alten Testaments, die Gleichsetzung von Reformation und Revolution: ›Gott hilft uns nur, wenn wir uns selber helfen.‹ Das Wort, das ich am meisten hasse. Die Nicht-Nationalsozialisten machen dem NS zwei Vorwürfe: Nur einer von beiden ist möglich. Entweder wirft man ihm vor: keine Kenntnis geschichtlicher Entwicklung. Oder: kein einziger neuer Gedanke. Alles Kopie der Geschichte. – Ich finde, der NS muß ausgezeichnete Kenner der preußischen Geschichte gehabt haben, die eine Synthese mit dem modernen italienischen Faschismus möglich machten. Es gibt heut nichts, was man an die Stelle des NS setzen könnte. An dieser Erkenntnis kommt keiner vorbei.«[64]

Bei einer solchen Trennung von politischer und religiöser Sphäre – Klepper erwähnt immer wieder das Dilemma zwischen Glauben und Ethik und behauptet, er vertraue nicht mehr auf ein »Heil durch die Politik« – braucht es nicht zu verwundern, wenn er sich im März 1934 bereitfindet, den Loyalitätsrevers gegenüber dem Dritten Reich zu unterschreiben. Mit der Notwendigkeit dieses Schrittes, der ihm die Publikation seiner Schriften in Deutschland ermöglichen soll, beschäftigt sich Klepper seit dem Dezember 1933. In einer Tagebuchaufzeichnung aus jener Zeit findet sich folgender Gedankengang:

». . . dann heißt es unterschreiben: ›Ich erkläre mich vorbehaltlos bereit, jederzeit für das deutsche Schrifttum im Sinne der nationalen Regierung einzutreten und den Anordnungen des Reichsführers des R.D.S.[65] in allen den R.D.S. betreffenden Angelegenheiten Folge zu leisten.‹ Und seltsam, es ginge. Denn, was sie proklamieren, klingt edel: heimatliche Dichtung, keine Asphaltliteratur . . . Das brauchte man mir nicht vorzuschreiben. Aber was wird aus jüdischen

Dichtern in Deutschland? Wenn einer so Preuße ist wie Hanni? Werde ich nun den Juden ganz gleichgesetzt werden?«[66]

Diese Befürchtung erweist sich vorerst als unbegründet. Klepper kann mit der politischen Bürgschaft von Heinz Pauck, einem früheren Kollegen im Funkhaus und SA-Mann, und der künstlerischen Empfehlung von Dr. Kilpper (DVA) das Aufnahmegesuch bei der Reichsschrifttumskammer einreichen[67].

»Als ich für die Reichsschrifttumskammer den Revers unterschrieb«, heißt es in einer Tagebucheintragung vom 22. März 1934, »war es keine Phrase. Das Volk, dessen Sprache ich schreibe, gehört auf ›Gedeih und Verderb‹, wie man immer sagt, in mein Leben und in mein Wesen. Auch wenn es in großer Geschlossenheit Wege geht, die für einen selbst nicht beschreitbar sind.«[68]

In der Zwischenzeit hat Klepper als »guter Deutscher«, der er sein will, für die deutsche Außenpolitik des Dritten Reiches gestimmt. Bei den Wahlen vom 12. November 1933 unterscheidet ihn nur die Enthaltung bei der innenpolitischen Mandatswahl der NSDAP von den Massen der Anhänger, die Hitler umjubeln.

Von den Hinterlassenschaften Kleppers aus diesem Jahr 1933 muß abschließend noch kurz auf eine Erzählung eingegangen werden, die er im Oktober zu schreiben begann; erst im März 1935 ist sie in der Zeitschrift »Das innere Reich« unter der Überschrift »Das Ende« veröffentlicht worden.

»Der Plan zu einer Novelle ist mit sehr konkret gekommen, obwohl ich mir auf diesem Gebiete nichts zutraue. Die Quellen der neuen Geschichte sind mir klar. Das Kind in dem Altersheim, in dem Tante Haacke lebt, und von dem Hanni mir erzählte. Und das alte Berliner Theater gegenüber von meinem Ullstein-Büro, das geschlossen war, als Büro und Wohnung vermietet wurde und bewohnt war, und das nun vor der Wieder-Eröffnung steht. ›So leben sie noch heute‹ soll die Novelle heißen.«[69]

Manches in der Geschichte von dem Mädchen Anna, das abseits von den Gleichaltrigen seine freie Zeit in einem verlassenen Theater zubringt, spiegelt unverkennbar eigene Kindheitseindrücke, die sich ihm vielleicht schon im Sommer dieses Jahres vergegenwärtigt hatten, als er daran dachte, Erinnerungen an die Beuthener Jugendzeit aufzuschreiben. Dieser regressive Zug verstärkt sich indessen in einem beklemmenden Maße: im Blickfeld der Erzählung tritt die Welt der Erwachsenen und der Lebensmitte fast gar nicht in Erscheinung; so wie das Mädchen mit den Insassen eines Altersheims vertraut wird und ihnen für ein paar Sonntagsstunden die Möglichkeit verschafft, von der verlassenen Bühne Besitz zu ergreifen, identifiziert er sich mit Menschen, die im tätigen Dasein keine Rolle spielen und sich dafür ihren Traumrollen aus alten Kindermärchen hingeben. Die Sätze, die dem Geschehen am Ende eine tiefere Deutung geben sollen, sagen einiges vom Selbstgefühl des Verfassers aus, aber gar nichts von den bestürzenden Vorgängen dieses Jahres – es sei denn, man begnügte sich mit diesem Gegenbild vor aller Verherrlichung eines starken Geschlechts und mannhaften Volkes:

»Nur an den Menschen mit all ihrem Jammer und ihrer Jämmerlichkeit, all ihren Schwächen und ihrer Schwachheit erweist sich die unauslöschbare, alles durchdringende Wunderhaftigkeit des Lebens ... Alle gingen sie in das Märchen ein, nur weil es geschehen war, daß ein Kind am Anfang seines Lebens das Ende erblickte und das Ende Gewalt gewann über seine jungen Tage ...«[70]

Das Jahr 1934 beginnt für Klepper mit der Nachricht seiner Aufnahme in die Reichsschrifttumskammer: ein neuer Ansporn zur Niederschrift des »Vater«-Romans, für den sich nun sogar auch die UFA zur Verfilmung interessiert.

In den an Kindheitserinnerungen reichen Frühlingsmonaten folgen einander die Familiengeburtstage: Reni, Billum, Jochen, der Hochzeitstag, Vaters Geburtstag, an dem einst die weißen und blauen Veilchen in letzter Fülle standen, an dem man abends, wenn alle Gratulanten gegangen waren, mit näherstehenden Gästen durch die Weinberge spazierenging, die von der Höhe des Beitscher Schlosses bis zur Oderebene in lauter blühende Gärten verwandelt waren. Glück der Vergänglichkeit ...

Aus Beuthen treffen nur noch schlechte Nachrichten ein: Tante Liesel, die lebensfrohe Schauspielerin, ist plötzlich an Gehirnschlag gestorben. Kleppers Mutter liegt mit schrecklichen Schmerzen an den Folgen eines Unfalls darnieder, dabei ist der Vater ganz auf sie angewiesen.

Der fast sommerliche, gewitterschwere Frühling wirkt unheimlich. Frühling und Sommer erregen und bedrücken den Schriftsteller; das rasche Drängen des Frühlings, das heftige Reifen des Sommers zeigen zu schmerzlich das Mißverhältnis zwischen produktiver Empfindung und Energie und ihrer langsamen Verwirklichung. Es erwächst daraus ein Gefühl des Zurückbleibens, des Zeitvergeudens, das nur Herbst und Winter durch ihr langsames Einschlafen, das einen aktiver erscheinen läßt, beruhigen können.

In diesen Wochen arbeitet er täglich mindestens fünf Stunden am neuen Roman. Der erste Abschnitt ist fertig, 100 Seiten sind geschrieben, der zweite ist in Vorbereitung. Das Buch soll sich nicht wie der »Kahn« in kleinen Kapiteln aufbauen, sondern in einigen wenigen großen Abschnitten, von denen jeder mit einem Bibelspruch eröffnet wird. Noch hemmt die Anhäufung der Fakten und der stumme Widerstand der Gestalten die Organisation des historischen Romans, die sogar nachts im Traum weitergeführt wird. Immer wieder tauchen Zweifel an dem eigenen Talent auf: soll er seine finanziellen Wünsche, seinen Ehrgeiz hintanstellen? Durfte er von den Eltern und seiner Frau auf ein ungewisses Ziel hin solche Opfer fordern? Kann sein Schaffen vor der asketischen Leistung des gleichaltrigen Reinhold Schneider bestehen, der in seinen »Hohenzollern« ganz Preußen meisterhaft dargestellt hat? War die bisherige Produktivität nicht eher Ausdruck einer anpassungsfähigen geistigen Beweglichkeit? Nun, wo es um das Größere geht, lähmen ihn Erschöpfung, Verzagtheit und Erbitterung. Ob sich all das Bittere, Schmerzliche und Wirre in Ernst und Fruchtbarkeit umsetzen läßt? Reinhold Schneider weist ihm die Richtung: »Es geht nur mit dieser Sammlung, diesem Ernst. Nicht die bürgerliche Sicherheit und das künstlerische Dekor suchen.« Vor sieben Jahren geschah der Schritt ins berufliche Leben. Seit jener Zeit hat er das Anfangseinkommen verzehnfacht, ganz verloren, neu erworben.

»Nichts ist geblieben aus diesen sieben Jahren Beruf als drei oder vier Gedichte, vielleicht zwei kleine Erzählungen von wenigen Seiten, das kleine Buch. Wie soll man darauf Ansprüche gründen. Wie soll man daraus Hoffnungen schöpfen. Gewonnen ist nur eins: Ende der Zersplitterung, Anfang der Sammlung.«[71]

Kaum ist die Tinte dieser Aufzeichnungen trocken, nehmen neue Aufregungen den gequälten Schriftsteller in Beschlag. Am 1. Mai, dem »Tag der Nation«, soll er mit seinem Betrieb, eine Hakenkreuzbinde um den Arm, zur großen Kundgebung auf dem Tempelhofer Feld marschieren. Bei sehr schwierigen Verhandlungen auf der Redaktion wird ihm angedeutet, es könne ihn die Stelle kosten, wenn er nicht bereit sei, durch diesen Akt Loyalität, Disziplin und Solidarität zu bekunden. Andererseits redete man ihm ein, Symbole und symbolische Akte seien Bagatellen. »Sind Symbole Bagatellen, dann weiß ich nicht, warum ich noch eine Zeile schreibe . . . Ob es einen Punkt gibt, wo die Todfeinde Ethik und Glaube zusammenkommen, wo Ehre und Frömmigkeit doch beieinander stehen?«[72]

Alles endet indessen in einem kurzen Marsch ohne Armbinde, in einer Wirtshausrunde mit alberner kleinbürgerlicher Unterhaltung und Journalistenwitzelein statt auf dem Tempelhofer Feld. Der Tag war glühend, die Stadt voll riesiger Bewegung, Hitlers Rede, die aus den Lautsprechern ertönt, findet Klepper innerlich müde; entgegen dem Jubel der Presse habe sie eine auffallend schwache Resonanz erweckt.

In den Ministerien finden große Personalveränderungen statt. Der Direktor des Hauses Ullstein ist entlassen und Ehm Welk, der Chefredakteur der »Grünen Post«, der den Artikel »Herr Reichsminister, ein Wort bitte!« wagte, verhaftet.

Trost der Arbeit, Trost der Ehe, Trost des Hauses, Trost der Ordnung. Nach Erledigung des Wochenpensums liest Klepper in Fontanes »Wanderungen durch die Mark Brandenburg« für Milieustudien zum »Vater«. Daneben sucht er in Memoiren der großen Randfiguren Zar Peter, Karl XII. und Ludwig XIV. Bilder über die Zeit des Soldatenkönigs zu entdecken.

»Was ich nicht in Bildern sehe, ist nichts. Ich habe zwei Arten von Bildern: nicht zu große, fast quadratische, sehr klare, sehr bunte, kräftige, wie ich sie von gar keinem Maler kenne ... Der Mensch nimmt immer den weitaus größten Teil des Bildes ein. Über diese Bilder kann ich sehr objektiv reden, weil sie ganz selbständig bestehen und in nichts von mir gemacht werden können ... Sie sind fertig, der Roman muß erst auf sie zulaufen und sie erringen. Schreibe ich auf solche Bilder zu, bin ich zugleich sehr auf Musik gestimmt.

Die zweite Art von Bildern, in denen ich denke, sind viel leichter zu bestimmen ... Es handelt sich um eine Art langgezogener, rechteckiger, sehr verblichener, alter französischer Farbstiche, deren Farben, Personen, Gegenstände man nur bei näherem Zusehen erkennt. Rötliche und goldene Töne sind unter dichtem Graubraun darin. Musik spielt im Zusammenhang mit ihnen gar keine Rolle ... Das Milieu, die Situation hat in ihnen genau so viel zu bedeuten wie die Person ...

Die bunten, klaren Bilder mit den großen Figuren liebe ich, die anderen, die ich für genau so echt halte, liebe ich nicht. Beide Arten von Bildern verraten mir aber gleich stark, ob an einem Einfall und Plan etwas ist oder nicht. Schreibe ich ohne Bilder, so ist es Mache oder milder gesagt ›Energie‹.«[73]

Über 200 Seiten sind schon geschrieben. Damit der Roman keine Verzögerung mehr erfährt, schlägt der Direktor der DVA ab Mitte Mai bis zur Beendigung pro Monat eine Vorauszahlung von 250 Mark vor. Er will sogar versuchen, diese Zahlungen weiter zu belassen, wenn das neue Buch es einigermaßen auf dem Weg einer jährlichen Verrechnung ermöglicht.

Die Kinder mit ihren neugeschenkten Fahrrädern verbringen den ganzen Tag im Schwimmbad, das ihnen trotz offizieller Verbote noch zugänglich ist. Hanni begleitet ihren Mann abends beim Spaziergang am Kanal und im Steglitzer Park. Zu einem besonderen Beistand gestaltete sich in diesen Tagen der freundschaftliche Kontakt mit dem in Potsdam wohnenden Reinhold Schneider. Am 16. Mai kommt der neue Freund erstmalig zum Tee nach Südende.

Zum ersten Mal auch erwähnt Hanni in diesen Tagen die Möglichkeit eines Luther-Buches als »Erzählung eines Lebens«, ein Buch, vor dem Klepper zurückschrickt, denn es würde ihn ganz und gar verbrauchen und einen Nebenberuf nicht mehr dulden. Einstweilen genügen ihm die Qualen mit dem »Vater«. Eine kurze Pfingstreise führt nach Stendal und Tangermünde. Nach der vorjährigen Entdeckung des »märkischen Barocks« belebt sich nun wieder angesichts der »märkischen Gotik« und der romanischen Klosterkirche in Jerichow die Freude an Heimat- und Geschichtsgefühl, die allzuoft vom literarischen Alltag unterdrückt wird. Gleich nach der Rückkehr wird der dritte Abschnitt des Buches (»Wirte und Gäste«) in Angriff genommen. Trotz des Mißtrauens gegen jede geschriebene Seite steht das Gerüst des Buches in ihm fest mit seinen großen Abschnitten, die mit ihrer epischen Breite die rätselhaften Menschen und ihr Dasein zu erfassen vermögen. Reinhold Schneider spricht von imponierender Sicherheit der Architektur. Doch Kleppers Frau befürchtet, daß der Verlag das zu umfangreiche Werk gar nicht herausbringt. Nun sind es dreihundert Seiten, und was steht noch bevor: neue Milieu-Studien, Schloß Köpenick, das Palais Creutz, Havelberg. Dabei quälen ihn unausgesetzt Kopfschmerzen, »die Nerven sind nun einmal wie zerschnitten und zerrissen«. Daumen und Mittelfinger sind wundgeschrieben, es geht mit umwickelter Hand weiter, 50 Seiten in einer Woche. Ein Jahr ist es gerade her, daß er aus dem Funk entlassen wurde und mit Beuthen brach.

Wie verschieden verläuft indessen das Schicksal der einstigen Breslauer Freunde und Kollegen! Herbert Bahlinger, eigentlich der älteste Bekannte, erscheint nach drei Jahren unverändert, nur daß er neben der Vortragsabteilung des dortigen Senders noch an eine prominente Stelle im Stab der Hitlerjugend berufen ist. Kurt Meschke mußte wegen seiner jüdisch-christlichen Frau das Studentenpfarramt in Danzig mit einer bescheidenen Gemeinde in Schillersdorf (Pommern) vertauschen. Harald Poelchau, der einzige wirklich nahestehende Freund aus dem Breslauer Theologenkonvikt, schreibt nach acht Jahren des Schweigens, er sei nun Gefängnispfarrer in Tegel. Rudolf Mirbt und Kurt Ihlenfeld, die Kollegen aus dem Evangelischen Preßverband, sind ebenfalls nach Berlin gezogen; der eine wird beim Verein für das Deutschtum im Ausland (VDA) zuständig für das Büchereiwesen, der andere hat die Redaktion des »Eckart« übernommen.

Der »Eckart« in neuer Konstellation

Durch Harald Brauns Übergang zum Rundfunk war seine Stelle als Schriftleiter frei geworden. So bedeutet das Jahr 1933 für den »Eckart« durch Hitlers Machtergreifung und den Wechsel in der Redaktion eine doppelte Wende, die sich im neuen Untertitel der Zeitschrift »Dichtung, Volkstum, Glaube« wie in Ihlenfelds programmatischem Artikel »Ruf zur Sammlung« kundtut:

> »In der Dichtung des Volkes kommen die geheimen und tiefen Kräfte der Deutschen zum Ausdruck – in ihnen ist das Klingen der früheren Jahrhunderte, in ihnen spricht hell und klar und rein und frisch der Quell des deutschen Geistes, singt und spricht, jubelt und klingt deutsches Wesen. Das sei unsere Aufgabe: Glaube, Volkstum, Dichtung in einer lebendigen Berührung zu erhalten, der Stimme zu lauschen, die aus diesem Strömen kommt und zu künden, was wir erhören konnten.«[74]

Kein Wunder, daß dieser »Ruf« eine merkwürdig gemischte Sammlung von Zuschriften zur Folge hat: von Persönlichkeiten wie Hans Schwarz van Berk (dem späteren Schriftleiter des NS-Blatts »Angriff«), Ernst von Salomon, Hans Christoph Kaergel, Hans Friedrich Blunck, Wilhelm Schäfer, Ernst Wiechert, Albrecht Goes, Agnes Miegel, Gottfried Benn, Paul Alverdes, Elly Heuss-Knapp.

Indessen lichtet sich sehr bald dieser große Kreis, so wie seit 1934 kultur- wie kirchenpolitisch die Gruppierungen klarer auseinandertreten. Tendenzen von innen wie Bestimmungen von »oben« engen das Programm und den Mitarbeiterkreis aufs neue ein; stärker als früher bei Harald Braun treten die Kirche, die Gemeinde und das christliche Haus als Bezugspunkte hervor, verknüpfen sich literarische und theologische Interessen.

Im Herbst 1934 kommt es zu einer ersten Tagung, bei der der »Eckart-Kreis« als Kerngruppe von Mitarbeitern der Zeitschrift zusammen mit der Luther-Gesellschaft als Veranstalter auftritt. Theologen und Schriftsteller (hier R. A. Schröder, Börries von Münchhausen, Fritz Diettrich, Emanuel Stickelberger, Friede H. Kraze und Ihlenfeld) finden sich in Wittenberg zusammen. Der gegenwärtigen Luther-Welle entsprechend haben drei Referate mit Luthers Theologie zu tun. Ihlenfeld referiert über »Protestantischer Geist in gegenwärtiger Dichtung«.

Weitere Treffen finden im Herbst 1935 in Wittenberg, 1936 in Wernigerode, 1937 wieder in Wittenberg statt. Dem eingeengten Spielraum entsprechend, in den sich Kirche und Theologie gedrängt sehen, wählt man den lutherischen Gottesdienst als Thema; von hier geht der Impuls aus, neue Kirchenlieder zu schaffen. Dem Beispiel von R. A. Schröder folgen andere aus dem Eckart-Kreis, so auch Jochen Klepper.

Übrigens, der Eintritt R. A. Schröders in den Eckart-Kreis hat auch einen korporativen Zusammenhang: gleich ihm gliedern sich Angehörige des einstigen Insel-Kreises ein, also auch Otto von Taube und Reinhold Schneider.

Der Eckart-Kreis wie die Zeitschrift wirken auch in dieser Zeit nicht homogen. Liberale und konservative Kräfte, literarische Groß- und Kleinmeister kommen zu Wort. Irgendwie kennzeichnend für fast alle ist der Hang zur »inneren Linie«[75], wozu auch eine gewisse Abneigung gegenüber dem kirchenpolitischen Flügel der »Bekennenden Kirche« vom Schlage Niemöller, Bonhoeffer oder Gollwitzer gehört.

Immerhin, auf diese Weise kann der »Eckart« bis 1943 erscheinen. 1939 tritt Ulrich von Hassell unter den Autoren auf, wie es dann manche Berührungen von Eckart-Kreis und Leuten des konservativen Widerstands in Berlin gegeben hat. In den letzten Jahren vor Kriegsende zeigen sich einige Namen, die erst später recht bekannt geworden sind: Willy Kramp, Hans Egon Holthusen, Johann Christoph Hampe, Heinz Flügel.

Neben der Zeitschrift haben auch die anderen Veröffentlichungen des Eckart-Verlags das Image des Kreises geprägt. Begonnen hatte bereits 1932 Harald Braun mit dem Sammelband »Dichterglaube«. Unter Ihlenfelds Lektorat und Herausgeberschaft ist dann eine ganze Reihe weiterer Bände erschienen, so »Preußischer Choral« (1935), »Die Stunde des Christentums« (1937) und der »Pfarrerspiegel« (1940), ferner die Reihe »Der Eckart-Kreis« mit ihren schmalen Bänden – der bekannteste sicher Jochen Kleppers »Kyrie«.

Nichts ist reif . . .

Doch zurück in den Juni 1934, in dem nur selten ein Feierabend gelingt und »ein wenig Ruhe wird in dem zu zergrübelten Kopf und dem gar zu bewegten Herzen«. Geistlich ausgehungert, geht Klepper wieder einmal enttäuscht vom Gottesdienst heim, findet erst beim Blättern in einem Luther-Band Beruhigung. »Wo ich von Leben und Lebendigkeit lese oder höre, bin ich im selben Maße aufgewühlt wie andächtig gestimmt.«[76]

Während er »der eigenen Melancholie . . . alles Mögliche aus- oder einreden« muß, gibt es offenbar kein Heilmittel für die politischen Sorgen; je fanatischer die politischen Führer den »Fortschritt« konstatieren, desto gedrückter findet er die Stimmung der einzelnen. Von Terrormaßnahmen, die nicht in die Presse dürfen, kursieren bei Ullstein erschreckende Einzelheiten.

> »Die Presse weicht der Gewalt und gibt sich weiter enthusiastisch. Aber die Machthaber untereinander können ihre Feindschaft nicht mehr verbergen. Seit zwanzig Jahren ist es nun, als könne es für die Schuld der Deutschen, ihre Überheblichkeit keine Sühne und kein Verzeihen mehr geben. Was kann denn folgen, wenn der Nationalsozialismus scheitert? Nichts ist reif!«[77]

Das ist vier Tage vor dem 30. Juni geschrieben, dem Tag des angeblichen Röhm-Putsches, an dem es sich in Südende herumspricht, die SS sei in Alarmzustand versetzt, ohne daß man zunächst die Ursache weiß. Erst die Abendzeitungen bringen die Klärung, wobei Klepper skeptisch bedenkt, daß sie »sklavisch drucken, was ihnen amtlich vorgelegt wird«. Daß neben den genannten SA-Führern auch General von Schleicher einen Umsturz vorbereitet haben soll und deshalb mit seiner Frau erschossen wurde, erschüttert ihn um so mehr, als seinem Eindruck nach das Volk nach wie vor in der Illusion vom »Dritten Reich« lebt. Er, sonst der Idylle zugetan, kann es nicht fassen, wie tags darauf alles den Sonntag mit seinen Garten- und Wasserfreuden zu genießen sucht und abends in den Gartenlokalen getanzt wird, als wäre nichts geschehen.

Mitte Juli flammen rings um Berlin mächtige Waldbrände auf, so groß ist die Hitze. Die Sorge um die Ernte ist ernst. Auch sonst wird der Mangel an Dingen des Lebensbedarfs spürbar; Hamsterkäufe beginnen wie im Kriege, denn ein Teil der Einfuhren soll angeblich gesperrt werden. Kartoffeln sind bereits rationiert. Eine Mißernte könnte die erste wirkliche Krise des neuen Regimes werden.

Die Hitlerrede zur Rechtfertigung der Erschießungen vom 30. Juni will Klepper mit Bedacht aufheben. Daß die Zahl der Opfer so groß ist – auch sein Zahnarzt gehörte dazu –, hatte er schon lange bei Ullstein gehört. Sollte er bis dahin noch Berührungspunkte und Verständigungsmöglichkeiten mit dem Nationalsozialismus gesehen haben, so stellt er sich jetzt eindeutig die Frage, »wie das vermessene Abenteuer, zu dem dieses unglückliche Volk kranke Phantasten ermächtigt hat, enden soll«. Die Frage bedrückt ihn um so mehr, als Hindenburg, »der letzte Repräsentant nationaler Würde vor dem Ausland«, im Sterben liegt.

»Es ist erstaunlich«, vermerkt Klepper in seinem Tagebuch, »wie lebhaft, wie persönlich man für Hindenburg empfindet. Der einzig Große in der modernen deutschen Politik, der nichts ›historisch‹ nannte, was er tat; der einzige wohl, der in die große Geschichte eingehen wird! Auch sein letzter ›linker‹ Kanzler, der Katholik Brüning, war ein großer, ernster, würdevoller Mann; aber er besaß nichts, was für ein Volk Ideologie werden konnte. Diese beiden haben sehr auf mich gewirkt.«[78]

Erscheint in solcher Aufzeichnung das Bild Hindenburgs zum nationalen Mythos hochstilisiert und bar jeder Einsicht in die verhängnisvolle Rolle, die er wie auch Brüning zum Schaden der parlamentarischen Demokratie gespielt haben, so spiegelt sich darin fraglos ein gewisses Einverständnis in bürgerlichen Kreisen, die wie Klepper dem Wahlrecht und der parlamentarischen Institution die Schuld am politischen Verfall zumessen.

»Was Hindenburg betrifft, so hat die Geschichtsfälschung schon zu seinen Lebzeiten begonnen«, notiert Klepper am 3. August 1934, einen Tag also nach Hindenburgs Tod. »Nie und nimmer war er der Schirmherr der nationalsozialistischen Revolution. Man occupierte die Autorität des Greises, der sich einer schrecklichen parlamentarischen Notwendigkeit fühlen mußte.«[79]

Bei der Volksabstimmung am 18. August, die die Vollmachten Hitlers als Reichspräsident, Kanzler und Oberbefehlshaber der Wehrmacht auf unbegrenzte Dauer bestätigen soll, stimmt Klepper mit Nein, beugt sich aber der Mehrheit von 90% Ja-Stimmen, denn »die Opposition gegen Hitler ist sich nur im Negativen einig«[80].

»Augen und Ohren sind mir übergegangen, wer alles Nationalsozialist geworden ist. Nach menschlichem Ermessen kann ja dieses schreckliche Abenteuer beinahe nicht anders enden als mit einem unglücklichen Kriege. So schwach wir sind, es wird eine zu fürchterliche Politik geführt.«[81]

Tage an der Ostsee

Eine zehntägige Reise führt Hanni und Jochen Klepper an die Ostsee. Dickens dient zur unterhaltenden Lektüre im Zug bis Doberan. Von dort geht es per Auto nach Brunshaupten, in ein sauberes, relativ freundliches Hotel. Das Zimmer hat eine Loggia zur See. Anfang September haben die meisten Gäste schon die Bäder verlassen. Die letzten, ärmliche junge Leute, hochmütige alte Frauen, altmodische Lehrerinnen, vertrottelte Generale, dazu verarmte Pensionsinhaberinnen sitzen gelangweilt im Kurkonzert. Das nahe Dänemark und Schweden locken sie nicht. Feriengemeinschaften nach faschistischem Vorbild wie die Organisation »Kraft durch Freude« bringen in der Nachsaison den Badeorten einen nicht unbeträchtlichen Gewinn. Klepper registriert viel Hitler-Gruß, Mitläufertum, ein Sichfügen, manchmal wohl aus Angst um die Existenz. Die Zeitungen berichten vom Nürnberger Parteitag, der sich zu einer Sprache »biblischer Hymnik« versteigt.

Das berühmte Heiligendamm finden die beiden trostlos und versnobt, die Doberaner Kirche läßt sie kalt. Stark beeindruckt sie die Gotik von Wismar. Rostock besuchen sie am Markttag und kehren zum Abendessen im Ratskeller ein. Anderntags bewundern sie – auch um Friedrich Wilhelms I. und Karls XII. willen – die unerschöpflichen Variationen der Stralsunder Kirchen. Am Sonntagmorgen machen sie sich auf den Weg zum Gottesdienst in der Greifswalder Marienkirche. Nach sieben Jahren kommt es zum Wiedersehen mit Rudolf Hermann und seiner Frau. Das Gespräch mit dem einstigen Lehrer konzentriert sich auf die aktuellen kirchenpolitischen Themen.

Dieser hat noch im Mai gemeinsam mit Karl Barth und einer stattlichen Zahl anderer Theologieprofessoren die Erklärung zu »Bekenntnis und Verfassung der Evangelischen Kirche«[82] unterschrieben, zu einem Zeitpunkt, an dem sich insgesamt eine breite »Bekenntnisfront« gegen den Versuch der »Machtergreifung« durch die Nationalsozialisten in der Kirche gebildet hatte. Klepper registriert jenen Vorgang erst eine Weile später:

»Um den Pfarrer-Notbund, der sich gegen die gewaltsame Revolutions-Reformation wehrt, gruppieren sich Theologenkreise mit erstaunlichem Mut. Sie wagen es trotz aller Drohungen gegen die ›Reaktion‹ sogar mit einer eigenen Zeitschrift ›Junge Kirche‹, die wir jetzt auch mithalten[83]. Professor Hermann gehört natürlich in diesen Kreis.«[84]

Doch jetzt, wenige Monate darauf, hat sich die Szenerie des Kirchenkampfes merklich verändert, und die stattliche Front droht bereits auseinanderzufallen. Den Lutheranern ist der Dahlemer Flügel um Niemöller bzw. die Richtung Karl Barths politisch zu riskant, und die protestierenden Hochschullehrer spüren zunehmend den Druck von oben. Kürzlich hat sich Rudolf Hermann zum Eid auf Hitler bereit gefunden; Karl Barth hat ihn verweigert und wird die Folgen zu spüren bekommen[84a].

Ohne Zweifel von Rudolf Hermann beeinflußt, wie er einst in Breslau mit seiner Luther-Interpretation auf den Studenten wirkte und jetzt seine Einschätzung der Lage äußert, bleibt Klepper im Abstand von den Vertretern der Bekennenden Kirche, ihrem »Aktivismus« abhold, der seines Erachtens zur unnötigen Spaltung der Gemeinden und zu einem »voreiligen Märtyrertum« führt. Der weitere freundschaftliche Kontakt mit dem Greifswalder Professor wird ihn immer neu darin bestärken.

Die Last der politischen Schwermut

Wieder heimgekehrt, trifft Klepper einige Tage darauf die zweite Stütze seiner Breslauer »Spittelzeit«, Harald Poelchau, den er – wie Rudolf Hermann – seit dem Frühjahr 1926 nicht mehr gesehen hatte. In ihrem Gespräch herrscht sofort die schönste Übereinstimmung, nur erhebt der Gefängnispfarrer gegen Gottesdienst und Predigt radikalere Bedenken als der Schriftsteller.

Am Abend zuvor erschien der jüngste Bruder Billum, berichtete von Geschwistern und Eltern. Er ist schmal geworden, bäurisch gekleidet, geistvoll, witzig, warmherzig. Er verdient nicht mehr als Jochen und hat Schulden. Margot und ihr Mann verfügen über eine große Wohnung, ein Auto, einen guten Weinkeller; aber sie soll an Depressionen leiden, während der Schwager Karriere macht. Beim Vater vollzieht sich ein völliges Auslöschen neben überraschender Einsichtigkeit. Die Mutter ist durch die Pflege erschöpft und durch die Entwicklung der letzten Jahre völlig verängstigt. Die Schwester Hilde ist die gute Familientante. Der Vater und Bruder Erhard lehnen den Nationalsozialismus ab. Beuthen soll in die Röhm-Affäre erschreckend und widerlich verwickelt gewesen sein. Es heißt, man wird dort demnächst für den »Kahn« Filmaufnahmen machen.

1000 Mark sind bereits als erste Zahlung für die Verfilmung eingegangen. Die zweite Auflage des kleinen Romans ist ausverkauft. Klepper hat immer noch – zu seiner Verwunderung – ein Monatseinkommen von 600 Mark. Immer wieder Kopfschmerzen, Nasenbluten, Schwindel . . .

Es ist ein sonderbarer Herbst. Auf den Märkten werden zugleich Weintrauben und frische Erdbeeren angeboten. Zum Erntedanktag am letzten Septembersonntag ist wieder ein großer Aufmarsch der Berliner Betriebe zum Anhören der Hitlerrede vom Bückeberg angesetzt; die Teilnahme wird jedoch von vielen als Raub des Sonntags empfunden und weithin verweigert. Jochen und Hanni Klepper verbringen den Tag mit dem Schriftsteller Friedrich Bischoff am Stechlinsee; zum Essen kehren sie im Apfelgarten des Fischerhauses ein. Abends machen sie sich noch auf den Weg zur Potsdamer Garnisonkirche, wo die Thomaner unter Leitung von Professor Straube ein Konzert geben.

Im Ullstein-Verlag, der jetzt völlig vom Partei-Verlag Franz Eher übernommen ist, lähmen die neuernannten NS-Redakteure alles durch ihre Unfähigkeit. Gleichwohl werden, wie Klepper zu hören bekommt, die Maßnahmen der »Gleichschaltung« im kulturellen Bereich rigoros fortgesetzt: heute bei der »Europa«-Film und dem S. Fischer-Verlag, morgen bei der UFA, übermorgen bei Scherl und Zsolnay. Ein Filmverbot folgt dem andern. Es heißt, die Filmgesellschaft Normaton habe Bankrott gemacht, der Skandal soll groß sein. Auch die Meldungen aus dem Ausland, die im Tagebuch festgehalten werden, verbreiten Unsicherheit. In Marseille ist der jugoslawische König zusammen mit dem französischen Ministerpräsidenten ermordet worden. In Spanien gab es große Unruhen. Bei jedem einzelnen Anlaß wird sofort eine allgemeine Kriegsnervosität spürbar.

Seit der Rückkehr von der Ostsee sind schon wieder beinahe 200 Seiten des Romans geschrieben. Aber die Neuralgien dauern an, ebenso die schlechten Nachrichten aus Beuthen. Der Vater ist vom Arzt aufgegeben, der auch für die Mutter das Schlimmste befürchtet. Trotz seines eigenen schlechten Zustandes und aller Verbitterung – nie wird von dort Hanni nur mit einem Wort erwähnt – entschließt sich Klepper zu einer Reise nach Beuthen, vom 27.–30. Oktober. Er spricht noch den furchtbar langsam und schwer dahinsterbenden Vater, die Mutter, die ihn mehr als ihren Mann und ihre anderen Kinder liebt, deren Sprache ihm aber wie verkehrt klingt, den jüngsten Bruder Billum, der anscheinend ohne berufliche Ausbildung in eine ungewisse Zukunft wächst.

Kaum ist er wieder in Berlin, da erreicht ihn die Nachricht vom Tode des Vaters – er atmet auf. Seine eigene Gesundheit steht am Rande der Erschöpfung: Betäubung, Mattigkeit, Unruhe. Nur Stille, das geliebte Haus, Hannis Gegenwart, ein Spaziergang. Der Arzt verschreibt Ruhe, Schlaf, Ablenkung. Am Sonntag geht er wieder nach längerer Zeit zur Kirche, vielleicht aus einem gewissen Solidaritätsgefühl für die Bekenntnisbewegung, die in den letzten Wochen mit ihrem massiven Rücktrittsappell an den Reichsbischof Ludwig Müller von sich reden machte, auch wenn sie von der Regierung ironisch als »Pastorengezänk« abgetan wird. Goebbels soll auf einer Versammlung der »alten Kämpfer« ausgepfiffen worden sein. Eine völlig neue Opposition tritt etwas tollkühn in ihrer Verbandszeitschrift hervor: die Kriegsfreiwilligen von 1914/15. Klepper hört, daß es laufend zu Verhaftungen und Entlassungen von prominenten Konservativen kommt. Der Dirigent Furtwängler hat aus politischen Gründen sein Amt als Leiter der Berliner Philharmoniker, als Staatsrat und als Operndirektor der Staatstheater niedergelegt. Kleiber ist ihm nach wenigen Stunden gefolgt. »In diesen Vorgängen handelt es sich um die Situation der Kunst im neuen Staate überhaupt.«[85] Auch der gefeierte Mathias Wieman, den sie mit seiner Frau und der Modeschöpferin Elise Topell bei dem Filmregisseur Curt Oertel kennenlernen, klagt bitter über schmerzliche Kompromisse, die er in Kauf nehmen muß, und über seine völlige Einflußlosigkeit auf die Filmproduktion. Gleichwohl gehen Oertel und Wieman mit großem Eifer auf Kleppers Vorschläge ein, den »Kaspar Hauser« von Karl Röttger zu verfilmen.

Was wird dieses Jahr aus Weihnachten werden? Die entsprechenden Tagebucheintragungen während der Adventszeit wirken sehr verhalten. »Die freundlichen Dinge der Weihnachtszeit geschehen, weil man nicht undankbar und verbittert sein will. Aber sie finden keinen Weg mehr ins Herz.«[86] So erscheint auch ringsum die vorweihnachtliche Atmosphäre getrübt und gereizt: die Leute zeigen keine rechte Kauflust, in der Stadtbahn fehlt das gewohnte Bild von Menschen mit der Fülle von Paketen. Bei ihren Besorgungen im Berliner Westen nimmt Hanni Klepper indessen ein sehr verwöhntes Publikum wahr, an dem Krieg und »Revolution« offenbar spurlos vorübergegangen sind. Sie selbst ist auf das kommende Fest so wenig eingestimmt, daß sie nicht einmal einen Baum im Hause wissen wollte. Aber dann steht doch einer auf dem Balkon bereit, für teures Geld erstanden.

Südende ist tief verschneit, als sich Klepper, von Reni begleitet, auf den Weg zur Christvesper begibt. Der Schmuck daheim ist schlichter als sonst gehalten, und so auch die Bescherung. Hanni erhält von ihrem Mann Ricarda Huchs »Im alten Reich, Lebensbilder deutscher Städte«, er von ihr Karl Barths »Weihnacht«, Reinhold Schneiders »Wege ins Reich«, das märkische Kirchengesangbuch und eine alte Proskauer Schale.

Der Abend geht still dahin; die Töchter vertiefen sich in ihre Bücher, die Eltern in Bauzeitschriften, die mit auf Hannis Gabentisch lagen, denn Bauen erscheint jetzt als die einzig mögliche Anlage für den Geldrest. Am nächsten Morgen wieder der Kirchweg im Schnee, die Predigt ernst und gewissenhaft wie am Tage davor, die großen Bibelworte, die alten geliebten Lieder. Die Gespräche am Tisch bei Blumen und Kerzen sind bestimmt von wachsender Teuerung und zunehmender Unsicherheit. »Ein Jahr ohne jeden Erfolg und Fortschritt oder auch nur Aufrechterhalten alter Beziehungen geht zu Ende . . . ein ganz totes Jahr.«[87]

Der Neujahrsmorgen 1935 strahlt wie ein beginnender Frühlingstag. Die Post bringt eine Fülle von Glückwünschen, aber Klepper sieht in ihnen mehr »Dokumente der Entfremdung als Beweise der Freundschaftlichkeit und engerer Beziehung«. Aus Beuthen kam seit dem Ableben des Vaters keine Zeile. Im Traum ist ihm der Verstorbene erschienen, er müsse noch einmal predigen über etwas, was er allgemein gewußt habe, nämlich wie die Sünde und das Böse in die Welt gekommen seien. In diesen Tagen träumt Klepper oft von der Kirche: er ist mit seiner Frau in fremden Städten unterwegs, will zum Gottesdienst, kehrt aber um, weil Riesenaufmärsche politischer Formationen vor den Kirchenportalen stattfinden. Nicht selten sieht er sich wieder mit Angst und Bangen im Breslauer Konvikt.

Auf einem sonntäglichen Spaziergang nach Nikolassee zur Besichtigung eines Hauses, das als Vorbild für das ihre dienen soll, stellen beide fest, daß angesichts der Währungsunsicherheit auffällig viel gebaut wird. Das Tagebuch verrät die allgemeine Spannung wegen der bevorstehenden Abstimmung im Saargebiet und Kleppers eigenes zwiespältiges Urteil:

»Obwohl die Saar-Abstimmung schon läuft, noch immer Provokationen der Franzosen – die Gefahr eines Saarkriegs schreckt einen immer wieder auf. Ich glaube, was hier bei den Saardeutschen auf dem Spiel steht, ist trotz momentaner Verblendung und Verzerrung doch echter Patriotismus. Wirtschaftlich wird uns die Saar durch die Bedingungen des Rückkaufs ein Danaergeschenk sein. Auch die nationalsozialistische Begeisterung der Saar darf einen diesmal keinesfalls irritieren.«[88]

Zwiespältig sind auch die Eindrücke vom Berliner Kulturleben, die sich Klepper beim Besuch einzelner Veranstaltungen aufdrängen. Bei zwei Beethoven-Konzerten der Berliner Philharmoniker vermerkt er das Auftreten des jungen Dirigenten Eugen Jochum und des Pianisten Frédéric Lamond als seltenen Genuß, seit Furtwängler zurücktrat und die großen Musiker sich merklich reserviert verhalten. Der berühmte Pianist Wilhelm Kempf wirkt auf ihn wie ein »kokettes, altes Weib« mit viel Effekthascherei. »Was in Musik und Architektur immer wieder den größten Eindruck auf mich macht, ist die Ordnung.«[89] Die Heimkehr von der Premiere des Films »Vorstadt-Varieté« und dem anschließenden Empfang in Mathias Wiemans Wohnung empfindet er als Befreiung von einem Alpdruck: es war ein Gedränge von Leuten, unfähig, miteinander zu reden und sich aufeinander einzustellen. Werner Krauß gab sich manieriert unnahbar, machte auf Klepper aber doch großen Eindruck.[90]

Bei Ullstein nehmen Dienst und Brüskierungen zu. Die Betriebsversammlungen dauern oft bis in den späten Abend. Die letzte jüdische Sekretärin bei »Koralle« und »7 Tage« hat ihre Kündigung erhalten. Dr. Zolf, ein Halbjude, den man zurückgeholt hat, erhält keine Arbeitserlaubnis. Die Belegschaft veranstaltet zu Ehren der Judenaustreibung einen Kameradschaftsabend, bei dem jeder für zwei Mark auf Kosten des Verlags verzehren darf. Alles ist erlaubt – nur jüdisch darf man nicht sein!

Hanni Klepper macht sich große Sorgen um die Zukunft ihrer Töchter, zumal die ältere sich schwer einordnet und der Umgebung immer mehr entfremdet. Reni freut sich auf ihren 13. Geburtstag, aber selbst ein so geselliges Kind hat keine Freundin eingeladen. Die letzten, die noch kamen, haben seit Wochen von ihren BDM-Führerinnen die Anweisung erhalten, nicht mehr mit Juden zu verkehren.

Anfang März notiert Klepper: Italien treibt mit aller Gewalt auf einen Krieg mit Abessinien zu. In Griechenland ist ein Machtkampf zwischen den großen Familien entbrannt. England rückt ostentativ von Deutschland ab; es wendet sich weniger gegen die heimliche deutsche Aufrüstung als gegen die stetige ideologische Offensive. In Breslau sind 31 Grad Kälte gemessen worden. Abschluß der vierwöchigen Verhandlungen um den neuen Hausbau in der Karlstr. 6, nahezu »um die Ecke«. Schmerzen, Erschöpfung, krankhaftes Weiterarbeiten. Sorgen um Billums Zukunft. »Traum: Wir hätten ein gelähmtes Kind gehabt, das um der Zuchtauslese und Bevölkerungspolitik willen getötet werden sollte und dem Staate auszuliefern war. Ein solcher Traum verrät von der Lage des Bürgers mehr als zehn Leitartikel zu sagen imstande wären.«[91]

Für Klepper gibt es nur zwei Möglichkeiten der Ordnung: »Die Konzentration auf das ›jeweilige‹ Buch. Die Beugung unter die Anrede Gottes, die alle sichtbaren Ordnungen auflöst.«[92] Er fühlt sich in allem abgedrosselt und eingesperrt und sieht die Zeit sinnlos vergehen. Seine Frau ist ebenfalls deprimiert: ihr Bruch mit der Welt reicht tiefer als Kleppers Einsamkeit in seiner Kirche – sie hat nicht seinen Glauben. Zudem lastet auf allem der »Druck der politischen Schwermut«. Dieser wird nur verstärkt angesichts der Schlagzeilen an den Zeitungsständen: Die allgemeine Wehrpflicht ist eingeführt, am Gedenktag für die Toten des Weltkrieges. Rückt damit die große Katastrophe näher? Andererseits, hätte irgendeine andere deutsche Regierung diesen Schritt vermeiden können? »Man ist krank an der Zeit, leidet unter dem ganzen Stück Welt, das einem wahrnehmbar ist.«[93]

Es sind kühle, stürmische Vorfrühlingstage. Aus dem Reichsverband deutscher Schriftsteller sind erneut 200 jüdische Mitglieder ausgeschlossen worden. Wer ausgeschlossen ist, darf in Deutschland nichts mehr publizieren, steht also praktisch unter Berufsverbot.

»Spätere Zeiten werden es einmal schwer verstehen können, welches Erschrecken uns heut – soweit wir im Erwerbsleben stehen – jeder Montag bedeutet. Da war die Flucht in den Sonntag. Und dann, am Montag morgen, mit der Berührung mit der Stadt und dem Betrieb, hagelt es auf einen herab: neue bedrohliche Maßnahmen, in den Zeitungen gefährliche Reden von den Verantwortlichen gespannter Nationen, Hiobsposten von der neu einsetzenden Vernichtung von Existenzen durch jene kalte, indirekte Methode, die die Menschen nicht mehr abknallt, sondern dem Selbstmord zutreibt.«[94]

Betriebs-Appell im Dienst und Versammlung am Abend. Es gibt

nichts als Stillhalten. Nach den neuen Verfügungen wird die Jugend ausschließlich dem NS-Staat gehören.

»In die Sonntage ist eine tiefe Beunruhigung getragen, überall jagen SA-Männer ihrem Sammelplatz zu; abends sieht man sie müde heimtrotten; sie prägen ganz und gar das Bild des Sonntags in der Stadt. Die Glocken aber sind politische Propagandamittel geworden, ihr Geläut, das elektrisch betriebene, in den Plan der Aufmärsche und Aktionen wie das Trommeln und das Pfeifen und die Filmaufnahmen eingesetzt.

Das mußte aus alledem gelernt sein: das Idyll beiseitezuschieben und das Bild zu begreifen. Dem Idyll ist der Friede verwehrt. Das Bild besetzt jenen Frieden, von dem es heißt: ›Nicht gebe ich euch, wie die Welt gibt.‹«[95]

Während am Ostersonntag auf 30 Plätzen der Reichshauptstadt das »großorganisierte« Eiersuchen für die Berliner Jugend bei Blasmusik und unter Anleitung von Parteifunktionären vonstatten geht, mit einer Aktion des Reichsministeriums für Ernährungswirtschaft zur Propagierung des deutschen Frischeis verbunden, bietet Südende lauter Bilder der Freundlichkeit und Sitte: der Frühstückstisch im Schmuck der farbigen Seidenbänder und bunten Ostereier, dazu die Klänge des »Forellenquintetts«, der Kirchgang vorbei an Gärten in allererster Kirschblüte, über den Wegen die Birken im lichten Grün.

Den Tag darauf, nach einem Spaziergang im Niederschönhauser Park, vertieft Klepper sich abends in den einen Abschnitt seines Romans, »in dessen Schilderung ich den für mich interessantesten Gesichtspunkt kaum erwähnen darf: die theologische Auseinandersetzung zwischen Vater und Sohn. Das Ganze über Mutter und Tochter zu schreiben, das ist nur in der Endkrisis angängig«[96].

Nach einer schlaflosen Nacht ist der Schriftsteller auf die Lösung des Problems gekommen, wie sich die gar so zähen Blöcke des Buches aufgliedern lassen. Es werden zwölf Teile sein: »König Midas« – »Der Plusmacher« – »Wirte und Gäste« – »Heerschau und Landfahrt« – »Der König und der Abenteurer« – »Die Hütte Gottes bei den Menschen« – »Die aufgehende Sonne« – »König Ragotins Schloß« – »Das Kind der Schmerzen oder die Galeere« – »Die Hirtinnen« – »Mijnheer van Hoenslardyck« – »Der Spiegel«[97].

Ein Sonnabendausflug in die Potsdamer »Russenkolonie« bietet Gelegenheit, Reinhold Schneider aufzusuchen. In Kleppers Annäherungsversuche mischt sich wohl eine gewisse Scheu vor der ausgereifteren Kunst des Gleichaltrigen, aber »ist man sieben Jahre hindurch einer Asta Nielsen nachgelaufen, kann man es sehr wohl ein Jahr versuchen, sich um Reinhold Schneider zu bemühen«[98]. Reinhold Schneiders reges Interesse bahnt den Weg zu ernsteren Gesprächen. Er schreibt jetzt an seinem Buch über England, wo er mehrere Wochen verbrachte. Trotz des harten Urteils, das er in seinen »Hohenzollern« über die kaiserliche Familie fällte, ist er auf der Durchreise in Doorn gewesen. Er berichtet von mancherlei Pose des nun 76jährigen Kaisers, der aber doch mehr als zuvor in der biblischen Betrachtung des Versäumten und Verschuldeten lebt. Schneider ist durch seine bescheidenen Verhältnisse – der offiziell gesteuerte Literaturbetrieb verschweigt seine Bücher – einem asketischen Möbliertendasein ausgeliefert. Unbeheimatet und besitzlos wird er als Gast nach England, Spanien, Portugal eingeladen, besucht Monarchen und Prinzen, übersieht Mängel und Störungen und nimmt das Schöne und Geschichtsmächtige mit aller Intensität wahr, während Klepper vor dem »Unheimlichen« und »der Weite« des Reisens – »genau wie seinerzeit im Studium vor der Wissenschaft« – in die Geborgenheit des eigenen, liebevoll eingerichteten Heimes flüchtet. Es geht ihm wie Kant: so »curieux auf die Welt« er ist, hinter den Toren der Stadt muß er umkehren, sonst fände er nie von der Reise zurück, er verlöre sich und würde zum Vagabunden. Einige Tage später erwidert Schneider den Besuch. Der Eindruck ist wieder stark:

> »Nun habe ich aber erst in ihm den ersten Dichter kennengelernt. Das ist nun der große Mann, den ich mir nie vorzustellen vermochte. Wo ich in Schlössern und in Menschen denke, denkt er in Ländern und Völkern. Und weil die Größe Europas zu erlöschen droht, wird er den Abgesang der Völker schreiben . . . Ist mir in Professor Hermann der Protestant begegnet, so fand ich nun den Katholiken. Dieser Mensch . . . ist mir ein Schicksal geworden.«[99]

Auch Kurt Ihlenfeld, der Beiträge für den »Eckart« wünscht, nähert sich Klepper in diesen Tagen wieder. Trotz verschiedener Wesensart gelangen sie zu einer erstaunlichen Übereinstimmung in literarischen, politischen und kirchlichen Fragen. Am »Eckart« findet er Mitarbeiter und Redaktionsverhältnisse, die ganz seiner Haltung und seinen Wünschen entsprechen. Besonders dankbar geht er auf die Aufforderung ein, Gedichte für eine Anthologie christlicher Lyrik einzureichen. Doch wie eine Mahnung, diesen Weg nicht zu einseitig zu beschreiten, erreicht ihn aus Paris ein Brief von Josef Breitbach, der seinerzeit eine Kiste Wein zum »Winzerkapitel« des »Kahn der fröhlichen Leute« geschickt hatte:

»Ihre Arbeit hat stofflich sämtliche Elemente in sich, mich abzustoßen, vor allem deren protestantische Atmosphäre, die für mich immer etwas Tötend-Tödliches und sogar Totes hat. Ich wünsche Ihnen vor allem weiterhin gutes Schaffen und nicht zuletzt einen langen Aufenthalt in den freundlichen Gefilden südlich des Mains, wo selbst der Protestantismus nicht gar so tötend ist.«[100]

Zum Ausgleich gehört ein Abend der Staatsoper mit »Carmen« und der berühmten Dusolina Giannini in der Titelrolle. Im Theater, auf den Straßen, vor den Restaurants fallen die vielen Uniformen auf, und doch macht sich auch der Hang zum Privaten geltend: über 300 Sonderzüge sollen zu Pfingsten allein in Berlin eingesetzt werden; alles will schnell über die Feiertage verreisen. Akazien und Jasmin stehen in voller Blüte.

Glühende Sommertage, in der Mark steigt die Hitze bis auf 40 Grad, von der Küste werden schwere Gewitter gemeldet. Hanni ist den ganzen Tag beschäftigt: mit dem Bau – zum Richtfest fehlt nur noch der Dachstuhl –, mit Reisevorbereitungen für Brigitte und Reni, nachdem feststeht, daß die jüdischen Schülerinnen nicht vom Ferienheim Ralswieck auf Rügen ausgeschlossen sind.

Für Klepper schreitet die Arbeit am Buch mühsam voran; der erdrückende und verwirrende Stoff wird in Teilskizzen gesammelt. Sollte er nicht das Selbsterfundene herausnehmen? Ferner alles Politische, weil er dazu »nicht kompetent« ist; ferner das Theologische, weil er dazu »nicht berufen« ist; ferner das Kulturgeschichtliche, weil »andere das besser können«? Hundertmal möchte er aus Mühe und Angst die Arbeitsmethode wechseln, aber die Gestalt des Königs und sein Leben stehen fest in einer Kette von leuchtenden Bildern.

»Manchmal, wenn die Erschöpfung sehr groß ist, stelle ich mir – und immer geht davon wie von den ›Bildern‹ eine so wohltuende Belebung aus – vor, was an dem Buch ein Marsch ist, ein Menuett, ein Pastorale, ein Ländler, eine Fuge, ein Choral.«[101]

Das Tagebuch vermerkt die Zuspitzung des italienisch-abessinischen Konflikts und entsetzliche Überschwemmungen in China. In Sachsen und in Breslau kamen 21 Mädchen wegen Verhältnissen mit Juden in Schutzhaft, die Männer ins Konzentrationslager. Die Säuberung Berlins von den Juden ist drohend angekündigt. Am Kurfürstendamm fanden antisemitische Ausschreitungen statt; Hans Nowak, der befreundete Schriftsteller und Pfarrerssohn mit jüdischer Frau, wurde zufällig deren Augenzeuge. In Regierung und Partei erfolgen Rücktritte und Ernennungen. Die Presse bringt gehässige Propaganda gegen deutschnationale Frontkämpferverbände, katholische Kirche und Judentum. In allen Landesteilen schreitet die Auflösung des »Stahlhelm« fort. Die antikatholischen und antisemitischen Maßnahmen werden mit »finanziellen und sexuellen Vergehen« begründet.

»Die Juden, denen es in Deutschland materiell noch gut geht, sind die, deren große Betriebe man für deutsche Angestellte braucht. – (Das Ostseebad) Misdroy mußte jetzt von Juden geräumt werden; man hat sich auch nicht gescheut, vor ein jüdisches Kinderheim zu ziehen und die Kinder mit dem Absingen antisemitischer Lieder zu ängstigen. Das Heim muß auch geschlossen werden. – Sonst war es so, daß Bedrückte und Bedrohte den inneren Ausgleich hatten, Märtyrer sein zu können für eine Idee. Aber die Juden haben keine Idee mehr; sie waren in uns aufgegangen. Es gibt nichts abzuschwören, nichts zu bekennen, es wird auch nicht nach ihnen gefragt – das harte Los wird über sie verhängt, völlig mechanisch und schematisch, und sie müssen zudem im Lande bleiben, wollen sie nicht ohne alles in eine Welt hinausgehen, die nichts für sie bereit hat . . .

Die Juden und Menschen in meiner Situation werden sich weitaus immer mehr in ihren allerengsten Kreis zurückziehen.

Ich kann nichts mehr, als immer wieder an das eine mich halten: daß Gott auch hierin zu mir redet. Was in Hanni vorgeht, vermag ich nicht mehr zu beurteilen. Das Judentum ist ihr und den Kindern völlig entfremdet, das Deutsche und das Preußische um so stärker in ihr – das Preußische aber ohne sein A und O: den Glauben. Überall steht sie außen.«[102]

Noch einmal hochsommerliche Tage. Der Rohputz des neuen Hauses ist beendet, Zaun und Terrassengitter stehen. Angesichts der neuen Wohnstätte und von dem Gedanken an das »erste Pfarrhaus« fasziniert, wagt Klepper jetzt zum ersten Mal, mit Hanni über das nächste Buch »Katharina von Bora« zu sprechen. Dabei kommen ihm auch wieder »die alten, zermürbten Pläne« in den Sinn; wie gerne hätte er das »Glück der Vergänglichkeit « neu geschrieben, den Entwurf »Frick-Frack und Elvira« über das Artistenmilieu aus der Breslauer Zeit ausgearbeitet, die Romanprojekte »Hoffnungslosigkeit«, »Die Abschiedssymphonie« (einen Orchesterroman), »Voltaire« und »Streckenarbeiter« (einen Roman über Reisende) verwirklicht. Daneben notiert er bereits neue Pläne: »Katharina von Bora«, wie schon erwähnt, ferner »Der Mann und das Kind«, »Die preußischen Eremitagen« (vom Jagdschloß Stern bis Doorn), »Die Schönhauser Elegie« (über die Königin Elisabeth

Christine), »Das Buch von den Propheten und Aposteln« und »Die Kinder der Seligkeit« (über die Kinder in der Bibel und der Kirchengeschichte), alles in allem eine unverkennbare Abwendung von der profanen Künstlerwelt zur preußischen und christlichen Historie. Indessen sind 1000 Seiten des »Vater« fertig geschrieben. »Im August so schwer zu arbeiten, war nicht einfach. Das ist der drükkendste Monat für mich, für mich der Sterbemonat des Jahres. Die Ernte ist eingebracht, das Jahr noch so überreif, die Endgültigkeit, die Klarheit herbstlichen Verzichts noch nicht da.«[103]

Wieder entlassen

Anfang September überstürzen sich die Ereignisse. Als sich Klepper vor dem Urlaubsbeginn bei seinem Vorgesetzten verabschiedet, deutet ihm dieser an, daß seine Rückkehr zu Ullstein »auf längere Frist gefährdet sei«. Erst war von Kündigung zum 31. Dezember die Rede, jetzt soll es nur noch Gehalt für September und Oktober geben. Droht als nächstes der Ausschluß aus der Reichsschrifttumskammer? Angesichts der verschärften kulturpolitischen Lage sagt Klepper schweren Herzens seine Teilnahme an der »Dichter- und Theologentagung« in Wittenberg ab.

»Das Haus vor dem Fertigwerden – das Buch in diesem Stadium, und nun dieser Schlag; heute schien es mir manchmal unerträglich schwer. Möge Gott es mir ersparen, daß ich mit meiner Existenz Hanni schwer zur Last falle. Das Mitleid kann furchtbar sein; ich kann Hanni nicht ansehen, gerade, weil sie so gefaßt ist und so elend aussieht.«[104]

Auch die zur Ablenkung unternommene Reise über Quedlinburg nach Thale und zur Ilsenburg bei Wernigerode gerät zu einer Reihe von Widrigkeiten: häßliches Wetter, trostlose Hotelzimmer und überall die gleichen Schilder, »Juden werden nicht bedient«, oft schon am Eingang der Ortschaft zu lesen. Im Quedlinburger Dom und Schloß hat der Oberbürgermeister eigenhändig Juden den Zutritt zu diesen ehrwürdigen Stätten deutscher Geschichte, »für die sie kein Verständnis mitbringen können und die sie durch ihr anmaßendes und auffälliges Verhalten nur stören«, verwehrt[105]. Das einige Wochen zuvor entfernte Verbotsschild für Nicht-Arier ist wieder am Südender Schwimmbad angebracht; selbst an dem Zaun zwischen den Laubengärten, wo Kleppers oft spazieren gehen, steht jetzt solch eine Inschrift.

Der Abschied von Ullstein verläuft – anders als damals beim Funk – kurz und schmerzlos. Klepper bekommt noch 1000 Mark ausgezahlt und gleichgültige Bemerkungen oder dürftige Witzeleien auf den Weg von Menschen, mit denen er zwei Jahre zusammen gearbeitet hat. Zum weiteren Lebensunterhalt bleibt nur das Bücherschreiben. Vielleicht zahlt die DVA noch einen Vorschuß für den »Vater«. Daneben bespricht er mit Kurt Ihlenfeld ein Produktionsprogramm für den Eckart-Verlag: »Deutsche Gespräche von ewigen Dingen«, »Schönhauser Elegie«, »Das Haus« und »Paul Gerhardt«.

Neue Sorgen um die Zukunft der Töchter. Am 11. September kommt ein Erlaß heraus: von nun an dürfen Kinder jüdischen Geblüts nur noch in jüdische Schulen gehen. Soll an den Universitäten eine Art numerus clausus eingeführt werden? Wird es Höhere Schulen eigens für Juden geben? Onkel Ludwig, ein ehemaliger Frontkämpfer, mußte mit seiner Familie während des Nürnberger Parteitags – wo gerade das Rassenschutzgesetz proklamiert wurde – nach Rottach ausweichen. Seine Kinder läßt er nach Palästina auswandern, wo sich jetzt auch Hannis Breslauer Freundin Bea Westheim nach Zwischenstationen in Paris und London niederläßt. Hanni Klepper könnte sich nicht zu solchem Schritt für ihre Töchter entschließen.

»Das ist ein Vorgang, der einen ganz durchschüttelt: das Preußentum und das Judentum gleichzeitig nebeneinander begreifen zu müssen in ihrer unlösbaren Verknüpfung durch den Knecht-Gottes-Glauben. Und was heißt hier ›begreifen‹: Es muß durchlebt werden all die Mühsal um das Buch und die Angst um eine derart bedrohte Existenz . . .

Man erlebt dieses und jenes, und alles führt immer nur wieder zu der Erfahrung der völligen Ohnmacht, in die hinein Gott spricht.«[106]

Am 18. September 1935, zwei Jahre nach dem ersten Einfall, ist die erste Fassung des »Vater« abgeschlossen. In diesen Tagen trägt Klepper seitenlange Bibelsprüche – besonders aus Jeremia und den Psalmen – in sein Tagebuch ein: lauter Worte des tröstenden Zuspruchs, mitten darin das Wort vom »Acker Jeremiae«, dem eigenen Wagnis mit dem neuen Hause geltend. Die Bäume färben sich herbstlich und die Blätter beginnen zu fallen. Nach einem Gottesdienst, »der empören mußte«, verbringt er den Sonntag über Rudolf Thiels neuem Lutherbuch, das ihn zutiefst berührt.

»(Luthers) Sprache ist die einzige, die ich zu verstehen, die mich zu treffen vermag; die einzige, vor der ich mich nicht mühen und quälen muß. Die Angst als Zeichen der Erwählung. Das: Dein Wille geschehe wie im Himmel und auf Erden. Das Recht, die Gegenwart in der Bibel leben zu dürfen, jener unfaßliche Vorgang, der alle Tage aus den Angeln hebt. – Die Führung glauben – nicht sehen! Die Sünde bis ans Ende glauben! Mit der Vernunft brechen dürfen!«[107]

Nur die Frage nach der »Sünde wider den Heiligen Geist« ist ihm bei Luther noch nicht begegnet, diese beängstigende Frage, die Klepper auf unerklärliche Weise mit dem Judentum verknüpft scheint. In starkem Zwiespalt betet er um ein Zeichen für Gottes Nähe, das seiner Frau bei ihrer Nüchternheit sichtbar werden könnte. An diesem Abend kommt sie vom Spaziergang zurück und erzählt, sie habe zwischen zwei Bäumen das Kreuz mit dem Gekreuzigten erblickt; als sie nahe davor war, sei es verschwunden. »Dies ist das so zwiespältig und scheu Erbetene. Ich habe mich verdammt, als ich es erbeten habe. Und war doch auch hier schon das Gebet Gottes Verheißung?«[108]

Der nächste Schritt ist ihnen gewiesen: gerade jetzt, in dieser verworrenen Lage, erwartet sie das Haus. Vier Jahre lang leben sie nun in Berlin, dreieinhalb Jahre in der Südender Wohnung, wo sie Papens Umsturz, die Entlassung aus dem Funk und die bei Ullstein erfuhren. Am 24. September, am Tage vor dem Umzug, entschließt sich Klepper zu dem schweren Schritt, seine Lebensversicherung aufzugeben. Das neue Haus und der Beruf sind nun Gott unmittelbar unterstellt.

»Ein Maß von Passivität ist erreicht, daß einem das Grauen davor kommt. Was ist das im Menschen, daß er dann auf die Bibel pocht, als habe Gott sich ihm, dem Verlorenen gegenüber, an die Schrift gebunden?«[109]

III. Der Erfolg des »Vater«

1935–1937

Es ist, als müßte nun in wenigen Tagen nachgeholt werden, was ich in drei Jahren selbstgewählten Exils unterließ und auch heute gar so gern noch meiden möchte. Denn wenig, wenig halte ich von der ›Wirkung der Persönlichkeit‹, auf die sie nicht verzichten. Doch eins hat sich grundlegend gewandelt: es ist nicht mehr das Hin- und Hertelefonieren, das Treppauf-, Treppablaufen wegen eines kleinen Beitrages oder im Verfechten, dem qualvollen, eines größeren Planes, den einem keiner recht zutraute: nun ist die Grundlage in einem Objekte, dem Buche, da, ganz unverkennbar.

Tagebuch, 6. April 1937

Umzug in Südende

Ende September, bei Sturm und Regen, vollzieht sich der Einzug in das neue Haus, Karlstraße 6. Die Untermieterin, Fräulein Leverentz, ein Handwerker, der Architekt, der ehemalige Gartenverpächter und Ilse Freund aus Breslau haben Blumen geschickt. Das Barockzimmer ist im wesentlichen unverändert übernommen. Die Bibliothek mit dem Eßplatz wirkt etwas feierlicher durch die hinzugefügten dunklen Renaissance-Möbel. In den Arbeitsräumen der Eheleute stehen die grazileren Barockmöbel. Das Renaissance-Schlafzimmer wirkt vornehmer als in der alten Wohnung. Die Töchter bekommen je ein eigenes kleines Zimmer; Brigitte hat ihres mit Onkel Erhards Kinderkostümzeichnungen zu »Carmen« ausgestattet. Fräulein Leverentz bekommt das blaue Mansardenzimmer. Zur zusätzlichen Einnahme wurde die Garage schon an einen Kapitänleutnant vermietet. Die hellgelbe Küche ist mit eingebauten Wandschränken besonders praktisch ausgestattet: eine Arbeitersparnis für Hanni, die sich künftig anstelle des Dienstmädchens mit einer Zugehfrau, die für einige Stunden kommt, begnügen will. Brigitte und Reni sollen aus pädagogischen und materiellen Gründen ebenfalls zur Hilfe im Haushalt herangezogen werden.

Das Treppenhaus und die mit dunkelbraunen Läufern belegte Treppe sind elfenbeinfarbig wie die beiden Wohnräume gestrichen. Im Aufgang hängen italienische barocke Kupferstiche, die Hanni aus Meran mitgebracht hatte. Ober- und Unterdiele werden mit Beuthener Empire-Möbeln eingerichtet. Draußen der neu gesäte Rasen und der frischbestellte Garten erinnern an die Wintersaaten auf den Feldern der Heimat.

»Das ist das Pfarrhaus meiner Träume, die ja mehr als Träume waren: eine große Sehnsucht. Der Höhepunkt meiner Familiengeschichte war das Pfarrhaus gewesen; und wie haben wir es verkannt und mißachtet, entstellt und herabgewirtschaftet! Was auch vor uns liegen mag – in diesen Tagen stehen Hanni und ich vor erfüllten Wünschen.«[1]

Während eines kurzen Besuchs von Kurt Meschke wird Hannis Taufe – die jetzt etwas anderes bedeutet als der zuvor »geplante Übertritt« – ernsthaft in Aussicht genommen. Wohltuend empfindet Klepper das so selbstverständliche Übereinstimmen in allen angerührten politischen und kirchlichen Fragen, doch zeigt er sich, trotz lebhafter Fürsprache seines Freundes, nicht geneigt, dem Berneuchener Kreis bzw. der Michaelsbruderschaft[2] beizutreten. Zwar teilt er mit diesem Kreis das Interesse an einer Neubelebung der Liturgie, kann sich aber mit dessen ausgeprägter Neigung, altkirchliche Traditionen zu konservieren, wenig anfreunden. Hinzu kommt seine ständige Ablehnung eines jeden »von Menschen gewollten besonderen Zusammenschlusses in der Kirche«.

Königtum von Gottes Gnaden

Die Zeitungen bringen erste Meldungen von der Invasion der Italiener in Abessinien. Klepper liest sie, betroffen von der Parallele: dieses wehrlose Land behandelt man – so anders die Umstände sind – mit der gleichen Erbarmungslosigkeit wie die deutschen Juden, und die Welt sieht mehr oder weniger tatenlos zu. Andererseits stimmt die Gestalt des machtlosen Negus zu dem Bilde, das sich in ihm gerade in diesen Wochen, während er am »Vater« und an den »Königsgedichten« arbeitet, zur Sinngebung einer christlichen Monarchie verdichtet. Nach den Enttäuschungen mit der SPD und den vergeblichen Hoffnungen, die er in die Zentrumspartei und Heinrich Brüning gesetzt hatte, ist er zu der Überzeugung gekommen, daß für Deutschland und auch die anderen Völker Europas nur ein durch Leiden und Sühne für vergangene Irrtümer geläutertes Königtum die verlorene göttliche Ordnung zu verkörpern vermag, obwohl er weiß, daß die noch bestehenden Monarchien in Europa diesem Ideal nur wenig entsprechen. Was soll man etwa vom italienischen König halten, der die Entmachtung des abessinischen Kaisers stillschweigend geschehen läßt, »ein kluger Fürst, wie ihn heut Europa wohl nicht hat«[3]. Seinen Vorstellungen kämen das britische Königreich und die wiederhergestellte griechische Monarchie unter Georg von Glücksburg, einem Neffen des ehemaligen deutschen Kaisers, am nächsten.

Und was ist von der deutschen Dynastie zu halten? Reinhold Schneider, der Klepper am 5. November besucht, weiß in dieser Hinsicht nur wenig Erfreuliches zu berichten. Von den Hohenzollern, mit denen er immer wieder in Berührung kommt, hat Schneider den Eindruck völliger Verwirrung und Oberflächlichkeit. Um sich populär zu machen, verschenke der Kronprinz sein Bild mit Namenszug und »Heil Hitler!«; in den »Hohenzollern« Schneiders habe er nur obenhin geblättert. Die Kronprinzessin äußere sich mit abfälligen Banalitäten über die katholische Kirche. Darauf hingewiesen, wie einst die Blüte des alten Reiches und die Macht der Kirche zusammenfielen, habe sie gefragt: »Welches Reich?« und auf Schneiders Antwort: »Das Reich der Staufer und Salier« nur schroff erwidert: »Ach, gehen Sie mir mit solchem Aberglauben!« Prinz August Wilhelm bekleidet längst einen hohen Rang in der SA. Die Braunschweiger Enkelkinder des Kaisers seien Mitglieder der Hitlerjugend; man hoffe dort, einmal vor den Hohenzollern an die Macht zu kommen. Die jungen Hohenzollern seien nicht besser erzogen. Keiner von ihnen kenne das Hausarchiv, die Literatur über die Großen ihres Geschlechts. Einzig der jüngste Kronprinzensohn Friedrich hat Reinhold Schneider gebeten, ihn durch das Museum in Schloß Monbijou zu führen[4].

Schneider und Klepper sind sich darin einig, daß in der gegenwärtigen Lage keiner der Hohenzollern fähig wäre, die Dynastie mit dem Kern des Heeres in Kontakt zu bringen, eine Hoffnung, die von ihren Freunden der »Weißen Blätter« um Baron Guttenberg[5] noch nicht aufgegeben ist. Schneider zuliebe ist Klepper zur literarischen Mitarbeit an dieser monarchistischen Zeitschrift bereit, lehnt aber nach wie vor jede Beteiligung an einer politischen Gruppe ab. Das

Königtum bleibt für ihn ein religiöses Symbol, das reale Gestalt annehmen könnte, um im Falle eines Krieges, den er bereits jetzt für unabwendbar hält, der »frevelhaften Hybris des Dritten Reiches« ein Ende zu machen.

»Wir werden, soll noch einmal ein König kommen, wohl einen schweren Weg zu gehen haben; und die in dem so möglich gewordenen Kriege dieses Reiches fallen, werden in vielem für das Kommende sterben – und das wird ihr Trost sein und manches Stückwerk eines armen Lebens doch noch zum Werke machen. Auch der Tod als der Sold der Sünde darf noch fruchtbar sein. Den furchtbaren Fall eines neuen deutschen Krieges gesetzt: man würde von einer Regierung in den Krieg geschickt werden, die einen entrechtet und verfolgt hat – man wird aber fallen für die Monarchie und für die Gleichberechtigung der uns angehörigen Juden. Ach, Bücher, sollen sie zur Wirkung im Leben gelangen, müssen schließlich wohl noch immer, wie die Redensart leichthin sagt, in aller Wirklichkeit mit dem Herzblut geschrieben werden. Aus Büchern müssen Testamente werden. Angesichts des neuen Krieges versagen wohl aber alle Vorstellungen, die wir aus den bisherigen gewannen.«[6]

Eben diesen Tagen entstammen das zweite und das dritte Reinhold Schneider gewidmete »Königsgedicht«[7]. Harald von Koenigswald, der zu den ganz wenigen Empfängern dieser Gedichtfolge gehört, schreibt später im Rückblick dazu:

»Sie sind Zeugnis einer großen Sehnsucht jener Zeit unter dem Druck des Nationalsozialismus, der Schrei nach Umkehr aus Gewalt und Verbrechen. Aber die Gedichte berauben sich zugleich in der völligen Abwendung von jeder menschenmöglichen und politischen Realität einer wirklichen Erfüllung der Forderung, die sie erheben. Klepper hat das sehr wohl gewußt . . .«[8]

An eine Veröffentlichung der »Königsgedichte« ist einstweilen nicht zu denken, ihre Botschaft ins Volk hinein nicht auszurichten. Indessen lenken Anrufe und Briefe von Poelchau, Ihlenfeld und Kurt Meschke Kleppers Gedanken an die andere Richtung: daß seine Arbeit im Auftrag der Kirche geschehen könnte. Er muß an R. A. Schröder denken, den er zuerst durch Chansons kennenlernte, »und der nun – mit 57 Jahren – so angesehen, so ernsthaft, so erwünscht als der einzige Dichter des Protestantismus hervortritt»[9].

Ständig bekunden die ins Tagebuch eingetragenen Bibelworte dieser Zeit Ermahnungen zur Kraft und zur Furchtlosigkeit, Zusagen der Hilfe und der Erlösung aus der unfruchtbaren Wüste. Die Sparmaßnahmen im Haushalt erweisen sich als aussichtslos bei den steigenden Lebensmittelpreisen. Nur Renis Quecksilbrigkeit und die Kaffee-Gespräche mit der »Großen Directrice« Elise Topell verbreiten etwas Heiterkeit.

Vor einem skeptischen Neffen greift Hanni Klepper zum ersten Mal in ein religiöses Gespräch ein und erweckt in ihrem Mann den Wunsch, sie und Reinhold Schneider, dessen Tiefe er immer mehr bewundert, als Protestanten zu sehen, obwohl bei letzterem alle Bereitschaft dazu fehlt.

»Der Katholizismus ist mir manchmal wie eine letzte Vorstufe des Glaubens, in der Gott den Menschen noch ihre Würde beläßt, den furchtbaren Blick auf die Unwürde des Menschen noch erspart. Tatsächlich stehen viele Katholiken ethisch auch höher. Reinhold Schneider ist ein Mensch voll Würde. Darum muß ich so gebannt auf dieses Leben blicken, von Gottes Führung in ihm zu erfahren.«[10]

Aus Dankbarkeit für Kleppers Gedichtwidmung schenkt Schneider ihm seinen »Philipp den Zweiten«. Die »Königsgedichte« stellt er über seine »Hohenzollern« und will sie, da an eine Veröffentlichung nicht zu denken ist, handschriftlich in seinem Freundeskreis verbreiten.

Zum ersten Mal gerät das Gespräch der beiden Schriftsteller zur religiösen Auseinandersetzung; für Klepper ist die erste Debatte dieser Art mit einem Katholiken eine Qual. Wie wohltuend erscheint ihm dagegen die theologische Übereinstimmung mit den befreundeten Pastoren – auch wenn die persönlichen Gefühle für sie jeder Leidenschaft entbehren. Doch die im Widerstreit mit Schneider geknüpften Bande reißen nicht ab. Als Zeichen der Verbundenheit schickt dieser am 12. November das Gedicht »Fiel pero desdichado«. Am 14. November folgt ein Brief, der an das schwierige Gespräch anknüpft:

»Wohl ist der Gegensatz ein sehr entscheidender, aber er ist derselbe, der unser Volk zu dem gemacht hat, was es ist; wir müssen ihn durchleben, und ich glaube, dies ist einem jeden möglich, indem er den anderen versteht. Ich tauge auch nicht zum Reden und namentlich nicht über diese Dinge; aber es ist mir ein großer Gewinn gewesen, was Sie mir gesagt haben. Mir ist dieses Problem wohl nie ganz aufgegangen; die Beispiele der Buße und Sühne, die im Neuen Testament enthalten sind, wie auch die Worte, die den Werken neben dem Glauben ihre Bedeutung geben, waren für mich ein hinlänglicher Trost und sind es auch noch. Es kommt mir freilich sehr viel darauf an, Luthers Seelenzustand ganz zu verstehen. Dies letztere aber war es, was mir an diesem großen Mann noch fehlte.«[11]

Stark angesprochen ist Klepper von einem Aufsatz Schneiders in den »Weißen Blättern« über Quedlinburg, weil er darin seine eigenen Eindrücke vertieft findet. Die Gestalt der Äbtissin Agnes,

Tochter Ottos des Großen, könnte ihn aufgrund der hier unternommenen Deutung sogar zu einem neuen Buchplan mit dem Titel »Die Reichsverweserin« verlocken. Am tiefsten aber hat ihn Schneiders Satz von der Krypta angerührt:

»Und wenn wir das Reich wieder erleben und schaffen wollen, so müssen wir hinabsteigen in die Krypta: zu dem Anfänglichen, Unzerstörbaren; zu dem ersten Lebensgrund, aus dem die vergänglichen Formen hervorwachsen. Und wenn sich auch nicht alle bereit finden zum letzten Ernst, für die letzte Tiefe, so müssen doch einige hinabsteigen in den Grund – und leben in der Krypta des Reiches.«[12]

»Hinabsteigen in die Krypta« – wie empfänglich ist Klepper für diese faszinierende Formel, die sich längst auch die jetzigen Machthaber zu eigen gemacht haben: in Bälde werden sich die Dome von Quedlinburg und Braunschweig in Kultstätten der NSDAP verwandeln . . .

Am Tag darauf, dem 16. November, ist wieder die harte Gegenwart zu spüren: die Zeitungen bringen die Durchführungsbestimmungen zum Reichsbürger- und Rassengesetz. Ein Aufatmen beschert die Voraufführung der Philharmonie; unter der Leitung von Thomas Beecham Mozarts Klavierkonzert, die »Fantastische Sinfonie« von Berlioz, die Klepper gern für seine Hörfolgen benutzt hat, und schließlich, zu seiner größten Freude, die Sinfonie Nr. 99 des siebzigjährigen Haydn. Unter den Zuhörern fällt wieder viel sympathische Jugend ins Auge. Zu den Proben für das neue Furtwängler-Konzert trifft nun auch Eva-Juliane Meschke als Logierbesuch mit Gaben und Anekdoten aus dem Schillersdorfer Landpfarrhaus ein. Diese Tochter eines Dahlemer jüdischen Architekten und Frau seines Breslauer Freundes Kurt Meschke hält Jochen Klepper für »die frömmste, theologisch erfahrenste, wenn auch etwas zu psychologisierende Pastorenfrau«[13]. Sie ist mit Furtwängler schon längere Zeit befreundet und macht sich jeden Morgen mit Partituren auf den Weg. Klepper begleitet sie zur Generalprobe, in der ihn Tschaikowskij und Sibelius weniger beeindrucken als die stilleren Sätze der 1. Sinfonie von Brahms, die er »wie Gebrochenheit vor Gott« empfindet.

Nach Frau Meschkes Abreise arbeitet er an einem kleinen Band über Claus Harms, wofür ihm der Eckart-Verlag einen eiligen Auftrag erteilt hatte[14]. Dann der alarmierende Anruf vom Stuttgarter Verlag: der »Vater« soll nun plötzlich zum Fridericus-Gedenkjahr wegen seines 150. Todestages am 31. Januar fertig sein. So heißt es arbeiten, arbeiten, daß man nicht zur Besinnung kommt. Da im letzten Quartal nur 335 Exemplare vom »Kahn« verkauft wurden und die kleinen Bücheraufträge wenig einbringen, entschließen sich Kleppers, ihre letzten Bankpapiere (2500 Mark) zur Zahlung von Baurechnungen und Steuern herzugeben.

Weihnachten rückt heran. Wieder brennen jeden Sonntag die Kerzen auf dem Adventskranz. In der Kirche klingen Lied und Bibelwort tröstend. Anders die Predigt: »Es bestätigt sich immer mehr, daß viele Pastoren der ›Bekennenden Kirche‹, zu der wir in dieser bitteren Spaltung halten müssen, Märtyrertheater von übelster Abgeschmacktheit vollführen.«[15]

Die Kinder besuchen auf dem Weihnachtsmarkt im Lustgarten Schichtls Marionettentheater, hinter dessen Kulissen Klepper vor Jahren während seiner Rummelplatz-Studien gelangt war. Hanni und er fahren indessen in das Antiquitätenviertel, um als gemeinsames Weihnachtsgeschenk einen Barockstuhl und einen gotischen Leuchter für das »Refektorium« zu erstehen. In Berlin, der Stadt ohne alte Architektur, ist es Mode geworden, sich antik einzurichten. Auch Kleppers folgen dieser Vorliebe trotz steigender Teuerung – letztlich aus dem Bedürfnis, die Wurzel- und Aussichtslosigkeit ihrer Lage durch den Besitz solchen alten Hausrats auszugleichen. Nach den Besorgungen hören sie in der Parochialkirche eine überraschend gute Chormusik, frühe fränkische und speziell Bamberger Choräle. Im Hause herrscht »Weihnachtsstimmung«: über dem schneebedeckten Rasen hängt die Weihnachtswäsche, in der Küche liegen die blanken Pfefferkuchenformen – Sterne, Herzen, Lämmchen, Rehe – bereit. Der Christbaum ist auch schon besorgt (dieses Jahr kosten alle über zehn Mark). So erlebt das neue Haus sein erstes Idyll, während vor der Tür unerbittlich Dunkles schleicht. Jenny Lederer, Hannis Schulfreundin aus Nürnberg, eine Architektenwitwe, die vor kurzem wieder eine Unterkunft für sich und ihre Tochter gefunden hatte, ist verhaftet worden, ohne daß man erfahren konnte, weshalb dies geschah und wohin man sie gebracht hat. Erhard will jetzt nach Paris, um dort eventuell in der Modepresse eine Arbeitsmöglichkeit zu finden, weil ihn die falsche Verwendung bei Ullstein und insgesamt die ihm konträre Situation in Deutschland anwidern. Klepper indessen findet die Stimmung in Berlin nicht so drückend wie im Vorjahr; die politische Überreiztheit, die damals herrschte, scheint sich durch den Abessinienkrieg auf Frankreich und England verlagert zu haben, und was den Juden widerfährt, wird verschwiegen.

Zur Christvesper ist die Kirche überfüllt. Wieder ist Reni mitgekommen. Welche Gedanken Klepper dabei bewegen, vertraut er später seinem Tagebuch an:

»Mich in die Christnacht zu begleiten – darum habe ich Hanni nicht gebeten. Ich weiß, daß sie eine andere Weihnacht als die eine nicht gelten läßt, daß sie es als etwas Besonderes empfindet, daß die alte Weihnacht der schönen Gewohnheit aus ihrem Hause schwinden durfte – aber es ist nur wie eine Achtung vor dem Fest, und durch die Stunden des Heiligen Abends ging doch der tiefe Zwiespalt, aus dem heraus das Verlangen nach der Weihnachtsbotschaft noch stärker wird: daß Weihnachten nicht verlebt wird mit den beiden Familien, der, welcher man entstammt, der, welche man begründet; daß über dem tiefsten Grunde zweier von Gott zusammengeführter Leben Dunkel bleibt; daß, wo, wann und wie Gott an dem liebsten Menschen handelt, man unwissend, ratlos abseits steht, auch wenn man ja in dieses Handeln Gottes selbst als Schicksal des anderen mit einbezogen bleibt.«[16]

Die Feiertagspost ist diesmal spärlich eingegangen. Aus Erlangen kamen drei Gedichte von Olly Budjuhn: viel Rhetorik mit falschen inneren Voraussetzungen. Klepper vertieft sich in den zweiten Band von Rudolf Thiels »Luther«, und so schwindet das alte Jahr. Vom Gottesdienst am Silvesterabend bleibt die Schriftlesung vom unfruchtbaren Feigenbaum in ihm haften – dermaßen, daß er daraus das Leitwort für das neue Jahr wählt. Noch einmal zeigen sich die Zimmer daheim im vollen festlichen Glanz der Kerzen auf den Leuchtern und dem Christbaum. Ringsum Glockengeläut vor und nach den Andachten; endlich um Mitternacht das große Nachtgeläut. Vom Schlafzimmerfenster aus gilt der letzte Ausblick den Raketen, die über die dunklen, stillen Gärten stieben.

»Wie muß das Herz die Idyllen, die ihm noch belassen sind, die Bilder, an denen es sich auf der Welt noch trösten darf, doch schon verloren geben; wie würde man sonst so kleinlich jede Einzelheit festlicher Tage in der Aufzeichnung festzuhalten suchen!«[17]

Zum Neujahrsnachmittag bringt eine Polizeikapelle ihrem Chef, dem benachbarten General Daluege, ein Ständchen. Spaziergang am Kanal. Der Festabschluß gehört weiterhin Rudolf Thiels zweitem Lutherband: Luther im Zusammenbruch seiner 34 Jahre. Im eigenen Lebensgefühl tief angerührt, überträgt der nahezu gleichalte Leser in sein Tagebuch diese Stelle:

»Ich bin körperlich ziemlich gesund, was ich dem Geist nach bin und treibe, weiß ich nicht. Satan hängt sich an mich mit gewaltigen Seilen, an Christus hänge ich mit einem dünnen Faden. Hochgelobt sei mein Christus mitten in Tod, Verzweiflung, Lästerung! Christus ist Leben und Gerechtigkeit, ach, eine so schwere und unbekannte Gerechtigkeit, ein immerfort in Gott verborgenes Leben!«[18]

Wenn auch Thiel bekanntermaßen mit dem Dritten Reich liebäugelt, so hat er doch Klepper neu für den »Katharina von Bora«-Plan erwärmt: die Frage des gesicherten Daseins, der christlichen Existenz in der Welt, die ihn selbst in seiner Lage so stark bewegt, in der Darstellung des ersten deutschen Pfarrhauses zu erörtern.

Dann wieder die Arbeit am Schreibtisch, am Roman. Es geht mühsam voran; »fast jeden Abend packt mich die Verzweiflung, daß es so bitter schwer ist, frommes Leben zu schreiben . . . Bibelexegese durch Erzählung eines Menschenlebens, das ist es, was mich so bannt!«[19]

Über Jenny Lederers Verhaftung laufen die ersten Nachrichten ein: sie soll schon fast drei Wochen wegen »Vergehens gegen die Devisenverordnungen« im Magdeburger Gefängnis sitzen; man spricht von sechs Jahren Zuchthaus. Hannis Onkel Ludwig, der wieder einmal von Nürnberg zu Besuch da ist, rät dringend zur Auswanderung der Töchter. Kleppers Reaktion: »Wir können und können darin kein Heil für sie erblicken, so bedroht ihre Zukunft in Deutschland auch scheint; ich kann mir immer wieder nur helfen mit dem Gleichnis vom Acker des Jeremias: ausharren unter dem Feind.«[20]

Die Tagebuchnotizen der ersten Märztage zeichnen die einzige Fieberkurve der Weltlage nach: Die Sowjetunion hat mit Frankreich einen gegen Deutschland gerichteten Pakt unterzeichnet. England, das den Tod seines Königs beklagt, baut eine enorme Luftflotte auf. In Japan hat ein Putsch »imperialistischer Sozialisten« stattgefunden. Zwischen China, Rußland und Japan herrscht große Spannung. Der Abessinienkrieg wütet grausamer denn je. Aus Spanien werden »kommunistische Unruhen« gemeldet. Alles wird übertrumpft von den Schlagzeilen am 7. März 1936: Deutsche Truppen besetzen das Rheinland. Die Welt reagiert darauf so tatenlos wie im vorigen Jahr auf die Wiedereinführung der allgemeinen Wehrpflicht. Das Gelingen dieses Handstreichs wird drei Wochen darauf, am Vorabend der Volksabstimmung mit Glockengeläut, religiös getönten Worten Hitlers und dem Niederländischen Dankgebet (»Wir treten zum Beten . . .«) gefeiert. Für Klepper ist klar, daß nun das Innenpolitisch-Trennende ausschlaggebender ist als das Außenpolitisch-Verbindende.

»Denn diese Regierung ist gottlos. Und daran scheiden sich die Geister. Um die Ehre Gottes geht es noch mehr als um die Ehre des Volkes. Und nur von dort her ist Vergebung zu erlangen für den falschen Entschluß, den man faßt.

Weil Deutschland das Land des Protestantismus ist, darum ist es eine so besondere, schwere, bittere, furchterregende Sache, Deutscher zu sein.«[21]

Im Tagebuch ist das Abstimmungsergebnis festgehalten. Die Wahlbeteiligung betrug 99 Prozent. Die Opposition ist innerhalb von 18 Monaten von beinahe 15 Millionen auf 542 954 Stimmen geschrumpft. Darunter stehen die knappen Sätze:

»Die Aufgabe des deutschen Dichters vor seiner Nation in dieser Zeit? Buße zu predigen.

Die Aufgabe der deutschen Nation vor der Welt? Das gleiche.«[22]

Doch wie kann diese Aufgabe erfüllt werden angesichts der auf allen Gebieten um sich greifenden Verblendung und Rückgratlosigkeit? Ohnmächtiger Zorn überkommt Klepper im Blick auf den herrschenden Kulturbetrieb, der vordringlich auf Propaganda und Unterhaltung zielt. Bitter vermerkt er die hohen Gagen für Filmstars und Operettenschauspieler, während Schneiders »Philipp der Zweite« innerhalb von vier Jahren nur 500 Mark eingebracht hat.

Dabei quälen ihn abermals Zweifel an seiner Berufung und seinem künstlerischen Vermögen, Sorgen um das fruchtlose Dahinwelken seines Lebens, dazu die Entzweiung mit der Beuthener Familie. Als einziger sucht ihn hin und wieder der jüngste Bruder Billum auf. Mit der Mutter, die jetzt nach Berlin gezogen ist und mit seiner Schwester Hilde in der Nähe des Rüdesheimer Platzes wohnt, laufen die Beziehungen über den Rechtsanwalt.

Bachs »Kunst der Fuge«, deren Aufführung er am Karfreitag in der Marienkirche erlebt, hinterläßt bei ihm das »Gefühl einer tiefen Verwundung angesichts der möglichen Fruchtbarkeit und Ordnung«, wie sie ihm in der Musik entgegentritt; mit dem gleichen Empfinden denkt er an Reinhold Schneiders Besuch am Gründonnerstag zurück:

»Auch von diesem Zusammensein galt wieder: alle Berührung mit dem Großen des Lebens löst Schmerz und Verehrung aus. Ich bange mich allmählich vor dem Zusammensein mit ihm. Sein großer Abgesang Europas wird weitergehen und immer stärker zum Choral werden.«[23]

Will er sich damit gegen eine zunehmende Tendenz zur Sakralisierung der Geschichte wehren, wie sie bei Schneider zutage tritt? »Es ist sein ›Auftrag‹« – neben allem gerührten Dank schwingt auch in dieser Äußerung eine leise Distanziertheit mit, als er von Schneider das bereits in der folgenden Nacht gedichtete Sonett[24] erhält:

Auftrag

Du sollst erkennen, wie die Völker schwinden,
Und ihnen nach die schweren Straßen schreiten,
Den Purpur um der Könige Schultern breiten
Und ihre Enkel fest ans Erbe binden.

Du wirst die Völker alle schuldig finden,
Umloht von ihrer Richtstatt Flammenscheiten;
Du aber, unterm Schuldgewicht der Zeiten,
Sollst singen und den Toten Kränze winden.

Du sollst im Grauen das Gesetz erfahren,
Das die Lebend'gen kettet an die Schemen,
Und singen sollst Du, meine Völker feiern.

So diene Du mit leidergrauten Haaren,
Dann will ich Deine Stimme von Dir nehmen
Und einst was Dir verborgen blieb entschleiern.

Jochen Klepper
zum Andenken an den 9. April 1936
dankbar zugeeignet
Berlin/Potsdam *Reinhold Schneider*
9./10. April 1936.

Trotz kühlen Wetters blühen die ersten Kirschen- und Aprikosenbäume. Der »Acker des Jeremias« liegt da mit glänzendem Rasen und leuchtenden Osterglocken am Hang. Reni verbringt die Osterferien in Schillersdorf. Dann kommt Eva-Juliane Meschke wieder zu Furtwänglers Orchesterproben nach Berlin. Sie geht gleich in die Oper, um die »Norma«-Bearbeitung ihres Schwagers Werner Oehlmann[25] zu hören, dessen aus politischen Gründen geschiedene Frau als Jüdin sich nicht mehr an der Seite ihres Mannes sehen lassen darf und die Aufführung heimlich auf dem vierten Rang miterlebt. Von seinem Gast aus Pommern erfährt Klepper, daß die »Königsgedichte« im Berneuchener Kreis gelesen werden.

»Neun Jahre im Beruf. Das Resultat ist bitter. Und doch ist gekommen, was ich mir ersehnte: ich sitze in einer Eremitage und schreibe Bücher. Und doch ist alles so anders, als Wünsche es meinten –.«[26]

Reinhold Schneider schreibt von seinem Aufenthalt in Rom, womit dessen großer Wunsch erfüllt ist. Auf welche Werke kann dieser 33jährige Dichter blicken!

Die Schwüle hält an; die Eisheiligen gehen spurlos vorüber. Viel Regen, danach Kühle. Im Garten wird zum ersten Mal das Gras gemäht. Vom erblühten Flieder steht ein mächtiger Strauß auf Kleppers Arbeitstisch. Nachdem jede Lösung der Hausbedienungsfrage gescheitert ist, tritt jetzt eine Haustochter für zehn Mark Taschengeld, Krankenkasse und Familienanschluß den Dienst an. Sie wirkt recht mondän, war in großen Häusern in England, Frankreich, bei einer Sängerin in Amerika. Sie reitet, spricht englisch und französisch, scheint aber etwas antisemitisch eingestellt zu sein. Lange wird sie also wohl nicht bleiben . . .

Mit den Propaganda-Parolen vom allgemeinen wirtschaftlichen Aufschwung lassen sich die alltäglichen Wahrnehmungen schlecht in Einklang bringen. Auf der Straße, vor dem Haus, brach ein völlig zerlumpter, elender Mann zusammen; er war vom Alexanderplatz bis nach Südende gelaufen, weil er von einer Stelle gehört hatte, die hier frei wäre. Den Laubenkolonisten am Priesterweg geht es trotz aller verheißungsvollen Regierungsprogramme elender denn je. Die Untermieterin wurde plötzlich aus ihrem Betrieb entlassen; man hat ihr und mehreren anderen Angestellten zum 1. Juli gekündigt. Auch die arischen Geschäfte haben es – selbst in der besten Saison – jetzt schwer.

Am Südender Bad ist das Nichtarier-Verbotsschild wie überall der Olympiade wegen verschwunden. Zu Pfingsten sendet Reinhold Schneider einen Zyklus »Römische Sonette« als »ein Zeichen herzlicher Verbundenheit im Streben, Wünschen und Arbeiten«. Schneiders Bücher haben Klepper während der Arbeit am »Vater« in besonderer Weise begleitet. Nun ist die zweite Fassung beendet.

»Die Entlassung aus dem Rundfunk ist heute drei Jahre her; und an solchem Tage fühlt man doch, wie diese drei Jahre der Erfolglosigkeit, Enttäuschung, Isolierung und nun der Erwerbslosigkeit auf einem lasten. Unausgesetzt geht der Kampf in einem vor, daß man sich zu dem Ja zum Weiterleben ›entscheiden‹ muß, was Gott auch schicken mag; daß man dieses ›Gespräch mit Gott‹ führen muß, in dem er die Frage stellt und die Antwort gibt. Die tiefste Verwundung kommt doch von der Größe des Lebens her.«[27]

In Palästina toben seit Wochen gefährliche Kämpfe zwischen Arabern und Juden. Frankreich scheint vor dem Generalstreik zu stehen. In Italien hat man die Dienstpflicht für Männer von sechzehn bis zu 59 Jahren eingeführt. Klepper vermerkt zu dieser Meldung: »Nur keine Kriegspsychose, und daß dieser Umstand als heldischer Geist gepriesen werde!« Die Warner Europas werden als »Literaten« beschimpft.

»Welcher Traum ist das geordnete Bürgerleben!« Die Schönheit des Südender Hauses in seinem ersten Sommer schneidet ins Herz und mahnt gleichzeitig zu steter Dankbarkeit. Alle Ordnung wankt, auch die Flucht in die kleinere, engere Ordnung fällt zunehmend schwer. Es beginnt mit der zu teuer gewordenen Lebensführung, mit den entzweigehenden Kleidern, die man nicht ersetzen kann. Hanni will nicht weiter herunterkommen. Aufs neue kommen Gedanken an den Tod, doch dann wehrt sich Klepper wieder dagegen und bangt nun um seine materielle Sicherheit, wenn Hanni nicht mehr da sein sollte.

»Der Wille zum Weiterleben kam mir wieder so schwer an. Hanni fuhr daraufhin zum Anwalt, um wenigstens klar zu stellen, daß die von uns angeschafften alten Sachen mir gehören, damit ich nicht als Bettler mit den Kindern zusammenbleiben muß, wenn sie, im Fall von Hannis Tod, mit mir zusammenbleiben wollen, und damit ich Zimmer vermieten kann, wenn sie sich von mir trennen. Auch Hanni sucht nach einer Möglichkeit, ob sie mir angesichts des unglückseligen Testaments[28] ein Wohnrecht im Haus erwirken kann. Mein Zweifel an allen Sicherheiten hielt mich vor dem unfrommen Schritt nicht zurück. Die Bitterkeit war so groß, daß ich, der ich das Geschick der Juden mit ganzem Herzen teile, nicht nur durch höhere Gewalt, nun unter ihnen noch viel wehrloser und ärmer und entrechteter sein muß – obwohl ich vor Gott zu alledem Ja sagen muß.«[29]

Reinhold Schneider kommt nach seiner Rückkehr aus Rom zu Besuch und erzählt von dem geringen Absatz seiner Bücher (nur die »Hohenzollern« haben das 7. Tausend erreicht). Vom italienischen Faschismus meint er, er sei naiver, theatralischer als der Nationalsozialismus. Gerhart Hauptmann, mit dem er zusammen war, kam ihm vor wie »ein gefallener Fürst, der noch sehr rege an Reklame und Publikumseffekte denkt«.

Schneider, dessen Tränen bei den »Königsgedichten« flossen, und Hanni – das Zusammensein mit beiden bleibt für Klepper seltsam: »der einzige Mann, die einzige Frau. Nie soll noch jemand dazukommen. Das ist mein letzter Kreis«[30]. Was kümmert ihn der

Kleppersche Familienverband, der ihm die Mitgliedschaft versagt, weil seine nichtarische Frau und deren Nachkommen die Verwandten in staatlichen und Parteistellen in eine bedenkliche Lage bringen würden![31]

Die Olympiade

1. August 1936 – die Eröffnung der Olympiade in Berlin. Kleppers sehen mit einem gewissen Bangen den zugewiesenen Gästen entgegen. Aus dem Dilemma des Hausschmucks und der Beflaggung haben sie sich einigermaßen geschickt gezogen: Olympiade-Wimpel und große Sträuße über dem Eingang, das sieht freundlich aus und meidet die Zone der »Politik«. »Der Nationalsozialismus muß diese große Propagandamöglichkeit wahrnehmen; darum ist die größte Zurückhaltung auferlegt.« Dennoch macht er sich am Tag darauf – dem Sonntag des Kriegsausbruchs 1914 – mit den Töchtern auf den Weg in die Stadtmitte, die Straßenflucht vom Brandenburger Tor entlang zum Schloß. Menschenfluten in Volksfeststimmung, eine Fülle von Autos mit ausländischen Kennzeichen. Um den illuminierten Pariser Platz sind an bestrahlten Masten die Fahnen von 53 Nationen aufgezogen. Noch stärker beeindruckt sie an der Schloßfreiheit die Doppelreihe all der Fahnen, hoch und tief gestaffelt, vom olympischen Feuer beschienen. Im Schloß ist gerade ein Staatsempfang für die Kronprinzen von Schweden, Griechenland und Italien im Gange; angesichts der von Kerzenlicht erhellten hohen Glastüren hinter den Balkonen meint Klepper »jene liebe Welt – wenn auch unter bitteren politischen Ressentiments – noch einmal lebendig zu finden«. Die größte Wirkung verspürt er im Anblick des erleuchteten Zeughauses mit seinen alten zerschossenen Fahnen als ernstem Kontrapunkt zu den »frischen, neuen, leuchtenden Fahnen, die soviel Lüge gerade in dieser Stunde verhüllen müssen«. Die Nacht verdeckt alles Häßliche. Berlin wirkt so schön wie noch nie: Gillys halbrunde Brückenbogen über der Spree, die antiken Fassaden der Museumsinsel, die Kuppel der Hedwigskirche unter dem Vollmond. ». . . dieser abendliche Gang Unter den Linden war doch der ungeheuerlichste Weg, den ich mich je gegangen zu sein entsinnen kann! Hier fehlen alle Vergleiche: dies war neu . . .«[32]

Aus all diesen Eindrücken entstehen in den nächsten Tagen die »Olympischen Sonette«[33], eines nach dem anderen noch einmal jene eindrücklichen Stationen abschreitend und meditierend: Brandenburger Tor, Pariser Platz, Hedwigskirche, Oper, Olympisches Feuer vor dem Schloß, Museum und Brücke – am Ende das Zeughaus:

Die Ampeln brennen über den Kanonen.
Die alten Fahnen hängen stumm im Lichte;
doch nicht zum Fest: sie werden zum Gerichte.
Sie rauschten in den Schlachten und vor Thronen.

Vor ihnen gilt kein Leugnen und kein Schonen.
Vor ihrem Wissen wird der Trug zunichte.
Zerfetzt von allen Leiden der Geschichte,
verdammen sie und weigern sich, zu lohnen.

Sie, die einst brausend in die Zukunft wehten,
sind wie das Schweißtuch eines Todgeweihten
und allen Schwüren dieser Welt entnommen.

Von Liedern schweigend, zeugend von Gebeten,
erkennen sie nur die fürs Kreuz Bereiten
und rufen nur noch, die als Beter kommen[34].

Das klingt nach Erwiderung des Sonetts »Auftrag«, das Reinhold Schneider vor einem Vierteljahr dem Freund gewidmet hat (»Du sollst erkennen, wie die Völker schwinden, Und ihnen nach die schweren Straßen schreiten . . .«), ganz in dessen Schwermut der geschichtlichen Betrachtung einstimmend. So bekommt dieser auch als erster den Zyklus zu lesen. Da an eine Veröffentlichung nicht zu denken ist, hat seine unverzügliche Antwort für Klepper doppeltes Gewicht, ja für ihn geht »von solchem Brief etwas Heilendes aus; denn diesen Mann hat Gott ja zu groß und erschütternd und alle Maßstäbe verändernd in mein Leben gestellt«. Schneider schreibt zu den Sonetten:

»Sie haben mir das Beste zugetragen, das in diesen Tagen gelebt haben mag, oder doch nicht in den Tagen, sondern in Ihnen, der Sie das Geschehen umgedichtet und erhoben haben. Daß Sie statt der Lebenden die Toten ziehen sahen durch das Brandenburger Tor, hat mich stark berührt; ich bin das Gefühl des bunten Schleiers über unheimlich naher neuer Katastrophe nicht losgeworden und habe auch aus diesem Grunde mich allem ferngehalten. Was ist der Inhalt alles dessen, fragt Ihr 5. Sonett, und ich weiß keine Antwort.«[35]

Im Geläut der Olympiaglocke vernimmt Klepper das Totengeläut Europas; unabwendbar sieht er das Unheil über den unbekümmerten Tausenden heraufziehen, die sie zum Welttreffen 1940 nach Tokio ruft. Schon tobt in Spanien ein neuer Krieg, der Europa noch mehr auseinanderreißt als der italienische Abessinienfeldzug. In Deutschland taucht nach der Olympiade sofort wieder der grausige »Stürmer« auf mit einer bestialischen Berichterstattung über Jenny Lederers Prozeß; sie ist zu zweieinhalb Jahren Zuchthaus verurteilt worden. Wegen der »russischen Gefahr« ist die Wehrdienstpflicht auf zwei Jahre verlängert.

Da sie wegen der Ereignisse dieses Jahres keine große Sommerreise unternehmen wollen, kehren Kleppers vom 28. August bis zum 5. September im Christlichen Hospiz »Haus Furche« in Bad Saarow am Scharmützelsee ein, wo er schon vor elf Jahren als Stipendiat der Breslauer Studentenhilfe untergekommen war. Wald und See wirken hier auf sie nicht so schwermütig wie in der Berliner Umgebung. Nach der Grußform der Gäste zu urteilen, ist von der politischen Atmosphäre nichts zu befürchten. Ein Professor der Technischen Hochschule und seine Frau stimmen bei Tisch den Abendchoral an. Der Arbeit am »Vater« kommen die kleinen Pausen mit Spaziergängen zugute. Auch für Hanni ist es eine Zeit des Aufatmens, die ihr erlaubt, mit mehr Freude in das eigene Haus zurückzukehren.

Der geschätzte Pfarrer Kurzreiter ist auch wieder von seinem Urlaub zurück; »in der Stille seiner Sommerruhe«, bemerkt Klepper in seinem Tagebuch, »muß er dieselben Erschütterungen durchlebt haben wie ich in der Unrast meiner gequälten Arbeit aufs Ungewisse«.

»Er predigte nur noch von dem Anspruch Gottes an diese verzweifelte, hilflose, gar so wehrhafte Welt und über die Stumpfheit ihrer Waffen. Es ist, als wollte er seine Gemeinde nur noch hinleiten zu den schweren, schweren Zeiten, die wohl unabwendbar vor uns liegen. Und dennoch muß man sich achtsam hüten, die Erwartung des Krieges oder nun gar der ›Apokalypse‹ zu übersteigern: Luther und Friedrich Wilhelm haben ihr ganzes Werk im ständigen Gefühl der unmittelbar nahen Katastrophe vollbracht; und ihr Leben ging im Frieden hin, als hielte ihr Gebet ihn im Lande; und neue Zeiten kamen herauf, wieder die ›Apokalypse‹ zu erwarten; und die Welt erlebte noch manches ›Greisenalter‹.«[36]

In der zweiten Septemberwoche beginnt wieder der Nürnberger Parteitag. Was ist diesmal von ihm zu befürchten, nachdem er voriges Jahr die Rassengesetze gebracht hatte? Den Zeitungsmeldungen zufolge sind die dortigen Reden ganz auf die deutsch-russische Spannung angesichts des Spanischen Bürgerkriegs abgestimmt. Klepper vermutet, aufgrund der aktuellen Auseinandersetzung mit dem Kommunismus werde man vorerst Äußerungen des Glaubens in Deutschland nicht unterdrücken, auch am Bestand der Kirche nichts ändern und die christlichen Schulen beibehalten. Andererseits lassen die Nürnberger Verlautbarungen keinen Zweifel daran: der Gott der Nationalsozialisten ist derjenige, der den Führer gesandt hat. Die körperlich so imponierende deutsche Jugend lebt frisch, stumpf und ohne Fragen dahin; sie kennt, hört und sieht nichts anderes als den Nationalsozialismus. Nebenbei: selbst Hannis politisch abseitsstehende Töchter behalten von religiöser Prägung nur, was herkömmlich zu den Feiern des Hauses gehört. Mit Gleichgültigkeit betrachten sie das Interesse ihrer Mutter für Bibel und Gesangbuch. Nur aus Höflichkeit hören sie zu, wenn die Eltern ihnen den Sinn der beginnenden Herbstfeiertage des Judentums (Neujahr und Versöhnungstag) erklären, zu denen sie wie andere jüdische Schülerinnen dem Unterricht fernbleiben.

Mitte September hat der Stuttgarter Verlag mit dem Druck des »Vater« begonnen. Die Fahnenkorrekturen müssen jetzt neben den letzten Umbauversuchen erfolgen. Durch Fontanes »Oderbruch« beeinflußt, erhält das Kapitel »Mijnheer van Hoenslardyck« einen völlig neuen Schluß. Reni fungiert als Sekretärin und hilft beim Vergleichen der Korrekturfahnen. Nachts wird es immer später. Hanni sagt, er würde »von dem alten Preußenkönig aufgefressen«. Dabei plagen ihn immer wieder dieselben Fragen: Kann das Resultat den Aufwand rechtfertigen? »Hält Gott auch seine Hand über das erschienene Buch? – hebt er die Strafe auf, die auch dieses Buch verdient? Läßt er es gelingen?«[37]

Flucht in die Geschichte

Mitte Oktober kündigt die »Frankfurter Zeitung« das Erscheinen des »Vater« an. Neue Schwierigkeiten entstehen seitens des Verlags, weil das Manuskript 280 Seiten mehr als die gewährten 1000 umfaßt. Er will nicht mehr weitersetzen lassen, bis es gekürzt ist. Klepper träumt von einem halbfertig erschienenen Buch, vom Haus, das zerfällt, weil sie kein Geld mehr haben, etwas dafür zu tun. Er empfindet sich bereits als Last für die Seinen ... Hanni telefoniert, bestellt den Arzt, lädt Reinhold Schneider ein, der vielleicht beim Insel-Verlag den Weg für den »Vater« ebnen kann, sollte mit der DVA alles scheitern. Etwas Hoffnung erweckt in ihm Schneiders Bericht über den unerwarteten Erfolg seines England-Buches beim Insel-Verlag; die erste Auflage – 5000 Exemplare – war im Nu ausverkauft.

»Zeitungen haben es in Leitartikeln besprochen. Welch ein wunderliches Volk sind wir. Frömmer und strenger kann ein Buch nicht sein: und nun wird dies so lebhaft verkauft, das von dem Gerichte Gottes über die Völker handelt. Freilich, es wird nach den bisherigen Kritiken, und das ist nun sehr entscheidend, von den Außenpolitikern behandelt und das Religiöse als schwierige Zutat hingenommen. Und dennoch scheint die Wendung zur Historie, die erst die Autoren ergriff, nun auch, entgegen aller sonstigen Mode, die Leser gepackt zu haben. Und zwar jene Historie, die das Heute nicht rechtfertigt oder gar verherrlichen soll, sondern gerade die, die es anklagt. Ist es nur die letzte Zuflucht ohnmächtiger Opposition? Oder sehnt die Zeit sich endlich doch nach dem, was allein sehnenswert ist?«[38]

Bei dieser Notiz möchte man eine Weile innehalten, weil in ihr geradezu der neuralgische Punkt der Literatur dieser Zeit, die sich dem herrschenden System gegenüber resistent zu erweisen sucht, berührt wird. Dazu gehört noch die Nuance, die Klepper in eben diesen Tagen als Eindrücke vom Vorweihnachtsgeschäft in Berliner Buchhandlungen wiedergibt: ein »ungeheures Angebot von Büchern nichtnationalsozialistischen Gepräges« werde, obwohl dick und teuer, lebhaft gekauft von Leuten, »die für sich und ihren nächsten Kreis eine Flucht in die Geschichte oder ins Leben anderer Nationen ersehnen«. Fragen drängen sich auf: In welchem Maße kommt diese »Wendung zur Historie« mehr der Entspannung zugute statt der Aufklärung? Wieweit ist hier »Innerlichkeit als konservative Rettungsstrategie«[39] wirksam, die sich in alte Bilder versenkt, aber keine neuen Bilder für morgen, für ein Begreifen der geschichtlichen Veränderungen zur Verfügung stellt? Wie kann die »Anklage« über die Zirkel der Gleichgesinnten hinaus deutlich werden, wenn sie doch zugleich mit historischen Chiffren kaschiert werden muß, um der Aufmerksamkeit der Prüfungsinstanzen zu entgehen? Werden die oppositionellen Autoren samt ihren Verlegern und Freunden nicht mehr und mehr jedes Mißverständnis zu fördern suchen, als kämen ihre Veröffentlichungen durchaus den herrschenden Interessen zugute – zumal wenn die eigene Existenz hart auf dem Spiele steht? Klepper selbst wird in Bälde mit manchen dieser Fragen sehr unvermittelt konfrontiert sein. Immerhin, bei obiger Notiz ist zu merken, welches Maß von kritischer Einschätzung bereits bei ihm vorhanden ist[40].

An den Abenden der Vorweihnachtszeit sitzt Hanni, deren Verbindung mit ihm durch die gemeinsamen Prüfungen immer enger geworden ist, neben seinem Arbeitstisch und näht Weihnachtsgeschenke. In diesen Tagen entsteht sein »Abendmahlslied zu Weihnachten«, aus den eigenen schweren Erfahrungen erwachsen:

Mein Gott, dein hohes Fest des Lichtes
hat stets die Leidenden gemeint.
Und wer die Schatten des Gerichtes
nicht als der Schuldigste beweint,
dem blieb dein Stern noch tiefverhüllt
und deine Weihnacht unerfüllt.

. . . . .

Die Feier ward zu bunt und heiter,
mit der die Welt dein Fest begeht.
Mach uns doch für die Nacht bereiter,
in der dein Stern am Himmel steht.
Und über deiner Krippe schon
zeig uns dein Kreuz, o Menschensohn[41].

Wie im Vorjahr gehen sie wieder zusammen ins Berliner Antiquitätenviertel, diesmal freilich zum Verkauf eines Teiles ihrer Fayencen. Hohe Beamte, Olympiasieger und Filmstars sammeln auf der Straße für den »Tag der Solidarität«.

Schöne Tannen kosten dieses Jahr zehn bis zwölf Mark. Zu Weihnachten verreisen viele; Elise Topell fährt nach Davos. Klepper sieht darin eine zunehmende »Flucht aus dem Haus«. Die Kinder genießen die Weihnachtsferien; Reni geht ins Kino, Brigitte erlebt ihren ersten Opernbesuch mit Gounods »Margarete«.

Die politischen Reden und Zeitungsartikel feiern Deutschland als »glückliche Insel des Friedens«. Bei Kleppers sind dieses Jahr für die Festtage Gänsebraten, Karpfen und Mohnklöße aus Sparsamkeitsgründen gestrichen. Immerhin hat jetzt Kilpper, der Stuttgarter Verleger, als Vorschuß 500 Mark Honorar überwiesen und als Zeichen des Verständnisses einen Aufsatz über die fünfjährigen Qualen des amerikanischen Schriftstellers Thomas Wolfe an seinem

Hauptwerk »Strom und Zeit« beigefügt[42]. Bis zu dem im Frühjahr vorgesehenen Erscheinen des Buches soll Klepper weiterhin monatlich 250 Mark bekommen. Kilpper verspricht sich eine »Sensation« im guten Sinne und möchte als nächstes einen Roman über die Deutsch-Ordensritter, wofür er eine Studienreise nach Ostpreußen vorschlägt; doch es stellt sich heraus, daß dieses Thema bereits in Heinrich Bauers Roman »Götter kämpfen« verarbeitet ist[43].

Wieder darf man Weihnachten erleben, das Haus festlich schmücken, in der Kirche Kurzreiters ernste, treffende Predigten hören, im geliebten kleinen Kreis einander bescheren und die Abende bei Glühwein und Pfefferkuchen, Bilderansehen und Gesprächen verbringen. Im Fenster leuchten Alpenveilchen und Mimosen. Der Christbaum strahlt, dazu die brennenden Leuchter, die vier Sterne am Fuße der großen Madonna und die Kerzen an den Heiligenfiguren.

». . . in der Dunkelheit und Stille liegt das geliebte weihnachtliche Haus wie eine warme, lichte Insel . . . Welches Geschenk, nach allen Bedrohungen, Erschütterungen, Gefährdungen es wieder, es noch einmal erleben zu dürfen; denn das ist nun dem Herzen eingehämmert: daß die Bilder und Zeichen des Festes vielleicht sehr bald hingegeben werden müssen. So verloren wirkt die Welt zu dieser heiligen Zeit. Aber so, nur so kann das Fest begangen werden: als Geschenk jenseits aller irdischen Sicherheit und Gewißheit.«[44]

In den letzten Tagen des Jahres schließt Klepper endgültig die Korrekturen am »Vater« ab. In der nebligen Silvesternacht trägt er die letzte Fahnensendung zum Briefkasten. Im Hause erwarten ihn seine drei Damen in Abendkleidern und Familienschmuck zur Silvesterfeier. »Die Tanne duftete, das Silber wehte leise, die Kerzen brannten so still nieder: dies war die Möglichkeit, den Abschied von einem schweren Jahr in Erwartung eines unendlich bedrohten, von einer Weltkatastrophe bedrohten Jahres mit den Seinen zu begehen.«[45]

»Im Lebenskampf gegen den Bolschewismus«

In der Neujahrspredigt und in der Losung des folgenden Tages ertönt wieder das »Fürchte dich nicht!«. Dieser Zuspruch umklammert das alte und das neue Jahr, auch wenn wiederum schlechte Nachrichten Einzug halten. Dem geschätzten, kultiviertesten Berliner Antiquitätenhändler Fröhlich ist als Halbjude das Recht, »mit deutschem Erbe zu handeln«, entzogen worden. Die im Zuchthaus wegen »Devisenschiebung« sitzende Jenny Lederer darf nur alle acht Wochen einen Brief an die Tochter schreiben und nichts außer Briefen in Empfang nehmen. Der befreundete Gefängnispfarrer Poelchau will versuchen, mit ihr Kontakt zu bekommen.

Die außenpolitische Lage scheint sich mehr und mehr zuzuspitzen. Im Spanischen Bürgerkrieg sieht sich Deutschland durch Rußland mit französischen Waffen bedroht. Klepper ist im Zwiespalt. Die Tatsache, daß die Franco-Truppen Christusbilder und Mutter-Gottes-Fahnen mit sich führen, ist ihm bezeichnend dafür, daß es bei dieser Auseinandersetzung wieder um »Weltanschauungen«, ja neben so viel Lüge und Verlogenheit wieder um Glauben geht. Diesen Eindruck bekräftigen die Schreckensbilder in der deutschen Presse, die von den »Roten« gekreuzigte Mönche zeigen (ohne daß ein Wort über die Grausamkeiten der Gegenseite verloren wird). Wie kann es anders sein, als daß damit zugleich Schreckensbilder in Erinnerung gerufen und Ängste aufgewühlt werden, die sich einem Pastorensohn und Bürger dieser Generation zutiefst eingeprägt haben: von den frommen Blutopfern der Bolschewisten im Baltikum, ehe deutsche Freikorps als rächende Schutzengel einschreiten konnten, über Spartakus und Gottlosenpropaganda mit roten Fahnen bis zu den Stereotypen der NS-Plakate: der Kommunist als Untermensch, die Knochenhand des Rotarmisten über Deutschlands Ostgebieten. So stehen auch für Klepper die »entsetzlichen Gefahren des Bolschewismus« außer Frage.

Diese Besorgnis teilt er mit den Mitgliedern des Reichskirchenausschusses, der in einer öffentlichen Verlautbarung vom 20. November 1936 unter anderem erklärt:

»Wir stehen ... hinter dem Führer im Lebenskampf des deutschen Volkes gegen den Bolschewismus. Die Kirche setzt in diesem Kampf die Kräfte des christlichen Glaubens ein gegen den Unglauben, der christlichen Sitte gegen die Entsittlichung, der gehorsamen Unterordnung unter Gottes Schöpferwillen gegen die Auflösung aller organischen Bindungen. Wir werden unsere Gemeinden unermüdlich aufrufen zum vollen Einsatz der christlichen Kräfte in diesem Kampf in der Gewißheit, daß damit dem deutschen Volk der wertvollste Dienst geleistet wird.

Wir erwarten aber auch eine durchgreifende Abstellung der gegenchristlichen Propaganda, die in der letzten Zeit in mannigfachen Kundgebungen auch führender Amtsträger, in Zeitschriften, öffentlichen Blättern und Schulungen immer unverhüllter hervortritt und die Kirche und alles, was ihr heilig ist, in unerträglicher Weise herabsetzt.«[45a]

Diese Bekanntmachung, u. a. von den Bischöfen Marahrens (Hannover), Meiser (Bayern), Wurm (Württemberg) und Kühlewein (Baden) unterzeichnet, fordert für die Evangelische Kirche in Deutschland die Freiheit der Predigt und des christlichen Unterrichts und bietet dafür nicht nur die »gehorsame Unterordnung« der Christen im Dritten Reich, sondern auch ihre aktive Unterstützung zu einem antibolschewistischen Kreuzzug an. Es wäre jedoch falsch zu denken, daß sich diese Einstellung auf lutherisch-konservative Kreise beschränkt. Die »Bekennende Kirche« – das zur selben Zeit erschienene Buch von Otto Dibelius und Martin Niemöller »Wir rufen Deutschland zu Gott« wurde bereits erwähnt – ist weithin der gleichen Meinung. So führt die Zeitschrift » Junge Kirche« eine regelmäßige Rubrik »Die Weltgefahr des Bolschewismus« ein und zitiert ausführlich die Enzyklika »Divini redemptoris«, in der Pius XI. vor der Verbreitung des Kommunismus warnt, deren Folgen in der Sowjetunion, in Spanien und in Mexiko vor aller Augen lägen.

Gleichwohl »darf das Herz nicht bei den Nationalisten sein . . . Denn unter dem Zeichen des Kreuzes, an der Seite der wahrhaft Frommen kämpft der Faschismus einen durchaus gottlosen Kampf«[46]. Genauso empört es ihn, wenn er Hitler auf dem Nürnberger Parteitag von Gott sprechen hört; der Unterschied zwischen Moskau und Nürnberg in ihrer Haltung gegenüber dem christlichen Glauben wird ihm zunehmend geringer. Bei allem Zwiespalt stimmt er aber – wie die große Mehrheit der »Bekennenden Kirche«, wie ein Dibelius oder Niemöller – letztlich den »Sicherheitsmaßnahmen« des Dritten Reiches zu: der allgemeinen Wehrpflicht, dem Abschluß des Antikomintern-Pakts mit Japan und der wirtschaftlichen Aufrüstung Deutschlands, »weil man uns Kolonien versagt«. Das Schlagwort vom Anrecht der Deutschen auf Lebensraum, das Klepper bereits 1928 im Bericht über einen Vortrag Hans Grimms im Breslauer Eckart-Kreis aufgegriffen hatte, kommt wieder in Erinnerung, wenn er nach Hitlers Rede zum Neujahrsempfang am 30. Januar 1937 schreibt:

». . . ich zweifle an der Echtheit des Glaubens an den ›Allmächtigen‹ angesichts all der Hybris; ich bange mich vor der Vergöttlichung des Blutes und der Rasse – aber ich füge mich allen Einsichten in die entsetzlichen Gefahren des Bolschewismus; und ich sehe keinen Weg, die letzten Konsequenzen des begonnenen Bruches mit dem Versailler Vertrag nicht zu ziehen . . . Und von der Dringlichkeit des Kolonialproblems bin ich überzeugt.«[47]

Ein anderes Mitglied des Eckart-Kreises, R. A. Schröder, propagiert ebenfalls den deutschen Kolonialanspruch, rückt ihn aber gar noch – anders als Klepper – in eine christliche Parallele:

»Der Gedanke der Mission ist heute unter uns Deutschen in den Schatten gewaltiger Ereignisse zurückgetreten. Ereignisse und Umwälzungen, die nicht nur von innen her, sondern auch von außen her uns mit unerbitterlicher Strenge auf uns selber und auf die Sorge für die nächsten und dringendsten Bedürfnisse und Lebensnotwendigkeiten unseres eigenen Volkskörpers verweisen. Und doch kann der nunmehr seit zwei Jahrhunderten in der deutschen protestantischen Christenheit beheimatete Missionsgedanke ebensowenig abdanken wie der deutsche Kolonialgedanke, der ja auch für Zeit in den Schatten hat zurücktreten müssen, den ein frevelhafter Friedensvertrag über unser Volk geworfen hat . . .«[48]

Aller Zwiespalt und alle Spannung dürfen für Stunden an einem Abend in der Philharmonie abklingen. Die Leonoren-Ouvertüre II, die Pastorale unter Eugen Jochums Leitung, das von Eduard Erdmann gespielte – noch nie so schön gehörte – Klavierkonzert in Es-Dur lassen alle Müdigkeit vergessen. Im Publikum Diakonissen, junge Soldaten und erstaunlich viele Juden. Auch der Bruder Erhard ist da, ebenso Elise Topell im eleganten Abendkleid, die sie anschließend nach Hause begleitet, dazu Sekt und Rotwein spendiert. Dank ihrer Hilfe kann Hanni trotz des kleinen Etats in den nächsten Tagen ordentlich ausstaffiert zu den Nürnberger Verwandten reisen.

Während ihrer Abwesenheit, beim Begräbnis der alten Tante Haacke, bemüht sich deren Tochter Lene darum, Klepper mit seiner Mutter auszusöhnen. Diese hat den Wunsch geäußert, wenigstens einmal im Jahr ihren Sohn zu sehen. Er ist tief bewegt, wiederholt aber die Forderung, die er vor dem Tod des Vaters in Beuthen gestellt hatte: die Aussöhnung soll völlig und augenblicklich gelten, wenn ein Schritt Hanni gegenüber geschieht. Durch den jüngsten Bruder Billum, der ihn gleich danach aufsucht, erfährt er, daß die Mutter nachts verzweifelt in der Wohnung umherirrt. Noch am selben Abend eilt er zu ihr und sieht sie erschüttert: »so zerquält, so entstellt, so verfallen, daß kein Zweifel mehr war an dem, was zu geschehen hatte«. Die im Nebenzimmer sitzenden Geschwister spricht er nur flüchtig. Am nächsten Tag macht er sich nochmals zur Mutter auf den Weg. Einstweilen will er sie hin und wieder anrufen und in gewissen Abständen besuchen.

»Hanni meint, ich hätte meinen Schritt vielleicht schon eher tun sollen. Wenn er nur nicht zu früh war; denn ich war bereit seit Jahr und Tag. Ich hatte es nur als die ferne Möglichkeit für eine weitere Zukunft angedeutet, daß wir die für Mutter beruhigendere Form eines Zusammenseins in dieser Form finden könnten: gemeinsam mit ihr etwa ein Mal in die Matthäus-Passion zu gehen. Und schon brachte Hanni aus der Stadt drei Karten für die Matthäus-Passion im Dom am 17. Februar mit.«[49]

»Immer überrascht Hanni und immer enttäuscht Beuthen. Welche furchtbare Fremdheit ist in der Versöhnung, und gerade die Fremdheit wird bleiben müssen, weil sie allein die erforderliche Behutsamkeit zu gewähren scheint. Das ›Gleichnis‹ leuchtet uns aus dieser irdischen Versöhnung nicht hervor. Die Ehe aber wird durch alles nur tiefer und inniger.«[50]

Tags darauf erfolgt Kleppers erster »regelmäßiger Anruf« bei seiner Mutter; er findet, es gab keinen Schritt zurück, keinen Schritt vorwärts. Mit seiner Schwester Hilde fiele wohl die Versöhnung am leichtesten.

Leichter, zarter Schnee zum Fastnachtsmorgen; danach ein kalter, dunkler Regentag, gegen Abend dichter Schneefall. Den Kindern zuliebe versammelt man sich abends im Barockzimmer zu Glühwein und Pfannkuchen. Auf dem Bücherbrett über dem Arbeitstisch machen die drei frohen Hirten dem von Hanni aus Würzburg mitgebrachten Grablegungs-Christus Platz: »eine Verwandlung, die nicht leichten Sinnes vorgenommen und hingenommen werden kann«.

Die Angstträume von dem nun wenigstens abgeschlossenen Buch wollen kein Ende nehmen, obwohl der Verleger mit einem großen Erfolg rechnet. Wieder einmal droht Gefahr seitens der Schrifttumskammer, die eine Einkommenserklärung vorgelegt haben will. Im Jahre 1936 hat Klepper 820,17 Mark verdient – so viel wie früher in einem Monat!

In seinen täglichen Aufzeichnungen ist das weitere Fortschreiten der Entkonfessionalisierungsmaßnahmen sorgsam registriert: christliche Schulen werden auf Anordnung der Geheimen Staatspolizei geschlossen. In Mecklenburg hat man eine Kirche in ein Spritzenhaus verwandelt. Staatlichen und städtischen Beamten werden Trauungen und Taufen untersagt. Spürbar beeindruckt ist er von der starken Erregung, die Hitlers großer Kirchenerlaß[51] in den Gemeinden hervorgerufen hat. In Stuttgart wurden auf der Straße aus Protest Choräle angestimmt; an vielen Orten sind die Kirchen derart überfüllt, daß drei Gottesdienste statt einem anberaumt werden müssen. Zuflucht in der Kirche – sollte sich seine große Hoffnung jetzt schon erfüllen?

In diesen Tagen vor der Aufführung der Matthäus-Passion bewegt ihn ein Traum seiner Mutter, der drei Jahre zurückliegt. Damals hatte sie geträumt, er führe sie in einen Dom und sagte:

»Nun ist alles wieder, wie es war.« Dann, am 17. Februar, erfüllt sich dieser Traum im Berliner Dom. Seit fünf Jahren ist es das erste Mal, daß er sie beide, Mutter und Frau, zur Seite hat. »Diese Form des Wiedersehens war wohl der erste richtige Schritt . . .«

Erfolg und Ausschluß

Eine Woche später soll das lange Ausharren ein Ende haben: das erste Exemplar des »Vater« trifft ein, zeigt sich in einem blausilbernen Einband. Zugleich reicht der Verlag die Zuschrift Reinhold Schneiders weiter, nach der Lektüre der Fahnenabzüge verfaßt: »Klepper hat dem König ins Herz geblickt wie noch niemand zuvor.« Auch dieser glaubt an einen außerordentlichen Erfolg des Buches. Die erste private Bestellung, die bei der DVA eingegangen ist, stammt von der Gattin des ehemaligen Kaisers.

Aber die Freude im Klepperschen Haus ist merklich gedämpft, übertönt vom Nachhall einer Rede, die der Propagandaminister Goebbels kurz zuvor gehalten hat, und des einen bedrohlichen Satzes aus dem Pressebericht:

> »Als das stolze Ergebnis der Neugestaltung des Kulturlebens unter nationalsozialistischer Führung hob Reichsminister Goebbels hervor, daß der Reichskulturkammer als einer der ganz wenigen Organisationen außerhalb der Partei keine Juden, keine Halbjuden und keine jüdisch versippten Mitglieder angehören.«[52]

Klepper macht sich keine Illusionen. Ein Gespräch mit Karl Pagel im Berliner Büro der DVA, das er noch am Nachmittag dieses besonderen Tages führt, läßt ihn »doch sehr schweren Herzens« einsehen:

> »Die Goebbels-Rede habe ich . . . nicht zu pessimistisch interpretiert. Die Ausschlußaktion scheint nun ihrem trüben Ende entgegenzueilen. Doch bleibt die wohl bitter zu erkämpfende Möglichkeit der Ausnahmegenehmigung. In diesem Moment ist alles das sehr hart . . . Daß das Buch vor mir liegt, und das, was Schneider mir schrieb, muß für uns den Abschluß bedeuten . . .«[53]

Das Erwachen am nächsten Morgen fällt ihm »fast so schwer wie nach der Funk- und nach der Ullstein-Entlassung«. Indessen fordert der Verlag eine Namensliste zum Versand von Besprechungsexemplaren. Den gewünschten biographischen Abriß für Verlagsprospekte liefert Klepper nicht; man solle sich mit Kritiken behelfen.

Über alledem magert er ab »wie ein Hund«. Dabei kommt die Familie über die Lebensmittelkrise einigermaßen gut hinweg: die Butter reicht gerade, Eier sind ein wenig knapp, feines Mehl fehlt. Der Reis ist von minderer Qualität, aber bei den Mahlzeiten merkt man nichts davon. Nach einer Einladung bei Elise Topell machen Kleppers mit den Töchtern den ersten Besuch bei der Mutter. Nun soll sie einmal in das Südender Haus kommen; dann wird alles gut sein.

Reinhold Schneider lädt nach Potsdam ein. Beeindruckend wirkt in seiner unwirtlichen Studierstube die Fülle der Bücher, Exzerpte und Skizzen, dazu ein riesiges Porträt des Dichters von der Hand des befreundeten Leo von König. Hier wie auf Kleppers Schreibtisch liegt die Bibel griffbereit. Tags darauf gewährt der Besuch einer Modenschau noch einmal einen Blick zurück in die Welt seiner »Großen Directrice«.

Schon treffen die ersten Briefe und Besuche zum Dank für die Freiexemplare des »Vater« ein. Elise Topell schickt zehn Flaschen Rotwein. Pastor Kurzreiter kommt ins Haus; die persönliche Begegnung wirkt unbefriedigend – Klepper findet in ihm nicht denselben Menschen, den er im Gottesdienst so schätzt. Sehr erfreut ihn Rudolf Hermanns Dankbrief mit einer beigelegten Sammlung von 30 Bildern Caspar David Friedrichs und einer neuen eigenen Schrift[54]. Wiederum stimmen seine eigenen Gedanken mit denjenigen des Breslauer Lehrers überein.

Auch die Familie liest jetzt eifrig den »Vater«. Erhard hat die etwas harte Parallele zwischen Sophie Dorothea und der Mutter herausgespürt. In Berlin sieht man bereits die ersten Exemplare in den Schaufenstern. Ein Bankkonto wird für die Romanhonorare eröffnet, und beim Rechtsanwalt soll jetzt die Schenkung des halben Hauses an Klepper erfolgen. Wie viel ist nun mit einem Mal zum Abschluß gelangt: das Buch – der Mitbesitz am Hause – die Versöhnung mit der Mutter. Sollte der »Gang durch die Wüste« beendet sein?

Als erste literarisch bedeutsame Reaktion auf das Erscheinen des Buches teilt Friedrich Bischoff, der ehemalige Breslauer Funkintendant und jetzt vielgelesene Autor der »Goldenen Schlösser« mit, die DVA verspreche sich vom »Vater« einen ähnlichen Erfolg wie von Ina Seidels »Wunschkind«. Wilhelm Stählin, führender Kopf des Berneuchener Kreises, schreibt an Kurt Meschke:

»Für Euren (die vermaledeite Ordensanrede der Michaelsbrüder, J. K.) Brief bin ich Euch ganz besonders dankbar. Jochen Klepper ist mir nicht ganz fremd. Vor einigen Jahren wollte ich Gedichte im ›Gottesjahr‹ abdrucken und hatte einige von Jochen Klepper in engster Wahl; die Aufnahme scheiterte dann nur an technischen Dingen. Sein Buch habe ich mir vom Verlag bestellt . . . Ebenso will ich gern ihn und Reinhold Schneider zur Mitarbeit am ›Gottesjahr 1938‹ auffordern; will damit nur warten, bis ich den ›Vater‹ und das ›Inselreich‹ gelesen habe. Also ich danke Euch sehr für diese Vermittlung. Mit solchen Menschen Fühlung zu gewinnen, halte ich für wichtiger und zukunftsträchtiger als alle kirchenpolitischen Wechselfälle.«[55]

Baron Guttenberg möchte den Autor des »Vater« im engsten Mitarbeiterkreis der »Weißen Blätter« haben, aber dieser hat für die »Winkelgeschäftigkeit« der Monarchisten wenig übrig. »Die Zeit ist zu schwer, als daß man solche Flucht versuchen durfte, solch scheinbaren nur um seiner Bedeutungslosigkeit willen vom Staate noch geduldeten ›Kampf‹.«[56]

Rudolf Mirbt teilt mit, er habe das Buch auf seine Reisen zur Werbung im VDA mitgenommen. August Winnig läßt sich durch Reinhold Schneiders Vermittlung den »Vater« schicken. Die in der Nachbarschaft wohnenden Buchhändler Steiner und Andrews beglückwünschen den Autor über den Gartenzaun.

Aber die Beklommenheit will nicht weichen. Man hört von heftigen Auseinandersetzungen im Propagandaministerium[57], die beträchtliche Umbildungen in Rundfunk und Film zur Folge haben und auch an der Schrifttumskammer nicht spurlos vorübergehen. Am 27. März, einen Monat nach dem Erscheinen des Buches, erhält Klepper die Mitteilung seines Ausschlusses.

Es ist gerade der Sonnabend vor Ostern. Den Tagebucheintragungen ist abzuspüren, wie Klepper bemüht ist, sich vorerst in der Ordnung der Feiertage mit allen alteingeübten Verrichtungen zu bergen, wie aber zugleich schon das Telefon in Betrieb ist und die Kontakte aufs neue aufgenommen werden, die sich im Lauf der nächsten Woche aufs äußerste steigern, um die irgend erfolgversprechenden weiteren Schritte abzusprechen. Die Tatsache, daß der große Roman jetzt vorliegt, erscheint Klepper selbst wie den anderen als nicht unbeträchtlicher Ansatzpunkt, daß noch eine Ausnahmegenehmigung erteilt wird. Bezeichnend für die neue Taktik, auf die man sich verständigt hat, aber auch darüber hinaus für eine geläufig gewordene Sprachregelung ist der Brief, den Harald Braun sogleich an Präsident Johst schreibt:

Sehr verehrter Herr Johst! 3. April 37

Darf ich Sie um Ihre persönliche Aufmerksamkeit für das Schicksal eines Mitgliedes der Reichsschrifttumskammer bitten, das mich seit einiger Zeit sehr beschäftigt?

Es handelt sich um Jochen *Klepper,* schlesischen Pfarrerssohn, vor etwa 10 Jahren Mitarbeiter Rudolf Mirbts im Evangelischen Presseverband für Schlesien und Ihnen (wenn ich mich recht erinnere) aus dieser Zeit her noch bekannt, vor etwa 5 Jahren längere Zeit hindurch Regisseur und Lektor in meiner Abteilung im Berliner Sender, Autor der beiden Romane ›Der Kahn der fröhlichen Leute‹ und ›Der Vater‹ (D.V.A.). Gegen Klepper, dessen menschliche und künstlerische Sauberkeit sich mir in langjähriger Bekanntschaft immer wieder erwiesen und bestätigt hat, schwebt m. W. zur Zeit im Zuge der neuen Maßnahmen der Reichsschrifttumskammer ein Ausschließungsverfahren wegen der unarischen Abstammung seiner Frau.

Nun weiß ich natürlich aus meinem eigenen kleinen Arbeitskreis, daß das Bekenntnis zu volkspolitisch richtigen Grundsätzen auch die Bejahung solcher Maßnahmen einschließt, die von den Betroffenen als Härte empfunden werden müssen. Über das Persönliche hinaus liegen in diesem Falle aber besondere Umstände vor.

Klepper hat vor wenigen Wochen seinen zweiten Roman erscheinen lassen: eine zweibändige Gestaltung Friedrich Wilhelms I. unter dem Titel: ›Der Vater‹. Ich weiß nicht, ob Sie bereits einen Blick in das Buch tun konnten. Es steht für mich in seiner künstlerischen Ausgewogenheit, seiner Gestaltungsenergie und seiner ausgesprochenen staatspolitischen Bedeutsamkeit in der Spitzengruppe aller belletristischen Veröffentlichungen, die wir in den letzten zwei Jahren erlebt haben. Ich weiß, daß das Buch bereits in unserer auslandsdeutschen Kultur-Propaganda eine wichtige Rolle zu spielen beginnt, ich bin überzeugt, daß es auch für die innerdeutsche volkserzieherische Arbeit eine entscheidende Bedeutung erhalten wird und daß es bei unserem Mangel an haltungsgebundenen großen historischen Romanen eine geistesgeschichtliche Funktion besitzt.

Ich schreibe Ihnen, sehr verehrter Herr Johst, nun nicht in erster Linie des Autors wegen (so sehr ich ihm verpflichtet bin), – denn jedem gehört sein Schicksal selbst. Ich schreibe Ihnen dieses Buches wegen, das nun nicht mehr ihm selbst gehört, sondern der deutschen Gesamtheit. Und es ist mir ein ernstliches Anliegen, daß die große nationale Aufgabe dieses Buches nicht erschwert und seine Auswirkung nicht eingeschränkt wird.

Es wäre sehr freundlich von Ihnen, wenn Sie sich über den ›Vater‹ selbst ein Urteil bilden und erwägen könnten, ob eine Möglichkeit besteht, eine derartige Produktion (etwa durch eine Ausnahmeerlaubnis, unabhängig von den organisatorischen Maßnahmen der Kammer) sicher zu stellen.
Mit aufrichtiger Begrüßung und Heil Hitler!

Ihr sehr ergebener
Harald Braun[58].

Gleichzeitig reicht Klepper auf Wunsch seines Verlages bei der Kammer als Belege die Aufsätze über Hanns Johst, die er zwischen 1927 und 1930 geschrieben hat, und zwei Bücher von diesem, mit handschriftlicher Widmung versehen, ein.

Rudolf Mirbt sorgt dafür, daß dem General von Blomberg der »Vater« in besonderem Einband nachträglich zu seinem 40jährigen Militärjubiläum überreicht wird. Werner Beumelburg, der Autor von »Sperrfeuer um Deutschland«, will seine engen Beziehungen zum Kriegsministerium zur Verfügung stellen. Der Frontakademiker-Verband sendet gar das Buch, auf Büttenpapier gedruckt, an Hitler zu dessen Geburtstag. Bruno E. Werner, der Schriftleiter der DAZ, und die Herausgeber der »Deutschen Zukunft«[59] bieten ihm ihre Hilfe an. Regierungsrat Bade im Propagandaministerium, der das Buch bereits gelesen hat, es »toll«, »ja genial« findet, erklärt sich bereit, seinerseits an Johst zu schreiben, wenn nötig sogar bei Goebbels vorzusprechen. Immer wieder klingelt das Telefon; dazwischen sind bereits die Korrekturen für die zweite Auflage fällig, denn schon Anfang April ist die erste Auflage mit 5000 Exemplaren nahezu verkauft.

Nachts quälende Träume von Labyrinthen, jähen Abstürzen, grausamen Tieren. Hanns Johst reagiert undurchsichtig, er wolle sich Kleppers Akten ansehen. Bei einem Anruf von der Schrifttumskammer wird nur unvermittelt nach dem Heiratsdatum gefragt. Denn es ist eine Version im Umlauf, nach der Klepper die Ehe mit einer Jüdin erst nach 1933 geschlossen haben, sich geistig nur mit jüdischen Dingen befassen, nur mit Juden verkehren und mit seiner jüdischen Schwiegermutter zusammenleben soll. Demgegenüber ein neuer menschlich überraschender Schritt: Mathias Wieman, der in den neu organisierten Aufsichtsrat der UFA gewählt worden ist, hat für ihn und einen anderen Schriftsteller bei Reichskulturwalter Hans Hinkel vorgesprochen.

1. Mai 1937: Klepper ist nun zehn Jahre im Beruf, zehn Jahre mit Hanni unter einem Dach. Tief besorgt blickt er der nächsten Zukunft entgegen. Die offiziellen Reden zum Staatsfeiertag scheinen ihm belanglos in Anbetracht der internationalen Spannung. Robert Ley, der Führer der Deutschen Arbeitsfront, proklamiert: »Wir wollen für Tausende von Jahren den Weg vorzeichnen, den der Nationalsozialismus gehen muß.« Goebbels betont hauptsächlich den Konflikt mit den Kirchen. Währenddessen gruppieren sich die

Staaten: hier die Achse Berlin–Rom, dort die Verträge zwischen London und Paris und schließlich die Verhandlungen der Westmächte mit Moskau. Eine Auseinandersetzung scheint bevorzustehen.

»Spanien erscheint mehr und mehr als die tragische Ouvertüre des eigentlichen Dramas ... Heer und Kirche – das ist das große Thema/Gegenthema, das die Gedanken nahezu völlig in Anspruch nimmt. Das Staatsleben wirkt immer mehr als Umklammerung auf einen. Es geht in einem etwas Beunruhigendes und Lähmendes davon aus.«[60]

Auf die innere Lage Deutschlands wirkt sich die internationale Spannung unter zwei Aspekten aus. Einerseits kommt es in der Wirtschaft zu einer zunehmend strafferen Planung: eingeführte Produkte werden immer seltener, die noch vorhandenen Waren teurer. Andererseits stürzt sich die Bevölkerung zur Ablenkung auf jede Gelegenheit zu Genuß und Unterhaltung, wozu auch die »Nationalfeiertage« wie der 1. Mai gehören.

»Ich gewann den Eindruck, daß die Deutschen den 1. Mai völlig als Festtag einzuordnen beginnen. Welch lenkbares, welch friedliches Volk; und doch trägt jeder zweite Mann Uniform: die des Heeres oder eine der Partei; und so fremd die Fahnen sind, die von den Fenstern wehen und so viel Lüge und Resignation hinter solchem Fahnenschmuck verborgen ist – es ist unmöglich, dieses Volk nicht glühend zu lieben in allem Gericht über allem Menschlichen. Es ist unmöglich, nicht zu beten um die engste Bindung an dieses Volk, in dem einem so viel Bitteres, so schwer zu tragendes Unrecht geschieht. – Gott gebe uns Festtage der Nation, die nicht mehr ohne Glocken, Loblied und Sein Wort sind! Denn so, wie es jetzt ist, sind die Festtage des Volkes Gerichtstage.

Aber die Feierabendglocken des Sonnabends dürfen läuten. Und daß nur dann die Deutschen lenkbar und politischem Willen zu unterwerfen sind, wenn ihnen das belassen wird: das ist der Quell der großen Liebe zu dem Volk.«[61]

»Entartete Kunst«

In seiner Beurteilung der innenpolitischen Lage stimmt Klepper mit anderen Schriftstellern im Eckart-Kreis überein: weder hemmungsloses Opponieren noch haltloses Lamentieren seien von Nutzen. Die Nationalsozialisten seien nicht nur schwarz und die oppositionellen Gruppen nicht nur weiß. Als ihre Zeit da war, hätten sie alles vertan. Auch die Bekenntnisleute seien im Unrecht, wenn sie sich voreilig und aufdringlich zu Märtyrern machen wollen, statt dankbar dafür zu sein, daß und wie noch in Deutschland gepredigt werden darf.

Die »Zeitwende« in der deutschen Kunst scheint ihm weitaus bedenklicher.

»Es ist völlig unfaßlich, wessen Werke sich nun in der Ausstellung ›Entartete Kunst‹ vertreten finden: Lovis Corinth, Franz Marc, Paula Becker-Modersohn, Emil Nolde, Otto Müller, Max Pechstein, Feininger, Paul Klee, Lehmbruck, Christian Rohlfs, Kokoschka, Schlemmer, Gerhard Marcks! Wahrhaftig – bei allen Vorbehalten diesen Nachkriegs-Kunstrichtungen gegenüber: es kommt einer verlorenen Schlacht gleich, und das Herz zog sich einem zusammen, als man die Namen mit dem Urteil las: ›Dokumente des tiefsten Verfalls unseres Volkes und seiner Kultur.‹ Wer richtet da? –«

»Von der Ausstellung ›Deutsche Kunst‹ und ›Entartete Kunst‹, mit deren Eröffnung nun eine Zeitwende proklamiert ist, braucht man nur die Reproduktion zweier Bilder zu sehen, um zu wissen, was die Stunde geschlagen hat – und wie einfach im Grunde der Kampf ist: für die neue Deutsche Kunst Hubert Lanzigers Führerbildnis in silberner Rüstung auf dem Rappen; für die Entartete Kunst: Lovis Corinths Bildnis von Bernd Grönvold. Oder das repräsentative Gemälde des Präsidenten der Kunstkammer, Ziegler, ›Terpsichore‹, ein ›Damenakt mit goldenem Stäbchen‹, und Lehmbrucks ›Knieende‹, obwohl diese beiden letzteren nicht derart die Kluft zwischen Welten offenbaren.«[62]

»Bitter und müde macht es in diesem Augenblick, zu sehen, was eine so angesehene Zeitschrift wie Dr. Werners ›Neue Linie‹ tut: neben einem Aufsatz von Reinhold Schneider über Portugal mit herrlichen Bildern bringt sie in einer historischen Betrachtung Gründgens (!) als nordisch-heroischen Typ – diesen dekadentesten der Dekadenten, der zu großer Macht im Theater gelangte – und obendrein noch den berühmten Zeichner Olaf Gulbransson mit nacktem Hintern auf seinem Landsitz. Geeignet, die Nation geistig zu beeinflussen . . .«[63]

Für den monarchistischen Künstler, der er nun sein will, liegt die Aufgabe abseits von aller politischen Aktivität; er kann nur »das Gleichnis in der Monarchie in seiner ganzen Strenge und Reinheit« der Zeit bewußt machen. Darin hat sich sein Engagement zu erfüllen, und im übrigen gilt die lutherische Auffassung von Römer 13. Nicht mehr das Menschenmögliche, das Menschenunmögliche hat den Anspruch auf ihn. Kleppers »Königsgedichte« waren – völlig unbeeinflußt von seinem Verhältnis zu dem alten schuldigen Kaiser, der mit eigenhändig kolorierten Photos im Exil von Haus Doorn kokettiert – dem tiefen Schmerz um die Halt- und Machtlosigkeit der Kronprinzensöhne entsprungen. Einen Augenblick kam er in Versuchung, durch die alte Gräfin Keller, die letzte Hofdame der Kaiserin, die zwei Jahre lang zurückgehaltenen Gedichte den eigentlichen Adressaten überreichen zu lassen. Aber es bleibt bei dem

Gehorsam gegen eine noch so entgegengesetzte Obrigkeit, die er darum bittet, ihn weiter so frei vom Alten und Neuen Testament schreiben zu lassen, wie er nun zu schreiben begonnen hat. Die aktuellen politischen Hoffnungen der Monarchisten, auch der besten um Hans Ludwig Geiger, der jetzt so vielfach Fühlung zu ihm sucht, sind ihm verhaßt.

»Wenn eine Monarchie kommt, so darf es der alte Kaiser ganz bestimmt nicht sein (die Frist des Kaisers wird wohl kürzer sein als die der Nationalsozialisten); es darf aber vielleicht auch nicht der Kronprinz den Thron besteigen, sondern er muß zugunsten eines Sohnes abdanken; doch welchen Sohnes? Wilhelm, der älteste, scheidet durch seine Mesalliance aus ... vielleicht Friedrich, den das Haus zur Vertretung bei offiziellen Anlässen ins Ausland entsendet ... Für die ›Königsgedichte‹ und die Hohenzollernsöhne aber kann die Stunde erst geschlagen haben, wenn sie begriffen haben werden – anders als in einer ihrer seltenen, konventionellen Einladungen – daß Reinhold Schneider bei ihnen – vor den Toren ihres Gartens – lebt!«[64]

Als willkommene Bestätigung seiner Auffassung nimmt Klepper die ersten günstigen Reaktionen zum Erscheinen des »Vater« auf. Sein Verleger sendet eine Zusammenstellung von Kritiken: die Provinzpresse – »Hamburger Nachrichten«, »Frankfurter Zeitung«, »Kölnische Zeitung«, »Neue Mannheimer Zeitung«, »Stuttgarter Neues Tageblatt«, »Königsberger Allgemeine Zeitung« – bringt wohlwollende Besprechungen des Buches. Die Berliner DAZ veröffentlicht eine Rezension seines »Entdeckers« Jürgen Eggebrecht. Reinhold Schneider kommentiert den »Vater« mit Auszügen aus dem Werk in den »Weißen Blättern«. Fast alle heben die Bearbeitung des Barockstoffes durch Barockmittel hervor. Manche bemängeln gewisse Längen und Breiten der Schilderung. Außer Tony de Ridder im »Rotterdamschen Kurier« und Kurt Ihlenfeld im »Ekkart« bemerkt keiner das holländische Idyll und den protestantischen Grundzug. Arthur Pfeiffer, der Kleppers Roman im »Völkischen Beobachter« besprochen hat und ihn daraufhin in Südende besucht, erweist sich als gründlicher Kenner Friedrich Wilhelms I., aber auch als leidenschaftlicher Nietzscheaner, der feindselig auf die vielen Bibelsprüche im »Vater« reagiert. Enttäuschend wirkt auf Klepper R. A. Schröders Aufsatz in der »Europäischen Revue«.

Zu diesen Kritiken kommen nun auch durchaus günstige, für Klepper oft erstaunliche Äußerungen der Buchhändler, des Leserkreises, ja sogar der höchsten Instanzen in Staat und Heer.

Aus Merseburg berichtet der Buchhändler und einstige Glogauer Schulkamerad Helmut Schöpke, ein Kollege habe ein paarmal telefonische Bestellungen des »Vater« für Innenminister Frick aufgenommen, doch erwähnt er gleichzeitig eine Notiz im »Buchhändler im Dritten Reich« vom Mai 1937 mit ablehnender Wertung. Diese Notiz klärt die Buchhändler über die privaten Verhältnisse des »ausgeschlossenen Schriftstellers Jochen Klepper« auf, »der unmittelbar vor dem Umbruch eine Jüdin mit gleich dreiköpfigem Anhang heiratete und die Unverfrorenheit besaß, unter diesem jüdischen Schutz einen Roman über den Vater Friedrichs des Großen zu schreiben«. Mit einigen Ausnahmen wie »Westermanns Monatshefte«, die sich aus »nationaler Disziplin« weigern, etwas über den »Vater« zu bringen, scheint diese Notiz wenig Beachtung gefunden zu haben. Der Anklang bei den Lesern ist derartig, daß die erste Auflage des Buches zwei Monate nach dem Erscheinen vergriffen ist. Die zweite Auflage (6.–8. Tausend) ist schon gedruckt. Der Maler Leo von König liest den Roman während eines Aufenthaltes in Alassio. Das deutsche Seminar der Hochschule in Venedig bittet um ein Exemplar des »Vater«. Ein einfacher Soldat meldet sich als begeisterter Leser. Der Schriftsteller Werner Beumelburg, der als Jagdgast in der Schorfheide eingeladen ist, nimmt das Buch als Geschenk für Göring mit. Das Reichskriegsministerium empfiehlt die Lektüre des »Vater« für Heer, Marine und Luftwaffe.

Sogar Hans F. K. Günther, der Verfasser der »Rassenkunde«, schreibt überaus freundlich gerade in einem Augenblick, da die Presse neue Bestimmungen über den Umgang der Beamten mit Juden veröffentlicht. Es ist wohl anzunehmen, daß all diese günstigen Reaktionen, insbesondere seitens der leitenden Instanzen des Dritten Reiches, zur »vorläufigen« Zurücknahme von Kleppers Schreibverbot beigetragen haben. Am 10. Juni erhält er die offizielle Mitteilung der Reichsschrifttumskammer, daß sein Ausschluß bis zur endgültigen Entscheidung des Präsidenten der Reichskulturkammer aufgehoben ist.

Nachdem der »Vater« seine Leser gefunden hat und für Klepper die offizielle Möglichkeit zu weiterem Schaffen wenigstens vorläufig gesichert ist, beginnen nun die Schwierigkeiten der Arbeit am »Ewigen Haus«. Mit peinlicher Genauigkeit nimmt sich der Schriftsteller eine strenge Tageseinteilung vor:

Losung und Gesangbuch	15 Minuten
Zeitung	40 Minuten
Tagebucheintragungen	15 Minuten
Vormittags	
Korrespondenz	20 Minuten
Gartenarbeit oder Spaziergang	60 Minuten
Papiere ordnen	15 Minuten
Bibliothek	15 Minuten
Verschiedenes	30 Minuten
Büromäßiges	15 Minuten
Mittagsruhe	15 Minuten
Nachmittags »Das Ewige Haus«	
Lektüre	1 Stunde
Excerpte	1 Stunde
Organisation	2 Stunden
Manuskript	4 Stunden
Korrektur	1 Stunde
	9 Stunden
Mahlzeiten	1½ Stunden
An- und Ausziehen	1½ Stunden
Schlaf	8 Stunden
	11 Stunden.

Sonntags Losung – Zeitung – Tagebuch – Kirche – Lektüre.

Zum »Studium« der Landwirtschaft für das »Ewige Haus« fährt er nach Rangsdorf. Die Weizenfelder gleichen noch weichen, grünen Wiesen, der Roggen trägt kleine Ähren, als könnte er keine größeren im Sandboden hervorbringen. Man sieht noch Flieder, die Erdbeeren stehen in voller Blüte. Am See, über dem stillen Waldweg, duften Kiefern. Oft sitzt er nachmittags in der wenig besuchten Staatsbibliothek zur Quellenergänzung für das »Ewige Haus«: Profan- und Kirchengeschichte, Landwirtschaft und Pest, Biographien der Nebenfiguren, Kulturhistorisches, Städtebilder, aber die Hauptquellen erscheinen ihm trocken und starr. Immer mehr erfährt er die Sicht Katharina von Boras völlig von Luther her; anders scheint ihm ein Frauenroman aus seiner Perspektive nicht möglich.

Besonders bewegt Klepper das Wiedersehen mit Brigitte Hacker, der Witwe des Beuthener Arztes, die als Zwanzigjährige die erste Vertraute des heimlich dichtenden Gymnasiasten war. Die von ihr und der Nürnberger Großmutter aufbewahrten Blätter sind wohl die einzigen, die seiner Vernichtungswut am schlimmen Ende seiner Studienzeit entgangen waren.

In diesen schwülen und verhängten Sommertagen – Brigitte und Reni verbringen die Ferien am Wannsee, Hanni sitzt auf der Terrasse mit einer Handarbeit – schwebt die Weltlage in Ungewißheit. Das neue Kontroll- und Nichteinmischungsabkommen zwischen England, Frankreich, Deutschland und Italien zur Lokalisierung des Spanischen Bürgerkriegs ist trotz tiefer Zerwürfnisse noch zustande gekommen. Die formell etablierte Solidarität der vier Kontrollmächte übersteht aber nicht das Scheitern der Londoner Konferenz. Sollte es doch zu einem Krieg kommen? »Die Erinnerung an den Juli 1914«, bemerkt hierzu Klepper, »obwohl man da ein Kind war, will und will nicht weichen. Denn was hält uns vom Kriege zurück? Der Rückstand der Rüstung.«[65]

Mehr denn je trachtet jeder nach Ablenkung. Die Badeorte sind überfüllt. Die Ostseebäder sind für Berlin zu Wochenendvororten geworden, die Dörfer der Mark zu verkehrsreichen Knotenpunkten. Mathias Wieman schreibt aus einem Dorf bei Flensburg, Jürgen Eggebrecht aus Norwegen, wo er Knut Hamsuns Frau aufsuchte. Elise Topell fährt nach Florenz und Paris. Manchen ist solches Ausweichen nicht mehr gewährt: zufällig begegnet Klepper auf dem Heimweg von einer Unterhaltung mit Paul Fechter, dem einstigen Chefredakteur des »Volkswart«, Krenold. Ist er zu dieser Zeit durch die eigenen Sorgen zu sehr in Anspruch genommen, oder befürchtet er die Folgen einer freundlichen Beziehung mit politisch kompromittierenden Leuten? Jedenfalls beschränkt sich der Kontakt auf ein kurzes Aufwallen des Mitleids für den mit 47 Jahren bereits weißhaarigen Mann, der nach langer Haft nun als Sekretär eines Freundes sein spärliches Dasein fristet.

Reinhold Schneiders Abschied

Einen tieferen Schmerz empfindet er bei der Nachricht, daß der liebste Gast des Hauses, Reinhold Schneider, Abschied von ihm nehmen will. Schneider schreibt, er halte es seit seiner Rückkehr aus Rom in der deutschen Hauptstadt nicht mehr aus und wolle es zum Herbst mit einer Unterkunft in Hinterzarten, einem kleinen, 900 m hoch gelegenen Ort im Schwarzwald, versuchen. Der Wald und der Plan eines neuen Buches sollen ihn über die Ferne der Berliner und Potsdamer Freunde hinwegtrösten.

»Zwischen Reinhold Schneider und den Menschen ist etwas verkümmert; das steht außer Frage; dieses Scheiden ist kein Scheiden aus der Fülle heraus, es ist weithin ein Scheitern. Der persönliche Umgang hätte keinen Sinn mehr gehabt; er vermag sich auf anderes, reales Leben nicht mehr einzustellen.«[66]

Zum Tee bei Leo von König. »Dies war nun ein schöner, von Geist und Herz erfüllter Nachmittag . . . Warum geht es mit dem siebzigjährigen Dessoir, dem siebenundsechzigjährigen Leo von König und mit dem etwa gleichaltrigen nicht?« fragt sich Klepper betrübt, ohne eine Antwort zu finden.

Beim Abschiedsbesuch in Potsdam überreicht er Reinhold Schneider ein Barockaltärchen, das er sich »recht vom Herzen reißen wollte und mußte«. Leo von König, Wieman, von Jagow, Baron Guttenberg werden von ihm zu einer Geldsammlung angeregt, aus deren Ertrag Schneider eine kleine Empire-Einrichtung in der Art des von ihm so geliebten Humboldt-Zimmers in Charlottenhof erhalten soll. Der Kaiser beteiligt sich mit einem Schreibtisch samt Sessel und Schreibzeug aus dem Hausbesitz der Hohenzollern. All diese Zeichen der Verbundenheit mindern nicht Kleppers tiefes Empfinden, daß sein Abstand von den »Aktivisten« der Bekennenden Kirche und der monarchistischen Kreise nun, durch Schneiders Fortgehen, eine weit schmerzlichere Stufe der Isolierung erreicht. »So danke ich Gott und ziehe mich doch von Reinhold Schneider zurück: dem einzigen, der mein Freund hätte werden können. Hanni bleibt alles.«

In seiner 1956 geschriebenen Einleitung zu Kleppers Tagebuch-Edition hat Schneider das Scheitern ihrer Freundschaft mit der Unterschiedlichkeit ihrer konfessionellen Herkunft zu begründen versucht:

»Die Freundschaft, die im Tagebuch an einer bestimmten Stelle eine Rolle spielt, war Kreuzung zweier Wege, nicht eigentliches Miteinandergehen; gerade hier erwies sich, daß, auch unter größter Bereitschaft zu verstehen, zu lernen – und diese bestand gewiß auf beiden Seiten –, die Verschiedenheit der Bekenntnisse eine Verschiedenheit bis in die innerste Struktur bewirkt.«[67]

Diese Erklärung hat ihre ernste Gültigkeit, insofern sie die eigene Erfahrung der beiden Gesprächspartner zum Ausdruck bringt. Damit ist bezeugt, wie wenig leicht sie sich zu ihrem Teil den zukunftsträchtigen Beginn des Dialogs über die konfessionellen Grenzen

Gesprächspartner: Reinhold Schneider (von Leo v. König porträtiert), Rudolf Alexander Schröder, Mathias Wieman und Harald Poelchau

Hanni und Jochen Klepper zu Ferientagen im Spätsommer 1936 in Bad Saarow

Jochen Klepper an seinem Geburtstag am 22. März 1937 mit Hanni und Reni im Südender Garten

Dekorationen: Der Pariser Platz im Fahnenschmuck während der Berliner Olympiade 1936; der Quedlinburger Dom, 1937 der kirchlichen Benutzung entzogen und zu einer Feierstätte der SS umgestaltet

hinweg, wie er hier und anderswo in jenen Jahren zustande kam, gemacht haben. Indessen scheint Reinhold Schneider selbst diese Erklärung drei Jahre später unbefriedigend zu finden, wenn er in seinen Erinnerungen noch eine andere Einsicht anklingen läßt: »Zwischen uns beiden und unserem Lebensgang bestanden sehr tiefe Entsprechungen, von denen aber nie die Rede war.«[68]

In welche Tiefe hinein wäre dies auszuloten: Schneiders Scheu vor engeren Beziehungen und bei Klepper – »wir wissen ja zuviel voneinander« – insgeheim die Gestörtheit im Blick auf Freundschaften und gesellschaftlichen Austausch, da Freundschaft in seiner Erinnerung hart am Rande des Chaos angesiedelt ist und ihn fortwährend der Zwiespalt quält zwischen der Hinwendung zur Arbeit oder zu den Menschen. Dann, daß sie beide die Existenz des Schriftstellers kaum anders wahrnehmen, als daß sich ihr Innerstes nur ins Werk hinein ganz aufschließen kann (und fraglos hat sich Klepper keinem Menschen in solchem Maße anvertraut wie seinem gültigsten »Werk«, dem Tagebuch). Schließlich, daß sie beide, der unbehauste Gast und der Liebhaber des Hauses, von unsäglichen Depressionen und Melancholien heimgesucht sind, Behinderungen ganz besonderer Art für die Verwirklichung einer doch heimlich ersehnten Nähe, beide auch mit dem Gedanken an den Selbstmord vertraut sind. So gehen sie auseinander im Wissen, daß für jeden die Einsamkeit zunimmt. Kurz nach dem Abschied schreibt Klepper in sein Tagebuch den schweren Satz: »Das Scheitern der Freundschaft mit Schneider besiegelt das Scheitern meines großen Versuchs der Rückkehr zu den Menschen.«[69]

Auf den Spuren der Katharina von Bora

Immerhin, einen Schritt hinaus bedeutet die längst beabsichtigte Studienfahrt für das »Ewige Haus«, in die Landschaft Luthers und Katharinas. Sie war schon für den Sommer geplant, aber die leidige Angelegenheit mit der Schrifttumskammer hatte es nahegelegt, Berlin einstweilen nicht zu verlassen. Hinzugekommen war Hannis schlechtes Befinden; endlich war der rechte Spezialist zur Behandlung ihrer Arthritis gefunden, aber vor Anfang September mochte dieser die Reise auf keinen Fall gestatten. Am 3. September brechen sie miteinander auf, trennen sich am Potsdamer Bahnhof.

Hanni wird die nächsten Tage zur Erholung bei Bekannten in Weimar verbringen, während er selber zunächst nach Magdeburg fährt. Den Weg durch die Stadt vom Alten Markt den Breiten Weg entlang zum Dom empfindet er wie eine Wanderung durch drei Welten: »eine graue, machtvolle Gotik – Spuren einer Renaissance in der Handelsstadt der Mitte – ein ›dessauisches Rokoko‹ aus der Gouverneurszeit des Alten Dessauers«. Der Dombezirk wirkt auf ihn wie »ein Hauch von Chartres-Bildern«. Im Dom dann die Statuen der klugen und törichten Jungfrauen – in ihrem Anblick erschließt sich ihm das Motiv für den Einsatz des neuen Buches.

Helmstedt, die nächste Station, gibt sich als »bunte, winklige, skurrile, arme, lebendige Stadt« zu erkennen, mit Heuwagen in den Straßen und Wochenmarkt auf dem Holzberg, Sankt Marienberg und Sankt Ludgeri in ihrem Abendfrieden, dem Haus der Margarete Friederich, in dem er Katharina von Bora auf der Flucht wohnen lassen wird.

In Braunschweig überkommen ihn die Eindrücke mit solcher Gewalt, daß er meint, in dieser einen Stadt das ganze deutsche Mittelalter zu begreifen. »Wie ist all dies Balkenwerk der Häuser erschütternde Schrift des Heiligen, des Magischen, des Mächtigen, des Skurrilen; der ergreifende Eindruck des Domplatzes und des Alten Marktes . . . Der Norden und der Osten sind mein Schicksal: Welche Überfülle birgt diese Begrenzung! Gott lasse mich von meinem Lande und von seiner Kirche schreiben.«[70]

Auf der Weiterfahrt nach Gifhorn notiert er sich jede Einzelheit von der Flucht Katharinas; »hinter der Abzweigung der Straße nach Salzwedel mag sie umgekehrt sein: wo drei Pferde in der Koppel bei den Kühen weideten, bei den sieben jungen Kiefern . . .«

Auf der Fahrt nach Weimar, das Saaletal mit seinen Burgen und Weinbergen entlang, liest Klepper für die Aufsatzfolge »Vollendung der Einsamkeit« in Ludwig Richters Lebenserinnerungen, merkt sich die Stellen an, wo Kindheitseindrücke festgehalten sind von Napoleon, der Menschen »wie Tausende von Ziffern den Kanonen entgegenführte«, und dem Schaudern im Anblick der Toten auf dem Schlachtfeld vor Dresden.

Auf dem Bahnsteig in Weimar erwartet ihn seine Frau – mit dem Brief der Schrifttumskammer, der die seit über vier Monaten erwartete Sondergenehmigung erteilt; »welche Dankbarkeit liegt über diesem Wiedersehen . . .«

Sie wohnen im Hause der Frau vom Stein, im selben Mansardenzimmer, das ihn bereits vor wohl zwanzig Jahren beherbergt hatte, als er die Schillerfestspiele besuchen durfte. Trotz Alter und Verfall der einst so gepflegten Pension scheint ihm die angeregte Atmosphäre erhalten geblieben, die einst herrschte, als hier alljährlich Gäste von Theater, Universität und Literatur aus und ein gingen. Stärkere Kontraste zwischen Vergangenheit und Gegenwart empfinden beide bei ihren Wegen durch die Stadt, angesichts ihrer groben Veränderung durch die neuen Parteibauten. Wegen des Fremdenverkehrs sind wenigstens keine antisemitischen Schilder zu sehen. Der eigentliche Anziehungspunkt für sie ist natürlich das kursächsische Weimar mit seinem Franziskanerkloster, den Häusern Cranachs, Luthers, Bernhard von Weimars. Vor dem Abendessen im »Weißen Schwan« noch »ein Weg ans Gartenhaus, süßer Heugeruch und zarte Kühle«.

Ein Tagesausflug führt nach Erfurt mit seiner schönen, edlen, ruhigen Spätgotik neben »häßlicher Wirrnis«, den alten Glasfenstern im Dom und Luthers Hinterlassenschaften, seinem Schreibzeug und seiner Laute, im Augustinerkloster.

Bei alledem will aber der Druck nicht weichen, den der politische Alltag ausübt: die Zeitungsmeldungen über neue Spannungen zwischen Rußland und Italien, die Berichte vom Nürnberger Parteitag, die »parteimäßig überhitzte Atmosphäre«, die sie in den Provinzstädten wahrnehmen. »Es müßte für uns in unserer besonderen Situation fast unerträglich schwer sein, in diesen kleinen verhetzten Städten zu leben.«[71] Damit verglichen erscheint ihnen Berlin, die Weltstadt mit ihren internationalen Rücksichten, wie eine Oase des Friedens.

Von Weimar fahren Kleppers am folgenden Tag nach Wittenberg, mit einer Zwischenstation in Torgau. Der besonnte, klare Vormittag gehört der Besichtigung der kleinen, nicht besonders lebendig wirkenden Kreis- und Garnisonstadt, deren Stadtkirche Katharina von Boras Grab birgt. Über dem Elbufer erhebt sich das Schloß mit stattlichen Türmen und Mauern. Wohltuend wirkt die einfache, weißgestrichene Schloßkirche, das erste protestantische, von Luther selbst eingeweihte Gotteshaus mit seinem klaren Gewölbe und der von J. S. Bach entworfenen Schwalbennestorgel. Nahe der Marienkirche sehen sie das Haus der Torgauischen Artikel, der Grundlage der Confessio Augustana und aller heutigen

Bekenntnisbewegung. Auf der Weiterfahrt notiert Klepper die »Fluchtfahrt« Katharinas von Torgau nach Wittenberg. Beim Dorf Vogelsang sieht er einen kahlen Baum mit einer Krähe; hier soll der »Sturz« spielen, wie bei den sieben Kiefern hinter Gifhorn die »Umkehr«.

Und nun die arme, enge, an Erinnerungen reiche Stadt Wittenberg. Kleppers wohnen im »Goldenen Adler«, Luthers Gasthof. Lic. Thulin, der Direktor der Lutherhalle, lädt beide zu einem Besuch ins Schwarze Kloster ein. Für die Zeit ihres Aufenthalts steht ihnen das Augustinerkloster sowie das Archiv der Lutherhalle offen und ein Assistent zur Verfügung. Der Abend in der Thulinschen Wohnung, eingangs die bunten Balken, die alte Treppe, die Laterne im Vorderhaus, läßt an die Einkehr in ein Gelehrtenhaus des 16. Jahrhunderts denken.

Der Cranach-Altar in der Schloßkirche ist leider nicht zugänglich, aber es gibt übergenug in Augenschein zu nehmen, was im neuen Buch einmal anschaulich werden soll. Ein Abstecher führt zwischendurch nach Zerbst mit einer Rast im Dessauer Ratskeller. Den Abschluß bildet noch ein Gang durch die Bibelausstellung im Augustaeum und ein Besuch im Pfarrhausarchiv. Bei allem Erfreulichen hinterläßt der Wittenberger Aufenthalt allerdings das peinliche Gefühl, daß hier »zu viel Kompromisse zwischen Theologie und Partei geschlossen werden«. Beklemmend bleibt auch das Beieinander von Lutherstadt und Rüstungsindustriezentrum . . .

Als sie am 14. September nach Berlin zurückkehren, hat gerade der Herbst mit kühlem Wetter Einzug gehalten. Im geheizten Zimmer widmet sich Klepper der Durchsicht des auf der Reise gesammelten Materials zum neuen Buch. Am Abend sind sie bei Leo von König eingeladen. In seinem Atelier sehen sie die Bildnisse von Emil Nolde und Ernst Barlach, die der große Künstler geschaffen hat, damit das Antlitz dieser beiden durch die Ausstellung »Entartete Kunst« Verfemten der Nachwelt erhalten bleibt. »Im Barlach-Porträt liegt restlos alles gelähmte Entsetzen des Alten, Geistigen vor dem Anbruch solcher neuen Zeit. In seiner geliebten mecklenburgischen Heimat schreiben sie ihm nun Drohbriefe und werfen ihm die Fensterscheiben mit Steinen ein. –«[72]

Die Reden auf dem diesjährigen Parteitag haben sich über die neue Kunstära verbreitet und in erbitterten Auseinandersetzungen mit Moskau erschöpft. Neue haßerfüllte Drohungen gegen das

Judentum standen ebenfalls auf der Tagesordnung. Nun werden die mit jüdischen Frauen verheirateten Universitätsprofessoren emeritiert. Über das verblutende Spanien verlieren die Zeitungen kein Wort mehr. Ganz im Zeichen der außenpolitischen Spannungen steht der großinszenierte Besuch Mussolinis in Berlin, sein Erscheinen an Hitlers Seite beim Abschluß der gewaltigen Herbstmanöver in Mecklenburg und bei Krupp in Essen.

Indessen ist der Bruder Erhard gerade von einer Italienreise zurückgekehrt und schildert seine Eindrücke. Von den Geschwistern vermißt Jochen Klepper nur noch Margot, die ihm oft in Träumen erscheint. »Ich denke nicht mehr an das Trennende: ich danke nur für das Freundliche, daß wir uns nun von Zeit zu Zeit gut gewillt wiedersehen.«[73]

Wieder einmal schlaflose Nächte, schreckliche Neuralgien. Kommt es von der Erschöpfung nach der Reise, von den bewegten Tagen nach der Rückkehr oder den neuen politischen Ereignissen? Fehlt ihm eine rechte Pause zwischen dem alten und dem neuen Buch? Mühsam wird die »äußere Ordnung« aufrechterhalten. Die regelmäßige Arbeit soll den fehlenden Ausgleich schaffen.

Schlimmer ist aber das Gefühl, selbst im engeren Eckart-Kreis nicht mehr zu zählen. Am 7. Oktober beginnt in Berlin das Fest der deutschen Kirchenmusik, wobei neue Musik zu neuen Texten aufgeführt werden soll. Für das Neue steht jedoch nur R. A. Schröder auf dem Programm. »Das ist doppelt deprimierend, nachdem ich gerade Ihlenfelds und R. A. Schröders Urteil über meine Texte kenne. Hier, hier vor allem sind die, zu denen ich gehöre; und von ihnen werde ich am verletzendsten ausgeschaltet.«[74]

Ihlenfeld, selber einer der Organisatoren dieses Programms, will das Versäumte unverzüglich gutmachen; im Handumdrehen stellt Klepper in dessen Büro seine Texte zusammen, verbessert sie, schreibt sie neu ab, damit seine »Geistlichen Lieder und Gedichte« noch während der Kirchenmusikwoche als Heft vorliegen können[75]. An den Veranstaltungen nimmt er lebhaften, freilich auch kritischen Anteil. Sein abschließendes Urteil:

> »Herrliche Einzeleindrücke – das Ganze noch so fremd, der Kirche so fern; das Fest scheint verfrüht ... Alle Aufgeschlossenheit, alles unbedingte Interesse half nicht hinweg darüber, daß das Musikalisch-Ursprüngliche, das Kirchliche noch völlig zurücktritt, quälend zurücktritt hinter dem überaus Kunstreichen. – Zu früh, zu früh, zu viel.«[76]

Zu dieser Zeit, nach Schneiders Wegzug von Potsdam, fühlt sich Klepper wenig geneigt zu gesellschaftlichen Verabredungen. Eine Einladung zum Abend der »Weißen Blätter«, eine andere zu Vorträgen in der Lessing-Hochschule, freundliche Aufforderungen zur Mitarbeit an verschiedenen Zeitschriften, eine Einladung der Familie von der Marwitz auf Schloß Friedersdorf im Oderbruch müssen freundlich abgelehnt werden. Ein Leitmotiv zieht sich durch die Tage: »Die Trennung von den Menschen muß wieder vollzogen werden«; nur das »Wagnis des Werkes« im Dienste der Schriftauslegung steht auf der Tagesordnung. Eines seiner geistlichen Lieder, am 29. Oktober über Joh. 15,3 verfaßt, klingt bereits nach einem weiteren Schritt fort von den Menschen:

> Das weitere Leben kann nur noch ein Sterben sein.
> Die Stunden rinnen dennoch nicht vergebens.
> Ich wandere aus der Welt und ziehe bei dir ein,
> vergehend schon teilhaftig alles Lebens.[77]

Ein Treffen mit Hannis Neffen aus Breslau führt erneut zur Erwägung einer Auswanderungsmöglichkeit für Brigitte und Reni. Der Zusammenbruch des Judentums in der Provinz schreitet so erschreckend fort, daß sich diejenigen, die es nur irgend können, trotz empörend hoher »Reichsfluchtsteuer« zur Emigration entschließen. Die gebotene Chance für die Töchter wird jedoch abermals nicht wahrgenommen. Klepper behilft sich mit Chinin, um drei Aufsätze beenden zu können. Zur Arbeit an »Vollendung der Einsamkeit« hatte er auf seine frühen Aufzeichnungen für den Voltaire-Roman zurückgegriffen, »ein Rückkehren in zehn Jahre lang Vertrautes in mächtigem, konzentriertem Ansturm . . . Voltaire, der allererste Plan, bleibt das gleiche, ungeheuerliche, atemberaubende Projekt; Leben, das noch einmal erzählt werden muß«[78].

Abends, am dritten Jahrestag des Todes seines Vaters, trifft er die Mutter. Sie ist ganz erfüllt von Erhards Reise nach Paris, die er am selben Tag für Ullstein antritt, und seinem Projekt von Andersen-Illustrationen. »So freundlich nun alles zwischen Mutter und uns ist, immer wieder drückt es mir doch das Herz ab, zu sehen, daß Mutter aus all ihrem Unglück munter hervorgegangen ist.«[79]

Mit besonderer Bitterkeit fügt sich Klepper in das allmähliche Auslöschen der Familie. Aus Beuthen schickt die Jugendfreundin Brigitte Hacker Äpfel und eine Abschrift seiner »Lieder der

Nacht«[80], die nur sie besaß. Hans Eberhard Friedrich von der DAZ übersendet ihm seine Schrift über »Luther und der Staat« mit persönlicher Widmung. Mathias Wieman erwähnt den »Vater« in einem Rundfunkinterview zur »Woche des Buches«, bei der man den Roman sonst totgeschwiegen hatte. Ein Dankbesuch in der Amelangschen Buchhandlung zeigt, daß seine Käufer überwiegend Offiziere sind.

Trübe, kühle Novembertage. Zum Bußtag dürfen erstmals dieses Jahr die Kinos, Theater und Kabaretts spielen, was sie wollen. Klepper registriert sorgfältig solche Einzelheiten, mit denen christliche Sitte und kirchliches Leben weiter an den Rand gedrängt werden. So sind neuerdings Wochenandachten untersagt, auch das Verteilen kirchlicher Schriften, selbst auf Friedhöfen. Die Kirchenaustrittsbewegung wird von offizieller Seite unverhüllt gefördert[81]. Die von staatlicher Seite seit langem angekündigten Kirchenwahlen sind endgültig abgesagt. Andeutungen in der Presse, daß »die religiösen Gemeinschaften sich selbst erhalten sollen«, lassen einschneidende Maßnahmen vermuten. Klepper meint, dies könne eine unerläßliche Probe für das Christenvolk werden. »Unsäglich viel Schuld liegt bei der Kirche.« In jedem Fall billigt er nicht das Verhalten jener Pastoren, die aus solchen Gründen die Fürbitte für den Führer unterlassen; es gelte immer noch Römer 13 mit dem Gebot des Gehorsams auch einer feindseligen Obrigkeit gegenüber.

Größere Bedenken erweckt bei ihm eine programmatische Rede von Hanns Kerrl, dem Minister für die kirchlichen Angelegenheiten, der Christus und die nationalsozialistische Rassenlehre als Verbündete sieht und behauptet, Christus »habe einen unerhörten Kampf gegen das Judentum geführt, das ihn deshalb auch ans Kreuz geschlagen habe«[82].

Regelrecht alarmierend dagegen wirken die Berichte von der Tagung der Reichskulturkammer, auf der stolz die Bilanz gezogen wird: 30 000 Juden seien aus dem deutschen Kulturleben entfernt; Goebbels geht dabei eigens auf die »Judengenossen« ein. Klepper ahnt, welche verschärfenden Folgen diese Äußerungen haben können, für sich wie für andere:

»Was wird die Nachwelt einmal zu den Gesuchen der aus den Kammern ausgeschlossenen Künstler, weiter in Deutschland arbeiten zu dürfen, sagen; was dazu, daß auch solche Sondergenehmigung praktisch ohne Wert ist, bis man wieder eine neue Bitt-Aktion einleitete. Wie, wenn einer in meiner Lage kein

Haus hinter sich hat? Und keine Einnahmen aus einem vor dem Ausschluß erschienenen Buch?! Und das dürfte die Mehrzahl sein.«[83]

Still und leer ist es um den anfangs gefeierten Autor des »Vater« geworden. Der Gang zum Briefkasten kommt ihn immer härter an.. Nahezu mechanisch wiederholt Klepper die Besuche bei Bekannten, die ihm zur Genehmigung seiner Manuskripte bei der Schrifttumskammer behilflich sein könnten: Karl Pagel von der DVA, Wilfried Bade im Propagandaministerium, Mathias Wieman, Jürgen Eggebrecht und Velmede, ein von Harald von Koenigswald empfohlener Lektor in der Reichsjugendführung, der ihm den Zugang zur Kammer vermittelt. Der Eindruck von dort ist erschreckend; »ich hatte Militarismus der SS erwartet, aber da waren fette, bleiche, abgründige Männer Ende dreißig . . . Die Sekretärin des für mich zuständigen Mannes behandelte mich aufs frechste: es sei eben alles in der Schwebe; die Manuskripte steckten schon irgendwo bei ihnen, aber es sei eben sicher etwas mit ihnen los«[84]. Welche Aussichten bestehen noch für einen Mann wie Klepper in dieser satten, trägen Anarchie? Ähnlich wie in der Zuspitzung vom Frühjahr liegt auf der Hand, mit dem nächsten Schritt müßte »möglichst weit oben« angesetzt werden, und wieder ist »der ganze, quälende Apparat vom März/April in hektischer Bewegung: die Anrufe jagten sich hin und her: Wieman, der nichts mehr für mich tun zu können erklärte; Braun, Mirbt, Bischoff, Pagel, Eggebrecht, Friedrich – viele Male«[85].

Bruno E. Werner von der DAZ gibt den dringlichen Rat, umgehend direkt an Minister Goebbels zu schreiben. »Den Brief mußte ich mit ›Heil Hitler‹ unterzeichnen. Ich habe nun das Letzte auf mich genommen.« Indessen haben andere den Kontakt mit Edda Reinhard vermittelt, einer in Künstlerkreisen angesehenen Dame, die über gute Verbindungen zum Propagandaministerium verfügt. Klepper ist beeindruckt von ihrer Wärme und Klugheit. Sie hält das unlancierte Schreiben an Goebbels eher für eine Gefahr, will darum gleich mit einer Abschrift des Briefes und wesentlichen Kritiken zum »Vater« bei Hinkel und Bade im Ministerium vorsprechen.

»Unfaßlich wird uns bleiben, wie Hinkel und Bade als Nationalsozialisten das Buch mit solcher Wärme aufnehmen konnten; Edda Reinhard erzählte mir sogar die Einzelheiten, wie beide es lasen und darüber sprachen.«[86]

Doch auch diese wirren, beunruhigenden Tage gehören zur Adventszeit. Es kommt Klepper schwer an, die vorweihnachtliche

Stadt mit ihren emsigen Käufern immer nur auf den bitteren »politischen Gängen« zu sehen. Trotz großer Knappheit an Lederwaren, Wäsche (Bettwäsche ist kaum mehr aufzutreiben), Eiern, Butter, Gewürzen und Mandeln scheint dieses Jahr wieder eine wahre Einkaufswut zu herrschen. Zeitweise ist Polizei, SA und SS eingesetzt, um den immensen Verkehr auf dem Potsdamer Platz und dem Kurfürstendamm zu regeln, während aus den Lautsprechern Schlagermusik dröhnt. 560 Sonderzüge – statt 350 im Vorjahr – sind für den Weihnachtsverkehr zwischen der Reichshauptstadt und den bekannten Gebirgsorten eingesetzt.

Der anfängliche Erfolg des »Vater« scheint in Stillstand geraten zu sein; im dritten Quartal des Jahres wurden nur noch 935 Exemplare verkauft. Sollte die Zeit für das Buch schon vorbei sein? Im Weihnachtsgeschäft der Buchhandlungen steht Hans Löschers »Alles Getrennte findet sich wieder« obenan, eine Jugend- und Familiengeschichte. Klepper fragt sich: Folgt der Flucht in die Historie eine Flucht in Familiengeschichten? Neben Löschers Roman haben nämlich Kennicotts »Geschichte der Tilmansöhne« und William v. Simpsons »Die Barrings« den größten Erfolg. Gleichwohl hält er an der Überzeugung fest, daß »allein das Buch, das die Zuflucht in der Kirche erschließt«, Bestand haben kann.

Zuflucht ist wieder das adventlich geschmückte Haus, ist der Arbeitstisch, an dem in diesen Wochen, kurz nacheinander, drei neue Kirchenlieder entstehen: zunächst, in Anlehnung an ein Lutherwort, das Weihnachtslied »Sieh nicht an, was du selber bist«, kurz darauf »Die Nacht ist vorgedrungen« und schließlich kurz vor dem Fest noch das »Weihnachtskyrie« (»Du Gottessohn, zur heiligen Zeit«, später geändert in »Du Kind, zu dieser heiligen Zeit«)[87]. Abschriften dieser Texte dienen als Weihnachtsgruß an die Freunde und nahen Bekannten, sie lassen durch ihren eigenen Klang aufhorchen:

> Die Nacht ist vorgedrungen,
> der Tag ist nicht mehr fern.
> So sei nun Lob gesungen
> dem hellen Morgenstern!
> Auch wer zur Nacht geweinet,
> der stimme froh mit ein.
> Der Morgenstern bescheinet
> auch deine Angst und Pein.

Zur Christvesper begleiten beide Töchter den Vater in die Steglitzer Kirche und staunen, wie viele junge Männer, Soldaten und Matrosen, dort zu sehen sind. Auf dem Heimweg steigt in ihm die Erinnerung auf:

»Wie festlich war Vaters Christnacht! Festlich war, wie rings um den Kirchplatz nach dem Gottesdienst die Fenster von Christbäumen strahlten, wie die Kirche mit ihren vielen Fenstern ganz im Lichte lag. Sonst waren die Straßen schmutzig und dunkel – winterlich nur noch die Gärten ums Haus . . .«[88]

Nach der Rückkehr läutet das kleine Apostelglöckchen zur Einbescherung im Barockzimmer mit der Lichterfülle der buntgeschmückten Tanne. Die späten Abendstunden nach dem Festessen (Karpfen und schlesische Mohnklöße) gehören wieder dem Betrachten der Weihnachtsbücher: dieses Jahr Reinhold Schneiders »Leo von König« und Fechters »Backsteingotik«, dem Punsch mit Äpfeln und Nüssen in der Beuthener Bernsteinschale und Hannis Weihnachtsgebäck. Jetzt erst, beim Lesen der Weihnachtspost, kommt der Brief aus dem Büro von Goebbels zum Vorschein; eine kurze Bestätigung über den Eingang des Gesuchs.

Am ersten Weihnachtstag sucht er die Mutter und Geschwister auf – eine Zusammenkunft am Christbaum, wie er sie seit 1929 bei seiner Schwester Margot in Glatz nicht mehr erlebt hat. Dann sind Hanni, er und die Töchter wie auch Elise Topell zu Gast bei Curt Oertel bei edlem Rotwein, Mokka, Dresdner Christstollen und Nürnberger Lebkuchen. Oertel erzählt von seiner Filmarbeit in der Schweiz und in Italien. Den Mädchen legt er die neuesten Schallplatten auf.

Der zweite Weihnachtstag verläuft ruhiger; während Hanni und die Töchter sich im Kino den »Mustergatten« mit Heinz Rühmann ansehen, schreibt er den Freunden zum Dank für ihre Gaben und Briefe. Besonders beglückte ihn Harald Poelchaus Nachricht, er habe die neuen Gedichte noch in die Weihnachtspredigt in der Tegeler Strafanstalt einfügen können. Das gute Echo, das er auch von Kurt Ihlenfeld, Hans Eberhard Friedrich und Arthur Pfeiffer empfing, ersetzt ihm die bisher verhinderte Veröffentlichung. Kilpper hat vom Schloß Elmau eine Karte geschickt; Dessoirs, Leo von König und Reinhold Schneider haben gemeinsam aus Feldafing geschrieben.

Ehe das Jahr zu Ende geht, kommt endlich ein erster kurzer Bescheid von der Schrifttumskammer, vom zuständigen Referenten

Metzner unterzeichnet: »Sie wollen bitte durch fernmündliche Anfrage eine Zusammenkunft für Mitte Januar ins Auge fassen. Bedienen Sie sich des Hausapparates 42.« Beigefügt sind – mit Ausnahme der ersten Sendung – alle eingereichten Manuskripte, darunter auch das »Neujahrslied«, das damit gerade noch rechtzeitig in die Neujahrsnummer der DAZ aufgenommen werden kann.

Vor einem Jahr wurde der »Vater« endgültig abgeschlossen; seitdem hat er bereits 1200 Seiten an Material für das neue Buch exzerpiert. Trotz aller Schwierigkeiten hat er in diesem Jahr monatlich etwa 315 Mark verdient.

Am letzten Tag, genau um zwölf Uhr mittags, wie das Haus zum Jahresschluß gerüstet ist, tritt die Sonne aus dem grauen Himmel über einer schweren, schwarzen Wolke hervor – wie ein Zeichen des Zuspruchs. Aus dem Abendgottesdienst in der Steglitzer Markuskirche nimmt er bereits das Leitwort für das neue Jahr mit: »Aber in dem allem überwinden wir weit um deswillen, der uns geliebt hat« (Röm. 8,37); »dies stand schon lange fest, daß es ein Wort der Überwindung sein müsse«. Dann kommt wieder die alte Sitte und Festesfreude zu ihrem Recht; noch einmal werden alle Lichter entzündet, um das »tragische Idyll« der Wohnung mit ihrem alten Hausrat und Weihnachtsschmuck zu vergolden. Während ringsum die Glocken zu den Nachtgottesdiensten läuten, schaufelt er noch die Schneeberge am Hauseingang fort; es ist ihm, als müßte er damit alle Hindernisse aus dem Weg der ihm anvertrauten Menschen schaffen, die hinter diesen Mauern friedlich schlafen.

»Das schwerste, schönste und bedeutungsvollste Jahr meines Lebens durfte beschlossen sein im Gebet. – Gott hat im alten Jahr sein *neues* Lied gegeben. Das muß nun geglaubt sein.«[89]

IV. Ohnmacht und Überwindung

1938–1939

»Ohnmacht« und »Überwindung« im Sinne von Römer 8,37–39, das sind in den letzten Monaten die Pole meines Denkens geworden.
Tagebuch, 23. August 1938

Verschattungen

Das Jahr 1938 beginnt mit einem rechten Winter-Neujahrsmorgen: »Schneekehren, Heizen, die Blumen für Hanni heraufholen und mit meinem Neujahrsgedicht aus der DAZ aufbauen. Das Glockenläuten setzte ein. Still und heiter das lichte Haus, der Morgen licht von Schnee.«[1] Die Predigt im Gottesdienst wirkt bekräftigend zur Wahl des Jahreswortes von der Überwindung. Was wird alles konkret davon betroffen sein?

Eine Einladung zum Herrenabend mit Potsdamer Offizieren lehnt Klepper ab. Der Flucht vor der Arbeit am neuen Buch will er ein Ende setzen. Aber vorerst sind zwei Vorhaben zum Friedrich Wilhelm-Gedenkjahr zu bewältigen; die DVA erwartet von ihm eine Ausgabe von »Briefen und Bildern des Soldatenkönigs«[2], und Ihlenfeld möchte für die Eckart-Bücherei eine Zusammenstellung der Aufzeichnungen haben, die von den »Stillen im Lande«, Freylinghausen, Francke und Zinzendorf, über ihre Unterredungen mit Friedrich Wilhelm I. existieren[3] – beides Nebenprodukte des großen Romans, die aber doch neue Archivstudien nötig machen.

Nachdenklich liest Klepper Reinhold Schneiders »Hinterzartener Aufsätze«, die jetzt in den »Weißen Blättern« erscheinen; sie bezeugen nur zu deutlich die eremitenhafte Abkehr und Flucht in die Wälder und Selbstbetrachtungen. Schneiders Brief zum neuen Jahr klingt intensiver als je zuvor, aber Klepper kann nicht daran glauben, auch wenn darin die Freundschaft beschworen wird, die beide fest verbindet.

Mitte Januar findet die angespannt erwartete Unterredung auf der Schrifttumskammer statt. Als Klepper das Gebäude in der Hardenbergstraße betritt, weiß er nicht, daß sein Brief an Goebbels doch gewisse Auswirkungen gehabt und einigen Schriftverkehr zwischen Ministerium, Reichskulturkammer und Schrifttumskammer in Bewegung gesetzt hat[4]. Als Gesprächspartner erwartet ihn der Lektor Alfred Richard Meyer, in dem Klepper sofort den Lyriker »Munkepunke« von der Zeit im Funkhaus wiedererkennt, eigentlich alles andere als ein NS-Literatur, aber in diesem Hause offenbar bemüht, die verordnete Gesinnung konziliant zu vertreten. Bezeichnend dafür ist der Aktenvermerk, den er nach diesem Gespräch angefertigt hat:

»Am 12. 1. 38, mittags 13.40, erschien, hergebeten, Herr Jochen Klepper, Berlin.

Ich teilte ihm mit kameradschaftlichen Worten den Eindruck mit, der in der Kammer durch seine vorgelegten Arbeiten hervorgerufen wurde, nämlich durch seine essayistischen Skizzen und Gedichte. Klepper mußte zögernd zugeben, daß ein solcher Eindruck vielleicht entstehen könne: er habe dagegen niemals die Absicht gehabt, seine augenblickliche psychologische Verfassung hier verbittert abzureagieren. Er habe sich schon seit Monaten wieder seinem Lieblingsthema zugewandt: der Darstellung des Lebens Friedrich Wilhelm I. Daneben habe er Vorbereitungen für einen umfangreichen Roman über Luthers Frau: Katharina von Bora, getroffen. Klepper bedankte sich für die überaus kameradschaftliche Belehrung, die ihm in einstündiger Unterhaltung zuteil geworden sei. Wenn ihm irgendwelche Zweifel hinsichtlich gewisser schriftstellerischer Themen kommen sollten, so werde er sich gern mit der Kammer telefonisch oder durch persönlichen Besuch in Verbindung setzen.

Klepper machte in der Tat den Eindruck, daß bei ihm ein Wille nicht vorliegt, die Entscheidungen der RSK schriftstellerisch und verbittert abzureagieren. Klepper wurde darauf aufmerksam gemacht, daß es keineswegs in der Absicht der Kammer liege, irgendwelche versteckte Zensur hinsichtlich seiner Arbeiten ausüben zu wollen.«[5]

Was bei dieser »kameradschaftlichen Belehrung« genauer zur Sprache kam, ist in Kleppers Tagebuch festgehalten:

»Man klagte mich ›katholisierender Tendenzen‹ an! Man wendet sich – ›beratend, nicht eingreifend‹ – gegen meine geistlichen Gedichte. Und nun wurde es ganz klar ausgesprochen: nicht gegen das, was Gott gilt, sondern ›gegen die knechtische Haltung, wie sie der neue Geist bekämpft, der Gestalt Christi gegenüber‹. Nicht meine Ehe, nicht meine politische Vergangenheit standen zur Diskussion: da haben generelle Maßnahmen gesprochen!«[6]

Pagel, der als erster erleichtert den Vorgang geschildert bekommt, kann Klepper gleich von einem Telefongespräch mit Ministerialrat Bade im Propagandaministerium berichten, welches den Vorgang neu beleuchtet: »Und ob sie bei der Kammer wegen Klepper vom Ministerium eines auf den Kopf bekommen haben!«[7]

Gleichviel, nach einer so »loyalen Verhandlung« bittet Klepper den Eckart-Verlag, einstweilen die Veröffentlichung seiner Weihnachtsgedichte, die auf die Behörde wie ein Affront wirken könnte, zurückzustellen. Wie verabredet, schickt er der Kammer noch am selben Tage eine Zusammenstellung seiner überblickbaren Pläne: der beiden kleineren Bände zum 250. Geburtstag Friedrich Wilhelms I. und einiger damit verbundener Aufsätze sowie des neuen Romans, wobei bemerkenswert ist, in welchem Maße er sich nun auch selbst um eine gewisse Sprachregelung bemüht:

»Als Thema meines nächsten Romans habe ich die Geschichte der Lutherschen Ehe gewählt und den Titel vorgesehen: ›Das ewige Haus. Die Geschichte Frau Katharina von Boras und ihres Besitzes.‹ Das Schwarze Kloster in Wittenberg, von dem Luthers Reformationsbewegung ausging, wurde Luther und Katharina von Bora nach ihrer Heirat vom Kurfürsten von Sachsen als Eigentum übergeben. Mit der Geschichte des Lutherschen Hauses eng verbunden sind die Geschicke der drei Güter Wachsdorf, Zülsdorf und ›Die Boos‹, die in enger Begrenzung und Verdichtung den ganzen Kampf widerspiegeln, der dem deutschen Osten und Norden auferlegt war. Die Familiengeschichte, die sich auf ihnen abspielt, umschließt Konflikte, die für die religiöse und geistesgeschichtliche Entwicklung Deutschlands von symbolischer und grundsätzlicher Bedeutung sind.«[8]

Für seine Arbeitsmöglichkeiten scheint damit eine entscheidende Wendung eingetreten zu sein. Auf seinen Aufsatz »Vollendung der Einsamkeit«[9] hin sucht der Hobbing Verlag Kontakt mit ihm. Der befreundete Schriftsteller und Landsmann Gerhart Pohl findet diesen »kleistisch«. Die Familie des Buchhändlers Andrews lebt mit dem »Vater«. Harald von Koenigswald meint, er müsse damit Einfluß auf seinen Potsdamer Offizierskreis gewinnen. Die Veröffentlichung seines Neujahrsliedes in der DAZ wurde warm aufgenommen. Indessen will er sich das strenge Losungswort zu Herzen nehmen, das für seinen kommenden Geburtstag bestimmt ist: »Laßt euer großes Rühmen und Trotzen, noch gehe freches Reden aus eurem Munde, denn der Herr ist ein Gott, der es merkt und läßt solch Vornehmen nicht gelingen« (1. Sam. 2,3).

Die Arbeit im Dahlemer Geheimen Staatsarchiv macht ihn mit Archivrat Carl Hinrichs bekannt, der weit mehr Jahre als er an die Vorbereitung einer wissenschaftlichen Biographie des Soldatenkönigs wendet[10].

In diesem Januar mit seinen Dämmerungen, Nebel und Regen zeigen sich in Kleppers Lebensgefühl tiefe Verschattungen. Etwas davon deutet er Reinhold Schneider gleich nach der Unterredung auf der Kammer an:

»Unsere Müdigkeit ist das Schwerste, was Gott uns auferlegt hat. Das Zweitschwerste ist das Wissen um die Dämonie, für das noch keiner einen kleinen Preis gezahlt hat und das immer teuer erkauft ist. Es heißt, den Abgrund von unten gesehen haben . . .«[11]

Wenige Tage darauf vertraut er dem Tagebuch diese große Klage an:

»Nun bei den Menschen um uns, ja, unserer ganzen Schicht ›moralische Vorurteile‹ längst gefallen sind, hätte man eine erotische Befreiung der Menschen erwarten müssen. Aber wie völlig herrschend sind Einsamkeit und die Not um das ›Du‹ geblieben, wohin ich blicke. Da ist überall wahre Not des Lebens: im Lebendigsten, Schöpferischsten müssen wir tot, brach liegen und in der Ehe noch lebenverhindernd sein; auch wo der andere Mensch gewährt ist, ist das neue Leben noch lange nicht gegeben. Der Glaube wird all dessen nicht Herr. Auch die frömmste Ehe bleibt gerichtet, wagt das Äußerste des Glaubens nicht.

Die Not des Leibes, des Blutes, manchmal vorherrschend vor allem anderen im Himmel und auf Erden. Verlogen sind die großen Liebesdichtungen, weil sie verschweigen, wie entsetzlich das Gericht über die Liebe und die höchste Lebenslust ist. Ob in oder außer der Ehe: das Gericht ist gleich furchtbar; ob Einsamkeit oder Gemeinsamkeit. –

Manchmal sehe ich die vereinsamten Menschen um uns leiden bis zur völligen Verzerrung ihres Wesens. Es ist furchtbar, was der Leib des Menschen leiden muß auch in tiefem Frieden, behütet vor aller Gefahr. Alle Bücher müssen lügen. Es ist alles noch viel größer, schwerer und unheimlicher, als man sagen darf. Wie aber soll man schreiben von der letzten Verklärung der Schöpfung, wenn nicht geredet sein darf von ihrem tiefsten Fall? –«[12]

Lähmend wirken andererseits die Eindrücke, die sich von allen Seiten aufdrängen. Was Elise Topell aus der Modewelt berichtet, bestätigt Dr. Lamprecht aus seiner Sicht vom Krankenhaus: an jedem Ort will die Partei alles kontrollieren und schaltet die Befähigten aus, selbst wenn sie keinen Ersatz aus ihren eigenen Reihen findet. Auch das Konzertwesen bleibt von den willkürlichen Eingriffen nicht verschont; ständig gibt es Besetzungs- und Programmänderungen. Dem Theater geht es nicht besser. Obwohl immer ausverkauft, stoßen die Inszenierungen weithin durch ihre Lieblosigkeit ab. Bei dieser allgemeinen Verarmung des Schöpferischen werden dennoch stolze Pläne veröffentlicht, darunter ein Zwölfjahresplan zum Umbau Berlins, als stünde das Land auf der Höhe der Macht und des Reichtums. Wahrhaft bestürzend wirken dagegen auf Klepper die Meldungen der Morgenzeitungen am 5. Februar, »ein Tag von solcher Schicksalsschwere, daß man ihn nur mit dem

30. 1. 1933[13] vergleichen kann«: Der Führer übernimmt den Oberbefehl über die gesamte Wehrmacht. Göring Generalfeldmarschall. Blomberg und Freiherr von Fritsch »aus gesundheitlichen Gründen« zurückgetreten. Organisatorische und personelle Veränderungen in Heer und Luftwaffe. Ribbentrop Außenminister. Die Botschafter in Rom, Tokio, Wien abberufen. Reichstag am 20. Februar: Regierungserklärung.

Gerade in diesen Tagen drängen sich die Verabredungen mit Verlegern und Redakteuren, bei denen Klepper eine Fülle von Hintergrundinformationen, Kombinationen und Gerüchten zu hören bekommt. »Wir schienen am Vorabend einer großen Militärrevolte zu stehen.« Hitlers Übernahme des Oberbefehls werde den Gegensatz Armee–Partei nur verschärfen, zumal die SS über ein Gegenheer von 600 000 Mann verfüge. Görings Beförderung sei eine Abfindung für den »Repräsentanten des gemäßigten Kurses« (»Es sah nach Umschwung aus«). Brauchitsch und Keitel, die beiden neuen Militärs an der Spitze, seien beide kirchlich. Blomberg, durch Heirat eines Straßenmädchens kompromittiert, habe sich in allem als schwach und haltlos erwiesen. Fritsch habe unter anderem der Kirchenkonflikt zu Fall gebracht. Die gefährlichsten Änderungen hätten sich jedoch nicht auf dem militärischen, sondern dem zivilen Sektor vollzogen. Hitlers interne und entscheidende Berater seien der Judenhasser Streicher (Herausgeber des »Stürmer«), der Pressefotograf Hoffmann und der Reichsjugendführer Baldur von Schirach. Ribbentrops Berufung zum Außenminister bedeute einen strafferen weltanschaulichen Zug in der Außenpolitik; die neue Linie heiße Faschismus, Antikommunismus und Abkehr von England. Was geschieht, fragt man sich in diesen Kreisen, wenn England 1940 aufgerüstet hat?

Das »tragische Idyll«

Dessenungeachtet geht in der Reichshauptstadt der Alltag weiter – in den westlichen Vororten mit ihrer stillen Vornehmheit wie in den nördlichen mit der ungeheuren Expansion der Rüstungsbetriebe. In Südende zeichnen sich auch schon einschneidende Veränderungen ab; wenn die Umbaupläne für Berlin mit gewaltigen Nord-Süd- und Ost-West-Achsen Wirklichkeit werden, dürfte ihnen auch dieses Viertel zum Opfer fallen. Wie lange wird der Wohnsitz in der Karlstraße ihnen noch erhalten bleiben und ihren Gästen offenstehen?

Zum 13. Februar, einem Sonntag, hat sich R. A. Schröder angemeldet. Als Nachfeier zu dessen Geburtstag gibt es ein festliches Abendessen mit gutem Wein.

»Auch in so kleinem Kreise war es eine ungemein feierliche Atmosphäre. Und ohne Frage geht von R. A. Schröder niederdeutsches Behagen und weltmännische Leichtigkeit aus. Und meine besondere Liebe ist ja die schöne Höflichkeit des alten Mannes gegen den jüngeren. Und hier war mehr als Höflichkeit, war hohe Anerkennung, namentlich für meine Gedichte . . . Juliane Meschke kam gegen zehn Uhr hinzu; und gerade R. A. Schröder und gerade diese Gespräche – von der Form und ihrem Verfall; vom Kirchenlied; Leo von König; die Literatur in dieser Weltzeit –, das war ja nun das richtige für sie. Doch war ich mit den Gesprächen . . . nicht sehr zufrieden; seit Schneider ist Schluß für mich. Fassungslos stehe ich davor, daß mir – so gern man bei uns ist, so festlich und gastlich solche Stunden bei uns verlaufen – niemals die ›eindrucksvollen, nachhaltenden Begegnungen‹ möglich sind, mit denen sich die anderen alten und jungen Dichter – vielleicht betrügen?«[14]

So hinterläßt fast jede Begegnung mit christlichen Schriftstellern bei ihm nur Enttäuschungen. August Winnig findet er habgierig. Günther Dehn, ein Mann der Bekennenden Kirche und überzeugter Pazifist, ist ihm zu »intellektuell« – vielleicht weil er den Mut hat, ihm seine Obrigkeitsmystik vorzuwerfen? Ja, selbst R. A. Schröder befremdet ihn, wenn er kurz nach seinem Besuch schreibt:

»Lassen Sie die schöne Ader (er spricht von meinen kirchlichen Gedichten) in sich nicht kalt und starr werden, wir sind's beide der armen Zeit und der ärmeren Kirche schuldig, daß wir unser Licht, einerlei wie weit es leuchtet, nicht unter den Scheffel stellen.«[15]

In sein Tagebuch trägt Klepper bei dieser Gelegenheit ein:

»Stets von neuem stehen Hanni und ich vor dem Rätsel, daß wir Autoren alle miteinander keine Köpfe und Gesichter haben; der dümmste Schauspieler sieht durchgeistigter und bedeutender aus. Wo drückt es sich nun aus: in Hand, Körper, Kopfform? Wir sehen alle aus wie kleine Volksschullehrer oder einige wie wohlhabende Kaufleute. Siehe Schneider. Siehe Schröder. Siehe mich.«[16]

Die Besuche gehen weiter: Hans Eberhard Friedrich von der DAZ mit seiner Frau zum Kaffee, Baron Guttenberg zum kleinen Mittagessen, Kurt Meschke auf der Durchreise. Arthur Pfeiffer läßt anfragen, wann er kommen kann. Der Bruder Erhard ruft an. Dr. Lamprecht lädt zum Herrenabend ein. »Die Arbeit ist in furchtbarer Gefahr.« Der Gedanke an Flucht aus Berlin mit seinen zeitverschlingenden gesellschaftlichen Verpflichtungen und Anrufen, etwa nach Beuthen oder in das »evangelische Kloster« der Brüdergemeine in Gnadenfrei, bleibt ein schöner Traum – »wir müssen ja bei den Töchtern aushalten, solange es uns, angesichts ihrer besonderen Lage, vergönnt ist«[17].

Am 20. Februar mittags um ein Uhr wird aus dem Reichstag Hitlers Regierungserklärung übertragen. Üblicherweise zu den Ritualen am 30. Januar, dem Tag der »Machtübernahme«, gehörend, hatte ihre Verzögerung schon allgemein Aufsehen erregt. Als Grund dafür läßt Hitler eingangs selbst durchblicken, daß die einschneidenden Veränderungen in der Wehrmachtsführung und im Auswärtigen Dienst eine Rolle gespielt haben. Er kündigt eine Verstärkung des militärischen Potentials an, fordert die Rückgabe der Kolonien und behandelt Österreich, wo vor einigen Tagen eine Regierungsumbildung mit Zugeständnissen für die Nationalsozialisten stattgefunden hat, als gehöre es schon zum Reich. Am selben Tag tritt der englische Außenminister Anthony Eden zurück.

»Kommt nun von England her eine Entspannung? Es ist, als würde Spanien jetzt von allen preisgegeben! Hier hat sich wohl ein prototypisches Schicksal vollzogen!«[18]

»Die Zentralfrage bleibt: Wird die Erinnerung an den Weltkrieg wenigstens noch die Generation, die aktiv an ihm teilnahm, von einem neuen Krieg zurückhalten? Weiter dürfen Fragen heute gar nicht denken und dringen.«[19]

Die Juden sind nun auch fast gänzlich aus dem Bankwesen und der Modebranche ausgeschaltet. Die Hoffnung, beide Töchter nach ihren schlechten Zensuren vom Gymnasium in der Modebranche unterzubringen und so in Deutschland zu behalten, wird immer geringer. Wann ist mit der Enteignung des jüdischen Grundbesitzes zu rechnen? Wer emigriert, darf nicht zurückkehren. Wer im Lande bleibt, bekommt keinen Paß. Reinhold Schneider schreibt aus Hinterzarten:

»Was Sie von dem zu befürchtenden Schicksal Ihres schönen Hauses schreiben, hat mich sehr geschmerzt. Als ein ›tragisches Idyll‹ haben Sie es ja selbst einmal bezeichnet, aber wir beide hätten doch wohl nicht vermuten können, daß das Schicksal Sie so rasch beim Wort nehmen und daran erinnern würde, daß wir nur im ›Ewigen Haus‹ zu Hause sind . . . Freilich sind Sie damit noch entschiedener auf den Weg nach Gnadenfrei gewiesen worden und wenigstens im inneren Sinne haben Sie ihn ja auch längst beschritten. Eine eigentliche Heimat aber gibt es nicht mehr für uns; es wäre verlorene Mühe, sie zu suchen . . . In diesen Tagen und Wochen lerne ich die nackte Angst kennen; in ihr zieht sich oft das ganze Zeitgefühl zusammen. Retten Sie Ihr Werk! Etwas müssen wir doch wohl ans andere Ufer werfen, während unser Boot hinunterschießt. Was wir geahnt haben, müssen wir wohl alles noch erleben; aber wir wollen uns an den Händen halten, solang es geht.«[20]

Eine Kommission umstreift schon das Haus zur Geländevermessung. Soll man Gott um die Erhaltung des alten Hauses oder um das Gewähren eines neuen bitten? Hanni ist bereits unterwegs, um neue Grundstücke zu besichtigen; das wenige Erträgliche, überhaupt noch Vorhandene in den besseren Vororten und in Potsdam ist unerschwinglich. Doch zugleich müssen sie sich sagen, daß ihr Los ungleich besser ist als das jener, die nach Österreich emigriert waren.

Am 11. März trägt Klepper von der Zeitungslektüre die vorherrschenden Eindrücke in sein Tagebuch ein:

»Schwerste Spannung mit Österreich, nachdem eben noch so hymnisch von der neuen Einigkeit geredet war. Dies kleine Land scheint einen verzweifelten Kampf gegen den Nationalsozialismus zu kämpfen – mit wenig überlegten Mitteln. Hinter alledem der Schatten Rußlands.«[21]

Am Tag darauf sind bereits die neuen Tatsachen geschaffen, die er mit zwiespältigen Gefühlen aufnimmt:

»Von gestern auf heute in Österreich der Nationalsozialismus an der Macht. Deutsche Truppen zur Vermeidung von Blutvergießen nach Österreich entsandt. ›Mit dem Mob wurde aufgeräumt.‹ Viele Juden verließen nachts schon Wien.

An dem Gedanken des Zusammenschlusses Österreichs und Deutschlands wird der Deutsche immer wieder hängen. Aber wie verzerrt ist nun alles . . .

Hitler ist in Österreich. – Wird es noch einmal hingehen wie die Wiedereinführung der Allgemeinen Wehrpflicht, die Wiederbesetzung des Rheinlandes? Ein großer, und zwar der aktive Teil der Bevölkerung Österreichs muß hinter diesen Vorgängen stehen, sonst wären diese Verbrüderungsszenen nicht möglich. In alledem, so gefährlich die Gesamtentwicklung ist, steckt viel ehrlicher Wille.«[22]

Trotz Grippe mit Fieber und Erschöpfung versucht Klepper weiterzuarbeiten. Zu allem belasten ihn neue Stockungen in der Bearbeitung seiner Manuskripte bei der Schrifttumskammer. Ihlenfeld hat bei R. A. Meyer wegen seines Beitrags für die Winnig-Festschrift angerufen und den Bescheid erhalten, daß seine Sachen neuerdings an das Propagandaministerium gehen[23].

Die Anschlußgesetze sind veröffentlicht. Das österreichische Heer wird auf Hitler vereidigt. Eine Volksabstimmung wird alles ohne Frage bestätigen. Ein Kollektivschritt des Auslands ist nicht zustande gekommen.

»Das Neue ist ein ›Widerspiel des Reichs‹; des Reiches, an dem auch wir so hängen. Es ist ein Reich höchster Aktivität, aber auch äußerster Hybris. – Ein Reich ohne Gott, ohne Habsburg, ohne Hohenzollern – und doch notwendig? Nun gibt es nur noch ein heimliches Reich, nur Stille im Lande.«[24]

Österreichs »Entjudung« hat sofort offiziell begonnen. »So hat nun ein 70-Millionen-Volk endgültig über 950 000 Juden gesiegt.«[25] Die Emigranten dürfen nicht einmal zehn Prozent ihres Geldbesitzes mitnehmen. Zur Feier des neuen Triumphs ist für den 18. März eine Reichstagssitzung anberaumt. Der benachbarte Polizeichef Daluege bricht dazu mit sechs Autos aus der stillen Karlstraße auf.

In der Erregtheit dieser Tage ist der als Sensation erwartete Niemöller-Prozeß völlig in den Hintergrund geraten. Über das Urteil, das einem Freispruch gleichkommt, berichten die Zeitungen nur kurz an unauffälliger Stelle. Unbeachtet bleibt auf höhere Weisung in den Zeitungen auch der 50. Todestag Kaiser Wilhelms I., obwohl es dazu schulfrei gibt. Die »Weißen Blätter«, in denen soeben Kleppers Aufsatz über Magdeburg erschienen ist[26], haben einen Verweis wegen ihrer monarchistischen Tendenz bekommen. Eine Rohrposteinladung der Frau des Kaisers zum Tee erwidert er mit einer Absage aufgrund seiner Grippe, wobei ihm in Wahrheit der »literarische Tee in Smoking« widerstrebt. Dabei hat er alle Hände voll zu tun mit den Fahnenkorrekturen zu den Briefen und Bildern des Soldatenkönigs und dem Abschluß des Bandes »Der König und die Stillen im Lande« für den Eckart-Verlag. Beides Ergänzungsschriften zu seinem Roman, hat die eine in ihm aufs neue die Leidensgeschichte Friedrich Wilhelms I. wachgerufen, während die andere ihn noch einmal mit der pietistischen Herkunft seines eigenen Vaters und mit dem Stoff seiner einst gescheiterten Lizentiatenarbeit[27] verbindet.

Zu seinem Geburtstag erscheint in der »Christlichen Welt« sein Aufsatz »Von der Bedeutung des evangelischen Pfarrerstandes«[28]. Die Quartalsabrechnung der DVA (vom 1. Oktober bis zum 31. Dezember 1937) gibt den Verkauf von 2414 Exemplaren des »Vater« an. Die Mutter und Frau Topell sind als Geburtstagsgäste gekommen. Nach dem Kaffee begibt sich die ganze Gesellschaft zum Erinnerungsfoto in den sonnigen Garten, wo schon drei Kirschbäume blühen. Solche Tage werden immer mehr zu kurzen Atempausen vor neuen Aufregungen. Da die Reichsbahn die Enteignung des Südender Grundstücks bestätigt hat, heißt es jetzt ein neues ausfindig machen. Hanni kämpft für das einzig erschwingliche in Nikolassee, das sie mit dem Architekten Vassilière besichtigen.

Dort in der Teutonenstraße, nahe der Rehwiese und dem stillen See, der Kirche auf der Höhe, in der gepflegten Freundlichkeit des Ortes könnten sich die Entwurzelten heimisch fühlen. Gerade vor sechs Jahren haben sie ihren Einzug in Südende gehalten, vor sieben Jahren war ihre Heirat. Hanni, die kaum einmal weint, stehen die Tränen in den Augen. Was wird in einem Jahr sein? Wann wird es so weit sein, daß die Juden in Deutschland keinen Grundbesitz mehr haben dürfen? Elise Topells jüdische Teilhaberin, Frau Karling, scheidet aus dem Geschäft aus; von 56 000 Mark darf sie 8000 mit nach Amerika nehmen. Der neue Teilhaber ist ein bayerischer Graf, der anderthalb Millionen »anlegen muß«. Die jüdischen Selbstmorde werden von Goebbels hämisch bagatellisiert: »Früher haben sich nur Deutsche erschossen, jetzt sind auch Juden darunter!«

»Im Nationalsozialismus und dem Judentum stehen sich zwei Gegner gegenüber, die beide Christus hassen. – Die Juden vor Pilatus: ›Sein Blut komme über uns und unsere Kinder.‹

Ich klammere mich an Römer 11.

An der Seite der leidenden Juden müssen wir unsere Gottesfeindschaft bekennen. Hanni sagte heute: ›Und die Juden merken und merken nicht, worum es heute geht!‹ Halten denn nur die Pastoren Hanni von der Taufe fern?«[29]

Eine zweite Einladung der Frau des Kaisers zum 31. März läßt sich nicht mehr abschlagen. Unter den zehn Gästen beim Frühstück im Palais Wilhelms I. sind Kleppers die einzigen Bürgerlichen. Die Gastgeberin richtet ihm eigens Grüße vom Kaiser aus; er lese gegenwärtig im »Vater«. Nach Tisch führt sie beide in ihr Arbeitszimmer und zeigt ihnen Altersbilder ihres Gatten, rät ihnen noch, nicht nach Potsdam zu ziehen, es sei »ein Morast unter dem Mantel der Treue«. Nicht unbeeindruckt denkt Klepper an diese anderthalb Stunden zurück, er fand sie von nichts Lächerlichem angetastet, sondern eher von der »Tragik von Doorn« angesichts des bevorstehenden 50. Regierungsjubiläums Wilhelms II. beschattet.

»Das Gesetz Potsdams und Wittenbergs ist auch das meine: die Ebene kennt keinen anderen Schmuck als das Licht des Himmels.«[30]

Reni geht am 1. April das letzte Mal zur Schule. Obwohl es für sie schwer sein wird, einen Platz in der Modebranche zu finden – so stark ist auch dort der Einfluß der Parteiorganisation –, will sie nicht ins Ausland, sondern zu Hause bleiben. Brigitte tritt in die einzig staatlich genehmigte jüdische Handels- und Sprachenschule ein. Im Gedanken an Anstellung oder Auswandern der Töchter wie insgesamt an die Zukunft der Juden in Deutschland bricht Hanni nachts der Schweiß aus. Manchmal wiederum träumt ihr, sie und die Töchter würden aufgrund der Bücher ihres Mannes als arisch anerkannt und man könne ihnen das Wohnrecht in Deutschland nicht verweigern. Aber auch für ihn ist die eingeschränkte Arbeitsmöglichkeit immer wieder bedroht. Am 4. April erhält er einen Anruf vom Propagandaministerium, Abt. VIII, seine Akten befänden sich jetzt dort zur weiteren Bearbeitung. Dr. Hugo Koch genehmigt das Erscheinen des eingereichten Aufsatzes für die DAZ und erkundigt sich eingehend nach der bisherigen Behandlung der anderen Manuskripte bei der Schrifttumskammer. Am nächsten Tag berichten die Zeitungen über beträchtliche Veränderungen im Propagandaministerium und in den Kammern[31].

Eva-Juliane Meschke ist wieder zu Konzerten Furtwänglers in Berlin. Als neue Mieterin zieht Fräulein Dr. Matthes ein, eine klug und arm aussehende Frau, die als erstes nach einem Bücherbrett fragt. Aus Waiblingen kommt ein recht warmer Brief des Schriftstellers Otto Heuschele. Eine Einladung zur diesjährigen Wittenberger Dichter- und Theologentagung im Mai würde Klepper gern annehmen, ebenso locken ihn die für August geplanten »Studientage zum Wortschatz der Kirche« beim Fürsten Schönburg-Waldenburg, zu denen ihn Dr. Erich Stange eingeladen hat.

Der Vortag der großen Volksabstimmung, die am 10. April im Altreich wie in Österreich stattfindet, wird an allen Orten als »Tag des Großdeutschen Reiches« groß aufgezogen. Während Berlin von gewaltigen Aufmärschen und Betriebsappellen erfüllt ist, schreibt Klepper sein »Abendmahlslied der Männer«[32]. »Das ist mein Beitrag zu diesem Tag des neuen Reiches. Denn ein Zweifel am Ausgang der Abstimmung ist nicht möglich.«[33] Die Frage vor dem Text dieses Liedes (»So will ich, daß die Männer wieder beten . . .«), ob darin ein Ja oder ein Nein zu diesem Staat enthalten sei, erhält eine ungefähre Erklärung durch Kleppers eigene Wahlentscheidung:

»Da der Nationalsozialismus immer wieder eine Frage, die man vor der Welt bejahen muß, bei seinen Abstimmungen zusammenkoppelt mit einer Frage, die man vor Volk, Welt, Kirche, Gott verneinen muß, bleibt mir nun nichts übrig, als einen leeren Schein abzugeben. Danach, ob die Wahl wirklich geheim ist, darf nicht gefragt sein. Ich glaube, daß sie geheim ist. Ein glattes Nein ist mir nicht möglich.«[34]

Am Mittwoch vor Ostern, dem 13. April, kommt es zur ersten Begegnung Kleppers mit dem »sehr sympathischen, interessierten, männlichen, dabei eigentlich sanften Dr. Koch« im Propagandaministerium. Die Unterredung verläuft über Erwarten günstig: Loyalität, Zusicherung schneller Prüfung, Abwehr der Angriffe gegen den Schriftsteller scheinen gewährleistet. Die Kammer sei ganz gegen die Absichten des Ministers vorgegangen. Goebbels sei allenfalls der Vorwurf zu machen, er behandle die Filmschauspieler mit jüdischen Frauen geradezu mit Glacéhandschuhen; ihm sei durchaus bewußt, daß das Schaffen der Belasteten unentbehrlich sei. Die Veröffentlichung von »In tormentis pinxit« und »Der König und die Stillen im Lande« sei genehmigt. Über die weiteren Arbeiten würde man ständig in Verbindung bleiben.

Als Klepper heimkommt, erfährt er, daß Ihlenfeld bei seiner Frau angerufen hat: es gehe doch nicht weiter so mit der Zersplitterung seiner Kirchenlieder, er müsse mit ihm über ihre Sammlung in einem Band des Eckart-Verlags reden. »Welche Freude und Erfüllung für mich.« Vom Gedanken an dieses Vorhaben bewegt, setzt er sich am Gründonnerstagabend, vom Abendmahlsgottesdienst in der Mariendorfer Kirche heimgekehrt, an ein »Gründonnerstags-Kyrie«, das er am Tag darauf, vor dem Aufbruch zur Matthäus-Passion, abschließen kann. Wieder beeindruckt ihn die festliche Aufführung und »Berlins sympathischstes Publikum: doch noch viel mehr Jugend, noch viel mehr Männer. Der optische Eindruck bestimmt durch die Diakonissen und jungen Soldaten«. »Die Choräle«, hält er im Tagebuch fest, sind »das letzte an protestantischem Ausdruck; von solcher Stärke und Gewißheit, solchem Zutrauen, daß Hanni es aussprach«[35].

Am Sonnabend vor Ostern muß er in die Stadtmitte, vorbei an den großen Baustellen mit Kranen und Bretterverschlägen am Potsdamer Platz, während Lautsprecher die Reportage vom Schmeling-Boxkampf übertragen. Mit Pagel sind noch Kürzungen in den Korrekturfahnen für »In tormentis pinxit« vorzunehmen. Ein Vorabdruck daraus – »das Ganze doch geradezu großartig aufgemacht« – soll am nächsten Tag in der DAZ erscheinen. Auf der Heimfahrt wird ihm bewußt, »welches Glück es ist, daß ich los bin von Presse,

Funk, Film, Büro«. Was für ein Friede dagegen in Südende mit seinen blühenden Gärten und allem festlichen Glockengeläut. Vor dem Kirchgang bereitet sich Klepper, wie er es von Schleiermacher weiß, ein kurzes Frühstück und bricht dann zum Gottesdienst in der Steglitzer Markuskirche auf. Anschließend erwartet ihn die Familie am Frühstückstisch mit Blumen und Bändern zu den alten Tellern und Tassen, alles in blau und gelb gehalten.

Gleich nach Ostern ist Klepper ein letztes Mal im Haus der Schrifttumskammer bei A. R. Meyer aus dem Gefühl heraus, daß er »einen Dankbesuch ... bei ihm machen mußte«. Dieser beglückwünscht ihn zu der neuen Entwicklung mit Dr. Koch im Ministerium, warnt jedoch, er müsse »jede Zeile sorgfältig prüfen, weil ich ›nun schon zu weit hervorgetreten sei, um nun noch unbeachtet bleiben zu können‹«[36].

Vorerst ist noch für das Maiheft des »Eckart« ein Aufsatz über die preußisch-antikischen Gedichte von Johann Nikolaus Götz zu schreiben, sind weiter Korrekturarbeiten für »In tormentis pinxit« und »Der König und die Stillen im Lande« zu leisten, ehe daran zu denken ist, daß »Katharina von Bora« wieder den ihr gebührenden Teil seines Tages einnimmt.

Die Töchter, die schon früh zum russischen Ballett aufgebrochen waren, erzählen begeistert von Strawinskijs »Feuervogel«. Reinhold Schneider hat aus Naumburg geschrieben; seinen Wohnsitz hat er von Hinterzarten nach Freiburg verlegt. Paul Fechter ruft an und zeigt großes Interesse an Kleppers Arbeit; das »Deutsche Adelsblatt« wünscht einen Vorabdruck von »In tormentis pinxit«; Ihlenfeld beglückwünscht ihn zu dem neuen »Pfingstlied«, das in den Tagen nach Ostern entstanden ist. Koch gibt die Gedichte gleich zum Druck frei, hält dagegen die Teilnahme an Tagungen wie der in Wittenberg nicht für ratsam.

Grippe. Nasenbluten, arge Schmerzen. Über den Sonntag sind die Sudetendeutschen wieder einmal zu einem Weltproblem geworden; der Blick auf die Karte, auf den polnischen Korridor und die Tschechoslowakei macht einen beklommen. Nach den neuen Bestimmungen wird das jüdische Vermögen auch bei Mischehen mit Ausnahme der persönlichen Gebrauchsgegenstände und des Hausrats registriert. Dazu hat der Beauftragte für den Vierjahresplan die Vollmacht, das anmeldepflichtige Vermögen »in Einklang mit den Belangen der deutschen Wirtschaft« sicherzustellen. Ob dieses Gesetz alle Baupläne zum Stocken bringt? Vielleicht gibt es bei Mischehen gar keine Baugenehmigung mehr? Hanni stellt sich bereits die Frage: Muß man sich nicht von den Kindern trennen? Ilse Freund, ihre nächste Freundin aus der Breslauer Zeit, schreibt derart verzweifelt und hilflos, daß sie vor Tränen nicht mehr weiterlesen kann; »wie oft sagt Hanni so rührend, daß nur ich sie innerlich und äußerlich aktiv erhalte, daß sie ohne die Ehe mit mir alles sich entgleiten lassen und keine Entschlüsse mehr fassen würde«[37]. Zum ersten Mal hört er aus ihrem Munde: »Wenn man doch die Juden versammelte und zu einem Volk machte!«[38]

»Es zehrt an allen Kräften, die zur Leistung nötig sind, dies dauernde und immer noch wachsende Unrecht an den Juden in Deutschland ohnmächtig mit ansehen zu müssen. Die Welt und das Volk gehen darüber hinweg. Es gibt nur eins, das einen von dem Schlimmsten bewahrt: daß man selbst seinen Anteil tragen muß am Erleiden dieses furchtbaren Unrechts.«[39]

Damit nicht genug, ergibt sich ein beklemmendes Intermezzo mit dem jähen Auftauchen von Olly Budjuhn, Kleppers Quartierwirtin während seines Erlanger Semesters[40]. Mit einem Koffer voll Manuskripten und einem kleinen Bündel Kleidung trifft sie ein, grau geworden, sonst »in Tragik und Pathos, Energie und völliger Lebensfremdheit die gleiche geblieben«, um seine Hilfe zur Vermittlung an Redaktionen und Verlage in Anspruch zu nehmen. Ihre »Gesänge aus Griechenland« haben ihr einen Orden vom griechischen König eingetragen, ihre pathologischen Hymnen auf Hitler ein Dankschreiben aus der Reichskanzlei. Zur häuslichen Entlastung ißt er abends mit ihr im »Elephanten« und liest ihr zuliebe die ihm ganz fremden, politisch und nordisch getönten Verse. Sie selber bemerkt, nun seien sie innerlich geschieden. Indessen rührt ihn ihre Angst, Einsamkeit und Verzweiflung an. Einen Vormittag erlebt sie noch mit, wie der müde und kranke Reinhold Schneider zum Frühstück kommt, dann bringt Reni sie zum Anhalter Bahnhof. Wie er Hanni sagt, aus diesem Intermezzo würde er im »Ewigen Haus« den Auftritt der Kurfürstin von Brandenburg im Schwarzen Kloster gestalten, erwidert sie nur: »Dann ist alles gut.«

Kaum ist dieser »seelische Vampyr« fort, sind Besprechungen mit dem Anwalt Wergin nötig, damit der Kaufvertrag für das neue Grundstück auf den Namen des arischen Ehepartners ausgefertigt wird; ob er die Baugenehmigung tatsächlich erhält, bleibt ungewiß. Zum andern muß für Reni eine Stelle gefunden werden. Zu diesem

Zweck sucht Klepper Anneliese Busch auf, die einst die Modistin von Asta Nielsen und Fritzi Massary war. In seiner Journalistenzeit hatte er sie von allen bedeutenden Berliner Modefrauen aufgrund des menschlich positiven Eindrucks besonders geschätzt, und dieser Eindruck bestätigt sich auch sieben Jahre danach. Sie sucht die Adressen aller jüdischen Schneiderinnen, die sie kennt, heraus und telefoniert gleich mit ihnen. Freilich besteht vorerst wenig Hoffnung auf eine Arbeitsmöglichkeit für Reni.

Die Töchter sind mit der 56jährigen Trude Weill, die nach Berlin gekommen ist, um eine Stelle als Köchin zu finden, im Steglitzer Park. Währenddessen sind Rosi Darge, Nowaks und der Literaturhistoriker Werner Milch aus Wolfshau zum Kaffee gekommen. Die Gespräche sind völlig von Emigrantentragödien beherrscht. Von Österreich erzählt Frau Darge, es erlebe nun fünf Jahre Nationalsozialismus konzentriert in ein paar Wochen. Der Antisemitismus der Straße in Wien sei grausam. »Wir leben alle in der Erwartung schwerer Ereignisse, aber Hanni und ich lehnen es ab, den anderen zu folgen und laufend über jede Schwankung informiert zu sein. Da wird keine große Arbeit mehr.«[41]

Dieser Versuch der Abwehr klingt auch in Kleppers »Abendlied« an, das noch an diesem Tage entsteht[42].

> Ich achte nicht der künftigen Angst.
> Ich harre deiner Treue,
> der du nicht mehr von mir verlangst,
> als daß ich stets aufs neue
>
> zu kummerlosem, tiefem Schlaf
> in deine Huld mich bette,
> vor allem, was mich bitter traf,
> in deine Liebe rette.

Hanni war indessen beim Lampenlicht eingeschlafen; ihr Mann erschrickt beim Anblick ihres abgehärmten, vergrämten Greisengesichts. »Dies Neue ist geschehen, seit der Gedanke sich in uns unmerklich festgesetzt hat, daß wir die Kinder von der Auswanderung auf die Dauer gar nicht zurückhalten dürfen . . .«[43]

Fast quälend empfindet er demgegenüber den großen Kreis, der sich zwei Tage danach, am 10. Mai, bei Leo von König versammelt hat, im ganzen »ja doch nur Gesellschaft«, von der als »das einzig bezaubernde Wesen« die Tochter des Verlegers Jakob Hegner abstich, die gerade nach fünf Wochen eines unerklärlichen und peinlichen Gefängnisaufenthalts freigelassen worden ist. Von den bildenden Künstlern sind nur Arno Breker, Graf und Gräfin Luckner erschienen. R. A. Schröder und August Winnig verbreiten sich über ihre Werke. Auch die Kronprinzessin ist anwesend, hat aber nach Kleppers Eindruck nicht das leiseste Gefühl dafür, was ihr Reinhold Schneider als der Autor der »Hohenzollern« zu sagen hat. An diesem Abend liest dieser aus seinem neuesten Werk »Las Casas vor Karl V.«, während vor dem Haus die Betriebe und Formationen vorbeimarschieren, zum »jubelnden Empfang« für Hitler nach dessen Staatsbesuch in Italien kommandiert.

Kleppers Mutter liegt mit hohem Fieber. Da der Arzt eine Sepsis infolge einer nicht erkannten Angina befürchtet, wird sie in ein homöopathisches Krankenhaus eingeliefert, das von einem geldgierigen sektiererischen Pastor geleitet wird. Endlich gelingt die Überführung ins Martin-Luther-Krankenhaus, wo der befreundete Dr. Lamprecht trotz Überfüllung einen Platz frei macht. Der Sepsisverdacht hat sich nicht bestätigt, doch die Röntgenaufnahme zeigt, daß die Lunge in starkem Maße angegriffen ist. Fast schroff muß der Sohn mit der Mutter reden, die ihre Zimmergenossin, eine gutmütige alte Krankenschwester, mit ihrer mangelnden Beherrschung und Hypochondrie quält (»wie war doch der Vater im Leiden so echt!«). Ihn durchzieht das Gefühl einer wahren Trennung von der Mutter, die ihn so liebt und die ihm immer ferner rückt. »Mir ist, als müßte ich jeden Zug in mir, der an meine Familie erinnert, in mir abtöten. Das ist ein hartes Gottesgericht über mich und die Meinen.«[44]

Die finanziellen Lasten zur Versorgung der Mutter müssen unter den Geschwistern aufgeteilt werden, denn sie selbst haben sich noch auf andere Geldsorgen wegen des neuen Hauses einzustellen. Das Grundstück in Nikolassee wird allein über 12 000 Mark kosten, und die Höhe der Baukosten ist noch nicht abzusehen. In der Steuerveranlagung fallen bei »Mischehen« fortan alle Ermäßigungen für Frau und Kinder fort. Der »Vater« hat bis jetzt für 7600 Exemplare 7060 Mark eingebracht. Für Aufsätze und Rezensionen gibt es nur zwischen 40 und 160 Mark an Honorar. Wie Architekt Vassilière und sie auch rechnen: es geht nicht ohne Aufnahme einer Hypothek zu 10 000 Mark. Wie wird sich das mit dem noch ungewissen Vermögensabgabegesetz für Juden in Einklang bringen lassen?

Klepper muß also weiter in gewisser Hinsicht die Kontakte mit den Redaktionen pflegen. Im Mai-Heft der »Weißen Blätter« erscheint sein Gedicht »Die Rechenschaft«[45]. Gleichzeitig bringt die »Deutsche Zukunft« seine Besprechung des Deutschordens-Buches von dem Ehepaar Gaatz. Mit der »Neuen Rundschau« vereinbart er einen Aufsatz über Olly Budjuhn und einen anderen über neue christliche Dichtung. Der Rowohlt-Verlag schickt zur Besprechung eine Oberlin-Biographie des Elsässers Wilhelm Scheuermann, Oberkonsistorialrat Schwarz, Kleppers erster Chef im Breslauer Ev. Preßverband, sein Buch über August Vilmar. Hans E. Friedrich von der DAZ wünscht neue Beiträge für seine Schauseite. Professor Mulert von der »Christlichen Welt« läßt ihm ausrichten, »bei ihnen könne ich schreiben, und wenn meine Frau von zehn Ammoniterkönigen abstammte«. Von dort hört er auch, daß der alte Martin Rade, der Begründer dieses Blattes, den »Vater« mit Begeisterung lese. Klepper zählt zusammen: sieben Beiträge im Druck und dreizehn Aufträge. »Wie hilft das auch psychisch, zumal alles streng auf meiner Linie liegt, als wollte man wirklich nur noch mein Eigenstes.«[46]

Im Laufe des Mai spitzen sich die Konflikte der Tschechen mit den Sudentendeutschen gefährlich zu und werden von der deutschen Presse abermals verschärft. Den 22. Mai vermerkt Klepper als den wohl ernstesten Tag seit 24 Jahren. Man weiß, daß an diesem Sonntag in den Hauptstädten Europas fieberhaft verhandelt wird. Ein Bekannter, der im Auswärtigen Amt tätig ist, erklärt, er wolle wenigstens diesen letzten Sonntag vor Kriegsausbruch daheim verleben. Bei jedem Glockenläuten horcht man auf. Kleppers sind ruhig und gefaßt. Nur in einem werden sie schweren Herzens auf raschen Wandel dringen: sie wollen die Töchter strenger auf eine ernste Zukunft vorbereiten. Und wie wird es mit der Mutter weitergehen?

»Die europäische Lage und die Familiensituation haben auffallende, bedrückende Parallelen: da war kein Friede in aller Aussöhnung. Man will nur, obwohl aller Anlaß zum neuen Bruch gegeben ist, alte Tragik nicht sinnlos neu heraufbeschwören. Aber der Erdteil ist zerfallen, das ›herrlich geeinte‹ Volk ist zerfallen, die Familie ist es. Alles Einlenken ist doch noch keine gegenseitige Hinwendung. Alle menschlichen Beziehungen sind nur zu lösen, indem man sie Gott anheimstellt, ihm allein in dem einen Versöhner.«[47]

Da Klepper nicht zur Wittenberger Dichter- und Theologentagung fahren konnte, wollen ihm Kurt Ihlenfeld, Martin Behaim-

Schwarzbach und R. A. Schröder darüber Bericht erstatten. Schnell ist eine kleine Abendgesellschaft arrangiert und »ein stolzer Autoverkehr vor unserem Hause« zu verzeichnen. Professor Dessoir mit seiner Frau, Leo von König, Harald von Koenigswald, Graf und Gräfin Luckner nehmen ebenfalls daran teil. Der Hausherr holt die letzten fünf Flaschen von Elise Topells Geburtstagswein aus dem Keller. Befriedigung und Stolz über die gelungene Einladung können freilich nicht über den Eindruck hinwegtäuschen, daß »die Gespräche der politischen Ressentiments etwas zu breiten Raum einnahmen: leider, es ist ein gewohnheitsmäßiges Reden in die Breite geworden«[48].

Von Ernst Wiechert weiß man, daß er aufgrund seines Auftretens anläßlich des Niemöller-Prozesses ins KZ gekommen ist; August Winnig soll hart daran vorbeigekommen sein. »Sie sind nicht dankbar dafür, wieviel der Staat uns noch läßt«, schreibt Klepper in sein Tagebuch[49].

Aber wie kommt er wieder zur eigentlichen Arbeit? Zunächst heißt es Renis Aufenthalt im Riesengebirge vorbereiten. Sie bekommt das unerläßliche Arbeitsbuch nur dann, wenn sie ihr Pflichtjahr in einem jüdischen Haushalt abgedient hat. Milchs erklären sich bereit, sie dafür bei sich in Wolfshau aufzunehmen.

Am Sonnabend vor Pfingsten bringt der Bruder Billum die aus dem Krankenhaus entlassene Mutter zur Genesung in das Südender Haus. Beklommen nimmt Klepper sie in Empfang, instinktiv wohl die Nähe dieses von Depressionen und Ängsten heimgesuchten Gastes fürchtend, als könnten damit die eigenen schlimmen Zustände am Ende seiner Studentenzeit wieder aufgerührt werden, »der böse Geist von Beuthen, der von allem Unheil und Unglück am meisten an mir zehrt . . . Aber der pfingstliche Geist muß Sieger bleiben über diesen Dämon meiner Jugend. Der kann nicht gemieden, er muß, wie alles, überwunden werden«[50].

»Das ›Mittaglied‹[51] heute erst recht fertig gedichtet und Bore zu Pfingsten geschenkt. Nach neuen Kirchenliedern ist immer wieder der Friede, der im Herzen immer herrscht, auch in den Sinnen und Nerven.«[52]

Hilde und Erhard kommen zum Kaffee, um die Mutter zu besuchen. Der Bruder hat seine neuesten Illustrationen mitgebracht, die von Fechter in der »Deutschen Zukunft« gewürdigt worden sind, wobei er erstmals das künstlerische Wirken beider Brüder hervorhob.

Hanni leidet unter der im Hause herrschenden »Strindberg-Atmosphäre«. Er selbst träumt von Beuthen wie von einer verlorenen Heimat; Müdigkeit, Schmerzen und das Gefühl der unerfüllten Arbeit bedrücken ihn mehr und mehr. Immerhin kommt das »Silvesterlied«[53] zustande, wird der Gedichtband für den Eckart-Verlag zusammengestellt, der dann den Titel »Kyrie« erhält. Vor dem Bora-Manuskript schrickt er weiter zurück.

Zum 50. Regierungsjubiläum des exilierten Kaisers bringt er es nicht über sich, nach Doorn zu schreiben; zu schrecklich stehen ihm die vertanen Möglichkeiten der Hohenzollern vor Augen. So schickt er lediglich die eben erschienenen »Bilder und Briefe des Soldatenkönigs« mit einer Widmung hin. Er vermerkt, daß die deutsche Presse den Tag so gut wie vollständig übergeht, die wohlmeinendsten Blätter wie die DAZ oder die »Deutsche Zukunft« sich auf Anekdoten zurückziehen. Er erinnert sich, wie anders es beim 25. Jahrestag war, als er mit seinem Vater während ihrer letzten Seereise vom Abteilfenster aus den Fahnenschmuck der Ortschaften betrachtete. Im Jahr darauf brach der Krieg aus. – Diesen Sommer sprechen die Menschen wiederum von unheimlichen Dingen. Die Obsternte soll schon verdorben sein, die Preise steigen. In Westeuropa gab es eigentümliche Erdbeben. Die Zeitungen bereiten psychologisch auf den Krieg vor; in England scheint sich dieser Gedanke ebenso festzusetzen.

Eine Fahrt nach Potsdam ist wie eine Flucht aus dem geliebten Haus. Bei Harald von Koenigswald zum Kaffee, lernen sie auch dessen Schwiegervater, den Dante-Übersetzer Baron Falkenhausen, kennen. Anschließend wandern sie miteinander in der Abendsonne auf Buchenwaldwegen am Teehäuschen, Belvedere und Paradiesgärtchen vorbei zur Friedenskirche, wo Günther Ramin und Emmy Leisner geistliche Barocklieder von J. S. Bach darbieten. Curt Oertel und Elise Topell sind hinzugekommen und laden anschließend die ganze Gesellschaft zur Erdbeerbowle in der Meierei des Neuen Gartens ein. In Decken gehüllt sitzt man noch am See, auf dem beleuchtete Boote vorbeigleiten. Für einen anderen Abend hat Klepper vom Buchhändler Andrews eine Karte zur »Orpheus«-Inszenierung in der Dietrich-Eckart-Bühne nahe am Olympiastadion bekommen, wo ihn der Reiz der Freilichtaufführung im Tal unter mächtigen Kiefern ebenso beeindruckt wie das zahlreiche elegante und junge Publikum.

Aber solche Stunden sind stets nur eine kurze Rast vor neuen Bedrängnissen. Nach Ansicht des Nervenarztes läßt sich die häusliche Pflege der Mutter nicht mehr bewältigen. Nun heißt es, die nötigen Mittel für einen Aufenthalt im Gernroder Sanatorium aufzutreiben. Die drei Wochen im Südender Haus waren ein gescheiterter Versuch.

Am selben Tag wie die Mutter verläßt Brigitte das Haus; da ein Ferienaufenthalt für Juden immer schwieriger wird, will sie wenigstens einige Wochen bei Meschkes in Schillersdorf verbringen. Reni im Riesengebirge darf keine Baude und kein Tanzlokal betreten.

Theologie in Versen

So ist daheim mit einem Mal völlige Ruhe eingekehrt. Beide fühlen sich »wie nach einem Schiffbruch gerettet«; er empfindet es »wie eine Notwendigkeit, alles ganz neu zu machen, neu anzufangen«. So füllt er die Vasen in den Stuben mit Sommerblumen und kann nach langer Zeit endlich wieder einmal mit seiner Frau Pläne erörtern: die Einrichtung in Nikolassee, daneben die literarischen Projekte, neben Katharina von Bora nach wie vor Voltaire, dann Paul Gerhardt und ein Paulus-Oratorium. Wieder wird eine akkurate Stundeneinteilung entworfen, aber es sind auch andere Berechnungen nötig: ein Sanierungsplan für die Finanzen der Mutter, der bis ins Detail die Zahlungen der Geschwister für die kommenden neun Jahre festlegt, aber an ihrer Uneinigkeit scheitert, und die allen jüdischen Haushalten abverlangte Vermögensaufstellung, nach der es keine freie Verfügung über Ersparnisse oder Erwerbungen mehr gibt. Er findet, es geht in diesen Fragen des Eigentums um eine der entscheidendsten Erschütterungen, und denkt gleich wieder an das »Ewige Haus« und dessen Untertitel »Roman der Katharina von Bora und ihres Besitzes«.

Aber trotz ihrer besonderen Lage bieten ihnen die Banken für das künftige Haus 22 000 Mark als erste und 8000 Mark als zweite Hypothek an, zu fünf Prozent Zinsen bei 99 Prozent Auszahlung, allerdings mit 1600 Mark Spesen. Beim Abendbrot sagt Hanni nicht ohne Stolz: »Alle Juden verkaufen, brechen ab, wandern aus; und ich baue mit dir!«

In der wiedergewonnenen Ruhe beendet Klepper seinen großen

Aufsatz »Das göttliche Wort und der menschliche Lobgesang« für den von Ihlenfeld herausgegebenen Sammelband »Das Buch der Christenheit«; er betrachtet ihn bei all seinen Mängeln als sein vorläufiges Testament. Unverkennbar beziehen sich die wenigen zeitgenössischen Hinweise fast nur auf das eigene Schaffen im Kirchenlied und im Roman:

»Die freie Schöpferkraft beugt sich vor der Unüberbietbarkeit biblischen Gehaltes und biblischen Ausdrucks. Die höchste, letzte, tiefste Aussage wird der Bibel selbst entnommen und bleibt ihr vorbehalten ... Unfaßlich ist die Fülle von Bibelworten, die als geschlossene Zeile ins Lied übernommen und zum Ausgangspunkt eines geistlichen Liedes werden können. Ist's nicht der Anfang eines Morgenliedes, wenn es bei Jesaja heißt:

> Er weckt mich alle Morgen;
> er weckt mir das Ohr –?

Liegt nicht im neunten Verse des von Luther so geliebten 4. Psalmes: ›Ich liege und schlafe ganz mit Frieden; denn allein du, Herr, hilfst mir, daß ich sicher wohne‹ ein Abendlied umschlossen, das dichterischer Zutat nicht bedarf? Scheint nicht mit den Worten des Paulus an Timotheus: ›So will ich nun, daß die Männer beten an allen Orten und aufheben heilige Hände ohne Zorn und Zweifel‹ ein Abendmahlslied der Männer anzuheben?

Ist nicht ein Lied zur Jahreswende, was wir bei Jesaja lesen: ›Ja, ich will euch tragen bis ins Alter und bis ihr grau werdet‹?

Vermag nicht der 102. Psalm in den Worten ›Du aber bleibst, wie du bist, und deine Jahre nehmen kein Ende‹ zur Strophe eines Neujahrsliedes zu werden?

Aber nicht nur im Liede, auch in der Epik begegnet es uns heute, daß an die Stelle der einst manchmal so anmaßenden und doch so ungültigen menschlichen Sentenz das allein maßgebende, ewiggültige Wort Gottes gesetzt wird und der Erzähler mit dem Psalmisten sich freiwillig bindet, beugt und unterwirft, um entgegen aller Selbstgefälligkeit die ewige Wahrheit zu verkünden, die alles Menschliche auch an der frommen Dichtung richtet. Wo das Selbstgericht begonnen hat, ist die Gnade Gottes schon mitten im Werk. Und Gott hat schon sein Ja zu aller Dichtung gesprochen, vor der das Gelübde und das Bekenntnis steht: ›Ich bewahre mich in dem Wort deiner Lippen vor Menschenwerk.‹«[54]

Fern und fremd erscheint ihm die eigene Zeit, als er mit Hanni im Steglitzer Rosengarten den von Leni Riefenstahl gedrehten Olympiade-Film angesehen hat. Reinhold Schneider schickt seine neuen »Römischen Sonette«; mit seiner Empfehlung kommt der Badener Schriftsteller Heinrich Berl zu Klepper, vom Ausschluß aus der Schrifttumskammer bedroht und auf irgendeine Hilfe hoffend. Auch aus Haus Doorn ist wieder Post gekommen; einem langen Brief seiner Frau hat der ehemalige Kaiser sein Bild beigefügt mit der Widmung: »Wenn man in der Welt etwas will dedizieren, so will es die Feder nicht allein machen, so nicht von der Schärfe des Schwertes souteniereт wird! Frd. W. I.«[55]

Hannis Kräfte versagen plötzlich. Curt Oertel, dessen Gäste sie vor zwei Tagen bei der Uraufführung seines Michelangelo-Films gewesen waren und der von Frau Topell begleitet mit neuen Plänen nach Italien aufbrechen will, ist sofort bereit, sie nach Süddeutschland mitzunehmen. Den Tag darauf fährt bereits der Wagen vor, um sie mitzunehmen; Ende des Monats wird die Topell sie auf der Rückfahrt in Nürnberg wieder abholen.

Klepper ist allein im Hause. »Ich muß wie über Beängstigungen hinwegkommen. Denn die Einsamkeit, die vor mir liegt, wird ja nur zu einem so kleinen Teile dem ›Ewigen Haus‹ gehören dürfen.«[56]

Hanni schreibt von ihrer ersten Station: Osterfeld in Thüringen. Während ihrer Reise benutzt er den Durchschlag seiner Briefe an sie als Tagebuchaufzeichnung.

Das Thermometer ist mit einem Mal um 13 Grad gesunken; ein Wind hat sich erhoben. In der sonntäglichen Stille liest er den anknüpfungsreichen Brief von Rudolf Hermann, der ihm zum Dank für »In tormentis pinxit« versichert, »daß Ihre Arbeit für Schutz und Erhaltung dessen, was uns übereignet war und anvertraut ist, sehr wichtig ist«, neben seinem Lob für die Gedichtsendung zu Weihnachten aber auch leise Kritik äußert, denn bei einigen von ihnen »hatte ich neben sehr schönen Stellen bisweilen leise den Eindruck theologischer Begriffe in Versen«[57]. Klepper dankt ihm in seiner Antwort für diese Offenheit: »Ich weiß von dieser Gefahr; und nun ist mir eine besondere Freude, daß Sie die ›Rechte der Kunst‹ gewahrt wissen wollen.«[58]

In dieser Erwiderung klingt ein besonderes Erlebnis dieser Tage an: der Besuch des Kirchenmusikers Gerhard Schwarz.

»Ich glaube, er kam gerade im rechten Augenblick, um mich vor einer großen Erstarrung in etwas formal Falschem zu bewahren – er kam zu mir, wie er sagte, weil er gesehen hat, daß es bei Schröder zu spät ist. An Andrews' Klavier hat er mir Demonstrationsunterricht erteilt: die frühen Choräle vorgespielt in Hinblick auf Rhythmik, Metrik, Reim – dann die späteren vom Barock an, deren Melodien im wesentlichen meinen und Schröders Texten zugrunde liegen: das sind Tänze! Einige dann völlig verflachte Kirchenlieder der späteren Zeit hat er mir als Schlager vorgespielt!!! Wir haben uns ausgezeichnet verstanden. Mann in meinem Alter, Schlesier. Die Wendung, die ich gemacht habe, mit dem Text der Bibel zu ›dichten‹ (wie im Roman mit der Geschichte) hält er für den einzigen Weg zum neuen Choral, sonst wird nämlich Museum daraus, wenn wir die Alten mit einer Naivität nachahmen, die wir 1938 nicht mehr haben können. Von meinen bereits vorliegenden Texten kommt für die Musik nichts in Frage, so sehr er einzelnen Zeilen und dem gesamten Tenor der Texte nachtrauert. Wir machen als erstes ein ganz einfaches Oratorium für Chor und Gemeindechoral über das Evangelium vom verlorenen Sohn: rein als handwerkliche Übung.«[59]

Von Musik ist auch die Rede, als Klepper zwei Tage darauf wieder einmal Dr. Koch im Propagandaministerium aufsucht; dieser erzählt beiläufig, er sei früher neben seiner Schultätigkeit Organist in Hessen gewesen, spiele selber Cello und Klavier, finde jetzt leider keine Zeit mehr zum Musizieren. Im Lauf der Unterhaltung erwähnt er Absichten der Gestapo zu einem härteren Vorgehen gegen die monarchistischen Kreise. Darauf offenbart ihm Klepper seine Sorge um die Korrespondenz mit Doorn und erklärt sich mit Kochs Vorschlag einverstanden, hierfür eine schriftliche Anfrage mit einigen Briefen zum Beleg einzureichen, während dieser schon vorbereitend den zuständigen Dezernenten bei der Gestapo anrufen und ihn über die »rein menschliche Seite« dieses Briefwechsels aufklären will.

Nachdenklich macht einen an Kleppers Aufzeichnung über diesen Besuch[60] nicht bloß die Beflissenheit, die er an den Tag legt, um ja nicht unliebsam in Erscheinung zu treten, sondern mehr noch der einleitende mehrdeutige Satz: »Selten habe ich mich zu einem Menschen so hingezogen gefühlt wie nun gerade zu dem, der mich plötzlich überwacht.« Gewiß ist hier von Sympathie die Rede, aber in verdeckter Weise doch auch von etwas anderem, das früher einmal im Gedicht »Der heilige Sebastian« angeklungen war[61] und dem Dr. Kochs spätere Erinnerung an diese Begegnungen nicht unbedingt widerspricht:

»Wenn Klepper aufs Ministerium gekommen sei, habe man sich des Eindrucks nicht erwehren können, er fühlte sich wie in der Höhle des Löwen. Als Preuße habe er im Ministerium das Synonym für die Staatsgewalt gesehen. Alle Versuche, ihn von dieser Haltung abzubringen, seien mißlungen, weil er ein so aufrechter, so konservativer, so preußisch-christlicher Lutheraner gewesen sei. Er habe sich vielmehr in diese Einstellung fast hineingesteigert und sich gar nicht vorstellen können, wie ein solches Regime zu bekämpfen wäre. Klepper habe stärker gelitten als andere; daher habe er Aufmunterung gebraucht. In den Gesprächen zwischen ihnen sei es deswegen meist um das Humane gegangen. Aber trotzdem habe immer ein gewisses Gefühl der Angst bestanden, auch vor ihm.«[62]

Noch einmal stockt man an der nächsten Stelle, wo Klepper das anschließende Gespräch mit Dr. Koch kaum zwei Wochen später notiert: »Wir haben von allem Wichtigen gesprochen: vom Verhältnis des Nationalsozialismus zum Christentum, das wieder nur an den unteren Stellen entartet ...«[63] Soll das heißen, daß sie sich beide im Einverständnis fanden? Und wenn nicht, welches Maß von Unwahrheit oder Verblendung blieb hier unwidersprochen? Wie dem auch sei, bei dieser Gelegenheit erfährt der Besucher, daß die Veröffentlichung des großen Bibelaufsatzes[64] genehmigt und, nach Rückfrage bei der Gestapo, die Weiterführung der Korrespondenz mit Doorn gestattet ist. »Welcher Druck ist von mir genommen.«

Indessen schreibt Hanni aus Beuron im Donautal, schildert einen Aufenthalt in Tuttlingen und schickt Lebkuchen aus Nürnberg. Ihr Mann wünscht, »da er doch geographisch so ungebildet ist«, eine genaue Beschreibung der Stadt und ihrer Umgebung, wenn möglich auch des Hotels »Pelikan«, in dem sie wohnt. Daneben bekennt er ihr:

> »Alleinsein ist also eindeutig nicht mehr schön; ich bin derart an dich gewöhnt, daß es eine Eremitenlösung für mein Leben nicht mehr gäbe. Außenpolitisch hörte ich eben Beruhigendes.«[65]

Was die innenpolitischen Vorgänge betrifft, wagt er ihr nicht zu schreiben, daß die Juden in Deutschland jetzt auch von den letzten ihnen belassenen Berufen wie Makler und Reisende ausgeschlossen sind. Nachts sieht er im Traum, wie sich der Garten vor ihm in graue Erde verwandelt; das kann wohl nur einer im Abbruchgebiet träumen! Dann sind wieder neue Verhandlungen mit der Rheinischen Hypothekenbank zu führen. Klepper merkt, daß er schon in Selbstgesprächen mit Hanni redet, und spielt mit dem Gedanken, sich mit ihr im fränkischen Bad Neustadt bei Baron Guttenberg zu treffen. Nachts nimmt er zum Einschlafen zwei Phanodorm. Bei einem Besuch mit dem Journalisten Karbe in Königs Wusterhausen läßt ihm der Schloßverwalter das Eintrittsgeld zurückbringen, vom Autor des »Vater« nähme er nichts. (»Wie kann man sich doch über 50 Pfennig freuen!«) Nach vier Monaten besucht er auch wieder einmal die Staatsbibliothek zum Besorgen der Semesterkarte.

Nachdem der letzte Brief an Hanni abgegangen ist, am 25. Juli, einem »Sommertag in aller Fülle des Juli«, setzt das Tagebuch wieder ein. Den Tag darauf sitzt Reni, die Klepper am Görlitzer Bahnhof abgeholt hat, ihm am Kaffeetisch auf der Terrasse gegenüber und erzählt von allem in Wolfshau Erlebten. Er genießt das Glück der Wiedervereinigung, sieht Reni bezaubernder denn je und hält den Eindruck wie in einer impressionistischen Skizze fest: »Wie malerisch das bunte Kleid, die Sonne über der Markise, der farbige Bademantel auf dem Terrassengitter!«

Zu Hannis Ankunft wird das Haus mit Blumen geschmückt. Das Wiedersehen wird vier Stunden lang bei Kaffee und Konfekt gefeiert. Mittendrin, »ganz plötzlich, stürzten Renerle die Tränen aus den Augen, als sie von dem ›einen Tag der Bangigkeit nach uns‹ sprach«. Ihrem Mann hat Hanni einen »Schmerzensmann« mitgebracht, frühes fränkisches Barock. In Freiburg hat sie den magenkranken, müde wirkenden Reinhold Schneider besucht.

»Alle Gespräche der Reise – und meine daheim haben erwiesen, daß wir politisch überhaupt mit niemand mehr konform gehen: nun aber nicht, weil wir vom Nationalsozialismus so getroffen sind, sondern gerade, weil wir diese restlose Verdammung, diese Hektik des Hasses nicht mitmachen, auf der anderen Seite die Vergangenheit – die wir alle überblicken können – nicht derart glorifizieren können. Wir können uns nirgends mehr zuordnen und eingliedern.«[66]

Nun ist auch Brigitte braungebrannt aus Schillersdorf heimgekehrt. Beide Schwestern verbringen die letzten Ferientage am Wannsee und Stölpchensee. Hanni ruht viel. Klepper verfaßt zwei Friedrich-Wilhelm-Gedenkaufsätze für die DAZ und das »Berliner Tageblatt«, beendet daneben die Lektüre von Professor Dessoirs »Kunst der Rede«, zu deren Drucklegung er verhelfen möchte, da es für den berühmten alten Mann (wegen eines jüdischen Großvaters) Schwierigkeiten gibt. Zur gleichen Zeit berichtet Leo von König, wie er die Beerdigung des Schriftstellers Rudolf G. Binding miterlebte. »Der Tod eines Dichters wird in der politischen Presse noch immer sehr beachtet, Tage hindurch. Das ist seltsam.«[67]

Neue antisemitische Verordnungen sind bekanntgegeben worden: zum 1. Oktober müssen alle jüdischen Ärzte ihre Praxis auflösen; wegen der wachsenden Wohnungsnot haben jüdische Mieter mit Sondererlassen zu rechnen. Bei qualvollen Nächten braucht Klepper drei bis vier Schlafmittel. Nur Schwimmen oder nackt im Regen Stehen beruhigt seine erschöpften Nerven.

Filmpläne

In dieser Zeit tritt Heinz Pauck von der Tobis an ihn heran; nach dem Scheitern der Verhandlungen mit der UFA im Jahre 1934 denkt man dort jetzt an eine Film-Trilogie über Friedrich Wilhelm I., die bis zum Gedenkjahr 1940 fertiggestellt sein soll. Edlef Köppen, der wie Klepper im Jahr 1933 seinen Posten im Berliner Funkhaus verlassen mußte und indessen Chefdramaturg der Tobis geworden ist, wird die weiteren Verhandlungen mit ihm führen. Drei Treatments sind auszuarbeiten; das Honorar zu je 1500 Mark wäre ein willkommener Beitrag zum Hausbau. Aber wie kann man in einer Atmosphäre, die an 1914 erinnert, Pläne für 1940 schmieden?

Im Propagandaministerium, bei dem der »Vater« nach Dr. Kochs Äußerung als »berühmtes Buch und bedeutendes Werk abgestempelt« ist, erhebt man diesem Vorhaben gegenüber keine Bedenken. Auf diesen Bescheid hat man bei der Tobis gespannt gewartet. »Als ich berichtete, umrandete Pauck sein Kalenderblatt mit dem Rotstift: zum ersten Male sei in diesen Räumen das Ministerium gelobt worden!«[68]

Auf einmal holt auch die UFA den alten Verfilmungsplan für den »Kahn der fröhlichen Leute« hervor. Das Ministerium und der Reichsfilmdramaturg haben dazu bereits ihre Genehmigung erteilt. Der Autor setzt sich mit dem Produktionschef Carl Froelich (»trotz aller Routine nicht ohne naive Begeisterungsfähigkeit«) und Harald Braun zusammen – mit einiger Skepsis, aber es »gab Momente, in denen wir uns ausgezeichnet verstanden: daß es eine Komödie der armen Landschaft, des nördlichsten Weinlandes, des armen, stillen Stromes sein muß mit aller seiner Melancholie«[69].

Aber solche Gedanken nehmen sich unwirklich aus in der kritischen Atmosphäre dieser Tage. Im Blickpunkt steht Lord Runciman, der gerade in Prag zwischen Tschechen und Sudetendeutschen zu vermitteln sucht; man meint, dies sei die letzte Chance, den Frieden zu erhalten. In Deutschland wächst die Spannung angesichts der Verschickung unzähliger Menschen zum Festungsbau im Westen, der Beschlagnahme von Pferden und Autos, der Einberufungsplakate an den Litfaßsäulen, der ungeheuren Reservistenübungen, der Truppenkonzentrationen im Südosten und des Materialmangels bei aller Hybris der Staatsbauten.

»Turmbau von Babel und Ausweisung der Juden: man erschrickt zu Tode. – Land um Land sperrt seine Grenzen für die Emigranten. Manchmal denkt man, wenn diese Katastrophe ihren Höhepunkt erreicht hat, wird das Weltgericht des Krieges kommen.«[70]

Dabei ist die Müdigkeit der Männer, selbst der vitalsten, augenfällig; ringsum scheint sich Nihilismus auszubreiten; »und nur ein kleiner Kreis ist da, der zur völligen Gottergebenheit statt zum Nihilismus sich entwickelte«. Bestätigend bekommt Klepper von einem Bekannten aus dem Reichswirtschaftsministerium zu hören: »Die Stillen im Lande müssen lauter werden, sonst weiß ich keinen Weg für Deutschland mehr.«[71]

Der 250. Geburtstag Friedrich Wilhelms I. hätte seines Erachtens dazu eine Gelegenheit gegeben. In den dafür hergerichteten Schaufenstern der Buchhandlungen Buchholz und Amelang, so stellt er befriedigt fest, nimmt der »Vater« den Ehrenplatz ein. Aber was er in der Presse an darauf bezogenen Aufsätzen und Artikeln liest, macht auf ihn keinen guten Eindruck.

»Es steht außer Frage, daß Schneider und ich heute uns hätten stärker auswirken müssen. So zäh und stur ist alles; und so opportunistisch. Fast ärgere ich mich, daß ich nicht zum heutigen Tage einen ›Dank an Lavisse‹ veröffentlicht habe. Wieviel tiefer hat dieser Franzose gesehen.«[72]

Offiziell wird der Tag nicht begangen, nicht einmal in Potsdam. Die Gedenkausstellung im Zeughaus findet er kläglich. Bei der offenbaren Gleichgültigkeit der Regierung mag auch das verschärfte Vorgehen gegen die Monarchisten um Reinhold Wulle eine Rolle spielen[73].

Zum ersten Mal seit 1933 hört Klepper eine überzeugende Predigt über Christentum, Judentum und Deutschtum, vom alten Pastor Kannenberg gehalten, der Kurzreiter an dessen letztem Urlaubssonntag vertritt. Wenige Tage zuvor hat Hanni den seit langem ersehnten Entschluß zur Taufe gefaßt.

»Nun gäbe es Übertritte um der Assimilation willen nicht mehr, hieß es in der Predigt, da nur die Rasse und nicht mehr die Konfession gälte. Wenn nun aber einzelne Juden immer wieder sich taufen ließen, so sei es das einzige sichtbare Zeichen, daß Gott das Volk seines alten Bundes auch in Deutschland noch nicht verlassen habe und in einzelnen Menschen immer wieder zu sich ziehe.«[74]

Zwei Tage darauf stehen in den Zeitungen die neuen Bestimmungen: »Ab 1. 1. müssen alle Juden, ob getauft oder nicht, als zweiten Vornamen den Namen Israel, alle Jüdinnen den zweiten Namen Sara führen. Die Liste der Vornamen, die für neugeborene Judenkinder festgesetzt ist, bedeutet zu achtzig Prozent eine sadistische Verhöhnung. Die biblischen, berühmten Namen sind für die Juden gesperrt.«[75]

In den Hotels verschärfen sich die antijüdischen Maßnahmen. Ob es wohl das letzte Mal ist, daß Kleppers ein besonderes Ereignis, diesmal das Honorar der UFA über 5400 Mark für die »Kahn«-Verfilmung, mit Freunden bei Kempinski feiern dürfen? Bedrükkend wirkt auch das Scheitern der Konferenz von Evian[76], die bloß erwiesen hat, wie wenig Hilfe die deutschen Juden im Ausland zu erwarten haben.

Am 25. August um zehn Uhr findet in Nikolassee die Grundsteinlegung für das neue Haus statt. In der Südwestecke des Hauses werden drei Sprüche aus der Bibel eingemauert:

»Es soll die Herrlichkeit dieses letzten Hauses größer werden, denn des ersten gewesen ist, spricht der Herr Zebaoth; und ich will Frieden geben an diesem Ort, spricht der Herr Zebaoth« (Haggai 2,6).

»Wir wissen aber, so unser irdisch Haus dieser Hütte zerbrochen wird, daß wir einen Bau haben, von Gott erbauet, ein Haus nicht mit Händen gemacht, das ewig ist, im Himmel« (2. Kor. 5,1).

»Einen anderen Grund kann niemand legen außer dem, der gelegt ist, welcher ist Jesus Christus« (1. Kor. 3,1).

Die Abbruchbauten liefern reichlich alte gute Ziegel; aber bei der Baufirma sind von 350 Mann bereits 175 zum Westwall-Bau abberufen. Andere Baustellen ruhen ganz; in Zehlendorf hilft die siebzigjährige Mutter des Bauherrn beim Steinetragen. Vier Tonnen Eisen hat das Wirtschaftsbüro Speer genehmigt, Holz fehlt einstweilen.

Verbittert reagiert man allgemein auf die Plakate, die unter dem Motto »Frohes, freies, glückliches Volk« für ein Festspiel im Olympiastadion werben. In den bayerischen und österreichischen Bergen fällt Ende August Schnee, an der Ostsee ist es zu schweren Sturmschäden gekommen. Von Wolkenbrüchen über ganz Schlesien führt die Oder Hochwasser. Auch die Mark Brandenburg und Berlin haben unter unermeßlichen Regenfällen zu leiden, gerade während der ungarische Reichsverweser Horthy zu seinem Staatsbesuch eingetroffen ist, den Hitler im Blick auf die kommenden Auseinandersetzungen auf seine Seite ziehen möchte.

Der künftige Nachbar Karbe – 32 Jahre alt, Redakteur des Filmteils der Essener Nationalzeitung, von der Filmschauspielerin Gefion Helmke geschieden und von Reni heimlich angeschwärmt – ist von der Biennale in Venedig, wo Curt Oertels Michelangelo-Film preisgekrönt wurde, heimgekehrt. Selbst dieser optimistische und lebensfrohe Mensch wirkt niedergeschlagen. Auch er meint, daß man am Krieg nicht mehr vorbeikomme. In der Presse ist vom Frieden kaum mehr die Rede, es heißt dort allenfalls, »daß der Krieg nicht unvermeidlich sei«, und man muß zwischen den Zeilen lesen, wenn die Frage aufgeworfen wird, »warum sich der Krieg nicht lokalisieren lassen sollte«. Der englische Botschafter in Berlin ist nach London gerufen worden; man will »noch alle diplomatischen Möglichkeiten ausschöpfen«. Vom Nürnberger Parteitag werden »außenpolitische Entscheidungen von außerordentlicher Tragweite« erwartet. Die stetig wachsende Verknappung und Verschlechterung lebenswichtiger Güter zwingt zum »Hamstern«.

Pastor Kurzreiter ist wieder da und gleich zu einem Gespräch bereit. »Ich habe den Eindruck, als würde er sehr bald zur Taufe sich entschließen und sich mit dem begnügen, was ich ihm über Hannis Frömmigkeit und Verschlossenheit sagte.«[77] Dabei erfährt er von den Existenzschwierigkeiten der Brüdergemeine, aber auch daß sein »Vater« dort gründlich gelesen werde. Unerfreulich sind für ihn die Angriffe des »Berliner Tageblatts« gegen seinen Roman und die Reklame für Hans Heycks Friedrich-Wilhelm-Roman, der von der NS-Buchgemeinschaft »Das braune Buch« vertrieben wird.

Sorgen über Sorgen. »Augenblicklich ist er so herunter«, schreibt Brigitte nach Schillersdorf, »und sieht so schlecht aus, daß der Arzt ihm unbedingt geraten hat, ins Gebirge zu fahren ... so daß die beiden Alten sich entschlossen haben, Dienstag nach Wolfshau zu fahren.«[78] Sie selbst hat sich nun für die Auswanderung entschieden und »spricht so kalt von ihrer Emigration«, wie Klepper betroffen feststellt. Die Schulden für die kranke Mutter, die in ein Nervensanatorium nach Kassel gekommen ist, wachsen an. Die Hypotheken für das Haus wurden plötzlich gesperrt, auf dem Bau sind nur noch vier Männer tätig. Und zu allem anderen am 2. September »das wärmste und schwerste Gespräch« mit Dr. Koch im Propagandaministerium:

»Das Fortschreiten, die Verschärfung der antisemitischen Maßnahmen wird vielleicht auch vor den Sondergenehmigungen nicht Halt machen. Ich soll mich auf große Erschütterungen vorbereiten, und schon jetzt hat man meine – Scheidung erörtert. So weiß er nun, wo die Grenze ist: meine übrige Fügsamkeit kennt er ... So war's nun von ihm ausgesprochen: Ehe oder Vaterland – als Entscheidung, vor die ich bald gestellt sein kann. – Vom Propagandaministerium habe ich nichts zu befürchten, aber von generellen Maßnahmen des Innenministeriums. Er wird, wie er nur kann, für mich kämpfen. Er gab mir so klaren

Einblick, wen ich für, wen ich gegen mich habe. Und beide sprachen wir's aus: daß es Fügung sein muß, daß wir in dieser meiner schwierigen Situation zu einander kamen. Beide pessimistisch, erfüllt uns eine seltsame Sicherheit, als dürfte das Schwerste, die Auswanderung, mir erspart bleiben ... Ich behalte alles für mich. Diesmal, das erste Mal, auch vor Hanni.«[79]

Riesengebirge und Sudetenkrise

Solche Lasten kommen nun zu allem Reisegepäck, wie sich Hanni und Jochen Klepper zum dreiwöchigen Aufenthalt in Wolfshau anschicken. Am 7. September, einem grauen und kalten Tag, verlassen sie Berlin. Unterwegs studiert er Quellen zu seinem Film-Treatment; sie schläft. Bei der Ankunft im Riesengebirge bricht die Sonne aus schwerem, schwarzem Gewölk hervor. Reni und Frau Milch stehen zum Empfang auf dem Bahnhof in Krummhübel bereit. Bei Milchs, so erfahren sie gleich, ist das Haus so voll von Gästen – alles Juden, die hier eine letzte Zuflucht suchten –, daß sie selbst im Haus Gerhart Pohls einquartiert werden sollen.

In Wolfshau, am Fuß der Schneekoppe, erwartet sie eine große Kaffeerunde: neben Frau Milch und Reni der befreundete Gerhart Pohl mit seiner Freundin Marthel Fröhlich, die reiche Nürnbergerin Hilde Stern, die auf all ihren Besitz verzichtet und die Auswanderung betreibt, und der junge Baron Heintze, der als Buchhändler den »Vater« kennt und gut verkauft.

Die Tagebucheintragungen vom Aufenthalt im Gebirge zeigen ein dichtes Gewebe von Erlebnissen des Schriftstellers, der hier so weit wie möglich mit der Arbeit an den Film-Treatments vorankommen möchte, des Schlesiers, der ein Stück seiner Heimat neu und intensiv entdeckt, des Schicksalsgefährten dieses Kreises von sorgenerfüllten Menschen, und des Zeitgenossen, der die weitere Zuspitzung der Sudentenkrise direkt im politischen Wetterwinkel nahe der Grenze verfolgt.

Seinen Arbeitsplatz hat er in der oberen Diele von Pohls Haus am breiten Fenster mit weitem Ausblick auf Höhenzüge und Täler gefunden, den Wald und die rauschende Lomnitz unten gleich hinter dem Gartenzaun. Erste Erkundungsgänge führen durch den Ort, in dem es nur Haushalte, kein Kurhaus und keine Pension gibt. Halbgemähte Roggenfelder glänzen in der Sonne. Hunde bellen, Schafe blöken im nahen Gehege. Abends tönen die Krummhübeler

Glocken vom Tal herüber. Angesichts der Verwüstungen, die das Hochwasser hinterlassen hat, gilt Kleppers Korrespondenz in den nächsten Tagen hauptsächlich dem Ingangsetzen einer Spendenaktion.

Die Abende wären hierzulande die rechte Zeit für Geistergeschichten. Jetzt aber findet man sich bei Milchs zusammen, um besorgt die Meldungen und Reden vom Nürnberger Parteitag, dazu die Nachrichten ausländischer Sender zu hören und zu diskutieren. Görings Behauptung, Deutschland könne wirtschaftlich einen Dreißigjährigen Krieg überstehen, hat in Prag nur böses Blut gemacht. Alle pessimistischen Erwartungen werden von Hitlers großer Schlußrede übertroffen. »Das ›So wahr uns Gott helfe‹ vor dem Schluß der Rede war der Augenblick der größten Fremdheit zur Führung des Deutschen Reiches – dieses Wort nach solchen Ausbrüchen des Hasses! . . . Es gab Stellen in der Rede, in denen man die Kriegserklärung unmittelbar erwartete.«[80]

Selbst die sonst gutmütigen Bauern im Dorf reden davon, »daß doch die Auseinandersetzung zwischen Faschismus und Demokratie – und sie glauben mit Hitler an den Sieg – kommen müsse«.

Wie der Prager Sender meldet, haben sofort nach Hitlers Rede im Sudentenland Unruhen eingesetzt, die Regierung habe den Belagerungszustand und das Standrecht verhängt. Spät abends wird das auf sechs Stunden befristete Ultimatum der Sudentendeutschen Partei zur Aufhebung des Standrechts bekanntgegeben.

> »Es war eine qualvolle Nachtstunde. Der Rundfunk sandte diesseits und jenseits der Grenzen Tanzmusik, und die Völker wurden im unklaren gelassen. Darf man noch daran denken, daß die deutsche Generalität den letzten Übersteigerungen Hitlers nicht nachgibt? Ist Gott bei den Frommen und Tapferen? In der Stunde der höchsten Hybris des Reiches? Friedevolle Mondnacht. Die Nacht der Kriegserwartung. Werden deutsche Truppen in die sudetendeutschen Standrechtsgebiete einrücken?«[81]

Wie tags darauf die Morgenmeldungen von keiner neuen Zuspitzung berichten, beschließen Kleppers eine Bergtour, kehren mittags in der Hampelbaude ein. Sobald die Mittagsnachrichten im Rundfunk beginnen, ist rings kein Wort und kein Geräusch mehr zu hören; derart wird spürbar, daß alle den Ernst dieser Tage begreifen. Auf dem Heimweg über die Kirche Wang und Brückenberg bietet sich in Wolfshau ein friedliches Bild, wie gerade die Frauen am Planwagen mit seinen Obst- und Gemüsekörben einkaufen.

Pohl, der in Hirschberg war, berichtet dagegen, dort unten sei alles ein einziges Heerlager.

Abends kommt die aufsehenerregende Meldung, daß der englische Premierminister Chamberlain morgen zu Hitler nach Berchtesgaden fliegt. Die Aufstände im Sudetenland sollen anhalten. »Die ungeheure Erregung der deutschen Funkberichte und die Ruhe der tschechischen, die sich aber immer dichter häufen, machen das Bild der Lage immer uneinheitlicher.« Viele Sudentendeutsche kommen über die Grenze, in Hirschberg wird bereits ein Flüchtlingslager eingerichtet.

Klepper genießt einesteils die »Tage der Freundschaft«, die Gespräche mit Gerhart Pohl, der um seine Wiederaufnahme in die Schrifttumskammer kämpft, und mit Werner Milch, der als jüdischer Wissenschaftler keine Zukunft mehr in Deutschland sieht; andernteils, »in den Gedanken hat gar nichts Raum als die Politik«. Bei den Mahlzeiten liest man einander in- und ausländische Zeitungen vor. Das Communiqué nach dem Berchtesgadener Treffen wirkt dürr und undurchsichtig; eine zweite Zusammenkunft soll in Bad Godesberg stattfinden, vielleicht gar mit dem französischen Ministerpräsidenten Daladier als weiterem Teilnehmer.

»Noch immer baut das Ausland uns Brücken. Ach, hätte es das 1918 getan! – In England unentwegt Bittgottesdienste für den Frieden. Und wir, denen es am meisten nottut –?«[82]

Die ersten Gespräche mit Sudetendeutschen, die über die Grenze gekommen sind, bestätigen eher die ruhigen Meldungen des Prager Senders als die aufgebrachten Berichte im deutschen Rundfunk. Überraschend verspricht die Prager Regierung allen sudetendeutschen Flüchtlingen – auch den Parteileuten und Soldaten – Amnestie. Alles harrt auf Godesberg.

Am Sonntagmorgen zum Frühstück trifft Ihlenfelds Sendung mit den ersten fünf Exemplaren des »Kyrie«-Bändchens ein. Der Weg zur Kirche und der Heimweg nach Wolfshau – Tannen, Lärchen, Birken von der reichen Sonne überflutet – ist ein Inbegriff von Sonntagsfrieden.

»Die großen Kirchengebete der Agende begreift man gerade nach matten Predigten immer tiefer, und ich bin überzeugt, daß die Menschen – obwohl in Deutschland nichts dafür ›angeordnet‹ ist – um den Frieden gebetet haben. Ein sudetendeutscher Katholik, der um die Kirchzeit gerade von der Grenze hergekommen war, ging sofort in die Kirche und meldete sich erst dann bei den nationalsozialistischen Parteistellen.«[83]

Dann noch »ein Tag, den man nie vergessen wird«, wieder in allem Septemberglanz, wie sie zusammen ein großes Auto mieten und über Schmiedeberg nach Kloster Grüssau fahren. Das Tagebuch verrät die Intensität des Erlebens »von dem Augenblick an, in dem wir durch die hohen Linden vor die ›Dreifaltigkeit‹ über dem Portal traten, bis hin zur Vesper des Konvents, an der wir alle teilnahmen: in dieser Stunde der ›princeps pacis‹ über dem Hochaltar. – Die Tragik und Dramatik dieses Barock, auch wo es noch so beschwingt ist«[84]. Am Nachmittag geht es weiter nach Schömberg, dem schon böhmisch wirkenden Städtchen mit den Sieben Brüder- und Zwölf Apostel-Häusern in der Leinewebergasse. Unterwegs wird überall die zweite Heumahd eingebracht. »Diesen Tag kann uns nichts und niemand mehr nehmen. Und nun erst weiß ich völlig, was Schlesien ist.«[85] Zusammenfassend steht im Tagebuch: »›Princeps pacis‹ war der einzige Gedanke dieser Nacht. – Welche Tiefe der Beziehung in diesen Tagen zwischen uns Katholiken, Protestanten und Hanni.«[86]

Am Tag darauf wird der erste Zwischenfall in diesem Grenzgebiet verzeichnet: Handgranaten sind auf das tschechische Zollhaus geworfen worden und haben es eingeäschert. Daraufhin haben tschechische Truppen hier den Kamm besetzt. Gleichwohl wandern die Ausflügler allmorgendlich weiter zur Schneekoppe hinauf. Die Berliner Freunde, die herkommen wollten, wagen sich dagegen nicht mehr aus der Hauptstadt hinaus; ihre knappen Andeutungen am Telefon lassen Müdigkeit, Unruhe und Gespanntheit spüren.

»So ungeheure Vorgänge scheinen sich anzubahnen. Es sieht aus, als halten die großen West-Demokratien der Achse Rom und Berlin nicht stand; als trüge Hitler einen für Europa schicksalhaften Erfolg davon . . . Was auch kommen mag – nichts ist wohl so schwer, wie die Lage des deutschen Judentums im neuen Weltkrieg würde. Nichts, nichts so schwer wie der Krieg – vor dem wir vielleicht in diesen Stunden noch stehen.

Wenn aber Hitler sich ohne Krieg durchsetzt, – welche Konsequenzen für die Abhängigkeit Ungarns und Polens von Deutschland (auch in der Judenfrage), die durch Hitler einfach ihre an die Tschechoslowakei verlorenen Gebiete wiederbekommen.«[87]

In den noch zugelassenen gemäßigten Schweizer Zeitungen vom 20. September steht, die Kriegsgefahr sei durch die unfaßliche völlige Kapitulation Englands und Frankreichs vor dem Faschismus gebannt. Chamberlain und Hitler treffen sich aufs neue in Bad Godesberg. Im Ort sammeln sich immer mehr sudetendeutsche

Männer, offenbar Angehörige des neuen Freikorps. Von der allgemeinen Spannung geprägt ist auch das sehr persönliche, ernste Gespräch, das Klepper mit Gerhart Pohl führt:

»Die Sorge ums Vaterland ist noch niemals ein Grund gewesen, sich an der Arbeit vorbeizudrücken und seine Umgebung mit Pessimismus zu quälen. – Immer, immer noch dieses Überschätzen des eigenen Lebens und Wirkens für die Nation. – Als ob nicht ein Gedicht, im Schützengraben entstanden, unter Umständen mehr zu sein vermöchte als ein Roman aus satten Jahren . . .

Abends . . . spielten sie mir auf Schallplatten die Trauerrede Gottfried Benns auf Klabund vor –: ›Der Dichter trinkt sein eigenes Blut – nur daraus schafft er – der Dichter ist sein eigener Gott – die Dichter sind Tränen der Nation – dem Traume nach, immer dem Traume nach –‹! Darüber werden wir uns nie verständigen, Hanni und ich einerseits, die Literaturleute anderseits.«[88]

Draußen sind Schüsse zu hören – wieder ein Zwischenfall. In Berlin gilt Wolfshau schon als »evakuiert«. Von Frankreich und England im Stich gelassen, scheint die Tschechoslowakei gleichwohl zum verzweifelten Widerstand entschlossen. Eine neue Verschärfung: die Sowjetunion scheint die Kapitulation der Demokratie vor dem Faschismus verhindern zu wollen. Chamberlain reist von Bad Godesberg wieder ab, ohne daß ein Communiqué herausgegeben wurde. Die Tschechoslowakei mobilisiert. Von der Riesenbaude war Maschinengewehrfeuer zu hören, der ganze Kamm soll nun auch von deutschen Truppen besetzt sein.

»Nun ist die letzte Konsequenz des Versailler ›Friedens‹ da. Acht Millionen Tschechen gegen drei Millionen Sudetendeutsche; 75 Millionen Deutsche gegen acht Millionen Tschechen! – Vor 20 Jahren wurde der Keim zu dem allem gelegt.«[89]

Das deutsche Memorandum mit seinen hohen Forderungen scheint von Prag, wo die Generäle die politische Führung an sich gerissen haben sollen, abgelehnt zu sein. In England, so vermutet man, muß Chamberlain der Kriegspartei weichen.

Am 26. September sitzen abends alle um das Radio geschart, während draußen ein unheimlicher Sturm tobt, um die Rede Hitlers aus dem Berliner Sportpalast zu hören. Anwesend ist auch ein ehemaliger Landgerichtspräsident, dem sein Vorgesetzter fünf Stunden lang die Hand hochbinden ließ, als er 1933 den Hitlergruß verweigerte. Klepper findet die Rede, die auf ein Ultimatum für Prag bis zum 1. Oktober hinausläuft, einesteils »unverständlich aggressiv im Ton«, andernteils »staatsmännisch überlegt«. So fremd ihm diese Art der Dynamik ist: in Europa lasse sich offenbar auf dem Verhandlungswege kein wirkliches Problem mehr lösen, und es sei wohl notwendig gewesen, daß »von Mann zu Mann« wieder Verhandlungsprinzip wurde, wo eine Aussprache noch Chancen hat.

Den Tag darauf sind sie zum Abschiedstee bei Pohl eingeladen, der ihnen eine Novelle und den Anfang seines neuen Romans »Der verrückte Onkel Ferdinand« vorliest. »Ich werde es wohl nie fassen, wie Autoren lesen können. Auch urteile ich so ungern nach gelesenen Fragmenten; alles, was man dann sagen soll, bleibt ja doch in der Sphäre gesellschaftlicher Gewandtheit.«[90] Baron Heintze überreicht ihm die in Hirschberg entdeckten Stiche von den sächsischen Kurfürsten der Lutherzeit. Hanni hat dort für ihn eine herrliche Amsdorfer Ausgabe der Lutherschriften aus dem Jahr 1585 gefunden. Es waren drei schwere, seltsame und dabei erfüllte Wochen. Am 28. September, dem dritten und letzten Jahrestag des Südender Hauses, kehren sie braungebrannt heim.

Berlin befindet sich in großer Bewegung. Gerade ist die Viererkonferenz von Hitler, Mussolini, Chamberlain und Daladier bekanntgegeben worden, während im Lustgarten noch die große Kundgebung im Gang war, die wohl der Mobilmachung vorangehen sollte.

»Gleich ausgepackt. Denn der erste Tag in Berlin kann ja keine Zeit lassen. Und so war ich Mitternacht mit allem wieder in Ordnung – zum Beginne der Arbeit oder vor dem Krieg?«[91]

Am nächsten Tag folgt Anruf auf Anruf. Am späten Vormittag sitzt er bereits dem Filmregisseur Hans Steinhoff und Emil Jannings zur Besprechung des großen Verfilmungsplans gegenüber; letzterer »fragte nur nach seinen Chancen, seiner Rolle, seinen Szenen«. Beim Mittagessen mit Karl Pagel erfährt Klepper einiges an Hintergrundinformationen zur politischen Lage. Alles scheint mit den Nerven am Ende, keiner arbeite mehr. Gestern sei anderthalb Stunden lang Militär durch die Stadt gezogen, die Berliner haben mit Stillschweigen reagiert. Das soll angeblich Hitler veranlaßt haben, sich noch auf das Experiment mit der Viererkonferenz in München einzulassen. Die Mobilmachung sei zum dritten Mal abgesetzt, und zwar durch den mäßigenden Einfluß der Generalität.

Am 30. September melden die Morgenzeitungen (wer seinen Rundfunkapparat angestellt hatte, wußte es schon nachts um zwei Uhr): »Volle Einigung in München«. Die Menschen sind erschöpft und glückselig. Um neun Uhr abends – um Mitternacht hätte der Krieg beginnen sollen – erklären Hitler und Chamberlain: »England und Deutschland wollen nie wieder einen Krieg gegeneinander führen.«

»Ich hebe alle Zeitungen aus diesen Tagen auf. – Möchte, was kein Communiqué erwähnen kann, auch das Schicksal der deutschen Juden Verhandlungsgegenstand gewesen sein. Nun sei Gott auch mit den deutschen Juden – auch mit den Tschechen – dem armen Spanien und dem unglücklichen Rußland. Die verhängnisvollen Sowjetpakte sind nun ausgelöscht . . . Welcher Segen liegt nun auf dem ganzen Leben des alten Chamberlain, der so spät erst hervortrat. Auf solche göttliche Führung soll man klar achten!«[92]

Als Dankkundgebung für das »Friedenswerk« und die »Befreiung der deutschen Sudetengebiete« ordnet das Berliner Konsistorium das Läuten aller Glocken am 2. Oktober an. Klepper scheint sich zunächst befriedigt und ergriffen in das Kirchenvolk einzureihen, das am Erntedankfest die Erhaltung des Friedens feiert und dem bei dem Lied »Nun danket alle Gott« die Tränen kommen. »Gott hat gnädig zu den Völkern geredet«[93] – das Wir-Gefühl hat die Oberhand, »daß wir nun ein 80-Millionenvolk sind«; andererseits, »man hat etwas gespürt von apokalyptischer Angst«, und im Gespräch mit dem benachbarten Buchhändler Andrews will er einen stillen Aufbruch wahrgenommen haben:

»Stark, wie ich es noch nie erfuhr, erweist sich zwischen den Deutschen das bedrohte Christentum als das Verbindendste; nicht mehr das Gesellschaftliche, nicht mehr das Kulturelle: das Christliche ist's. Und dies wiederum scheint mir heute auf Tieferem zu basieren als auf politischem Ressentiment.«[94]

Aber sein persönliches Schicksal macht ihm sehr bald wieder bewußt, was ihn als Christ mit allen Gläubigen ohne Unterschied der Konfession und Nationalität verbindet. Um so schmerzlicher berührt ihn daher die Gleichgültigkeit aller anderen vor der wachsenden Verfolgung der Juden. Wer kümmert sich um die von Italien Ausgewiesenen, wer um die Unglücklichen, denen in Ungarn und Polen eine harte Sondergesetzgebung auferlegt wird, geschweige denn um die ausgeraubten und entrechteten Juden im Dritten Reich?

»Wird nun unser 80-Millionen-Volk weiter so gegen den Rest seiner Juden vorgehen? Wann kommt hier die Grenze der Hitlerschen Macht? Es ist doch noch immer unser altes Volk, das dieses Dritte Reich werden ließ! Man spürt es doch noch überall: das alte deutsche Volk!«[95]

Indessen, trotz seiner tiefen Betroffenheit und Teilnahme kennt

Klepper eigentlich kein anderes Heil für die Juden als die Bekehrung zum Christentum. Im Zionismus sieht er wie im Nationalsozialismus nur einen Nationalismus ohne wahren Glauben. Ebenso wenig versteht er die »Psychose« der Juden, die um jeden Preis fliehen wollen, anstatt auf Gottes Ruf zur Bekehrung zu hören. Weil er sich selber ein Leben fern von Deutschland nicht ausdenken kann, will er nicht die Panik begreifen, welche die Juden im Reich angesichts der zunehmenden Bedrohung erfaßt. Zweifellos weiß er, wie sehr sich die deutschen Juden die soziale und bürgerliche Gleichberechtigung gewünscht hatten. Sie hingen so stark an ihrer Heimat, daß die Machtergreifung Hitlers auf die darauf folgenden antisemitischen Maßnahmen in den ersten fünf Jahren nur eine sehr beschränkte Zahl von Juden zur Auswanderung veranlaßte[96]. Drei Viertel der Jüdischen Gemeinden im Reich hofften immer noch auf einen modus vivendi mit dem neuen Regime, sobald sich die Entwicklung einmal normalisiert habe. Diese lang gehegten Illusionen schwinden erst seit 1938 angesichts der immer wilderen antisemitischen Ausfälle der Machthaber und der Maßnahmen gegen ihr Eigentum und ihre Sicherheit. In den annektierten Gebieten herrscht bereits Pogromstimmung: die österreichischen Juden leben unter ständigem Terror, ihre Glaubensgenossen aus dem Sudetenland werden in die Tschechoslowakei abgeschoben, wo man sie nach Ungarn weiterschickt. Schließlich nehmen sie auf Donauschiffen Zuflucht, Ausschau haltend nach einem Land, das sie aufnehmen könnte[97].

Trotz Hitlers Erfolg bleibt die Stimmung nach Kleppers Eindruck merkwürdig gedrückt, vor allem aus wirtschaftlichen Gründen: es fehlt an Holz, Eisen und an Arbeitskräften. »Die Deutschen sind der dauernden politischen Übersteigerungen so müde. Sie wollen nur Frieden, fragen nicht einmal genug nach den Sudetendeutschen . . .«[98]

Wie Brigitte während ihrer Abwesenheit muß nun auch Hanni auf die Polizei, um in alle vorhandenen Ausweise einen Juden-Vermerk eintragen zu lassen. Jenny Lederer wurde nach 33 Monaten Gefängnis entlassen und muß gleich nach Prag ausreisen, weil ihr Mann Tscheche war. Ihre 81jährige Mutter hat man wegen Verfolgungswahn in eine Anstalt eingeliefert.

Klepper versucht jetzt, ohne Schlafmittel zu schlafen. »Ich mache die Erfahrung, daß das Schwerste die nun hemmungslos frei gewordenen Träume sind: Luftkrieg, Mobilmachung, Lahmlegung durch die Kulturkammer, ja, selbst körperliches Ringen mit dem Teufel. Anno 1938!«[99] Indessen haben sich Dr. Kochs Befürchtungen wegen des Scheidungszwangs gelegt; er meint, nach so großen politischen Vorgängen gebe es andere Aufgaben als die Vernichtung von schriftstellerischen Existenzen. Vom Auftreten in der Öffentlichkeit – eine Einladung vom Leipziger Eckart-Kreis liegt vor – rät er jedoch ab, da es unnötige Aufmerksamkeit und Neid erwecken könnte.

Die Anrufe häufen sich wieder derart, daß Hanni seufzt: Verreisen, heimlich und ohne Adressenangabe . . . Die Menge der Dankbriefe zum »Kyrie« liest der Autor hingegen stark bewegt: das alles »geht den ersehnten, erbetenen Weg«. Vom »Vater« wird als neue Auflage das 13.–15. Tausend gedruckt. Die Arbeit an den Film-Treatments macht Fortschritte. So freudlos er sie findet, so sieht er in ihr doch den Gewinn, daß er wieder zu konstruieren und zu konzentrieren lernt statt bloß zu exzerpieren. Das müßte dem »Ewigen Haus« zugute kommen, dem er sich nach Ablieferung der Treatments gleich wieder zuwenden will.

Im Hause atmet die ganze Familie auf: ein neues Mädchen aus Görlitz hat sich vorgestellt und macht einen guten Eindruck. Sie bekommt 40 Mark im Monat. Endlich hat Hanni wieder eine richtige Stütze, denn Reni bleibt einstweilen in Wolfshau, und Brigitte beginnt jetzt ihre Ausbildung als Zeichnerin für die Auswanderung. Die Nachrichten von Kleppers Mutter wechseln ständig; einen Tag geht es sehr schlecht, den anderen wieder besser.

Nach langer Zeit besuchen Kleppers wieder einmal ein Konzert in der Philharmonie. Im Publikum sind viele Ausländer zu sehen, darunter der französische Botschafter François-Poncet. Der französische Pianist Casadesus spielt zwei Klavierkonzerte von Mozart und C. M. von Weber. Der stärkste Eindruck dieses Abends ist Bruckners Neunte, von Jochum dirigiert. »Wenn ich nach langer Pause das erste Mal wieder Musik höre, muß ich mich zusammennehmen, vor Freude nicht zu heulen.«[100]

Überraschend hat sich an diesem Tag Professor Hermann angemeldet, der auf der Rückreise von der Tagung der Luther-Akademie in Sondershausen hier Station macht.

»Er ist milder geworden, und so ist der Eindruck nach vier Jahren noch größer. Wir sind uns so einig: über die Gefahr, die gerade die Bekenntniskirche für die Kirche, der heutige Monarchist für die Monarchie bedeutet; einig in bezug auf Theologie wie Literatur ... Übrigens erzählte er, daß vor Professoren in Sondershausen August Winnig so sehr für den ›Vater‹ warb.«[101]

Kaum hat sich der Greifswalder Gast verabschiedet, meldet sich nach langen Jahren eine Breslauer Kommilitonin, Käthe Staritz, sie habe den »Vater« gelesen. Klepper erinnert sich genau und gern an sie. Ein Holländer will jetzt das Buch übersetzen und schickt bereits zwei Probekapitel. Mit der holländischen Ausgabe gehe ein sehnlicher Wunsch des Verfassers in Erfüllung, daß dieses Land endlich die Liebe des Königs zu ihm vergelten möge. Reinhold Schneider schickt »im Gedanken an den schmerzensreichen Vater« ein Bild des Gottvater vom Breisacher Hochaltar.

Das erste Film-Treatment »Der König und der Abenteurer« ist abgeschlossen, zugleich ist Richtfest in Nikolassee. Das Material zum zweiten Treatment, dem »Goldenen Schiff«, liegt bereit. Gäbe es nur nicht die ständige Müdigkeit und die zermürbende Serie ständig neuer Maßnahmen gegen die Juden! Für die jüdische Kennkarte wird der Fingerabdruck verlangt. Jüdische Autos bekommen besondere Nummern. Aus Angst vor Sonderstrafen, d. h. Konzentrationslager, geben die Besitzer ihren Wagen auf. »Aber was ist das alles gegen den Raub der Existenz; und des Geldes bei der Auswanderung.«[102] Endlich scheint das Ausland energischer zu reagieren: die Ausweisung der polnisch gebürtigen Juden aus Deutschland, bis in Brigittes ehemalige Schulklasse wirksam, wurde daraufhin gestoppt. Vielleicht besteht doch noch eine gewisse Aussicht auf eine internationale Vereinbarung nach dem Scheitern der Konferenz von Evian[103].

Die Nachricht vom Tode Ernst Barlachs geht Klepper nahe. »Über seinem Lebensabend stand auch ein ›In tormentis‹. Er, dem das Dritte Reich so viel angetan hat, war, wie sich nun herausstellt, Ritter des Pour le mérite.«[104] Auf der anderen Seite versuchte er Bergengruen, der bei Ihlenfeld zu Gast ist, dessen »ungerechtfertigte Aggressivität« auszureden, »denn in der gleichen Situation wie ich, genießt er als anerkannter Autor noch größere Freiheiten«[105]. Die »guten, ernsthaften« Informationen, die er aus den Kreisen der Redakteure erhält, erweisen sich ihm zu oft »als ein für Männer unwürdiger, sensationeller, politischer Klatsch«[106].

Andeutungen über den Rücktritt von Generaloberst Beck, dem Chef des Generalstabs, geben ihm indessen sehr zu denken. »Gar zu viele wußten, daß er der große Gegner des Dritten Reiches war. Alle politischen Vorgänge bleiben völlig undurchsichtig. Mit Polen muß etwas schweben. Und ebenso gegenüber dem Heer, denn es sind auch sonst große personelle Veränderungen.«[107]

Und weiter Besuche und Anrufe. Einer der bedeutenden Antiquitätenhändler am Lützowplatz bietet gegen Kleppers Barockmöbel Renaissancestücke an. Für das neue Haus werden ein Zinnleuchter für 50 Mark, ein Renaissanceschrank für 210 Mark und ein Barocktisch, der als Arbeitstisch dienen soll, für 180 Mark erworben. Graf Borcke lädt Kleppers als Gäste für den Sommer auf sein unter Friedrich Wilhelm I. erbautes Schloß Stargard in Pommern ein. Die »Weißen Blätter« und die »Deutsche Zukunft« wünschen eine Besprechung von Schneiders »Las Casas«, der »Eckart« eine Rezension von Ina Seidels »Lennacker«, der großen Pfarrhaus-Historie, deren Lektüre ihn recht kalt gelassen hat. Schwer fällt ihm die Absage zu den Reformationsfeiern in Leipzig und Mülheim/Ruhr, denn bei solchen Anlässen würde er gern das Wort ergreifen.

Die »Kristallnacht« und ihre Folgen

Doch was bedeuten solche Entsagungen im Vergleich zu den quälenden Nachrichten über das Los der Juden. Wie man hört, rollen durch Preßburg nahezu ununterbrochen ganze Lastzüge mit Juden in das an Ungarn abgetretene Gebiet. Ihr gesamter Besitz wurde beschlagnahmt »zur Entschädigung für den Schaden, den die Juden der Slowakei zugefügt haben«. Einen Tag darauf, am 8. November, treffen ihn wie ein lähmender Hieb die Schlagzeilen vom Attentat eines 17jährigen polnischen Juden, dessen Eltern aus Deutschland ausgewiesen sind, auf den jungen Botschaftssekretär vom Rath in Paris. Selbst die sonst gemäßigte DAZ bereitet auf schlimme Dinge vor:

> »Das jüdische Attentat in der deutschen Botschaft in Paris wird, darüber soll sich niemand täuschen, die schwersten Folgen für die Juden in Deutschland haben und zwar auch für die ausländischen Juden in Deutschland . . .«[108]

Am 10. November, kaum ist der Tod des Diplomaten gemeldet, werden die ersten Auswirkungen und das »Aufflackern der Volkswut« sichtbar: Rollkommandos zertrümmern die Schaufenster der jüdischen Geschäfte und stecken die Synagogen in Brand. »Daß die

Bevölkerung nicht dahintersteht, lehrt ein kurzer Gang durch jüdische Gegenden; ich habe es selbst gesehen, denn ich war heute morgen gerade im Bayerischen Viertel ... Nach einer Auswahl, die unergründlich ist, werden jüdische Männer aus ihren Wohnungen von der Geheimen Staatspolizei weggebracht. Wie man im Schlaf aufschrickt – als würden Hanni, Brigitte, Renerle abgeholt –, das sagt genug.«[109]

Das Volk ist ihm ein Trost, seine moralische Ohnmacht eine furchtbare Sorge. Diese Ohnmacht nimmt er besonders schrecklich an den Frontkämpfern wahr, die das furchtbare Unrecht an ihren Kameraden mitansehen, und an den beiden Kirchen, die den Judenchristen nicht zu helfen wissen.

Mit einigen Ausnahmen wie Julius von Jan, der seine Gemeinde in Oberlenningen/Württ. zur Buße und Trauer aufrief und dafür in das Konzentrationslager kam, haben die Kreise der Bekennenden Kirche wie auch die Kirchenführer im Reich geschwiegen. Landesbischof Wurm von Württemberg weigerte sich trotz dringendem Ersuchen der Kirchlich-Theologischen Sozietät, einen feierlichen Protest gegen die Ausschreitungen in den Gemeinden der Landeskirche verlesen zu lassen. Gleichwohl schrieb er drei Wochen nach dem Pogrom, am 6. Dezember 1938, einen Protestbrief an Reichsjustizminister Gürtner, der seine nationalkonservative und antisemitische Prägung offenbart:

»Ich bestreite mit keinem Wort dem Staat das Recht, das Judentum als ein gefährliches Element zu bekämpfen. Ich habe von Jugend auf das Urteil von Männern wie Heinrich von Treitschke und Adolf Stoecker über die zersetzende Wirkung des Judentums auf religiösem, sittlichem, literarischem, wirtschaftlichem und politischem Gebiet für zutreffend gehalten.« Er spricht davon, daß Hitler an den Juden ein Gericht vollziehe. Diejenigen aber, die im Auftrag des Herrn der Welt ein Gericht zu vollziehen hätten, seien dem obersten Richter Rechenschaft schuldig; die Übertretung der Gebote müsse sich über kurz oder lang rächen. Seine staatspolitische Loyalität betonend, erklärt der Bischof ferner: »Die evangelischen Pfarrer unserer Landeskirche sind von mir aufgefordert worden, alles zu vermeiden, was in einer so erregten Atmosphäre als aufreizend empfunden werden kann.« Andererseits dürfe aber auch nicht jedes Wort der Trauer und der Teilnahme an dem Los der Juden als Landesverrat ausgelegt werden.[110]

»Am Tag des Synagogensturms«, schreibt Reinhold Schneider in seinen Erinnerungen, »hätte die Kirche schwesterlich neben der Synagoge erscheinen müssen. Es ist entscheidend, daß das nicht geschah. Aber was tat ich selbst? Als ich von den Bränden, Plünderungen, Greueln hörte, verschloß ich mich in mein

Arbeitszimmer, zu feige, um mich dem Geschehenden zu stellen und etwas zu sagen. Jochen Klepper hat die Enttäuschung nie verwunden, daß die Kirche als Kirche zu den Freveln am Tempel geschwiegen hat. Das Leben in Deutschland wurde unerträglich. Dankbar folgte ich im Dezember einer Einladung nach Paris. Das war schmähliche Flucht.«[111]

Als eine der ersten Repressalien auf das Attentat müssen die Juden eine Milliarde Mark als Buße zahlen. Fortan dürfen sie keine kulturellen Veranstaltungen mehr besuchen. Ab 1. Januar 1939 gibt es keine jüdischen Handwerker, Betriebsführer und Geschäfte mehr. Alle Schäden, die durch die »Empörung des Volkes« an jüdischem Besitz entstanden sind, haben die jüdischen Eigentümer unverzüglich selbst zu beseitigen und die Kosten zu tragen. Versicherungsansprüche von Juden deutscher Staatsangehörigkeit werden zugunsten des Reiches beschlagnahmt. Goebbels verkündet am 13. November: »Die Judenfrage wird in kürzester Frist einer das deutsche Volksempfinden befriedigenden Lösung zugeführt!«

Darauf beginnt überall die Verhaftung jüdischer Männer: Professor Landsberger, Werner Milch, der alte Arthur Stein sind plötzlich abgeholt worden, niemand weiß wohin. Ilse Freund ruft aus Breslau an, ihr Mann sei verhaftet; manche hätten dort Selbstmord begangen. Meschkes erwähnen ebenfalls Selbstmorde in ihrem Bekanntenkreis. Diesen Monat sollen es schon 5000 sein. Gert Pohl teilt mit, die meisten jüdischen Häftlinge seien in die Konzentrationslager Buchenwald, Sachsenhausen und Oranienburg gebracht worden. Der alte Onkel Ludwig in Nürnberg hatte sich in den vierten Stock seines Hauses geflüchtet und konnte so den Häschern entgehen, die bis zum dritten Stock hinaufgedrungen waren, als in der Morgenfrühe die Aktion eingestellt wurde. Da es dort kaum mehr jüdische Geschäfte gibt, wurden die Häuser demoliert und die Bewohner mißhandelt. Die Wohnungen hat man ihnen gekündigt, sie wollen sich jetzt Zimmer in Berlin suchen. In Wolfshau darf auf Anordnung des Ortsgruppenleiters den Juden in den Läden nichts mehr verkauft werden. Ein alter Bauer brachte daraufhin Frau Milch und Reni Brot, Butter und Käse als Geschenk. Die meisten Juden wollen jetzt so bald als möglich auswandern. Sogar manche nichtjüdische Deutsche wie Dr. Pechel von der »Deutschen Rundschau« denken daran, das Land zu verlassen.

Dr. Koch im Propagandaministerium sagt, er könne sich hinter das, was jetzt geschieht, nicht mehr stellen. Immer wieder kommt die Frage auf, wie die deutschen Offiziere diese Schande hinnehmen. Das Ausland will sich dem Diktat, 700 000 deutsche und österreichische Juden als Bettler aufzunehmen, nicht fügen. Amerika hat alle Beziehungen zu Deutschland abgebrochen und boykottiert seine Waren. Wie man hört, sollen die dortigen Einwanderungsquoten für deutsche Juden etwas erhöht werden; in vielen Einzelfällen stellen Amerikaner die notwendigen Bürgschaften. Fast alle Länder verlangen Vorzeigegeld in Devisen.

Und nur wenige Deutsche, die sich über die Maßnahmen ihrer Regierung empören, bieten ihre Hilfe an. Kaum einer stellt sich vor, wie es wäre, wenn ihn selbst eine auch nur kleine Abgabe getroffen hätte. Da reichen die Predigten der Kirche, die eben jetzt zur Einschüchterung in den Parteiblättern stark angegriffen wird, nicht aus. Klepper klammert sich an die Bibelworte, die auch dort, wo sie Leiden ankündigen, stark und leuchtend bleiben.

»Wir tun alles weiter wie bisher, bis unser Leben von außen her verändert wird. Wie oft hat man schon, innerlich Abschied nehmend, vor allem und allen gestanden, das man besaß.«[112]

Die Teilnahme an einem Herrenabend beim Kronprinzen in Cäcilienhof und einer Einladung von Ludwig Wolde mit R. A. Schröder, Bergengruen, Ihlenfeld und einigen Gelehrten sagt er ab, freut sich aber über Schröders und Bergengruens Besuch, zumal letzterer – mit einer jüdischen Frau in derselben Lage wie er – seine Sorgen und Empfindungen teilt. Von Bayern über München kommend, habe er überall Müdigkeit und Apathie wahrgenommen. Während so viele Menschen, denen man sich nahe glaubt, schweigen, melden sich manche auf besonders erfreuliche Art, so etwa Pfarrer Brinkmann aus Hannover, der seine Predigt zu den schlimmen Vorgängen der »Reichskristallnacht« schickt. Reinhold Schneider schreibt besorgt und teilnahmsvoll. Kirchenmusikdirektor Werner aus Potsdam, der zwölf Lieder aus dem »Kyrie« vertont hat, stellt fest, es komme nicht ein einziger Schritt für eine Zulassung von Judenchristen zur Kirchenmusik zustande. Bei der christlich-monarchistischen Gesellschaft hat man nach Kleppers Eindruck nur Tees, Bälle, Regimentsfeste und Diners zum großen Saisonbeginn im Kopf. Dankbar nehmen beide dagegen die Einladung an, die ihnen Harald von Koenigswald als Ersatz für die Hanni verwehrten öffentlichen Konzerte zum Hausmusikabend bei Frau Spes Stahlberg vermittelt.

Berliner Synagoge, am 9. November 1938 in Brand gesteckt

Jüdische Kinder werden in einer Schulklasse angeprangert

Hanni Kleppers »Judenpaß«

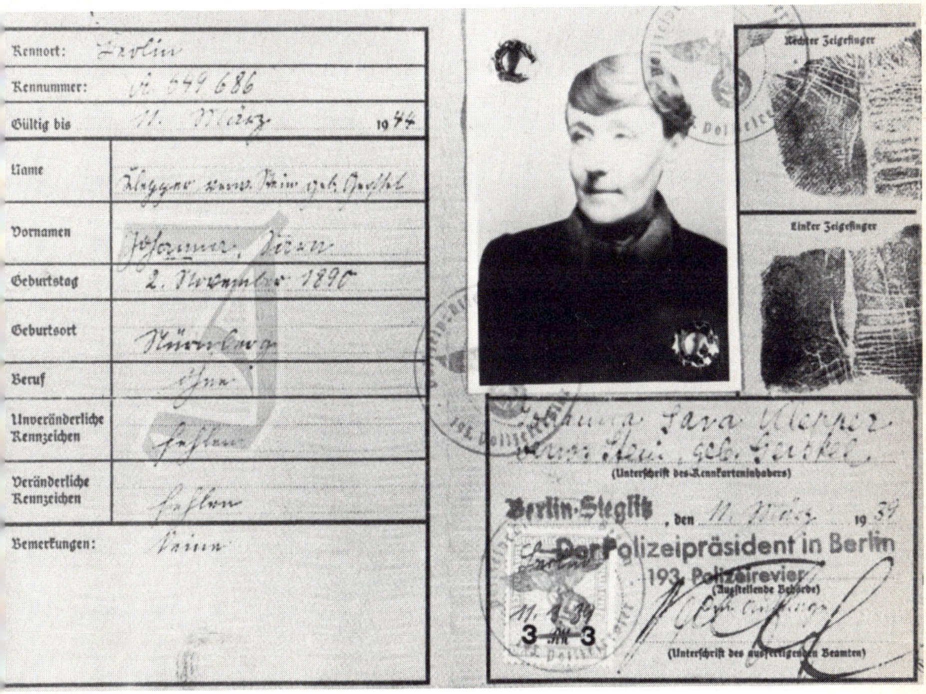

Kennort:	Berlin
Kennummer:	
Gültig bis	11. März 1944
Name	
Vornamen	
Geburtstag	2. November 1890
Geburtsort	Nürnberg
Beruf	ohne
Unveränderliche Kennzeichen	fehlen
Veränderliche Kennzeichen	fehlen
Bemerkungen:	keine

Rechter Zeigefinger

Linker Zeigefinger

(Unterschrift des Kennkarteninhabers)

Berlin-Steglitz, den 11. März 1939

Der Polizeipräsident in Berlin

193. Polizeirevier

(Ausstellende Behörde)

(Unterschrift des ausfertigenden Beamten)

An einem frühen Abend Anfang Dezember ist Klepper unterwegs durch die Stadt mit ihrem vorweihnachtlichen Treiben um die tannengeschmückten Geschäfte – »man ist dem Äußeren des Festes nur sehr ferngerückt« – zum Palais Kaiser Wilhelms I., wo ihn die Frau Wilhelms II. zum Kaffee erwartet. Auf die Frage, wieweit sie sich für die Auswanderung der Töchter verwenden kann, geht sie verständnisvoll ein und will trotz ihrer geringen Möglichkeiten geeignete Schritte erkunden. Den Dank ihres Besuchers lehnt sie ab; »sie danke vielmehr immer wieder mir, denn ich sei der einzige, der nach ihrem Leben frage ... Oft im Gespräch kamen ihr die Tränen, und sie erzählte mir das ganze Martyrium, das sie durchmache ... Was sie unter Sozialdemokratie und Nationalsozialismus durchmache – seit 14 Tagen ist ihr Sohn verhaftet –, sei nichts gegen die Intrigen, denen sie aus der kaiserlichen Umgebung ausgesetzt sei«[113]. Wieder hat eine ältere Frau, vereinsamt und sich unverstanden fühlend, in ihm einen einfühlsamen Zuhörer gefunden ...

Die Buchhändler erzählen, das vorweihnachtliche Publikum frage von sich aus nach dem »Vater«. Bei Buchholz ist das Buch momentan ausverkauft. Günther Dehn schreibt, es wirke stark in den von Klepper abgelehnten Kreisen der Bekenntniskirche.

Der Adventskranz hängt im Barockzimmer, ein großer Tannenstrauß steht bei der Marienfigur, das ist alles wie in früheren Jahren, und eine Kaffeegesellschaft wie die am »Silbernen Sonntag« mit der Topell, Ehrenberg und den Nowaks wirkt auch wie ehedem, »aber die Gespräche gingen ums Letzte, und Hanni und ich können dieser entsetzlichen Übersteigerung, die um uns vor lauter Angst einreißt, keinen Einhalt mehr gebieten: Ghetto, Pogrom, Enteignung, Zwangsscheidung, Auswanderung – Gerüchte, Kombinationen«[114]. Selbst die sonst unbekümmerte Reni macht sich in Wolfshau große Sorge, »daß Brigitte und sie bei unserem ›Widerstand‹ gegen die Emigration allein in aussichtsloser Situation zurückbleiben«. Vor ihrer Heimfahrt hat sie die Nacht miterlebt, wie der aus dem KZ entlassene Werner Milch die erlebten Schrecknisse erzählte. Dieser ruhige, positiv eingestellte Mann hat nur noch einen Wunsch: so schnell wie möglich Deutschland den Rücken kehren! Klepper hatte einmal gesagt: »Der Vorletzte, der Deutschland verläßt, ist Werner Milch, die letzten sind Hanni und ich.« Auswandern werden sie nicht. Aber wie er mit Ihlenfeld zusammentrifft, sind sich beide einig: »Auch ihm ist nun die Obrigkeit zertrümmert.«

Am 18. Dezember, nach über sieben Jahren, erfüllt sich Kleppers sehnlichster Wunsch mit Hannis Taufe und der anschließenden Trauung in der Mariendorfer Kirche. Fräulein Anni begleitet sie als Taufzeuge. Während sie in der Brauthalle warten, erblickt Klepper ein Bild: Katharina von Bora und Luther als Brautpaar vor Christus; es ist ein schlechtes modernes Glasbild, in diesem Augenblick aber für den Autor des »Ewigen Hauses« von starkem Eindruck. Taufe und Trauung verlaufen schlicht und würdig. Auf dem Altar brennen neben den hohen Kerzen die vier Lichter des Adventsbaumes; »kein Mensch, keine Musik, nur Gottes Wort, das aber voll solchen Gewichtes, so bewußt gewählt: Worte der Freude in unserem großen Kummer, unserer Bedrohung«[115]. Nach der kirchlichen Feier sind sie von Pastor Kurzreiter zum Kaffee in seiner Wohnung eingeladen. Zu Hause erwarten sie Brigitte und Reni mit großen weißen Chrysanthemen.

In den Tagen vor Weihnachten herrscht bittere Kälte, zunächst noch ohne Schnee. Wenn die Damen von ihren Besorgungen aus der Stadt ausgefroren heimkommen, ist für sie schon der Kaffeetisch mit Tannengrün und Rosen bereitet. Während Hanni und das Mädchen in Stuben und Küche die letzten Vorbereitungen treffen, erledigt Klepper die Korrespondenz zum Fest, schmückt wieder das Haus und den Christbaum im Gedanken, es könne für die Töchter der letzte sein. Das Fest beschert ihm eine ganz besondere Freude: zum ersten Mal macht sich die ganze Familie auf den Weg zur Christvesper, in der Kurzreiter seine ernste, strenge Predigt hält. Nach der Heimkehr durch die verschneiten Straßen läutet nach altem Brauch das Apostelglöckchen zur Bescherung. Obwohl die Gaben diesmal viel einfacher und spärlicher ausfallen – Reni und Brigitte werden mit praktischen Dingen für den Fall der Auswanderung bedacht –, scheint die Freude größer denn je. Bis Mitternacht bleibt man im Kerzenlicht und Duft von Tanne, Wachs und Blumen beieinander.

»Keiner, dem der schwere Ernst dieses Heiligen Abends nicht bewußt war; und doch war das lichte, kleine, festliche Haus von Heiterkeit und Lebendigkeit erfüllt, von Zufriedenheit und Dankbarkeit nicht minder.«[116]

Am Morgen darauf Glockengeläut über Glockengeläut. Zum ersten Mal gehen Hanni und Jochen Klepper miteinander zum Abendmahl, neben ihnen bloß noch ein älterer Herr und ein junger Mann. Zum Kaffee am nächsten Tag sind Elise Topell, Yella

Ostermann und Baron Heintze ihre Gäste. Aber zu Konfekt und Pfefferkuchen auf dem Tisch kommt aus der Stadt die schreckliche Nachricht von jüdischen Selbstmorden, kommen die Mitteilungen von Meschkes, daß ihre Bemühungen um Aufnahme in Schweden erfolglos waren, und so auch aus London, daß sich bisher keine Lösung für Brigitte gefunden hat. Einen entscheidenden Trost und Rückhalt findet Klepper in all der Weihnachtspost von seinen Lesern. So weiß er, daß in diesen Tagen sein »Weihnachts-Kyrie« von der Betheler Kurrende und dem dortigen Schwesternchor sowie vom Knabenchor der Potsdamer Nicolaikirche gesungen wird. Die Lehrerinnen der Zinzendorfschule bitten um ein Lied; auf ihren Kollegiumsabenden lesen sie den »Vater« und als Abendsegen hin und wieder eines seiner geistlichen Gedichte. Pastor Schimmelpfenng aus Marburg möchte ihn für Ende Januar zu einer Lesung in seiner Kirche gewinnen. Reinhold Schneider schickt die dritte Kathedralenkarte aus Frankreich.

Aus allem, was er wahrzunehmen vermochte, kommt Klepper zu dem Schluß:

»So gewiß das Weihnachtsfest zum bürgerlichen Familienfest geworden ist: den Deutschen eine ›Volksweihnacht‹ aufzuzwingen, gelingt nicht; nun Weihnachten zum ersten Mal bedroht ist, scheint mir sogar das Bewußtsein für das christliche Weihnachten in Deutschland wieder viel stärker geworden zu sein.«[117]

Der Jahresabschluß, den er errechnet, ergibt 11 000 Mark an Einnahmen, während 9500 Mark Kontribution zu zahlen waren. Und doch endet dieses sorgenvolle, angsterfüllte Jahr 1938 vorwiegend mit Dank und Vertrauen. Wieder einmal darf er das Jahresende mit Kirchgang und Festlichkeit, mit Familie und Freunden begehen. Das Leitwort für das neue Jahr steht schon fest; vor drei Tgen ist er nachts aufgewacht, mit diesem Satz im Ohr: »Habe ich dir nicht gesagt, so du glauben würdest, du solltest die Herrlichkeit Gottes sehen?« (Joh. 11,40).

Den jüdischen Freunden ist solcher Glaube versagt. Werner Milch, der Deutschland nicht verlassen wollte, verkauft jetzt Hab und Gut, wovon ihm nach allen Abgaben nur das Geld für Garderobenanschaffungen und die Reise bleibt, und nimmt einen kleinen, ganz ungewissen Lehrauftrag an einer städtischen Hochschule in New York an. Ilse Freund berichtet aus Breslau. Sie verkaufen alle Möbel, und es reicht nur zu einer Schiffskarte. Wovon werden sie leben, wenn sich die Auswanderung immer weiter hinauszieht? Von ihrem Geschäft bleibt nichts; zwei Lastwagen zertrümmertes Porzellan und Glas wurden abgefahren.

»Es ist fast erschreckend, mit welchem Gleichmut die Juden Besitz und Geld an den Staat verfallen lassen; auch Beamte ihre Pensionen; manche den ganzen Ertrag ihrer Lebensarbeit, ohne nach Alter und Kräften noch imstande zu sein, den Rest ihres Lebens auch nur ungefähr zu sichern.«[118]

Meschkes gehen trotz mangelnder Sprachkenntnisse als Lehrer in ein Landerziehungsheim nach Schweden. »Was mag Gott zu ihnen geredet haben – daß sie gehen, ohne Zwang?!«[119] Klepper meint, er würde wie Leonhard Frank, wie Ernst Glaeser, dem man die Rückkehr aus der Emigration gestattet hat, in der Fremde an seiner Sehnsucht nach Deutschland zugrunde gehen. Auch Hanni will keinesfalls das Land verlassen, solange sie noch das Notwendigste zu leben haben. Die Nächte sind unruhig; die Tage vergehen mit Korrespondenzen und Anwaltsverhandlungen für das neue Haus, dazu der Last von Buchbesprechungen. Aus Paris, wo er an der Sorbonne Vorlesungen über Dürer und die Reformation hört, warnt Reinhold Schneider vor unnützen Belastungen: »Wenn ich Ihnen einen Rat geben dürfte, wäre es der, nicht erst anzufangen und Besprechungen grundsätzlich abzulehnen. Ich habe mich zu tief darauf eingelassen.«[120]

Ist alles vielleicht Flucht vor dem Projekt des »Ewigen Hauses«? Klepper läßt sich von Murillos »Küche der Engel«, dem von Schneider geschickten Bild, daran mahnen und besucht die Ausstellung »Der deutsche Bauernhof von 1450 bis 1850« in der Staatsbibliothek wegen des ergiebigen Anschauungsmaterials für sein neues Buch.

Doch dann sind es wieder die beklemmenden politischen Vorgänge, die einen nicht zur Ruhe kommen lassen, so jetzt am 20. Januar die Meldung vom Rücktritt des Reichsbankpräsidenten Schacht. Noch einen Tag davor – Klepper weiß es aus einer Schweizer Zeitung – schienen die Verhandlungen Schachts mit dem Vorsitzenden des Internationalen Flüchtlingskomitees über die Möglichkeiten der jüdischen Auswanderung einen »keineswegs ungünstigen« Verlauf zu nehmen. Klepper versteht den Rücktritt als Signal: alle normalen wirtschaftlichen und finanziellen Möglichkeiten sind erschöpft. Von den »alten Leuten« bleibt nur der Finanzminister Schwerin-Krosigk, angeblich ein frommer Christ, dessen Haltung in

Sachen der Judenkontribution jedoch undurchsichtig ist. Zwischen der ersten und der zweiten Rate sollte Hanni schon gepfändet werden, weil das Finanzamt die Zahlung falsch gebucht hatte. Im Mai ist bereits die dritte Rate fällig. Wie sollen die Juden das Geld aufbringen, wenn sie nicht mehr im Berufsleben stehen dürfen und ihnen der Verkauf ihres Grundbesitzes nicht bewilligt wird?

Indessen hofft Klepper immer noch auf Görings mildernden Einfluß.

»... man kennt Görings Prunksucht, Größenwahn, Krankhaftigkeit. Und doch ist er der einzige, der als ›Hermann‹ beim Volk wirklich populär ist; der einzige, mit dem Heer, Kirche, Wirtschaft, Wissenschaft paktieren, vernünftig handeln zu können glauben; auch wünschten alle künstlerischen Institutionen seine Toleranz, wie seine Staatstheater sie genießen, die er sich gegen Goebbels vorbehalten hat. Sein zweiter großer interner Gegner ist Heß, der ›Stellvertreter des Führers‹, der das ›neue Heidentum‹ offiziell proklamiert und in seinem Haus durch die ›Namensgebung‹ für seinen Sohn in Gegenwart des Führers legitimiert hat. Antwort Görings: die Taufe seiner Tochter Edda, wenn auch durch den deutschchristlichen, praktisch nicht mehr existierenden Reichsbischof; die Stiftung einer Kirche für einen Siedlungsort, von Katholiken und Protestanten gemeinsam zu benützen, die vorbildliche Haltung des Regiments ›General Göring‹ in kirchlicher Hinsicht. Göring ist es gelungen, die Opposition hinter sich zu bringen; die letzte irdische Hoffnung aller um Deutschland Verzweifelten zu werden.«[121]

Diese Tagebuchnotiz ist vielsagend im Blick auf das, was Klepper in seinem Bekanntenkreis alles zu Ohren gekommen, aber auch auf das, was zu dieser Zeit nicht zu ihm durchgedrungen ist: mit welchem Zynismus Göring als Beauftragter des Führers für die endgültige Lösung der Judenfrage im Reich die zu diesem Zweck von ihm einberufene Sitzung nach der »Kristallnacht« geleitet hat[122], in welchem Maße er als Beauftragter für den Vierjahresplan die Hauptverantwortung für den legalisierten Raub jüdischen Eigentums trägt und daß auch die Idee der Kontribution von einer Milliarde Mark für die Juden im Reich von ihm stammt. Indessen klammert sich Klepper mit verzweifelter Hartnäckigkeit an dieses Trugbild und vermerkt das kleinste Detail, das zugunsten der politischen Hoffnungen in christlich-konservativen Kreisen spricht. So vermerkt er auch befriedigt die »ritterliche« Haltung des Polizeibeamten, der den Fingerabdruck seiner Frau und der beiden Stieftöchter entgegennimmt, wie er jetzt als neue Entwürdigung den Juden abverlangt wird. Gerührt hört er, wie Hanni die beiden belehrt, daß sie sich im Fall einer Emigration nie von gehässigen Reden im

Ausland gegen das Dritte Reich beeinflussen lassen und stets den Unterschied zwischen Nationalsozialismus und deutschem Volk bedenken sollen.

Auch was ein Heeresoberpfarrer Hegel bei einem Besuch zu erzählen hat, ist ihm in solcher Hinsicht wichtig:

»Das neue Heer sieht er mit mancher Sorge an. Fürs Kirchliche das Wort eines hohen Militärs: ›Hinter der Geistlichkeit steht die ganze Generalität, 90 Prozent von den Obersten, die restlichen zehn Prozent kommen im Kriegsfall dazu. Das übrige ist ungewiß.‹ Die jungen Offiziere ablehnend. Die jungen Soldaten gar nicht unzugänglich, aber immer wieder bewußt ferngehalten. – Im September waren alle Heeresoberpfarrer schon nach Berlin berufen, dann schon mit ihren Truppenteilen an der Grenze. In Berlin: ›Diesmal wird das Volk sehr rasch müde werden – sie, die Geistlichen, müssen uns dann helfen . . .«[123]

Hegel hat einige von Kleppers Gedichten vertont. Musikdirektor Werner von der Potsdamer Garnisonkirche drängt auf einen Oratorientext. Aus diesen Kreisen kommen stets neue Beweise der Anerkennung. So schreibt der Schweizer Kirchenmusiker Walter Tappolet, sein »Abendlied« werde in das evangelische Kirchengesangbuch der deutschsprachigen Schweiz aufgenommen. »Nun ist da, was ich erst am Ende meines Lebens für möglich hielt, ja, nach dem Tode.«[124]

Wie maßlos überschätzen sich indessen die meisten Schriftsteller und nicht minder die Redakteure der Zeitschriften! Dabei verschwinden die letzten Zeitungen, die noch auf ein gewisses Niveau geachtet haben. Nachdem »Der Tag«, »Germania« und »Vossische Zeitung« schon beseitigt sind, ist das Berliner Tageblatt seit dem 31. Januar eingestellt und die DAZ vom Deutschen Verlag (dem früheren Ullstein-Verlag, jetzt in Händen von Partei und Staat) übernommen, was deren Redaktion nicht hindert, Klepper weiterhin um Beiträge zu bitten.

»Es ist ein verwirrendes Bild: die geistige Freiheit, die noch gewährt wird; der niedrigste Sadismus in den – in einigen oder allen? – Konzentrationslagern. Der Haupteindruck in allem, allem Schweren ist: dieser Staat hält sich nur durch rasende, nicht eine Sekunde aussetzende Unruhe aufrecht: ein Moment der Ruhe, und er bräche zusammen . . . diese furchtbare Unruhe des öffentlichen Lebens wird erzwungen durch krampfhafte und krankhafte Überorganisation aller Lebensbezirke.«[125]

Im »ständigen Bewußtsein für die unablässig spürbare Gegenschöpfung des Satanischen«[126] sieht sich Klepper mit Georges Bernanos verbunden, dessen »Tageguch eines Landpfarrers« für ihn wohl der entscheidende literarische Eindruck am Anfang dieses Jahres ist. Er wirkt offenbar noch nach in einem Gespräch mit Harald von Koenigswald:

»Seine ›Schatten des Ruhmes‹ sollen meine letzte Buchbesprechung sein. Ich sprach, durch seine Fragen genötigt, mit ihm über das Grundsätzliche: daß seine menschliche Noblesse ihm das Absinken in jene gefährlichen Schichten verwehrt, in denen Spannung, Dramatik, Dialektik, Dämonie, Anarchie und – Johannes 15,2 erst begriffen werden können. Ohne das sehe ich aber keinen Weg zur Dichtung.«[127]

Unmittelbar darauf notiert er: »Ich will vor der Not des ›Ewigen Hauses‹ nicht mehr fliehen. Ich will mitten hinein, sonst erdrückt sie mich.«[128]

Aber nun ist mit einem Mal die Möglichkeit der Auswanderung für Brigitte konkret geworden. Über Dr. Privat, einen Ullstein-Redakteur, ergibt sich ein wirksamer Kontakt zu dessen Schwägerin in London, die in dem vom Bischof von Chichester geförderten Emigrantenhilfswerk tätig ist.

Kleppers Notizen zur außenpolitischen Lage um den 20. Februar spiegeln wohl neben der Zeitungslektüre den Gesprächsstoff in Berliner Kreisen, mit denen er Berührung hat. Das Wochenende scheint voller latenter Krisen gewesen zu sein. Der »Friede von München« und seine »Vierer-Pakt-Idee« (Deutschland, Italien, England, Frankreich) vom vergangenen September gilt bereits als »endgültig überholt«, mit verursacht durch die brutalen Maßnahmen gegen die Juden, denen zufolge sich Amerika zum Rückhalt für England und Frankreich angeboten hat. So stehen die westlichen Demokratien wieder fest beieinander und scheinen sich fürs kommende Frühjahr kriegsbereit zu halten. Die Rüstungslücken dürften bis dahin geschlossen sein. Die Boykottmaßnahmen des Auslands werden allmählich bis in den Alltag hinein spürbar; für Kaffee steht man stundenlang Schlange.

Die Tatsache, daß das Konklave in Rom den Kardinalstaatssekretär Pacelli zum neuen Papst gewählt hat, wird in der deutschen Presse als Ereignis zweiten Ranges behandelt. Klepper dagegen meint, dieser einstige Berliner Nuntius könne nach Ansehen und Werdegang ein großer Papst werden.

Der März, von Klepper geliebt, beginnt rauh, kühl und trübe. Reni feiert ihren siebzehnten Geburtstag im Krankenzimmer, wo sie seit Wochen mit Diphtherie liegt. Brigittes ehemalige Klasse steht jetzt vor dem Abitur; ihr Lehrer hat den Abiturientinnen in einer langen Rede den »Vater« ans Herz gelegt. Die Londoner Kontakte wegen Brigittes Auswanderung scheinen nach wie vor verläßlich, doch um keine Gelegenheit ungenützt zu lassen, nehmen Kleppers gern die Einladung von der Gattin des Kaisers zum Frühstück an. Diese muß ihnen allerdings offenbaren, daß ihre Bemühungen um eine Aufnahmemöglichkeit in Holland vergeblich waren. In ihrer eigenen Machtlosigkeit hat sie nur den einen Ausweg gesehen, daß sie den Gesandten von Uruguay mit zu Tische lud und sie miteinander bekanntmacht. Tatsächlich fährt gleich anschließend Hanni mit der lebhaften Tochter des Diplomaten im pompösen Wagen zum Mokka im Hotel Esplanade und von dort zur Modenschau bei Frau Topell. Klepper selbst ist beglückt von der Eleganz seiner Frau, der Sicherheit ihres Auftretens, ihrem hübschen Französisch und dem Gedanken, daß sie – in dieser politischen Situation – im Gesandtschaftswagen unter fremder Flagge durch Berlin fährt.

Freunde möchten ihn zu einer Auslandsreise drängen, aber schon der Gedanke daran löst nur eine schreckliche Depression bei ihm aus. Er kann nicht so ohne weiteres auf die Reise gehen, sondern nur, wenn sie notwendig aus dem Leben hervorwächst. Und dann wäre am ehesten der Norden an der Reihe oder die Mitte Deutschlands zwischen Oder, Elbe und Havel. Vielleicht, wenn es wirklich an der Zeit ist, fährt er für den »Voltaire« nach Genf oder für den »Paulus« nach Rom, Korinth und Athen – aber nur wenn Hanni mitreisen kann.

Abschied von Brigitte

Am 10. März kommt der Bescheid vom Britischen Konsulat: das Permit aus London für Brigitte ist da, sie solle sich den Paß für das Visum beschaffen. Das Mädchen freut sich darüber unverhohlen. Die Eltern sind im Zwiespalt; die Trennung fällt ihnen nicht leicht, andererseits müssen sie sich sagen, daß England nicht so fern ist wie Südamerika und nicht so beängstigend wie das chilenische Kriegsgebiet, in das neuerdings Bekannte von ihnen auswandern. Reni möchte später der älteren Schwester folgen.

»Beide sind aus Tatkraft und Lebenslust zu dieser Entscheidung gelangt. Beide sprechen voll der größten Dankbarkeit davon, wie gut sie es bei uns haben; aber sie wollen dies aufs Haus begrenzte, für Beruf und Ehe zukunftslose Leben nicht mehr, so sehr wir alles Für und Wider ihnen bewußt zu machen suchen. Nach dem, was wir ihnen hier gegenwärtig an Besitz noch hinterließen, fragen sie nicht. Darin liegt bei aller Unerfahrenheit doch eine gewisse Größe. – Zum ersten Male sagte heute Hanni: ›Ich will meine Kinder behalten.‹ Aber sie wollen nun ihr eigenes Leben. Dabei ist alles bei ihnen ohne jede Emigrantenpsychose.«[129]

Während man von einer neuen Tschechenkrise und von Truppentransporten in Schlesien spricht, verbringt Brigitte mit einer Freundin den Sonntag bei zwei Brüdern, der eine Student, der andere bei der Gestapo und SS, aber jetzt gewillt, seine Stelle aufzugeben und aus der SS auszutreten.

Die Paß- und Finanzangelegenheiten der Emigrierenden werden zentral von der Jüdischen Gemeinde erledigt. Nur mit Mühe ist in den Geschäften ein Koffer aufzutreiben, so wirken sich Auswanderung und Warenknappheit aus. Dem Reich entstand im Vorjahr durch die Reichsfluchtsteuer eine Mehreinnahme von 67 Millionen Mark, nicht gerechnet die 100 Prozent Aufschlag auf die von Flüchtlingen gekauften Waren und die Verschleuderungsverkäufe ihrer Häuser, Geschäfte und ihres Schmucks. Hanni, deren ganzes Vermögen auf ihren Mann übertragen ist, ist dankbar, daß zu allen Anschaffungen für die Töchter noch Geld da ist. Ihre Gedanken gehen immer wieder zu Freunds, die in zwei armseligen Stuben über ihrem ehemaligen Geschäft in Breslau auf ein Visum warten, und zu den Nürnberger Verwandten, die in ständiger Unsicherheit und Angst leben. Eine Kusine hat sich das Leben genommen; ihr Mann hatte sie allein mit den Geschäftsbüchern zurückgelassen, deren Entdeckung sie das KZ befürchten ließ.

Unheimlich starker Flugzeugverkehr an einem späten Nachmittag, dann die Schlagzeilen »Bedrohliche Verschärfung«, »Die Lage ist unhaltbar geworden«, »Der Brandherd Europas« sind das Vorspiel für die Zeitungsüberschriften vom 15. März, von Klepper aufmerksam in das Tagebuch eingetragen:

»Erster Heeresbericht vom Einmarsch in Böhmen und Mähren. Auch deutsche Flieger schon über die Grenze. Zirkularnote des neuen Staates der Slowakei an alle Mächte. Proklamation an die deutsche Nation . . . Führerbefehl an die Wehrmacht: Widerstand wird sofort mit allen Mitteln gebrochen. Prager Befehl: Kein Widerstand. Der Führer bei den Truppen in Böhmen und Mähren. Deutsche Soldaten in Prag. Hakenkreuzfahnen über Prag. Nirgends Zwischenfälle. Frankreich und England an dem Streit nicht beteiligt. Volles Einverständnis Italiens.«[130]

Hitler hatte nach früheren Versicherungen »vor den Grenzen des Volkstums haltmachen« und »in Europa keine territorialen Forderungen mehr stellen« wollen. Es schwindelt Klepper vor seiner dynamischen Politik. »Das Unheimliche ist, wie er sich in seinen Stationen an die ›Jahrestage‹ hält: vor einem Jahr Österreich; vor fünf Jahren die Wiedereinführung der allgemeinen Wehrpflicht.«[131]

Seinen 36. Geburtstag feiert der Schriftsteller als letzten im Südender Haus. Von Hanni bekommt er die gewünschten Seeckt-Erinnerungen, einen Band »Luther, dargestellt von seinen Zeitgenossen«, Eau de Cologne, Zigarren, Zigaretten und Briefpapier mit dem Aufdruck: Nikolassee Teutonenstraße 23. Reni schenkt ein Pferdebuch zu Studien für Katharina von Boras Pferde. Brigitte hat ihm einen Porzellanaschenbecher und – was ihm bei ihrer nüchternen Art besonders bewegt – den Losungsspruch für diesen Tag gemalt. Von Meschkes aus Schweden ist ein erster sechzehn Seiten langer Brief und eine Lederhülle gekommen, Elise Topells Geschenk kann den Stamm zu einem ganzen kleinen Weinkeller abgeben, und die treuen Freunds haben eine Flasche Breslauer Korn für den selbstgebrauten Eiercognac geschickt. Abends versammelt sich der engste Freundeskreis. Die Damen – darunter Hilde Stern, die ihren letzten Geburtstag vor der Auswanderung feiert, und die Malerin Edith Telschow – erscheinen im Abendkleid. Gäste und Korrespondenz nehmen auch die weiteren Tage in Anspruch: Werner Milch kommt noch einmal zum Abschied. Rudolf Hermann, der sich mit seiner Frau zum Abendbrot einfindet, klagt über seine Produktionsmüdigkeit in der eiskalten Atmosphäre der Machtpolitik. Die Nichtigkeit dessen, was die meisten veröffentlichen, erschreckt den ernsten Theologen wie seinen einstigen Schüler. Ihre Übereinstimmung bedarf nur der Andeutung: alles wollen sie auch weiterhin als göttliche Prüfung hinnehmen und als »Stille im Lande« weiterleben.

Auch Reinhold Schneider ersehnt sich nach langer Abwesenheit ein solches Weiterleben in der Heimat.

»An sich bin ich ganz froh, einstweilen zurück zu sein; man befindet sich jenseits der Grenzen immerwährend in einer Verteidigungsstellung (wie wir das gut verstehen!), die für unsereinen etwas sehr Bitteres hat, und so liebenswürdig die Franzosen auch sind, so ersparen sie einem die Vorwürfe doch nur selten, die wir einem als Gast anwesenden Ausländer gegenüber wohl nicht aussprechen würden. Aber die großen Geschenke einer solchen Reise werden wohl nach und nach alles Schwere überwiegen.«[132]

Gleich nach seiner Ankunft in Berlin ruft er an; bald darauf erscheint er in Südende mit weißem Flieder und seiner Novelle »Elisabeth Tarakanow«. Seine Flucht nach Freiburg war völlig vergeblich. Die großen Pläne hat er ad acta gelegt und arbeitet nur noch vormittags; im Gespräch zu wirken, scheint ihm heute das Wichtigste. So wünscht er sich für den nächsten Nachmittag einen behaglichen Empfang mit einigen Gästen. Ein Anruf nach dem anderen – ein jeder »bedeutet so und so viel ungeschriebene Zeilen«. Und sie kommen alle: Harald von Koenigswald mit seinem Schwiegervater Baron Falkenhausen, der frühere Hamburgische Staatsrat und Komödienautor Alexander Zinn, der Schriftsteller Hans Pflug, Gerhard Schwarz, Kurt Ihlenfeld, der Übersetzer Ludwig Wolde, der junge Baron Heintze und später noch Karl Pagel, der direkt von Verhandlungen mit der Tobis wegen der Verfilmung des »Vater« kommt.

Auf sieben Jahre in Südende blicken Kleppers zurück, während sie sich auf Ostern als die letzte große Festzeit im »alten Haus« einstellen. Am Karfreitag sind die Kirchen dicht gefüllt und die alte Garnisonkirche in Potsdam für die Matthäuspassion wieder völlig ausverkauft. Frau Topell und Reni erleben sie zum ersten Mal und zeigen sich fassungslos beeindruckt. Bei Klepper selbst wirkt die Aufführung auf eine besondere Weise nach:

> »Mir ist nun erst das Grab des Joseph von Arimathia aufgegangen! Barrabas, Simon von Kyrene, Joseph von Arimathia. Diese drei muß ich in einer Gedichttrilogie zu erfassen suchen.«[133]

Am Vorabend des Festes beweisen die Abendzeitungen, daß die faschistische Politik keinen Osterfrieden kennt: Italien hat Albanien überfallen.

Der Ostermorgen bricht strahlend an. Vom Läuten zu den Ostermetten erwacht, besinnt sich Klepper auf einen Traum in der Nacht, nach dem er nun ahnt, warum es im Glaubensbekenntnis heißen muß: »Niedergefahren zur Hölle«. Wieder sind die Kirchen überfüllt, wie er sieht und hört. Sein Blick und Gefühl sucht die starken Erwartungen all der Besucher zu erfassen, diese »ergreifende Bereitschaft des Volkes zum Christentum, nicht etwa nur zu einer allgemeinen Religiosität«[134]. Daran gemessen sieht er aufs neue an den Gottesdiensten den einen entscheidenden Mangel: »Gottes Wort ist noch da; Feier und *Gottesdienst* nicht mehr.«[135] Bestürzend kommt für ihn eine große Erklärung leitender kirchlicher Persön-

Brigitte Stein

Reni Stein

lichkeiten hinzu, die den Protestantismus zum Knecht des Nationalsozialismus und Luther zum Vorläufer Hitlers machen will.[136]

»Punkt um Punkt weicht die Kirche zurück. Wahrhaftig, ein Gericht über dem Hause Gottes hat angefangen. Die Kirche fürchtet sich vor dem Staat, nicht vor Gott. Das sage nun ich mit meiner mir so oft zum Vorwurf gemachten ›Obrigkeitsmystik‹.«[137]

In der Zwischenzeit sind die drei Freunds aus Breslau, wo sie in Abstellräumen hausen, wegen ihrer Auswanderungspapiere eingetroffen. Während sie auf einen Anruf vom chilenischen Konsulat warten, sitzen sie auf der Terrasse und lernen Spanisch.

Klepper liest in diesen Tagen Schneiders »Elisabeth Tarakanow«. Die Erzählung findet er nobel geschrieben und turmhoch über dem, was andere schreiben – Günther Birkenfelds »Versöhnung« hatte er mit wachsendem Horror gelesen –, doch vermißt er auch hier die zwingende Notwendigkeit und Komposition. »Weniges, nur ganz weniges schreiben; und dies wirklich durchführen: künstlerisch sowohl wie ›zu den letzten Gründen‹.«[138] Anton Kippenberg vom Insel-Verlag konzentriert sich immer mehr auf Klassikerausgaben, so sehr mißtraut er den neuen Autoren und so schwach scheint ihm die zahlenmäßig übersteigerte Buchproduktion. Wieder denkt Klepper an die Mittagstunde im November 1936, als er unter Qualen den »Vater« beendete.

»Hanni und die Töchter saßen noch bei Tisch; ich mußte lesen. Eine fragte, wohl Renerle: ›Warum dauern andere Bücher bei anderen Schriftstellern nicht so lange?‹ Eins sagte: ›Dafür ist's bei Jochen dann große Kunst.‹ Da bekam ich vor Verzweiflung einen Heulanfall, so schlecht und kaputt erschien mir das Buch.«[139]

Noch jetzt sind ihm die Mängel des Romans bewußt, gleichwohl aber auch sein Recht, einen guten Platz in der Produktion dieser Jahre zu beanspruchen. Unfaßlich bleibt ihm sein Erfolg: 7000 Mark zählt sein Guthaben bei der DVA und 12 500 Mark sein Anteil von der Zahlung der Tobis für die geplante »Vater«-Verfilmung. Abends findet für Brigitte ein kleiner Abschiedsball statt, während draußen ein gewaltiger Sturm tobt. Die beiden unteren Zimmer sind in einen kleinen Barocktanzsaal umgewandelt, in der mit Lampions erleuchteten oberen Diele stehen kleine Tische, im Birkenzimmer ein kaltes Büfett, überall mit Blumen und Zweigen geschmückt. Der Hausherr hat alles zur größten Bewunderung der Gäste, die erst um vier Uhr morgens aufbrechen, arrangiert. Einen letzten Spaziergang wünscht sich Brigitte durch die Potsdamer Russenkolonie in der Kirschblüte; abends verweilt sie noch gern am Bettrand der Eltern, die von ihrer Liebesgeschichte erzählen sollen. Und schon werden ihre Koffer aufgegeben. Das Verzollen verläuft unverhofft günstig, in zwei Stunden ist alles erledigt, weil einer der Zollpacker, der aus Südende stammt, sogleich lebhaften Lokalpatriotismus an den Tag legt und die Sache in die Hand nimmt. Das Gepäck ist gleich bis London aufgegeben, so kann Brigitte unbelastet reisen. Es entstanden keine Sonderabgaben, noch kam es zu antisemitischen Äußerungen, über die so viele Auswanderer klagen. Das Abschiedsessen findet bei Kempinski statt. Anschließend fahren sie im Taxi zu einem (vermutlich amerikanischen) Kino, das kein Judenverbotsschild zu führen braucht. Trotz der Kriegspsychose ist der Kurfürstendamm mit seinen Restaurants, Cafés und Kinos von gut angezogenen, heiteren Menschen und eleganten Autos belebt. Welche Gefühle dabei die Eltern bewegen, verrät die Notiz vom Tag des endgültigen Abschieds: »Als wir nach dem Frühstück mit Brigitte aufbrachen, sagte Hanni nur zu mir: ›Nimm dir doch ein Beispiel an mir.‹ Und das kann man wahrhaftig . . .«[140]

Der Hamburger Zug zur Einschiffung ist dicht besetzt, darunter viele Juden, von Angehörigen begleitet. Brigitte bleibt munter bis zum Schluß. Hanni kehrt ruhig, nur etwas abgespannt vom schnellen Abschied im Hafen zurück. Zwei Tage später trifft schon die erste Nachricht von der nun selbständigen Tochter ein: mit ihrer Kabinenpartnerin und zwei Stewards konnte sie Le Havre während des Schiffsaufenthalts besichtigen und ihr ganzes Bordgeld, 40 Mark, in Dollars umwechseln.

Klepper hat sich jetzt ebenfalls zu einer Reise entschlossen: er fährt nach Leipzig, um von dort aus die letzte Wegstrecke der Katharina von Bora in Augenschein zu nehmen. Hier haben sich vor einer Woche auf der Buchhändlerkantate[141] bestürzende Dinge zugetragen mit der Bekanntgabe neuer Bestimmungen, wonach künftig christlichen Verlagen und Buchhandlungen verboten sein soll, noch anderes als ausgeprägt religiöses Schrifttum zu verbreiten, während auf der anderen Seite fortan kein religiöses Buch mehr erscheinen darf. Klepper sieht »Verleger und Buchhändler völlig konsterniert durch das ›Christliche Ghetto‹, in das alle Verlage hinein sollen, die auch nur ein christliches Buch verlegen oder als Buchhandlung ausstellen«, hält aber die Verordnungen für undurchführbar und sieht sich in dieser Hinsicht durch die Mitteilung von Pastor Hans Dannenberg, einem früheren Kommilitonen, ermutigt:

»Vor einer Kommission von Geistlichen, die die kirchliche Lage mit ihm erörterte, äußerte der gefürchtete Kirchenminister Kerrl, er gebe zu, daß es noch einige literarische Werke gebe, in denen der Protestantismus einen lebendigen Niederschlag für die Gegenwart gefunden habe, wie Ina Seidels ›Lennacker‹ und Jochen Kleppers ›Vater‹. – Auch diese Äußerung ermöglicht mir wieder, Greuelmärchen entgegenzutreten.«[142]

Auf diese Weise wieder im Gedanken an den neuen Roman beflügelt, begibt er sich an Rüstungsbetrieben und Kasernenkomplexen vorbei auf die Reise in die Vergangenheit. Sofort nach der Ankunft in Leipzig, wo er im Parkhotel abgestiegen ist, macht er sich an die Entdeckung der alten Stadt und meint bald überall die Spuren der Reformation wahrzunehmen. Dazu gehören für ihn noch die Kantate der Thomaner beim Gottesdienst in der Nikolaikirche und die Schaufenster der großen Buchhandlung an der Thomaskirche, wo auch der »Vater« und die Eckart-Bändchen ausgestellt sind. Eine Tagestour führt ins malerische Grimma und von dort im Mietauto zur Ruine von Kloster Nimbschen; am Tag darauf sucht er Katharinas Güter in Kieritzsch, Wachsdorf und der Boos auf, gewinnt noch Zeit für einen Zwischenaufenthalt in Wittenberg, »blickte in Bores Gärtlein, sah den dichten Flieder an dem Brunnen des Hofes blühen«. An den Abenden findet er großen Gefallen an den ausgezeichneten Aufführungen von Wagners »Lohengrin« und Mozarts »Hochzeit des Figaro« im Opernhaus, kehrt anschließend noch in Goethes alter »Feuerkugel« oder im »Kaffeebaum«, dem Treffpunkt der Buchhändler und Musiker, zu einem Glas Wein ein. Die Reise hat 125 Mark gekostet, aber das Ergebnis ist so befriedigend, daß er die Ausgabe nicht bereut, zumal wieder neue Sorgen um die kranke Mutter und Aufregungen mit dem Umzug zu bestehen sind.

Umzug und Nervenkrieg

Das letzte Sonnabendgeläute in Südende. Hanni verabschiedet sich in den Geschäften. Nun wartet das neue Haus – vom Boden bis zum Keller fertiggestellt – auf den Einzug, der am 22. Mai stattfindet.

Trotz der verschiedenen Einschränkungen ist in Nikolassee alles noch schöner als im Südender Haus. Zu Pfingsten bäckt Hanni den ersten Kuchen im neuen Herd, und am Festtag wandern sie das erste Mal über die Rehwiese zum Kirchhügel hinauf. In der mit Birken, Goldregen und Weißdornzweigen geschmückten Kirche finden sie sich inmitten einer lebendig singenden Gemeinde, deren Pfarrer ernst und klug predigt. Bei ihrer Heimkehr erwartet sie reiche Pfingstpost mit einem munteren Brief von Brigitte, die bereits von Furtwänglers früherer Sekretärin eine Karte zur »Verkauften Braut« bekam. Jochen und Hanni Klepper erledigen 22 Dankbriefe für die Einzugsgrüße. Sie haben das Gefühl – da Reni und das Mädchen die hübschen Mansarden bezogen haben –, wie ein junges Ehepaar in einer kleinen Wohnung zu leben. Dieser Eindruck von einer Idylle schwindet allerdings wieder angesichts der Einkreisung des privaten Lebens; kaum haben sie am neuen Platz Fuß gefaßt, erscheinen schon die Obleute von Volksfürsorge und Luftschutz, Block- und Zellenleiter der Partei.

Zwei Wochen nach dem Einzug in Nikolassee ist der Ambrosianische Morgengesang »Schon bricht des Tages Glanz hervor«, die deutsche Umdichtung des »Iam lucis orto sidere« für den Kirchenmusikkreis des Burckhardthauses, vollendet[143]. Es wirkt wie eine besondere Fügung, daß dieser Choral nach langem Schweigen gerade in einem Augenblick entsteht, in dem die christliche Literatur erbitterten Angriffen ausgesetzt ist, angeführt von Hanns Johst, dem Präsidenten der Schrifttumskammer. Doch im neuen Literatur-Kürschner findet Klepper überraschend wieder seinen Namen verzeichnet, und jeder Tag bringt dem Autor des »Vater« neue Beweise der Anerkennung. Da besucht ihn ein Grenadier aus Neustrelitz, der sämtliche Lieder aus dem »Kyrie« vertont hat. Ein junger Pastor erscheint, der das Buch von Martin Niemöller aus dem KZ bekam. Pastor Rienau, dem er seit 1927 nicht mehr begegnet ist, lädt ihn als Paten seines Sohnes ein – die Lektüre seines Romans habe ihm Mut gemacht, Vater zu werden. Ein anderer, besonderer Ertrag des Buches: Herbert Schulze, der Erbauer der gegenwärtig bedeutendsten Orgel und Leiter der Orgelabteilung des Kirchenmusikalischen Instituts im Spandauer Johannesstift, spielt ihm Stücke von Scheidt, Bach und Buxtehude vor. Zwischen der Orgelmusik und der Deutschen Messe am Abend ist er bei Schulzes zum Essen eingeladen und trifft dort auch den Schweizer Kirchenmusiker

Tappolet, mit dem er bereits in einen näheren Briefkontakt getreten war[144]. Klepper faßt seine Eindrücke hinterher nicht ohne einen kritischen Beiklang zusammen:

»In all der sauberen Arbeit, die die großen Maßstäbe wieder anlegt und den Anschluß an die große Tradition wieder herstellt, ist nur eine große Gefahr: das Museale, Rekonstruierende.«[145]

Aus der Schweiz stammt auch Renis neuer Bekannter, der als Buchhändler bei Buchholz arbeitet und ihr bei den Bootsfahrten auf dem Wannsee Gesellschaft leistet. Doch wieviel Raum bleibt für solche Unbeschwertheit: Freunds, die jetzt das chilenische Visum erhalten, aber in der Zwischenzeit die Schiffsplätze verloren haben, sind wieder im Haus. Staatsrat Zinn, der gerade mit seiner Frau zum Kaffee gekommen ist, will ihnen bei einer Schiffahrtsgesellschaft behilflich sein. Wenn Freunds jetzt nicht ausreisen, haben sie gar kein Geld mehr.

»Zinn, so behütet, Freunds, so bedroht: alle an einem festlichen Tische. Was umschließt ein Haus in seinen Gästen. Wie stehen wir in der Mitte zwischen den so Behüteten und den so Bedrohten an unserem Tisch!«[146]

Die Bewunderung der Freunds für das Haus tut weh. Wie beneidenswert erscheint da ihre eigene Lage, auch wenn die bevorstehenden Zahlungen und Kontributionen sie in Zukunft zu noch größerer Sparsamkeit zwingen. Endlich gelingt es wenigstens für Vater und Sohn, durch ein nicht ganz geheures Zusammenwirken von Gestapo und jüdischer Gemeinde Plätze auf dem Juni-Schiff, das von Cherbourg abfährt, zu bekommen. Mutter und Tochter können erst mit einem späteren, kleineren Schiff nachfolgen. Der Lehrter Bahnhof ist zur großen Auswandererstation geworden; man hört arme, gehetzte Menschen phantastische Reiseziele nennen: Christobal, Santiago, Shanghai, Montevideo. Gleichzeitig fahren unermeßliche Scharen hinaus an die Badeplätze, um diesen Sommer noch wahrzunehmen. Denn wer weiß, wie lange der Frieden noch erhalten bleibt . . .

Die Lage spitzt sich von Tag zu Tag zu. Kaum ist die Tientsin-Krise zwischen Japan und England beigelegt, ergeben sich neue Spannungen zwischen der Sowjetunion und Japan wegen Nordsachalin. Der Abschluß des Militärpakts Moskau–Paris–London zieht sich dahin, neuerdings kursiert das Gerücht, daß sich ein reger diplomatischer Verkehr zwischen Moskau und Berlin entwickelt hat. Die Schlagzeilen der deutschen Zeitungen bereiten das Volk auf die

Neue Adresse seit dem 22. Mai 1939: Nikolassee, Teutonenstraße 23

Das »Refektorium«

Vater Klepper in seinen letzten Jahren

Mutter Klepper (1937)

Margot Fischer geb. Klepper

Hildegard Klepper

Erhard Klepper

Wilhelm (»Billum«) Klepper

Reni, Jochen und Hanni Klepper auf der Terrasse in Nikolassee

Die Rehwiese

gewaltsame Lösung des Danzig-Konflikts vor, an der noch immer der »Generalkrieg« zu hängen droht. Ende Juli verknüpfen sich für Klepper die gegenwärtigen Eindrücke mit den »schweren Erinnerungen« an die Tage vor dem Kriegsausbruch 1914. »Ich staune, wie man alles noch weiß. Das ist wohl, weil Vater die Mitteilungen an die Familien der Gefallenen zu übermitteln hatte.«[147]

Für die deutsche Bevölkerung beginnen mehrtägige Luftschutzübungen mit Probealarm und Verdunkelung. Autos und Motorräder werden bereits requiriert; Studenten, Beamte und Hitlerjugend sind zur Erntehilfe eingesetzt. Weithin scheint der Urlaub für August gesperrt zu sein. Der Oberbefehlshaber des Heeres, von Brauchitsch, wendet sich über den Rundfunk an alle Rüstungsbetriebe. Alle nicht Wehrpflichtigen, auch die Frauen, werden in einer neuen »Volkskartei« erfaßt; die Karten der Juden sind mit einem roten »J« gekennzeichnet. Klepper hofft, daß Hanni den arischen Frauen gleichgestellt wird, falls Krieg kommen sollte. Was soll aber aus Reni werden? »Wenigstens im Krieg richtig dazugehören«, meint diese; den Gedanken an die Auswanderung hat sie nun weit aufgeschoben und will, so lange es nur geht, bei den Eltern bleiben.

Wie lassen sich unter solchen Umständen noch die Gedanken für die Arbeit des Schriftstellers sammeln? Ein Aufsatz über den Christbaum[148] ist dem Furche-Verlag für den diesjährigen Sammelband »Evangelische Weihnacht« versprochen und muß in diesen Tagen abgeschlossen werden. Die hierbei entwickelten Bilder – Baum der Erkenntnis des Guten und Bösen, Lebensbaum, grünende Tanne, Feigenbaum, Lebensholz der Offenbarung – verdichten sich nochmals zu einem Christbaum-Lied[149]. Daneben entsteht das »Trostlied am Abend«[150], ohne direkten Anklang doch ganz und gar auf die herrschende Unruhe bezogen:

> In jeder Nacht, die mich umfängt,
> darf ich in deine Arme fallen,
> und du, der nichts als Liebe denkt,
> wachst über mir, wachst über allen.
> Du birgst mich in der Finsternis.
> Dein Wort bleibt noch im Tod gewiß.

Die Beschäftigung mit neuen geistlichen Liedern hat schon seit geraumer Zeit den Kauf eines Klaviers nahegelegt. Eines Morgens wird das Instrument ins Haus transportiert. Hanni besorgt ihm gleich ein großes Choralbuch aus der Stadt. »Renerle sagte nur: ›Nun wirst du noch melancholischer werden.‹ Ich erhoffe das Gegenteil –.«[151]

Genau wie bei der Tschechenkrise ist nunmehr die ganze Presse auf Propaganda gegen Polen eingestellt. Jetzt ist nicht mehr allein von Danzig die Rede, wo der deutsche Einmarsch unmittelbar bevorstehen soll, auch der »Korridor« und Ostoberschlesien sind in den Mittelpunkt gerückt. Der »Nervenkrieg« ist zum internationalen Schlagwort geworden. Nur daß niemand mehr glaubt, daß die anderen Nationen wie im Vorjahr tatenlos zusehen werden.

»Hätte Hitler nicht das Odium des unmenschlichen Vorgehens gegen die Juden auf sich und den Sturz der Tschechoslowakei, der seiner Lehre vom Volkstum widersprach: Ostoberschlesien, Danzig, der Korridor hätten Ziele der Nation werden können.«[152]

Elise Topell, die von der Pariser Modenschau zurückkommt, erzählt, dort stehe alles unter lähmender Kriegsangst, während Milchs und Brigitte von England und Meschkes von Schweden nichts dergleichen berichten. Das abenteuerlichste Gerücht bestätigt sich: während die in Moskau monatelang geführten Verhandlungen mit der englisch-französischen Militärkommission gescheitert sind, haben – die Schlagzeilen der Zeitungen sind so groß wie noch nie – die Sowjetunion und Deutschland einen Nichtangriffspakt unterzeichnet. Selbst Ihlenfeld und Oskar Söhngen vom Berliner Konsistorium, die Klepper in der Hoffnung auf seine Mitarbeit bei der Gesangbuchreform aufsuchen, »diese beiden sehr Loyalen nennen, was politisch nun vollzogen wird, ein diabolisches Werk«[153].

Hochsommertage voller Glanz, was für ein unheimlicher, einen ganz erschöpfender Friede! Klepper kann keine Gruppe heiterer Schwimmer mehr sehen, ohne an die grauenhaften Verstümmelungen zu denken, die ein Krieg mit sich brächte. Trügerisch empfindet er die strahlenden Tage am Wannsee, wo Möven und Schwäne in der Mittagssonne dahingleiten, trügerisch auch das stille Familienglück des Nachbarn: das Mädchen, das den Eltern Lieder vorsingt, während die Mutter strickt und der Vater den Gartenweg kehrt. Sitzt er wirklich noch mit Frau und Tochter beim Abendbrot auf der Terrasse, wandert er wirklich noch mit Hanni im Mondlicht durch die Villenstraßen von Zehlendorf nach Nikolassee?

Doch nicht nur das Anwachsen der Propaganda, die Mobilmachung in Polen und der Friedensappell des Papstes deuten auf Krieg. Dazu kommen die kleinen handgreiflichen Anzeichen im alltäglichen Leben: man muß die Milch selber holen, weil der Milchmann eingezogen ist, die Omnibuslinie nach Wannsee ist wegen Einberufung der Fahrer eingestellt, der Eisenbahnverkehr soll vorübergehend für die Zivilbevölkerung gesperrt sein. Rechtsanwalt Wergin, dessen beide Brüder im Ersten Weltkrieg gefallen sind, mußte ebenfalls einrücken. Für Teile des Heeres und der Luftwaffe ist eine mehrtägige Postsperre eingeführt. Eine Reihe lebenswichtiger Verbrauchsgüter soll es ab kommender Woche nur noch auf Bezugsscheine geben.

»Hitler hat vor den Abgeordneten des Reichstags, ohne die sonst übliche Funkübertragung, in seiner Reichskanzlei über den Ernst der Stunde gesprochen, ›und es wurden ihm stürmische Ovationen bereitet‹.

Aber das ist ja eben eine der Hauptfragen: wie kann ein Volk einen Krieg bestehen so ohne alle Begeisterung, derart niedergeschlagen?!«[154]

Denn es kommt zu keiner patriotischen Kundgebung wie im August 1914. Die Menschen, denen man begegnet, wirken gefaßt, können aber ihre Sorgen nicht verbergen. Ringsum heißt es: Einberufen. Noch will jeder – vom Redakteur bis zum Kolonialwarenhändler im Eckladen, von der NSV-Blockwalterin bis zu den befreundeten Ausländern – an eine letzte Chance der Entspannung glauben. Man weiß von nächtlichen Verhandlungen mit dem englischen Botschafter Henderson. Kleppers Bangigkeit wächst, zumal sich der Zustand seiner Mutter merklich verschlechtert hat und das Leben immer teurer wird – sie hatten allein diesen Monat 890 Mark an laufenden Ausgaben.

Am 1. September, morgens um sechs Uhr, erreicht ihn durch seinen Nachbarn Dr. Panick, der als Arzt sofort seine Dienststelle aufzusuchen hat, die Nachricht vom Beginn der Kämpfe in Polen. Um zehn Uhr hört die ganze Familie die Übertragung der Führerrede aus dem Reichstag. Um halb acht abends ertönt der erste Fliegeralarm. Die Abendmeldungen berichten von den ersten Bombenangriffen auf polnische Städte und dem Vordringen der deutschen Truppen auf der ganzen Linie. Kleppers empfinden es als ein einziges Glück, in diesen Tagen der Umstellung nicht voneinander getrennt zu sein. Reni, die schlecht aussieht, ist besonders zärtlich. Am Sonntag, dem 3. September, gehen sie gemeinsam zur Kirche. Nachmittags, während sie mit einigen Bekannten noch beim Kaffeetisch sitzen, kommt Dr. Panicks Dienstmädchen herübergeeilt und berichtet von der eben im Rundfunk verlesenen Sondermeldung: Frankreich und England greifen in den Krieg ein. An diesem sonnigen Herbstsonntag, jenseits der vollendeten Stille der blühenden Gärten, ist die furchtbare Entscheidung gefallen. Der neue Weltkrieg ist da.

»Strahlender, stiller, klarer Sternenabend. Groß und herrlich leuchtend der Mars. Auch er ist Gottes Gestirn. So ist es nun doch im Zeichen der nahen Marsbewegung geschehen.

Wie deutlich steht der Moment vor einem, in dem einen die Kriegsnachricht 1914 erreichte: Wir wohnten damals am Markt; Vater und ich standen auf dem Balkon; Baumeister Walter kam vom ›Dreiviertelsieben-Zug‹ und rief die Kriegsnachricht, die er aus Glogau mitbrachte, herauf. Bald fiel er. Diesmal geht der Krieg nicht ins Bewußtsein ein.«[155]

V. Das erste Kriegsjahr

1939–1940

In all den gerechtfertigten sehr schweren Sorgen dieser Wochen darf die Frage an die Zukunft nie lauten: Was soll mir genommen werden?, sondern es darf nur gefragt werden: Was will Gott mir mit diesem Strafgericht und dieser Prüfung geben? Denn Er kann nicht zerstören, wie die Welt zerstört.

Tagebuch, 12. September 1939

Der »Blitzkrieg« in Polen

In Kleppers Umkreis hat man den Eindruck, als wäre der Krieg noch fern und widerruflich; die Seltsamkeit seines Beginns lastet wie ein Rätsel auf allen, erfüllt manche mit verzweifelter, manche mit der gläubigen Hoffnung, daß Frankreich nicht eingreift, solange Italien nicht marschiert, daß England mit dem vollen Einsatz zögert, bis ein Regierungswechsel in Polen ihn erübrigt. Die Kampfhandlungen beschränken sich einstweilen auf die deutsch-polnische Front. Immer wieder denkt man an den »Frieden von München«, der im vorigen Jahr zu einem Neuanfang hätte werden sollen. Noch heißt es an der Westfront: »Schießt nicht, wir wollen auch nicht schießen«, aber englische Flieger sollen schon im Luftraum über Hannover aufgetaucht sein, und Göring hat in einer haßerfüllten Rede für die Zeit nach dem polnischen »Blitzkrieg« eine lange Auseinandersetzung mit England in Aussicht gestellt.

Widerwille gegen das herrschende Regime und fromme Fügsamkeit, Bängnisse und Preußengeist sind bei Klepper im Widerstreit. Während Reinhold Schneider, der von je her antimilitaristische Gefühle hegte, betroffen vor dem Kriegsrausch vieler seiner Mitbürger steht, erlaubt er sich keine defätistische oder oppositionelle Stellungnahme.

»Politische Hypothesen gibt es so viel wie Menschen; danach fragt man nicht mehr. Aber wenn man spürt, wie die Deutschen gar nicht mehr wissen, was sie Deutschland überhaupt wünschen sollen, dann quält es einen sehr. Man selbst ist in die Zweifel und Ungewißheiten mit einbezogen . . .

Es kommen jetzt zu viele Besuche, die ein Symptom der erregten Tage sind. Uns bedeuten sie ein Negativum. Wir wollen keine Prognosen, die der furchtbaren deutschen Zwiespältigkeit entspringen. Wir können nicht aus Bitterkeit gegen das Dritte Reich Deutschland den Untergang wünschen, wie viele es tun. Das ist ganz unmöglich. Wir können auch in dieser von außen so bedrohten Stunde nicht hoffen auf Rebellion und Putsch.«[1]

Dabei sehnt sich sein Herz nach dem, »was nicht in den Zeitungen steht«, nach Fühlungnahme im privaten Bezirk. »In den enger zusammenlebenden Gruppen sucht man ganz besonders freundlich zu sein . . . Zwischen Mann und Frau rühren Blicke, Worte, Gesten jetzt ans Letzte.«[2] Und so zieht er sich auch selbst ganz auf das eigenste häusliche Leben zurück. Zwar berühren ihn die Äußerungen des Dankes, die er aus allen Schichten für den Trost des »Kyrie« in diesen schweren Tagen empfängt. Und er findet sich auch zum Gespräch mit Kurt Ihlenfeld und Siegbert Stehmann über aktuelle Projekte des Eckart-Verlages bereit, denn in ihnen »geht es um den Kern der Arbeit: Bibelsprüche mit Auslegungen fürs Feld; das Vaterunser für die Front; Gesangbuch-Auswahl für die draußen«[3], Beigaben also der frommen Innerlichkeit fürs Marschgepäck. Doch wenige Tage darauf ist er entschlossen, »die Mitarbeit an den Eckart-Büchern einzustellen, wie an all den kirchlich-literarischen Sammelwerken, und mich auch diesen nächsten Stellen gegenüber zu begrenzen auf Kirchenlied und biblischen Roman«[4].

Es regnet viel. Man denkt besorgt an die Soldaten in Polen, wo nun auch die Russen einmarschieren, wie es im Geheimpakt zwischen Hitler und Stalin ausgehandelt worden war. Klepper soll im Dahlemer Oskar-Helene-Heim, das zum Lazarett für Schwerverwundete eingerichtet worden ist, lesen, bleibt aber bei seiner Ablehnung jedes öffentlichen Auftretens. Durch den Syndikus der Inneren Mission, deren Sitz Kleppers Haus gegenüber liegt, erfahren sie, daß von 80 Soldaten, die man in ihre Heilanstalten eingeliefert hat, 50 an der Ostfront wahnsinnig geworden sind. Vor Warschau hat der frühere Oberbefehlshaber des Heeres, Generaloberst von Fritsch, den Tod gesucht und gefunden. Viele sollen in ihm den größten deutschen Soldaten nach Seeckt gesehen haben, und in konservativen Kreisen hatten sich Jahre hindurch an ihn starke Erwartungen auf eine innenpolitische Wandlung geknüpft.

Selbst in diesen Herbsttagen, die sonst seine produktivste Arbeitszeit waren, wird Klepper der Müdigkeit nicht mehr Herr. Gert

Pohls neuer Roman »Der verrückte Ferdinand« ist gerade erschienen, Reinhold Schneider, der seine Freiburger Wohnung wieder aufgegeben hat, reist unermüdlich von einem Freundeskreis zum andern. Er selbst kann nur dann und wann ein Lied zustandebringen, so das »Weihnachtslied im Kriege« und »Zur Jahreswende«[5], über den schlechten Stand am »Ewigen Haus« klagen und für die dauernd wachsenden Ausgaben neue finanzielle Regelungen entwerfen. Die laufenden Haushaltskosten müssen von 700 auf 400 bis 500 Mark herabgesetzt werden. Bei vier Leuten bedeutet das einen ausgesprochen puritanischen Lebenszuschnitt. Während Klepper bei soviel Sorgen und Störungen unter der Stagnation seiner Arbeit leidet, machen seine Bücher weiter ihren Weg: vom »Kyrie« sind schon 6000 Exemplare verkauft, Stuttgart bringt eine Neuauflage der »Bilder des Königs« heraus und zeigt das 28.–30. Tausend des »Vater« an.

Und immer wieder kommen Bekannte zum Abendbrot oder als Gäste zum Tee, solange es noch Tee gibt. Kaffee ist zur Rarität geworden. Poelchaus kommen zu Besuch und Ilse Jonas, die Klepper seit der Breslauer Studienzeit vor acht Jahren nicht mehr gesehen hat, der Journalist Karbe, die Tochter des früheren Ullstein-Direktors Krell und Trude Weill, die zur Entspannung von der Arbeit im jüdischen Altersheim so gern bei ihnen Klavier spielt. Die politischen Vorgänge und Vermutungen bestimmen die Unterhaltungen. Mussolini soll einen schweren Schlaganfall erlitten haben, woraufhin Italien wohl bei seiner Neutralität verharren dürfte. Der Polenfeldzug, der nach fünf Wochen zu Ende war, soll viele Opfer gekostet haben. Himmlers Einfluß soll gewachsen sein, auch hat man vom Rücktrittsangebot hoher Militärs wie von Brauchitsch, von Rundstedt und von Reichenau gehört. Manche rechnen mit einem baldigen Durchmarsch durch Belgien, andere mit einer Westoffensive von Spanien und Italien her. An der Schweizer Grenze höre man viel schießen, obwohl der »eigentliche Krieg« noch gar nicht begonnen hat.

Dazu kommen neue quälende Gerüchte über weitere Maßnahmen gegen die Juden. Je näher der 9. November, der Jahrestag der »Kristallnacht« rückt, desto größer wird die Angst der Betroffenen (in Berlin leben von den einst 250 000 nur noch 90 000 Juden). Klepper sieht im Traum Hannis Gesicht entstellt auf dem »Schweißtuch der Veronika«. Wüßte er nicht, wie man Witwen und Kinder von Juden, die im Ersten Weltkrieg gefallen sind, im Dritten Reich behandelt, käme er in Versuchung, sich zum Heer zu melden, um so die bedrohte Frau und das Kind besser zu schützen. Hilde Adler, die kurz vor ihrer Auswanderung steht, ist gewarnt worden, es schwebe eine Aktion gegen die Frauen. Reni wird gleich zu Dr. Brasch, dem Syndikus der Berliner Jüdischen Gemeinde, geschickt, um Gewißheit zu erlangen. Sie kommt mit der Auskunft zurück, daß man den in Deutschland erwerbslos gewordenen jüdischen Handwerkern Aufbauarbeit in Polen angeboten habe, es seien dort schon sehr viele Wiener Juden. Kleppers Reaktion ist von gutgläubiger Überzeugung:

> »Es gibt nur diese Abwehr der Gerüchte: an den wenigen vertrauenerwekkenden Stellen sofort Richtigstellung einholen.«[6]

Harald Poelchau hat indes von einem Bekannten beim Rassenpolitischen Amt gehört, man wolle die Juden aus Deutschland ausweisen und nach Enteignung ihres restlichen Vermögens – das Zehlendorfer Finanzamt fordert schon wieder von Hanni 2450 Mark Kontribution – zur Zwangsarbeit in die Lubliner Gegend verschicken.

Nach einem mißlungenen Sprengstoffattentat auf Hitler im Münchener Bürgerbräukeller rechnet man mit einer Strafaktion gegen die Juden, gegen die die Novembermaßnahmen im Vorjahr noch milde waren. Es heißt bereits, den arischen Partnern von Mischehen werde eine Jahresfrist zur endgültigen Scheidung gegeben. Vorsorglich schläft Reni einstweilen bei Pagels. Dafür nimmt sie ihr neuer Freund, Curt Goetz jun., zu Proben im Deutschen Theater mit und bewegt seine Eltern zur Fühlungnahme mit einem Bekannten in der Schweizer Gesandtschaft, um Möglichkeiten der Auswanderung für sie zu erkunden. Hanni, die ihren 49. Geburtstag feiert, nimmt die Aussicht, auch die zweite Tochter ziehen lassen zu müssen, tapfer auf, möchte aber nie mehr allein zu Hause bleiben. So leisten ihr Reni und Curt Goetz, der den Damen aus den Komödien seines Vaters vorliest, Gesellschaft, während Klepper selbst nach langer Zeit wieder einmal in die Philharmonie geht, wo Bachs h-Moll-Messe aufgeführt wird, die er noch nie gehört hat.

Fünf Grad Kälte. Am 25. November fällt der erste Schnee. Der Totensonntag, letzter Sonntag im Kirchenjahr, beginnt für Klepper mit dem Gang zur Kirche in Stille und Dunkelheit. Zum ersten Mal seit Kriegsbeginn läuten die Glocken nur kurz, wie es neuerdings verordnet ist. Die Predigt erinnert ihn an seinen fast vergessenen Jahresspruch: »Habe ich dir nicht gesagt, so du glauben würdest, du solltest die Herrlichkeit Gottes sehen?« Sehnlich wünscht er sich, noch diese Weihnachten zu Hause verbringen zu dürfen, mit Frau und Tochter vereint, während er das Gefühl hat, daß ihm die Aussöhnung mit der kranken Mutter und den Geschwistern nicht gelungen ist.

Pfarrer Wieses Predigt zum ersten Advent findet er gut, »aber es fehlte das Mitdenken und Mitfühlen mit den einzelnen Häusern seiner Gemeinde, auf denen der Krieg schon spürbar lastet. Hier ist ja keine Großstadtgemeinde. Man weiß mehr voneinander«[7]. Beglückt verspürt er die Wärme, mit der ihm Leser Adventsgrüße schreiben, und will in ihnen »Zeichen der Frömmigkeit der Deutschen« sehen. Wie früher in Beuthen, als er mit seinem Bruder Erhard Fräulein Ullmann in ihrem Spielwarenladen bestürmte, nimmt die leise Erregung der Vorweihnachtszeit von ihm Besitz. In den Geschäften der Innenstadt herrscht ungeheurer Betrieb. Auf dem Markt gibt es dieses Jahr nur wenig Adventskränze und Tannenschmuck; mit Mühe und Not ist auf dem Hohenzollernplatz ein Christbaum zu finden. Es heißt, die Transportschwierigkeiten seien zu groß geworden.

Gespräche nach Endzeit-Predigten, eigene Ungewißheiten und die Zurüstungen im vorweihnachtlichen Haus ergeben eine unsägliche Spannung:

> »Ich glaube, daß Gott mich das ›Ewige Haus‹ schreiben läßt – obwohl ich abschließen mußte mit der Welt, nur noch die Trennung von Reni wünschen darf; und Hanni, daß sie nicht alt werden möge, wenn Deutschland so bleibt. Nur auf Gottes Gabe darf ich noch hoffen. Und das muß sein, auch wenn ich nur noch Zusammenbruch sehe. Aber Gott, der ja auch im irdischen unendlich gnädig an mir gehandelt hat und handelt, will, daß ich keine seiner herrlichen und freundlichen Verheißungen für Zeit und Ewigkeit je vergesse. So muß ich's glauben: die Ehe; das Buch; das Haus.«[8]

Und in was für gegensätzlichen Linien verläuft sein Leben: einmal singt eine Studentenkurrende im Haus alte und seine neuen Adventslieder, dann besucht ihn der Staatsschauspieler Paul Bildt und bringt gleich eine Schreibtischlampe für Reni mit, dann wieder werden ihm Kleidercoupons für Frau und Tochter von der Kartenstelle entzogen, Lebensmittelkarten gekürzt, Schokolade und Pfefferkuchen zu den Festen für die nichtarischen Glieder der Familie verweigert. Künftig dürfen die Frau und die Tochter des Schriftstellers, dessen Buch man in Nikolassee bei öffentlichen Abenden liest, die Geschäfte nur noch zu besonderen Einkaufszeiten betreten. Frau Bergengruen bietet Abschnitte von ihrer eigenen Karte an, die Untermieterin und das Mädchen wollen Hanni die besonders zugeteilten Weihnachtsstrümpfe schenken, ja sogar die Blockwalterin von der NS-Volkswohlfahrt möchte ihr Schuhsohlen abgeben, die sie für ihre vielen Wege zusätzlich bewilligt bekommt. Hanni sagt: »Wir sind glücklich und bedrückt.«

Die ersten Weihnachtsgrüße treffen ein. Meschkes erleben die Lichtfeier in Schweden, wo alles den finnisch-russischen Krieg besorgt mitverfolgt. In Polen wurden die Gottesdienste eingeschränkt, berichtet Heerespfarrer Hegel und schickt Taschenlampenbatterien, die es in Berlin nicht mehr gibt. Der Steglitzer Pastor, der seinen Sohn im Osten verloren hat, bittet um ein Gedächtnislied für die Gefallenen. Rechtsanwalt Wergin schreibt »überraschend religiös« aus Rathenow. Aus der Schweiz schicken Tappolets Kaffee und Schokolade. Brigitte berichtet aus Cambridge, auf dem Weg über Holland, daß sie jetzt zweimal in der Woche eine Kunstschule besuchen könne.

An einem Tag vor Weihnachten überprüft Klepper noch alle Einnahmen und Ausgaben. Dieses Jahr hat er 26 465 Mark verdient – eine Summe, die er wohl nie wieder erreichen wird. Andererseits mußten sie 9800 Mark Kontribution, 2131 Mark Steuern und 10 000 Mark an Bauschulden zahlen, wobei ihnen die 7000 Mark von Hannis Lebensversicherung gute Dienste leisteten, denn der Haushalt allein brauchte monatlich 840 Mark. Am späten Abend schließt er das Rechnungswerk ab. Draußen in der stillen Finsternis fällt Schnee- und Eisregen. Hanni ist im Schein der Wachslichter über dem Abschreiben seines neuen Weihnachtsliedes eingeschlafen. Im Hause ist alles für das Fest gerüstet und eingebracht. Hatte er sich eigentlich noch etwas anderes gewünscht, als ein Weihnachten so verbringen zu dürfen?

Noch einmal – wie lange noch? – darf er Zimmer und Christbaum schmücken, die Lieder am Klavier üben, für die Geliebten den Gabentisch richten und mit ihnen zur Christvesper aufbrechen, die dieses Jahr ganz im Zeichen von Luthers und Paul Gerhardts Liedern steht; »alle Schönheit und Feierlichkeit der Südender Weihnacht schimmerte wieder auf«. Bei der Bescherung daheim freut er sich am meisten über die Bände der Lutherausgabe aus dem Chr. Kaiser Verlag; auf Hannis Tisch liegen die neuen Bücher mit seinen Beiträgen: »Pfarrerspiegel«, »Vaterunser«, »Das halte fest« und die »Evangelische Weihnacht« aus dem Furche-Verlag. Anschließend kommen noch »Nachbarn und Hausgenossen« dazu, und man sitzt in stattlicher Runde um den großen Tisch im »Refektorium« zusammen, versammelt sich um das Klavier, um miteinander Weihnachtslieder zu singen.

Zur Jahresschlußandacht, in die sie mit Ilse Jonas gehen, gibt es nur ein kurzes Geläut, sonst schweigen die Glocken in dieser Nacht. Zu dritt sitzen sie noch beieinander »in tiefer Stille, mit guten, oft freilich gar belasteten Gesprächen«. So »endet in Frieden und Gnade ein zerrissenes, schweres, reiches Jahr«.

»Sonnenglanz, Klarheit, Kälte, Schnee, das durchsonnte, warme, lichte Haus bunt von Blumen« – so bietet sich der Neujahrsmorgen am Anfang eines so ernsten, neuen Jahres dar. Stark bewegt hört Klepper im Gottesdienst das Eingangswort: »Zuflucht ist bei dem alten Gott und unter den ewigen Armen« (5. Mose 33,27) und wählt es als seinen Jahresspruch. Nach der Kirche gibt es von Haus zu Haus in der Teutonenstraße ein fröhliches Gratulieren. Die Neujahrsbriefe von Rudolf Hermann, vom früheren Kommilitonen Walter Schröder und von Hans Löscher drücken tiefe, warme, bewußte Wünsche aus. Trotz des Krieges fehlt nicht einmal die Neujahrspute, zu der Karbe und Frau Topell eingeladen sind. Die Untermieter spendieren Bordeaux und Sekt. Reni freut sich, daß sie mit ihrer neuen Skiausstattung wieder nach Wolfshau fahren darf.

In politischer Hinsicht ist es über die Festtage still geblieben. Die Neujahrsbotschaften reden von Siegesgewißheit. Täglich soll Hitler sehr akzeptable Friedensangebote erhalten: Österreich könne bei Deutschland bleiben, die Tschechoslowakei sei ohne Heer und ohne die Sudetengebiete wiederherzustellen, auch Polen solle nur in den Grenzen von 1914 existieren.

Dichter der Kirche

Für das kommende Jahr will Klepper den alten Arbeitsplan wieder voll in Kraft setzen, denn es geht offenbar nicht ohne Organisation, auch wenn sie zur Flucht vor dem Produzieren werden kann. Sein

Voltaire-Plan kommt ihm nach zwölf Jahren abgestorben vor, weil er die zentrale Aussage über das, was not tut – Vater, Mutter, Haus, Besitz- und Heimatlosigkeit des Einsamen – nicht zuläßt. Viel mehr sehnt er sich danach, das Ineinander von Tod und Weihnacht in Katharina von Boras Sterben zu schildern. Noch hält er sich bei ihrer Flucht in der Osternacht auf. Befriedigend fällt ihm an den mannigfachen Zuschriften auf, wie man seine Arbeit würdigt, daß sie nicht mehr nur »für die Kirche«, sondern auch »für das Volk« von Bedeutung sei.

»Und das alles darf ich schon mit einem so schmalen Gesamtwerk, einem gerade erst begonnenen, erleben! Das Pfarramt der Kaiser-Wilhelm-Gedächtnis-Kirche hat mein Weihnachtslied ›Sieh nicht an, was du selber bist‹ als Weihnachtsgruß an alle Gemeindeglieder versandt. Und nun ist die Zahl der Dankbriefe so groß, daß man mir davon berichtet. Das alles ist eine solche Hilfe, wenn man angesichts der schweren, wirren Zeit verzagen möchte am neuen, großen Buch. Wie weiß Gott einen immer wieder am Werke zu halten.«[9]

Nachts träumt er von grauenvollen Qualen der Eltern, und manchmal hofft er, dies möchte für das Leiden seiner kranken Mutter ein Ende bedeuten. Tagsüber sitzt er am Schreibtisch in der noch gutgeheizten Stube. Draußen sind 22 Grad Kälte; alles klagt wegen der stockenden Kohlentransporte und der vielen Rohrbrüche, die die Reparaturfirmen nicht mehr bewältigen können (auch in Renis Mansarde hat es eine Überschwemmung gegeben). Die kluge fünfjährige Roswitha Panick schneidert fleißig bei Hanni, während sich der junge Hannes von Moltke aus der Nachbarschaft in seinen freien Stunden gern bei Klepper aufhält: ein Ersatz für den ihm völlig entzogenen Neffen, vielleicht auch für den so sehnlich gewünschten Sohn. Betroffen nimmt er aber auch den Abstand wahr, wenn er sieht, in welchem Maß diese junge Generation durch Hitlerjugend, Arbeits- und Militärdienst unter staatlichem Anspruch steht. Bei Hannes, der begeistert von der Potsdamer Kaserne erzählt, bricht offenbar die soldatische Prägung der Familie durch. Bei Baron Heintze, der in der Luftwaffe dient, scheint es mehr Abenteurertum zu sein. Er rühmt die Leistungen der Luftwaffe in Polen, sie sei das eigentliche Heer des Dritten Reiches, alles sei dort neu, nach vorwärts gerichtet, dynamisch und ohne den Traditionsballast der übrigen Wehrmacht. Von Leuten der älteren Generation wird das Soldatenleben unterschiedlich empfunden. Harald von Koenigswald schreibt befriedigt von seiner Flakstation in Halle, während Herbert Bahlinger – nicht nur wegen der sibirischen Temperatur – beim Generalkommando in Posen »bis ans Herz hinan« friert. Pastor Hegel, der von dort eintrifft, bestätigt Bahlingers Urteil von der »Kälte des Herzens«; er erzählt vom jetzigen Heeresdekan in Breslau, der seinerzeit den Arierparagraphen in der Kirche durchsetzen wollte und darauf aus ist, Feldbischof zu werden, um im Heer eine Kirche ohne Christus zu schaffen. Die großen Kirchen Polens habe man sämtlich geschlossen.

»Durch Hegel weiß ich nun, daß das polnische Schicksal dem ostjüdischen gleicht. Es hat auch die Konventualen des Franziskanerklosters erreicht, in dem Hegel wohnt. Auch sie sind deportiert. – Alles polnischen Besitzes hat man sich als nun herrenlosen Gutes bemächtigt. Die Einzelschicksale sollen furchtbar sein. Die Rache für das, was den Volksdeutschen in Polen geschah, ist bitter.«[10]

In Deutschland verschärft sich der Kohlenmangel, mehrere Ministerien sind ohne Heizung. Gemüse und Kartoffeln sind kaum aufzutreiben. Trotzdem ist die allgemeine Stimmung im Volk nach Kleppers Eindruck keineswegs so negativ, wie es in manchen ihm nahestehenden Kreisen behauptet wird. Mit der Allgemeinheit vertraut er auf das »großartige Heer«. Man spricht vom Plan einer großangelegten Frühjahrsoffensive, vielleicht auf Holland gerichtet. Offiziere sind übrigens nach wie vor die eifrigsten Leser des »Vater«. Das Oberkommando der Wehrmacht hat die Lektüre des Romans offiziell empfohlen; das Luftfahrtministerium sähe es gern, wenn Klepper in einer Reihe über große deutsche Feldherren über Friedrich Wilhelm I. schriebe. Rudolf Hermann, der abends auf der Rückreise von Schneidemühl zu einem Glas Rotwein gekommen ist (die ganze theologische Fakultät in Greifswald zählt nur noch acht Hörer), konzentriert seine politischen Hoffnungen auf die Armee, insbesondere auf General Blaskowitz[11], während Klepper nicht darüber hinwegkommt, daß der deutsche Offizier den jüdischen Frontkämpfer des Ersten Weltkriegs preisgeben konnte. Ihr gemeinsames Urteil über die Bekennende Kirche ist stereotyp das alte geblieben; Klepper äußert es neu in der Reaktion auf einen siebenseitigen Brief, den er von Generalsuperintendent Dibelius erhalten hat und dem er »so viel Trennendes in Sachen Bekenntniskirche« entnimmt.

»Sie sind ja alles andere als die ›Stillen im Lande‹, als die ›urchristliche Gemeinde‹.Sie wissen ja gar nicht, was unentrinnbares, von Gott her notwendiges Leiden ist. Sie haben den Blick für Volk und Gemeinde verloren. Sie richten

Mauern auf, und über allem kämpferischen Bekenntnis schweigt die Verkündigung der Botschaft der Liebe. Die Kirche wird mich nie singen lehren.«[12]

Dies hindert ihn nicht, voller Befriedigung einen ganzen »Pfarrerkonvent« am tulpengeschmückten Teetisch willkommenzuheißen.

»Pastor Wiese mit seiner Frau, Pastor Gollwitzer-Dahlem, der jetzt führende Mann der Bekenntniskirche (trotz allem Trennenden positive Begegnung), Pastor Grosch von der Kaiser-Wilhelm-Gedächtniskirche, die Lizentiatin Käthe Staritz und später noch die ›Frau Vikarin Jonas‹, die sich nach Jahren bei uns wiedertrafen ... Für mich hatte der Tag wieder viel von schönsten väterlichen Pfarrhauserinnerungen ... Im Hintergrund und im Mittelpunkt aller Gespräche die Drohungen der Zeit, die manchmal etwas von den Schrecken der Endzeit annehmen.«[13]

Käthe Staritz erzählt erschütternde Dinge von ihrer Tätigkeit in der kirchlichen Auswandererfürsorge für Judenchristen in Schlesien. Sie drängt darauf, daß Hanni und Reni Pastor Grüber, den Leiter der Berliner Hilfsstelle, aufsuchen, damit er ihnen zur Auswanderung verhilft, wie er es schon bei Meschkes und hundert anderen getan hat. Denn die beklemmenden Gerüchte stimmen: aus Stettin hat man bereits 1200 – darunter ganz alte Leute – mit zehn Stunden Vorbereitungsfrist, zehn Mark Taschengeld, einem Handkoffer und Reiseproviant in Richtung Lublin deportiert.

Ununterbrochener Schneefall. Der Verkehr stockt immer mehr, alles muß Schnee schippen. Die Hausfrauen suchen stundenlang nach den primitivsten Lebensmitteln. Für die Koksbelieferung erhalten schwangere Frauen, Häuser mit Kindern, Ärzte, Apotheken und Diplomatenwohnungen Vorzugsscheine. Verschiedene Theater und Kinos sind bereits wegen Kohlenmangel geschlossen, ein schlimmes Zeichen für das Reich des »panem et circenses«! Aber die Berliner Treffpunkte der mondänen Welt kennen kaum eine Einschränkung, man trifft sich nach wie vor zum Tee im »Esplanade« oder im »Adlon«. Klepper, der diesen Monat über hundert Briefe geschrieben hat, kann nicht einmal mehr Schreibpapier auftreiben. Direktor Kilpper will zur Vorsorge wenigstens das Papier für das »Ewige Haus« bereitstellen lassen. Drei Jahre sind seit dem Erscheinen des »Vater« verstrichen, ohne daß das neue Buch Gestalt gewann.

»Ach, was hilft hier fremdes Mahnen und Drängen; was eigenes Wollen und Sehnen? Die Zeit wird mir entrissen, kaputt gemacht. Auch Hanni erschrak heute beim Eintreffen von Kilppers Brief, daß drei Jahre seit dem Erscheinen des ›Vater‹ vergangen sind und an den Druck des neuen Buches noch nicht entfernt gedacht werden kann. – Und das alles ist noch nicht eigentlich der Krieg, der freilich alles entreißen und kaputt machen könnte. Es ist ein durch und durch in Unordnung (Überorganisation, Überbeanspruchung, Überwachung) geratenes Staatswesen, das nicht mehr produzieren läßt, sondern ›erfaßt‹. Weil alle mit all dem Ihren ›erfaßt‹ sind, ordnen sich die Leistungen der Menschen untereinander nicht mehr. – Bei den deutschen Juden aber ist's schon die lähmende tabula rasa.«[14]

Wann läßt sich je noch ein normalerArbeitsplan durchhalten? Wieder einmal Steuererklärung, Schneeschippen, Zahnbehandlung, Post von Verlegern und Pastoren, Luftpostbriefe von Freunds aus Chile, von Hilde Stern (jetzt Adler) aus New York, Feldpostbriefe aus dem Norden und von der belgisch-holländischen Grenze. Mit Reni besucht Klepper Professor Dessoir am Bayerischen Platz. »Wenn auch Hanni und ich diese zu Ende gehende Ära nicht überschätzen, hat es mich doch gefreut, Renerle noch einmal im Hause eines berühmten Gelehrten der Kaiserzeit einführen zu können.«[15]

Wenigstens entsteht wieder einmal ein Gedicht, ein »Hochzeitslied«[16] auf seinen eigenen Trautext Phil. 4,4–7; die Konsistorien von Brandenburg-Pommern und von der Rheinprovinz hatten ihn darum gebeten[17]. Zum Tee erscheint der geistig rege Kirchenhistoriker Hermann-Wolfgang Beyer und erzählt von der Leipziger theologischen Fakultät, die nur noch 50 Hörer hat (die in Berlin nur noch 35). Sie sei innerlich hervorragend einig, von außen aber hart bedroht. Man kämpfe schwer um die Thomaner, die der Staat nur noch als weltlichen, völlig von der Kirche getrennten Chor weiter bestehen lassen will; Konzertreisen seien ihnen verboten. Auch er klagt über die Unmöglichkeit einer produktiven Arbeit. Heinrich Bornkamm, Beyers Leipziger Kollege, sendet Klepper drei seiner Schriften zur sächsischen Reformationsgeschichte, die ihm für das »Ewige Haus« wichtig sind.

»Die Theologen sprechen von einer ›starken Laienbewegung durch die Dichter‹. Kennzeichnend für sie ist, daß die Dichter nichts Eigenes wollen, sondern in Liebe, Dankbarkeit, Ehrfurcht dem Kern einer so zerfallenen Kirche gegenüberstehen – vielleicht ist's bei Ina Seidel etwas kühler, vielleicht bei Winnig etwas repräsentativer: aber die Kirchendichtung, nicht mehr wegdenkbar trotz aller Mängel im einzelnen, ist da.«[18]

Doch die jüngeren Theologen wollen nur rasch »feste Waffen im Kampf für Christus«, die Bekennende Kirche scheint ihm »fasziniert von politischen Parallelen«. Auch wenn echte Gemeinde dahinter steht, enttäuschen Klepper die ihm zu polemischen Predigten von Helmut Gollwitzer, zu dem jetzt alles wie zu einem »zweiten Niemöller« pilgert. Ihm dagegen liegt mehr an der Bekräftigung christlicher Existenz in dieser Zeit, wie sie von frommen Naturwissenschaftlern, etwa dem Physiker Max Planck oder dem Biologen Max Hartmann, geleistet wird, und an Guardinis Pascal-Interpretation, die er kürzlich von Paul Bildt geschenkt bekommen hat.

Ganz ungewöhnlich für Kleppers asketischen Kriegshaushalt kommt von Graf Borcke aus Stargard eine stattliche Kalbskeule, gerade rechtzeitig zu Renis 18. Geburtstag. Zur Feier des Tages gibt es hausgebackene Torte, für jeden – eine ausgesprochene Rarität – ein Glas Likör oder Cognac und abends sogar ein Souper im Hotel »Esplanade«. In der verdunkelten Riesenstadt sind alle teuren Restaurants und Hotels – Pelzer, Bristol, Adlon, Kempinski, Borchardt, Roma und Venetia – voll besetzt mit gepflegten, heiteren Menschen, viele natürlich in Uniform. Nach dem Essen verbringen sie zum ersten Mal einige Stunden in der Eden-Bar, sehen Bühnenprominenz wie Viktor de Kowa, Paul Hörbiger und Hermine Körner an den Nachbartischen. Aber das Herz ist nicht unbeschwert, denn immer wieder tauchen die Sorgen um Renis Auswanderung auf.

Deportation oder Emigration

Pastor Grüber, der alles Erdenkliche unternimmt, meint, es ginge nicht ohne Taufe, da alle Stellen und Persönlichkeiten, an die er sich wendet, als selbstverständlich annehmen, daß seine Schützlinge der Kirche angehören.

Die Kontakte zur Schweiz bleiben stecken; Tappolets, welche die letzte genehmigte Schokolade schicken, lassen nur wenig Hoffnung[19]. Frölicher, Schweizer Gesandter in Berlin, verhält sich »grundsätzlich negativ«; deutsche Bekannte wagen keinen helfenden Schritt in dieser Richtung.

> »Welche weibische Ängstlichkeit wird offenbar, wenn man Männer mit schweizerischen Beziehungen in Renerles Sache angeht! Wir Deutschen sind ein verängstetes Volk und ein wohl heldenhaftes Heer gegen den äußeren Feind geworden.«[20]

Aber auch beim Heer gilt das allenfalls für den »äußeren Feind«, denn nach Herbert Bahlingers Bericht, der auf kurzer Dienstreise von Posen in Berlin ist, erhebt in ihm keiner seine Stimme gegen die SS und die Parteifunktionäre, die mit der Bevölkerung in den eroberten Gebieten furchtbar umgehen. Übrigens läuten in diesen Tagen zwei Männer in schwarzer Uniform mit Totenkopfemblem an Kleppers Haustür und fragen nach Reni. Erschrocken weist er sich als Arier aus. »Na, dann ist ja alles gut hier, dann haben Sie für Ihre Stieftochter nichts zu befürchten«, meinen die jungen Leute, während sie das blonde, blauäugige Mädchen betroffen mustern. Ihre Auswanderung erweist sich als immer zwingender, daher läßt er sich gern durch Staatssekretär von Kühlmann – der alte kaiserliche Diplomat steht R. A. Schröder nahe – zu dem ehemaligen Völkerbundskommissar Carl J. Burckhardt vermitteln, der gerade in Berlin schwierige Verhandlungen im Auftrag des Roten Kreuzes zu führen hat. Der Schweizer Politiker empfängt den Schriftsteller im Hotel Kaiserhof herzlich aufgeschlossen, kann ihm allerdings wenig Aussichten machen. Er ist bereit, sich für Reni bei der Schweizer Gesandtschaft einzusetzen und – solle sie die Einreise bewilligt bekommen – ihr sein Haus zu öffnen, will dann auch dem Stiefvater die Möglichkeit verschaffen, sie zu besuchen. Sogar der alte Schweizer Schriftsteller Ernst Zahn bietet seine Dienste an. Nochmals betont Gesandter Frölicher die grundsätzliche Unmöglichkeit einer Einreise, verspricht aber Burckhardt zuliebe, den Antrag befürwortend zur Entscheidung nach Bern weiterzugeben. Nach Grübers Information heißt es dort bei der Fremdenpolizei: »Bewilligung so gut wie ausgeschlossen«; nach Ostern wolle er in die Schweiz fahren und sehen, ob die Aktion »von oben« läuft. Professor Dessoirs Neffe, der Sekretär im Bundesrat ist, schreibt, es sei nichts zu machen, da »der Fall nicht interessant genug« sei, um von den generellen Bestimmungen abzuweichen.

Bei allen Sorgen findet Klepper seinen 37. Geburtstag als den schönsten, den er erleben durfte: den andachtsvollen Karfreitagsgottesdienst in der gedrängt vollen Kirche, die raren Frühlingsblumen, die den Gabentisch schmücken, darauf als Hauptgeschenk eine kleine Bibel für den Tornister, falls er einmal fort muß, die feierliche Mahlzeit, Hannes von Moltkes Besuch, der eigens seinen Urlaub auf diesen Tag hat legen lassen, und als würdigen Abschluß den Gang zur Matthäuspassion mit den längst vertrauten Solisten Emmy Leisner, Merz-Tunner und Rudolf Watzke, dem bewährten Christussänger. Wie alljährlich zur Karwoche gewohnt, kommt

Reinhold Schneider wieder zu Besuch, der Klepper mit Pater Georg, dem Kronprinzen von Sachsen, zusammenführen möchte.

»Auch er sieht mit höchster Besorgnis, daß die Wehrmacht nach der grandiosen Leistung des Polenkrieges und vor vielleicht noch nie dagewesenen Leistungen, deren man sie für so fähig hält, nach der eigentlichen Aufgabe an Volk und Land nicht fragt.«[21]

Die Hohenzollern in Potsdam verkennen nach Schneiders Eindruck völlig die wahre Entwicklung, und er ziehe sich ganz von ihnen zurück. Während Arno Breker bereits den ihm aufgetragenen Triumphbogen entwerfe, würden die reichen Berliner Familien Häuser in Bayern kaufen, um bei einer Teilung Deutschlands nach Hitlers Scheitern zur süddeutschen katholischen Monarchie zu gehören.

Schneiders Befinden scheint so verschlechtert, daß ihn Professor Kippenberg in ein Sanatorium schicken will. Er, der sonst nie unter zwölf Stunden am Tag arbeitete, »reflektiere höchstens noch auf 3–4 Stunden«.

Kein Tag vergeht ohne Gäste im Haus, darunter Offiziere wie Major von Winterfeld, der nach der Lektüre des »Vater« aus dem Lazarett geschrieben hatte. Im Gegensatz zu vielen Offizieren, die erschreckend naiv und platt wirken, verrät dieser eine überdurchschnittliche Bildung und zeigt interessante Bilder und Dokumente, darunter einen Brief Friedrich Wilhelms I. Nach ihm kommt Joseph Winckler, der nun ebenfalls, obwohl zu den drei namhaftesten Autoren der DVA zählend, wegen seiner jüdischen Frau aus der Kammer ausgeschlossen worden ist; eine Sondergenehmigung ist ihm wenigstens gesichert. Der westfälische Schriftsteller wirkt etwas quecksilbrig und egozentrisch, während seine Frau auf Klepper einen vortrefflichen Eindruck macht.

Hanni, die sich nach den vielen Besuchen und Aufregungen sehr müde fühlt, muß sich öfters hinlegen. Das Einbringen des Allernötigsten erfordert immer mehr Zeit und Mühe, besonders zu Ostern. Den letzten Kaffee haben sie zum Geburtstag ihres Mannes getrunken, Ostereier gibt es dieses Jahr keine, die seltenen Blumen sind im Preis um 125 Prozent gestiegen. Für das Mädchen Anni fand sie etwas Puder und Eau de Cologne. Kleppers Mutter erhält ein Geldgeschenk wie Reni, die glückstrahlend mit ihren 100 Mark nach Wolfshau abreist. So erleben sie Ostern im engsten Kreis.

»Hanni empfindet es nur als wohltuend, daß die Feste sich immer mehr nach innen wenden, im Inneren aber ihren Glanz und ihre Feierlichkeit so mächtig und so friedvoll erweisen. Nun hat jedes der hohen Feste das neue Haus einmal erhellt! Schließt sich der erste – bleibt er der einzige Kreis?«[22]

Festtagslektüre sind die »Fischer von Lissau« des jungen Ostpreußen Willy Kramp. Klepper sieht in dem Buch – auch im Blick auf seine Schrift über den christlichen Roman – eine Bekräftigung: »Ja, es gibt eine neue christliche Dichtung! Und ich darf zu ihren Trägern gehören. Die anderen Bücher freilich bedeuten eine große Enttäuschung. Aber Kramp: das ist evangelischer Roman!«[23]

Am Ostermontag treffen beide auf dem Spaziergang an der Rehwiese Pastor Lilge und besuchen ihn gleich anschließend in der bescheidenen Hilfspredigerwohnung. »Um die Dämmerung saßen wir in seiner Studierstube am offenen Fenster, den Blick auf die Kirche und Friedhof. Wie sollte man nicht des ›Herr, bleibe bei uns, denn es will Abend werden‹ gedenken . . . Gebe Gott, daß wir auf diesem Friedhof einmal ruhen dürfen!«[24]

Immer noch gilt ihr Haus »als eines der schönsten, stimmungsvollsten Dichterhäuser ganz Deutschlands«, immer noch wenden sich Theologen, Diakonissen, Pfarrer mit Einladungen zu Vorträgen oder Tagungen an den Autor des »Vater«. So schwer ihm die Absagen fallen, so deutlich fühlt er, daß ihm völlige Zurückhaltung und Zurückgezogenheit auferlegt ist. Er ist überzeugt: Gott will ihn schweigend durch ein Dunkel führen, das sehr viel tiefer ist, als der Anlaß es ahnen läßt. Sein Schlaf ist elender denn je; in jeder Nacht braucht er drei Schlafmittel, obwohl ihm das schon im Gedanken an sein »Abendlied« widersteht. Die Arbeit am Buch stockt, die Zeit vergeht mit Besuchen, Zahnbehandlung, Behördengängen, Rechnungen. Diesen Monat haben sie 1700 Mark für Bau und Garten, 1480 Mark für Steuern und Kontribution, 710 Mark für den Haushalt ausgegeben. Die trockenen Zahlen stehen alles in allem für ein Schicksal, für das man dankbar sein muß, solange er das Geld noch mit Frau und Tochter vereint in relativem Frieden ausgeben kann.

Nikolassee wirkt wie eine Insel des Friedens. Wie Reni braungebrannt aus Wolfshau heimkehrt, möchten Moltkes von nebenan sie gleich zur Geburtstagsgesellschaft herüberholen, aber sie erklärt, erst gehe die Familie vor, »saß an Hannis Bett, aß heißhungrig, erzählte und feierte dann doch noch bis lange nach Mitternacht den Nachbarschaftsgeburtstag mit, kam heißgetanzt – in ihrer Skibluse und den Jungenshosen – nachts noch an unser Bett und überschüttete uns mit Küssen«[25].

Sie hat sich jetzt – für ihn ist es »ein großer Abschluß« – zum Austritt aus der Jüdischen Gemeinde und zur Taufe entschlossen. Wie seinerzeit ihre Mutter wünscht auch sie, daß er der Jüdischen Gemeinde in diesem Zusammenhang einen Geldbetrag für den Hilfsfonds überweist. Die Abende verbringt sie mit einem norwegischen Freund und teilt seine Sorgen um das Schicksal seiner Heimat, die wie Dänemark seit dem 9. April unter »deutschen Schutz gestellt« ist, den deutschen Truppen aber noch heftigen Widerstand leistet. Nachdem es seit dem Polenfeldzug »wie ein Krieg in Schlaf und Schatten« gewesen war, scheint nun erst ernsthaft begonnen zu haben mit der doppelten Neutralitätsverletzung gegenüber den skandinavischen Staaten durch England und Deutschland.

»Norwegen, Dänemark – man denkt wieder viel an Holland. Es ist wohl die Dämmerung der kleinen Länder. Eine Zeitlang habe ich geglaubt, es sei wirklich die Zeit der Festigung des Volkstums. Aber das hat sich als irrig erwiesen. Das Gesetz, das sich um uns auswirkt, ist nicht zu erkennen.«[26]

In Berlin ist vor lauter Frühlingsvorfreude kaum noch ein Durchkommen. Zum ersten Mal spürt man die weiche Luft, in den Nikolasseer Gärten brennen Reisigfeuer. Im eigenen Garten ist einiges erfroren; zu den vielen Kiefern werden einige Birken, eine Fichte, Efeustauden und Beerensträucher bestellt. »Das berührt uns seltsam, nun im Kriege noch daheim sein und pflanzen zu dürfen.« Erinnerungen steigen auf an den Beuthener Pfarrhausgarten. Zu Pastor Kleppers Geburtstag, am 15. April, blühten schon die Bäume, die blauen und weißen Veilchen. Ein erster Frühlingsspaziergang führt beide an den Wannsee und zu Kleists Grab. Bei der Rast auf einer Terrasse am Stölpchensee sehen sie, welche Menschenströme zu Fuß (es gibt nur noch wenige Privatautos) zu den Seen hinauspilgern.

»Alljährlich habe ich sehr darunter gelitten, wie das eigene Volk so gefesselt zurückbleibt hinter dem starken Fortschreiten der Natur. Dieses Jahr, wo das Werk gelähmter ist denn je, geht es mir nicht so: Ich bin nur erstaunt und bewegt, daß ich diese erste Wiederkehr des Frühlings in Nikolassee noch daheim miterleben darf.«[27]

Die Wünsche kirchlicher Kreise an ihn haben kein Ende. Präsident Burghart von der Hauptbibelgesellschaft sucht ihn zu einer langen Unterredung auf und wünscht seinen Rat für die »dichterische Seite« des neuen »Probe«-Testaments, »für mich eins der wichtigsten Stücke in der Zusammenarbeit zwischen Dichtern und Theologen, zudem so tief mit Luthers Arbeit, in einem kleinen Ausschnitt verbindend«; aber er spürt: es darf noch nicht sein. Schwer fällt ihm auch die Absage zu einer großen Veranstaltung der Luther-Gesellschaft in Erlangen, wo er arm und krank sein Theologiestudium begonnen hat. Dafür meldet die DVA das 41.–45. Tausend des »Vater«.

»Ach, unter dem Schutz des alten Buches doch noch nach allen verzweifelten, fast vergeblichen Ansätzen das neue Buch beenden dürfen; und reiße der Krieg auch die Arbeiten noch einmal mitten entzwei: Psalm 68,21[28] – das ist ja für mich selbst der Spruch dieses Buches.«[29]

Die Einberufungen mehren sich für die Jahrgänge 1901, 1902, 1904 und 1905 (sein eigener Jahrgang 1903 bleibt noch verschont). Der Krieg in Norwegen verläuft unerwartet hart, und die Siegesmeldungen lassen mit bitteren Verlustlisten rechnen. Aus den Kreisen hoher Militärs hört man erschrocken, daß fünfmal soviel wie in Polen gefallen sind.

»Der Sieg in Norwegen verspricht so überraschend und glanzvoll zu werden wie der in Polen, nur viel opferreicher. Gerade die tieferen Deutschen sind aber schmerzlich enttäuscht von dieseer herrlichen Armee, die sich mit der ruhmvollen militärischen Aufgabe hinwegtäuschen läßt über die Frage, wofür dies alles geschehe und auf welchen Weg Deutschland gerate. Eine einzigartige Armee, die jede Leistung auf sich nimmt und die Verantwortung scheut.

Ich für mein Teil habe mich ganz für den Sieg als das schwerste Schicksal Deutschlands vorbereitet, auf einen Aufstieg, der den tiefen inneren Verfall so verdeckt, daß keiner wird davon reden können. Es ist sehr schwer, ob Sieg oder Niederlage, nicht mehr wünschen, sondern nur noch fürchten zu können.«[30]

Hinter diesen Sätzen steht eine Mitteilung, »die um ihrer Schrecklichkeit willen wohl nicht einmal Gerücht werden wird der hohen Strafen wegen« und die ihm am selben Tag, dem Himmelfahrtstag, »von dem Leiter einer der größten christlichen Anstalten, die in der ganzen Welt berühmt ist«[31], zuteil geworden ist: daß man angeblich unheilbare Krüppel und Schwachsinnige nach unbekanntem Ort verbringt und deren Angehörige nach einiger Zeit eine Urne zugestellt bekommen mit dem Bescheid, der Patient sei gestorben und wegen Infektionsgefahr eingeäschert worden. 15 000 seien schon auf diese Weise verschwunden . . .

»Von Monat zu Monat wird das Unglück in der Welt größer, so daß man das den Juden auferlegte Leid nicht mehr isoliert sieht; das wirkt auf Hanni und Reni sehr stark.«[32]

Der Atem der Geschichte . . .

Am ersten Sonntag im Mai nimmt Herr Adamek, einer von Renis Bekannten, der die Tarnungsarbeiten gegen Fliegersicht an den Autobahnen durchzuführen hat, alle drei auf seiner Dienstfahrt nach Halle mit, so daß Klepper mit »der großen und der kleinen Bore« die Lutherstätten in Wittenberg besuchen kann. Mit Wohlgefallen nimmt er dort die vielen interessierten Soldaten als Besucher wahr, mit Bedenken dagegen, wie die Stadt ihr Erbe unter mancher politischen Entstellung verwaltet. Es langt noch zu Besuchen bei Professor Thulin und Hans Schomerus, dem Leiter des Predigerseminars, der über gute Kontakte zum Kirchenministerium verfügt und Klepper für seine Bemühungen um Rudolf Hermann und dessen Publikationsschwierigkeiten an Ministerialdirigent Stahn empfiehlt.

Während Bob Adamek und Reni nach Halle weiterfahren, kehren Kleppers im D-Zug zurück, eng gedrängt im Gang stehend, und nehmen direkt vom Anhalter Bahnhof den Zug nach Potsdam, wo abends der Thomanerchor unter Ramins Leitung in der Garnisonkirche singt. In der Pause kommt es zur Begegnung mit Oberkonsistorialrat Söhngen und Dr. Werner, dem Präsidenten des Oberkirchenrats, der ihn auch gleich mit Dr. Stahn bekannt macht. Die Aufmerksamkeit, die dem Autor des »Vater« entgegengebracht wird, ist ihm ein Beweis, »daß man an der ›offiziellen Kirche‹ nicht zu verzweifeln braucht«. Stahn verspricht ihm, Rudolf Hermanns Angelegenheit selbst in die Hand zu nehmen, und lädt ihn gleich für Dienstag zu einem Besuch im Kirchenministerium ein.

Die Eindrücke, die er dort empfängt, sind recht widersprüchlich; die Kirchenmänner mit dem Parteiabzeichen am Rockaufschlag sind für ihn »eine problematische Angelegenheit«, aber sie behandeln ihn mit großer Zuvorkommenheit, die ihn so wenig unbeeindruckt läßt wie Stahns Ausführungen, die um Verständnis für seinen Chef werben:

»Stahn sprach sehr offen über den Kirchenminister Kerrl, der ›ein wunderlicher Autokrat mit einer etwas willkürlichen Theologie‹, doch der Rechte am Platz sei. Wunsch des Führers und der höchsten Partei- und Regierungsstellen ist die Ausschaltung der Kirche; und wenn Kirche, so ohne Christus. Da hat sich nun aus dem engsten Kreise um Hitler allein Kerrl gefunden, sich der Kirche anzunehmen. Und da über die Kirche vor Hitler nicht geredet werden darf, hat er die rechte Form des ganzen primitiven Schlagwortes gefunden: ›Kirche ohne

Christus – das ist Nationalsozialismus ohne Adolf Hitler.‹ So primitiv und naiv geht es zu; aber man muß die Dinge von der Partei in ihrer totalen Macht her sehen und da allerdings dankbar sein, daß sich einer hergibt, das heißeste Eisen anzupacken und zu erklären: ›Ein deutsches Volk, dem ihr den Glauben an Christus nehmt, seid ihr überhaupt nicht mehr imstande zu regieren.‹ Auch hier wird Gottes Hand noch spürbar sein.«[33]

Klepper will die Hoffnung nicht aufgeben, daß sich auf diese oder jene Weise die Hüter des christlichen und preußischen Erbes letzten Endes behaupten werden. Gerührt hört er in der Steglitzer Kirche die Aufführung seines Liedes zum Heldengedenktag[34], das die nationalistische Parallele zwischen Christi Opfer für die Menschheit und dem Tod auf dem Schlachtfeld erneuert. Nur die Sorge, daß sein Schaffen von der Partei ausgenützt werden könnte, läßt ihn von dem Plan einer »Patriotischen Kantate« und einer filmischen Würdigung Preußens Abstand nehmen. Alle Berichte aus seinem Bekanntenkreis über die »moralische Kapitulation« der Wehrmacht gegenüber der Partei hindern ihn nicht in seiner Bewunderung für die »großartigen Leistungen« bei der »Wiedereroberung des deutschen Ostens« und den positiven Einfluß auf eine im Dienst des Vaterlandes geeinte Jugend. In dieser Gesinnung ist er auch jetzt mit dem »Eckart« einig, der zu dieser Zeit Hans Egon Holthusens Bericht vom Polenfeldzug bringt:

»Der Atem der Geschichte blies, und es war ergreifend, in den durch und durch zeitgenössischen Anstalten einer motorisierten Armee die überzeitliche Bedeutung ihrer Bewegung zu entdecken. Der Sinn unseres Marsches war ein Jahrtausend alt. ›Nach Ostland wollen wir reiten‹ hatten die niederdeutschen Ordensritter und Siedler des ottonischen und staufischen Mittelalters gesungen und heute war es dasselbe Lied, das uns geleitete . . . Am 3. September hatten wir die von unseren Panzern durchstoßene Grenze überschritten . . . Dies also war die Verwirklichung, dies war die Antwort auf die Frage, die eine männliche Phantasie von Kindheit an beschäftigte: wie ist der Krieg in Wahrheit und allen Ernstes? Mit atemloser Neugier betrachteten wir das Schauspiel, dessen Mitspieler wir selber waren . . . In Stahl und Panzern schien der kategorische, der preußische Imperativ sich verkörpert zu haben, diese eherne Sachlichkeit, die zu den wesentlichen Tugenden unseres Volkes gehört.«[35]

Zwischen dem Vorrang des Glaubens und einer nationalkonservativen Prägung hin und her gerissen, ist sich Klepper in erstaunlicher Hellsichtigkeit »der Polarität und der Zwiespältigkeit seines Wesens und Schicksals« bewußt. Wie die Heldin seines ersten Romanversuchs »Die große Directrice« leidet er im Krieg darunter, abseits seines Volkes, dessen Schwächen er nicht verkennt, leben zu müssen, und er sehnt sich, so sehr er am Hause und an seiner Familie hängt, nach einer möglichst raschen Einberufung zum Wehrdienst.

Am 10. Mai 1940 tritt der Krieg, der schon bei vielen der »Halbfriede« hieß, in eine neue Phase: deutsche Truppen dringen in Holland, Belgien und Luxemburg ein, die Schlacht gegen Frankreich hat begonnen. Hitler proklamiert: »Der heute beginnende Kampf entscheidet das Schicksal der deutschen Nation für die nächsten tausend Jahre.« Aus Freiburg im Breisgau, wohin er aus dem Dresdener Sanatorium zurückgegangen ist, berichtet Reinhold Schneider, 24 Zivilpersonen, darunter dreizehn Kinder, seien bei einem Fliegerangriff getötet worden. »Ich erfuhr«, schreibt er, »den ersten furchtbaren Schrecken des Krieges am offenen Fenster; es geschah völlig überraschend dicht beim Hotel.«[36]

In diesen Pfingsttagen, während die ersten Meldungen vom neuen Kriegsschauplatz eintreffen, »blüht alles in einer Zartheit und Frische, in einer Leuchtkraft, Reinheit und Herbheit, die in dieser schweren Stunde des Abendlandes ergreifend wirkt«. Auf dem Weg zur Kirche schimmert die Rehwiese von Wiesenschaumkraut. Der ganze Kirchhügel über dem Birkengrund ist begrünt, und in Kleppers Garten haben sich die schmalen Buchenknospen zu rötlichen Blättern entfaltet, von den Birn- und Apfelblüten sich abhebend. In der Predigt vermißt er eine wesentliche Aussage: daß der Heilige Geist als *Tröster* gesandt ist. Frucht der Feiertage ist ein neuer Liedtext zum Bußtag, auf Daniel 9 und dem sonntäglichen »Herr, erbarme dich unser« fußend[37]. Um diesen Text und das Oster- und Himmelfahrtslied erweitert, gewinnt die neue Auflage des »Kyrie« eine vollständigere Gestalt.

Während der Krieg im Westen tobt, läuten die Nikolasseer Glokken vor ihrer Ablieferung das letzte Mal zum Kirchgang. »Was aber sind Glocken für den, der unter ihnen in einem Pfarrhaus aufgewachsen ist!« Nachts träumt er mit unheimlicher Genauigkeit von Beuthen, findet dabei die Mutter jedoch nicht im vertrauten Pfarrhaus, sondern in einer furchtbaren Berliner Wohnung. Indessen darf er im gepflegten Hause leben.

Die Zeitungen melden: Einmarsch in Brüssel, Antwerpen gefallen. Nach dem Sturz Chamberlains und Daladiers ist jetzt der französische Oberbefehlshaber Gamelin durch Weygand ersetzt worden. Nach Kleppers Meinung sagt dies genug über die Wirkung der deutschen Offensive. Wieder wird an der Somme, auf den Schlachtfeldern von 1916, gekämpft.

»Die ersten persönlichen Nachrichten aus dem Westen: Hello von Moltke berichtet von seinen vielen Flugzeugabschüssen und von der Begeisterung der Truppen. Von dieser sind wir überzeugt. Solche gigantischen Leistungen vollbringt eine Armee nicht unter Druck und Zwang. Hitler ist auch in der Tat der Exponent einer ungeheuren Mehrheit des Volkes. Angesichts dieser Magie des Erfolgs ist etwas wie blindes Vertrauen entstanden. ›Er muß in allem rechthaben.‹ ›Er wird für alles eine Lösung finden‹ (auch für die Kirche). Die Kriegsführung trägt den Stempel seiner Persönlichkeit.«[38]

Aachen und Hamburg wurden bombardiert. Für die Allgemeinheit beginnt indessen der Erfolg zum einzigen Maßstab zu werden. Dabei begleiten den modernen technischen Krieg die mystischsten Deutungen, astrologische und hellseherische Gerüchte. Neben die operative Idee tritt das Horoskop.

Nach der Kapitulation Hollands und der Flucht seiner Herrscherin[39] legen auch die 500 000 Mann der belgischen Armee und ihr König, dessen Tapferkeit von deutscher Seite anerkannt wird, die Waffen nieder. Bei den dortigen Kämpfen ist auch Prinz Wilhelm, der älteste Sohn des Kronprinzen, der nahe bei Beuthen und Glogau als Rittergutsbesitzer und Reserveoffizier lebte, an der Spitze seiner Kompanie gefallen.

»Die Monarchisten tun gut daran, mit diesem Prinzen mehr zu Grabe zu tragen als einen Sohn dieses großen Fürstenhauses, den Sohn, auf den als einzigen zum ersten Male wieder die Allgemeinheit blickt. Der Gedanke an die Monarchie muß begraben sein. Die Hilfe dieses Gleichnisses ist uns nicht mehr gewährt. Nur ihr Gleichniswert, zu dem Gott sich bekannte, hat mich zum Monarchisten gemacht.«[40]

Zusammen mit Reinhold Schneider, der gerade von der portugiesischen Regierung zu den großen Nationalfeiern eingeladen worden ist, erlebt Klepper die Beisetzung des Prinzen Wilhelm in Potsdam mit.

»Welch ein Bild war dies: die Reste des Kaiserlichen Hauses im Trauerkleid – die Ehrenwache der beiden von der Front beurlaubten Brüder Louis Ferdinand, Prinz Hubertus, der beiden Fliegeroffiziere. Dahinter, in der zerknitterten, verwitterten Uniform, wie sie von der Front kamen, zwei einfache Soldaten aus der Kompanie des Prinzen Wilhelm am Altar.

Es war wie eine besondere Fügung, daß ich durch die Begegnung mit Gräfin Schlieffen, der früheren Oberhofmeisterin der Kronprinzessin, die ich von Kaiserin Hermine her kannte, entgegen allen Absperrungen in dem engsten Kreise der Trauergäste weilen durfte, ganz nahe bei den Hohenzollern . . . Wie nahe war mir mein König, der mich so gewandelt hat, noch einmal in der Trauer der Seinen – in dieser großen und tragischen Stunde seines Hauses, die fast auf die 200. Wiederkehr seines Todestages fiel . . .

Unzählbar, die hohen Offiziere der alten und der neuen Armee; unübersehbar, wider jedes Erwarten, die Menschenmengen, die zum Schluß dem Kronprinzenpaar zuriefen. Seit früh um neun hatten die Straßenbahnen die Menschenmassen nicht bewältigen können: Potsdam und Berlin. So stark ist also noch die Anhänglichkeit. Die Trauerfeier fand um fünf Uhr statt. Man sah viele Offiziere mit Tränen in den Augen, ja weinend. Die Neugier der Massen trat sehr zurück hinter wirklicher Teilnahme und Treue, obwohl sehr Störendes und Abstoßendes sich bei solchem Anlaß immer eindrängen wird.

Aber hier war noch einmal, aus alter und neuer Zeit – in Wehrmacht und Jugend – noch einmal ein Kern des wahren Deutschlands. Und über vielen Menschen und diesmal auch über den Hohenzollern lag eine große Würde . . . In dieser Stunde in der Friedenskirche war eine Lösung für das ganze deutsche Volk gefunden, auch vom Dritten Reiche her. Dafür darf man sich den Blick nicht trüben lassen. Dieser Tag zählt zu den großen Eindrücken meines Lebens, reich an Symbolen . . . Nun sind die neuen, gewaltigen deutschen Siege doch wieder mit dem Hause Hohenzollern verbunden.«[41]

Klepper wohnt erst über ein Jahr im neuen Haus, und zu seiner Frau kommen bereits Gemeindeglieder, die seine Widmung in eines seiner Bücher eingetragen haben möchten. Auch Gäste erscheinen nach wie vor in beträchtlicher Zahl: Elise Topell, Karbe, Harald von Koenigswald, der zum Oberkommando der Wehrmacht einberufen ist, Fräulein Merten, die Reni im Grunewald reiten lehrt, um ihr über den Kummer wegen der inzwischen abgelehnten Einreise in die Schweiz hinwegzuhelfen, Trude Weill, die das Klavierspielen so beglückt, während Königsberger Bekannte von den Mühsalen um ein Durchreisevisum für Italien erzählen. In dieser Geselligkeit der Sonntagsbesuche sieht Klepper ein Abbild paradiesischen Lebens, andererseits ein Widerspiel zu allem Klatsch und gesellschaftlichem Dünkel. Die Nachbarskinder halten sich gern bei Kleppers auf, wo sie über Renis und Brigittes Spieltiere und Bilderbücher wie auch über die alten Beuthener Baukästen frei verfügen dürfen. Wie mag es Brigitte gehen? Seit März kam keine Post aus England, wo sie nun fern von den Eltern ihr 20. Lebensjahr beginnt, während deutsche Truppen bereits in Calais liegen, derart nahe vor der englischen Küste.

Klepper meint immer noch, es könnte sich letztlich alles zum Guten wenden, ja es könnte auch das geschehen, worum er inständig betet, daß Hitler sich wandelt. Gebrauchte er nicht bei seinem letzten Aufruf an das Volk eine völlig neue Sprache, als er sagte:

»Ich befehle weiter auf die Dauer von drei Tagen das Läuten der Glocken. Ihr Klang möge sich mit den Gebeten vereinen, mit denen das deutsche Volk seine Söhne von jetzt an wieder begleitet«? Ist das nur politisches Kalkül, weil man die Frömmigkeit der Deutschen in Rechnung stellt, oder deutet sich darin eine wirkliche Veränderung an? Rudolf Hermanns »Glaube und Krieg« hatte man nach einem halben Jahr der Bemühungen endlich freigegeben, dann aber wieder die Veröffentlichung wegen »Papiermangel« verhindert. Die Sterbeszene aus dem »Vater« hat der Königsberger Sender mit Barockmusik übertragen, aber das Gebet des sterbenden Königs war gestrichen. Während die »Deutsche Zukunft« als letzter Hort journalistischer Noblesse verschwinden muß, entwickelt sich Will Vespers »Neue Literatur« immer mehr zum Hetzblatt, das auch Kleppers Roman übel behandelt[42]. Gleichwohl soll der »Vater« nach wie vor christliche wie nichtchristliche Offizierskreise beeindrucken. Die Verkaufsziffern des Buches steigen regelmäßig:

1. Quartal 1938	1011 Exemplare
1. Quartal 1939	1819 Exemplare
1. Quartal 1940	5042 Exemplare.

Die DVA gibt bereits das 46.–55. Tausend in Auftrag, und Kleppers Verlagsrücklage beträgt jetzt, trotz Kontribution und Steuern, 26 000 Mark. Wenn nur endlich mehr als die armseligen ersten 100 Seiten vom »Ewigen Haus« auf seinem Schreibtisch lägen!

Beklommen macht ihn eine kritische Wendung in der Behandlung seiner Angelegenheiten im Propagandaministerium. Im Verkehr mit Dr. Koch hatte sich eine so mühelose Verständigung eingespielt, daß dieser den Versuch unternimmt, auf innerdienstlichem Wege – »zur Büroentlastung« – eine Aufhebung der Vorlagepflicht für Manuskripte zu erreichen. Doch dieser Schritt hat eher das Gegenteil zur Folge. Bei einem Telefongespräch erfährt Klepper am 3. Juni von ihm, er sei durch den Antrag in große Schwierigkeiten geraten; zwei Tage später bekommt er genauere Aufschlüsse, die über den persönlichen Fall hinaus erhellend für die Situation innerhalb dieser Machtzentrale wirken:

»Es ist ein häßlicher, hinterhältiger Schritt Hinkels gegen Koch bei Goebbels, dem Hinkel übrigens nahelegt, den Antrag nicht zu genehmigen, während er im allgemeinen selbst direkt abschlägt. Alles richtet sich gegen Kochs Loyalität mehr der Kirche als den jüdisch Versippten gegenüber. Mit mir hat die Sache nahezu nichts zu tun. Man wollte Koch verdächtigen, daß er das christliche Schrifttum protegiere! – Ein vernünftiger Ministerialdirektor bei Goebbels hat die Sache auf ein totes Gleis geschoben, zu den Akten gelegt und nicht an den Minister herankommen lassen.«[43]

»Im Sog eines großen Mannes«

Dauernd läutet das Telefon, fortwährend melden sich die verschiedensten Gäste an. Die armen Löwenthals aus Königsberg kommen zu Besuch; nachdem man ihnen ihr Haus genommen hat, haben sie ihre letzte Habe auf dem Bahnhof und im Hafenspeicher abgestellt und wohnen zu Wucherpreisen in einem möblierten Zimmer in Berlin, bis endlich die Ausreise über Rußland und Japan erkämpft ist. Wie »ein Stück der Fürstendämmerung« erlebt Klepper einen Teenachmittag in seinem Haus, zu dem Pater Georg von Sachsen und Prinz Friedrich Ernst von Altenburg, dazu Baron Guttenberg, Karl Pagel und Kurt Ihlenfeld, Baron König mit seiner Frau, Reinhold Schneider und Ludwig Wolde bei ihnen eingekehrt sind.

»Mit Pater Georg von Sachsen, dem Jesuiten, weiß ich mich einig darin, daß niemals die gemeinsame politische Bedrohung den ökumenischen und irenischen Antrieb geben kann, sondern daß zwischen den Konfessionen nur das eine einigend wirken kann: die Verehrung des göttlichen Geheimnisses und die Erkenntnis der menschlichen Schuld in der Spaltung der Kirchen . . . Priester zu sein: das ist auch vor der Geschichte eine Lösung für das Leben eines, der nicht König sein darf.«[44]

Sein Vetter, der Prinz von Altenburg, dessen Ahne im »Vater« eine Rolle spielt, erweist sich als ungewöhnlich bewanderter Historiker. »Für mich hatte es einen ungeheuren Reiz, Hanni – Katharina von Bora unter den Wettinern zu sehen.«

Aber solche besonderen Stunden können nicht über die Müdigkeit, die von Monat zu Monat mehr zur inneren Lähmung wird, hinwegtäuschen. Zeugnis einer tiefen Depression sind diese Tagebuchnotizen vom 13. Juni:

»Der Kampf ums Buch – das liebevolle häusliche Leben: dies sind die letzten beiden Bezirke, in die ich mich zurückgezogen habe. Liegen sieben doch seelisch zu schwere Jahre hinter mir? Keine Verwundung aber von außen her ist so schwer wie die von innen her, die mich jeden Tag an Paulus denken läßt. ›Mir ist gegeben ein Pfahl ins Fleisch, nämlich des Satans Engel, der mich mit Fäusten schlage . . .‹

Ich sehe mit Schrecken, daß Wirkung und Erfolg kein Ansporn sind, so hoch ihr Wert und ihre Heilkraft als Bestätigung sind. Mir ist, als würde ich immer widerstandsloser und gelähmter in etwas Schweres und Dunkles hinabgezogen, das ich nicht kenne. Aber die verklärte Welt sehe ich immer im Glanz. Der Glaube kann nicht mehr irre werden. Nun helfe Gott hindurch. Aber darunter leide ich sehr, daß der große Erfolg des ›Vater‹ nicht imstande ist, mich von der demütigenden und allmählich recht gefährlichen Vorlagepflicht zu befreien.

Arbeiten dürfen, Sinnvolles tun dürfen, heraus aus dieser quälenden Verzettelung und Einschnürung eines politischen Apparates, der sich gegen die richtet, die zu den zuverlässigsten Bürgern eines Staates geschaffen sind. Ich lege alles hin, was nicht unmittelbar meine schwere Sache des Schreibens ist . . .

Manchmal ist es Hanni und mir, als wäre die Gegenwart nur ertragbar, weil wir erst durch den ›Vater‹ und nun durch das ›Ewige Haus‹ zugleich in einer anderen Epoche lebten . . . Über die allgemeine Sorge hinaus spreche ich über das, was mich bedrückt, auch mit Hanni nicht. Aber heute sagte sie von selbst: ›Zwänge man sich nicht, innerlich ganz primitiv zu leben, – eine Stunde des Nachdenkens müßte einen wahnsinnig machen.«[45]

Übergenug an Leiden steht ihnen in ihrer nächsten Umgebung vor Augen: die gehetzten Juden, die schwerkranke Mutter, ein guter Bekannter, der in die Irrenanstalt eingeliefert worden ist, und Staatsanwalt Ganzer, ein Mitarbeiter der »Weißen Blätter«, der sich erschossen hat, weil er den Kriegsdienst nicht ertrug. »Das ist ein furchtbarer Irrtum«, bemerkt Klepper, »dem Kampf für das Dritte Reich sich durch den Tod entziehen.«[46]

Das sagt derselbe, dem der Gedanke an den Selbstmord in früheren Bedrängnissen schon sehr nahegerückt war. Es spricht einiges dafür, daß Klepper auch hier vom lutherischen Verständnis des »gerechten Krieges« bestimmt ist, als handle es sich um eine Deutschland aufgezwungene Auseinandersetzung, da sich die Gegner zu keiner Verständigung bereit fanden[46a]. So begreift er weder Reinhold Schneider, der mit allen Mitteln seine Zurückstellung vom Militärdienst betreibt, noch Helmut Gollwitzer, der sich reklamieren läßt[48].

Im gegenwärtigen Moment spielt aber noch ein weiterer Gesichtspunkt eine wesentliche Rolle. Was sich in der Breite als wahrer Siegesrausch Bahn bricht (»Heute ist es so, daß die Menschen mit den Nachrichten zueinander laufen«), vollzieht sich entsprechend in den oppositionellen politischen und kirchlichen Kreisen als ein tiefgreifendes Umdenken vor dem Hintergrund der neugeschaffenen Tatbestände. Im Urteil über den moralischen Zusammenbruch Frankreichs und damit insgesamt der liberalen demokratischen Welt stimmt er in jenen Tagen mit dem Grafen Helmut von Moltke[47] wie mit Dietrich Bonhoeffer [48a] überein, und in seiner Ansicht, daß der deutsche Sieg einem göttlichen Gericht über die Völker gleichkomme und der Restauration eines christlichen Europa den Weg bereiten könnte, kommt er in manchen Grundzügen Goerdelers damaligen Feststellungen verblüffend nahe[49]. Betrachtet man diese Verbindungslinien, wird einem die Atmosphäre der Gespräche offenbar, die in Kleppers Umkreis geführt werden.

»Alle Prognosen, die der leidenschaftlichen Anhänger und die der heimlichen Gegner des Dritten Reiches, waren völlig falsch. Keine Parallele reicht aus. Alles ist überboten, alles anders . . . Nun wird . . . vielleicht ein sehr aktives, vitales, ja blühendes Europa kommen – unter der Führung eines unchristlichen Deutschlands? Oder lenkt Gott auch das Herz dieses geheimnisvollen Mannes Hitler wie die Wasserbäche?«[50]

»Die innenpolitische Frage ›Was wird die Armee nach dem Friedensschluß tun?‹ gibt es für uns drei nicht mehr. Die Armee hat sich entschieden.Und unseres Erachtens hat es auch die Kirche getan, so vieles bei Heer und Kirche heute noch in andere Richtung zu deuten scheint. – Das Dritte Reich steht. Ich glaube, von dieser Einsicht aus muß man nun sein Verhältnis zu Kirche und Staat ordnen.«[51]

Die Lektüre Rankes, die er während der Arbeit am »Vater« begonnen hatte, bestärkt ihn in der Überzeugung, daß Deutschland als Erbe der Reformation und der preußischen Tradition berufen sei, die Geschichte des 20. Jahrhunderts zu gestalten.

»Ich habe durch den Nationalsozialismus die Reformationszeit erst ganz verstehen gelernt: sie, die ›deutscheste Epoche‹ um derentwillen ich mich nur als Deutschen denken kann. Nun weiß ich auch um ihren Haß. Wir sind in den ›Sog‹ eines großen Mannes geraten; was das heißt, können nur verwandte Zeitalter verstehen.«[52]

Paris ist gefallen und Ministerpräsident Reynaud gestürzt; der alte Weltkriegsmarschall Pétain tritt die politische und militärische Führung, das heißt den Weg der Kapitulation an, über deren Bedingungen sich zuvor Hitler bei einem Treffen in München mit Mussolini verständigt. Der »Evening Standard« schreibt, man müsse sich einmal bewußt machen, daß die Hakenkreuzfahne über Wien, Prag, Warschau, Oslo, Kopenhagen, Amsterdam, Brüssel, Luxemburg und Paris wehe.

Am Abend des 21. Juni hört man im Rundfunk die Übertragung vom Beginn der Waffenstillstandsverhandlungen mit dem besiegten Frankreich, die im Wald von Compiègne stattfinden, im gleichen Salonwagen und an der gleichen Stelle, wo im November 1918 Marschall Foch der deutschen Delegation die Bedingungen diktiert hat. »Sollte das Unfaßliche geschehen und das Unheil von Versailles sich, umgekehrt, noch einmal wiederholen?[53] Allgemein wird damit gerechnet, daß bald nach der Unterzeichnung des Waffenstillstands mit Frankreich die Offensive gegen England beginnt. Wie wird es Brigitte ergehen? –

Die Nacht vom 22. auf den 23. Juni verbringen sie im Luftschutzkeller. Britische Bombenflugzeuge stoßen nach Berlin vor, unter anderem hat das Postamt Babelsberg einen Treffer bekommen. Reinhold Schneider schreibt aus Freiburg, er wolle die Stadt wieder verlassen. Da Hanni vom täglichen mehrmaligen Anstehen in den Geschäften erschöpft ist, möchte sie mit ihrem Mann am liebsten ins Riesengebirge. Zu ihrer Entlastung – da es in Berlin so schwer ist, Obst und Gemüse zu finden – essen sie ab und zu in Potsdam und gehen dann bei den Bauern einkaufen. Die finanziellen Belastungen des ersten Halbjahrs 1940 sind ungeheuer: über 4000 Mark Kontribution und Steuern, 2150 Mark Abschlußzahlungen für Bau und Garten, 5840 Mark laufende Ausgaben, im Juni allein waren es 1968 Mark, davon allerdings 395 Mark für Renis elektrische Nähmaschine, denn sie lernt jetzt Wachstuchreisetaschen und -beutel nähen. Oft fragt sich Klepper, was ihn mehr erschöpft: das vergangene Schwere oder der Gedanke an die Zukunft. Während die Glocken jeden Mittag zum Sieg über Frankreich läuten, schreibt er in sein Tagebuch:

> »Was die Zukunft angeht, so sagen wir uns, daß für uns in unserer besonderen Lage nichts so gefahrvoll, ja fürchterlich sein kann, wie ein verlorener Krieg es gewesen wäre, als dessen Urheber man das ›Weltjudentum‹ sah, für das wir hätten büßen müssen. Diese Buße, nur nicht so vernichtend, wird uns vielleicht auch nach einem gewonnenen Kriege nicht erspart bleiben . . .
>
> Ich habe so lange und so oft in großen Wunschträumen mich meiner Gegenwart, ja meinem ganzen Wesen zu entziehen getrachtet. Nun lebe ich ganz in ihr; und halte es kaum aus, weiß aber, daß es anders nicht geht.«[54]

Der befreundete Journalist Karbe ist nach seiner Ausbildung gleich nach Warschau gekommen. Das militärische Schicksal seiner Jahrgänge scheint sich nach seiner Meinung nun deutlich abzuzeichnen, daß sie nämlich als Besatzungsarmee, wenn nicht gar zur Gefangenenbeaufsichtigung eingesetzt werden. Karbe schreibt in munterem Ton von seinen soldatischen Anfängen in Legionowo; offenbar packt alle einigermaßen normalen Männer so etwas wie Abenteuerlust, aber wie kann man in dieser Zeit behaupten, das Leben sei doch wunderschön? Bei einem Luftangriff auf Hamburg kamen 16 Menschen, davon zwölf Kinder, ums Leben, 25 wurden schwer verletzt, davon wiederum meist Kinder. Wie deutsche Zeitungen berichten, sollen sich die Engländer gegenüber deutschen Gefangenen grausam aufführen; manche hätten sie beim Angriff auf ihre Panzerwagen gebunden und sogar Köpfe toter SS-Männer als Trophäen daraufgesteckt. Von Aufmarsch und Truppenstärke hat niemand eine genaue Vorstellung. Man schätzt die unter Waffen stehenden Deutschen auf zehn bis fünfzehn Millionen.

Hitler als Sieger hält am 6. Juli seinen Einzug in Berlin, in einem Meer von Blumen vom Anhalter Bahnhof bis zum Wilhelmsplatz. Aus dem Westen kommen lange Züge mit singenden Soldaten, die erbeutete französische Fahnen schwenken und nach dem Osten mit all seinen Ungewißheiten weiterfahren; man spricht von Unruhen dort. Auch Hannes von Moltke ist dabei. Sein erster Brief aus der unglückseligen Stadt Lublin klingt sehr deprimiert. »Wie wenig hilft einem die Geschichte, die eigene Zeit zu verstehen.«[55] In Rumänien, das in der neuen politischen Konstellation die Bukowina und Bessarabien an Rußland abtreten mußte, wie in Frankreich sieht Klepper »fingierte« nationale Revolutionen am Werk und vermutet, es würden nicht die letzten Kopisten des deutschen NS-Regimes sein. Die Rolle Pétains scheint ihm derjenigen zu ähneln, die Hindenburg nach Hitlers Machtübernahme gespielt hat.

Die Korrespondenz mit dem Ausland wird immer quälender; sie kann kaum über kurze Stichworte hinausgehen und muß sich auf die primitivsten Realitäten beschränken. Gerade was am wesentlichsten wäre, kann man nicht einmal in Briefen nach Schweden berühren. Von Brigitte erhalten sie über Meschkes nur spärliche Nachrichten.

Während Hanni von mühsam erspartem Zucker für den Kriegshaushalt Marmelade einkocht und Reni den Tag in ihrem Boot auf dem Wannsee verbringt, arbeitet Klepper im Garten, geht schwimmen und versucht verzweifelt, wenigstens die Studien zum »Ewigen Haus« weiterzuführen. Eine Baronin Einsiedel auf Burg Grandstein hat ihm mitgeteilt, es gäbe noch einen zweiten Brief Katharina von Boras, in dem von einem Einsiedelschen Stipendium für ihren Neffen Florian die Rede ist. Weil die Originalquellen so spärlich und die Bora-Biographien so dürftig sind, fordern die Vorarbeiten zum neuen Roman die mühselige Literatursichtung. Damit er den Verlauf einer Ernte kennenlernt, besucht er das Gut des Spandauer Johannisstifts, dem unmittelbaren Erbe von Friedrich Wilhelm I. und August Hermann Francke. Aber wie kann es gegenwärtig anders sein; »die vier Flakgeschütze und die beiden Bunker im Ährenfeld. Soldaten und Schnitter, jeder an seinem Werk«[56]. Und so ist Klepper auch von dem jungen Inspektor beeindruckt, der gerade aus dem norwegischen Feldzug zurückgekehrt ist; »was für ein Mann, Soldat, Landwirt, Christ«.

Nach langer Zeit hat er die kranke Mutter wiedergesehen, deren vier Jahre jüngerer Bruder Kunz nach einem sehr bewegten Leben voller unermüdlicher Initiative und manchem künstlerischen Erfolg in Nürnberg gestorben ist. Kleppers Schwester Hilde ist für einige Tage zu Margot nach Hildesheim gefahren, wo sie jede Nacht im Luftschutzkeller verbringen. Wismar, Bremen, Hamburg, Paderborn, Hagen, Bochum, Schwerin, Wilhelmshaven, Kassel waren Ziele anscheinend willkürlicher Bombenabwürfe, die militärisch sinnlos wirken und psychologisch eher das Gegenteil von dem erreichen, was beabsichtigt ist. Immer wieder kreisen die Gedanken um Brigittes Ergehen, belasten ihn die Sorgen um Hanni und Reni.

In den jüdischen Angelegenheiten finden die Quälereien mit neuen Gerüchten und Maßnahmen kein Ende. Juden haben nur noch eine Stunde Einkaufszeit am Tag, abendliches Ausgehverbot, Arbeitspflicht für oft sehr schwere und niedere Arbeit, keine Kleiderkarte, nur gekürzte Lebensmittelrationen und gesperrte Konten. Selbst ehemalige deutsche Frontkämpfer unter ihnen genießen bereits weniger Rechte in ihrer Heimat als ausländische Kriegsgefangene. Solche Ungerechtigkeit mitzuerleben, empfindet Klepper als eine elementare Erfahrung, von der man sich nicht erholt, die einen nicht einmal mehr befähigt, am Leiden und der Trauer normaler Menschen teilzunehmen. Geradezu anmaßend findet Klepper im Vergleich zu solchen Leiden die Trauerfeier zum Tode des Schriftstellers Kurt Kluge.

Von deutscher Kunst

Bedrückend erscheint ihm überhaupt die ganze Entwicklung der »deutschen« Kunst, die mit ungeheuren staatlichen Mitteln gefördert wird. Das Filmwesen findet er indiskutabel. Noch einmal hat er sich auf Verhandlungen über seinen Kulturfilmplan »Der preußische Stil« vom Januar 1938, an dem er sehr hing, eingelassen. Die Gespräche, die darüber im »Haus der Presse« mit Curt Oertel, dem früheren Funkhauskollegen Werner Pleister und dem DAZ-Filmkritiker Fiedler, der jetzt das Filmreferat beim OKW leitet, stattfinden, bricht er mit Heftigkeit ab, da letztlich alles nur der Propaganda und der politischen Tendenz dienen soll.

Das Theater findet er trotz ständig ausverkaufter Häuser im selben Verfall und die bildende Kunst von solch erschreckender Leere, daß nur noch das Alte als Trost bleibt. Der gefeiertste Bildhauer, Arno Breker, den Kleppers persönlich kennen, vereinigt Monumentalität, Klassizismus und Naturalismus zu einem Wagnerischen Stil als Ausdruck des Dritten Reiches. Ein Leo von König steht dagegen völlig abseits wie ein Reinhold Schneider in der Literatur, die immerhin noch ab und zu ein gutes Buch wie Kramps »Fischer von Lissau« aufzuweisen hat. Die Bekanntschaft mit dem gleichaltrigen Schriftsteller, der seine volle Freude an Schaffen und Erfolg, an Menschen und Gesprächen merken läßt, macht Klepper niedergeschlagen; ihm stehen nur noch ein »Voltaire« und ein »Paulus« als Pläne nahe, der eine als Darstellung des unchristlichen Menschen, der andere als Zeugnis des Glaubens. Wird er sie jemals in seiner Ausgeschlossenheit durchführen können?

»Es wird immer unfaßlicher, immer schwerer zu tragen, daß wir nicht die deutsche Kunst sein sollen; daß man uns höchstens im Winkel duldet; freilich kommen viele der besten Deutschen freiwillig zu uns in den Winkel; das ist unser Erfolg trotz unserer Bedrückung. Von Unterdrückung mag ich noch nicht reden, so viele es tun. Neben der unsichtbaren Kirche ein heimliches Deutschland: es ist nicht leicht für die, denen Ordnung etwas Selbstverständliches ist und die ein derart positives Verhältnis zu Volk und Staat haben.«[57]

Das Gericht am Hause Gottes

So herzlich die Begegnung mit Kramp war, er empfindet keine Freude mehr an Gästen; von Tag zu Tag – und damit meint er zur letzten Schicht des »Ewigen Hauses« vorzustoßen – glaubt er besser zu begreifen, was es heißt: das Gericht fängt an am Hause Gottes. In seinem Leben scheint alles – außer den frühen Kindheitsjahren – unter dem Zeichen der Bedrohung zu stehen: der Erste Weltkrieg, den seine Generation in ihrer Jugend erlebte, Revolution und Inflation, der nationale Umsturz; Ehe und Beruf gefährdet, keine eigenen Kinder, keine Zugehörigkeit zu Familie, Volk und Vaterland. Stets ist er dagegen aufgetreten, daß Menschen alle Hoffnungen aufgeben, und jetzt bleiben ihm selber weder Lebens- noch Friedenshoffnungen. Vor sieben Jahren dachte er, man müsse Rückhalt an einer »Gruppe« haben, und nun hat er erfahren, daß man allein ist mit Gott, der die ganze Last seiner Hoffnungslosigkeit tragen hilft. Keines der Probleme seines Lebens wurde gelöst, ohne daß die Lösung nicht ein völlig neues, noch schwereres in sich barg; das entscheidende Beispiel war die Rettung von Beuthen durch die Ehe, diese glückliche Ehe, die ungewöhnlich Schweres zur Folge hat und immer wieder alles Eigene dem Zusammenbruch ausliefert.

Obwohl ihn Besuche immer mehr quälen, weil er sich mit seinen inneren Wunden am liebsten verbergen möchte, freut er sich, daß seine Schwester Hilde wieder einmal ins Haus kommt; trotz der drei bis vier Stunden nachts im Luftschutzkeller hat sie sich in Hildesheim, wo es noch genügend Lebensmittel gibt, erholt. Sie zeigt Bilder von Margots schönem Haus, das sich allerdings nicht mit Erhards erlesener Empire-Wohnung vergleichen läßt. Hilde sieht er als das letzte Bindeglied der Familie: sie fährt zu Margot, pflegt die kranke Mutter und sorgt für Erhard, der weiter vom Deutschen Verlag reklamiert ist und auf einer Tirolreise war. Abends erscheint noch Karbe, der von Polen nach Bremen versetzt worden ist und dort schon starke Luftangriffe miterlebt hat. Auch an ihm – wie an den meisten – hat das soldatische Leben nach Kleppers Eindruck zunächst einmal alles Positive herausgeholt. Das Ausbleiben der England-Offensive – große Luftschlachten sind im Gange – ändert nichts an der allgemeinen Zuversicht; man empfindet es eher als Pause vor dem großen Schlag. Den Soldaten soll es neuerdings verboten sein, auf ihren Stuben über religiöse Dinge zu reden.

Trude Weill kommt immer wieder trotz oder vielleicht wegen der Lawine von Sorgen, Angst und Verzweiflung zum Klavierspielen. Damit seine Damen wieder einmal auswärts Musik hören dürfen, bemüht sich Klepper um Einladungen zu einer geschlossenen Veranstaltung des Musikinstituts für Ausländer. Das Klavierkonzert (Bach, Brahms und Schubert) befriedigt sie sehr, aber das Potsdamer Publikum im Marmorpalais hinterläßt bei ihnen zum ersten Mal einen makabren Eindruck.

Reni nahm zum ersten Mal in ihrem Leben am Abendmahl teil. Während sie mit Angina im Bett liegt, leistet ihr Hanni strickend Gesellschaft. Wenn die Tochter sich wohler fühlt, liest sie mit Feuereifer Kleppers Entwurf zu »Frick-Frack und Elvira« (der auch ihm noch gefällt) und »Die große Directrice«, die ihr so gefällt, daß sie das Manuskript selbst einbinden will. Von Brigitte aus England kam ein Luftpostbrief über New York; währenddessen erwähnt der Wehrmachtsbericht deutsche Luftangriffe auf englische Städte.

Doch in der Nacht vom 15. zu 16. August halten Kleppers, wie abertausend Deutsche, Ausschau nach einem friedlicheren Geschehen am Himmel. Vom Kirchhügel aus beobachten sie den Stern von Bethlehem, der wie Jupiter in der klaren Mondnacht über dem Birkenwäldchen steht, und während mancher herbeigeeilte Nachbar über die Wiederkunft dieses Sternes im Zeichen des Widders orakelt, blickt Klepper voller Dankbarkeit auf das Viertel, das ihm zur Wahlheimat geworden ist. Sollte auch sein Leben an der deutschen Gegenwart scheitern, so war es ihm wenigstens vergönnt, sein Land in seinen bedeutendsten historischen Stätten – Preußens und der Reformation – kennenzulernen. Eine Episode, die ihm kennzeichnend für Preußen bzw. Deutschland erscheint: als sie um elf Uhr nachts auf dem verdunkelten Bahnhof in Potsdam auf den Zug warteten und alles wegen drohenden Alarms heimeilte, fegte ein Arbeiter mit abgedunkelter Laterne ruhig den Bahnsteig sauber.

Die Luftalarme mehren sich von Tag zu Tag auch in Berlin trotz gewaltiger Flakabwehr. Fast jede Nacht sitzt man jetzt stundenlang im Keller und wartet auf die Entwarnung.

»Es muß doch wohl, wenn auch weithin unbewußt, sehr stark auf die Menschen einwirken, daß man für jede Nacht seine Sachen so bereitlegt, daß man das Haus bei einem Einschlag sofort verlassen kann, und daß man für jede Nacht – fast alle tun dies – einen Koffer mit den wichtigsten Wertsachen und Papieren packt. Dies ist ein Lösen von Besitz und Sicherheit und vielleicht vom Leben.«[58]

Am 25. August vertritt Helmut Gollwitzer den in Urlaub gegangenen Pastor Wiese im Gottesdienst von Nikolassee. Anschließend lädt ihn Klepper in sein Haus ein, ebenso auch Eva Bildt, die Tochter des Schauspielers – erstes Kennenlernen der beiden Gäste, die sich daraufhin noch öfter sehen und dann verloben werden. Helmut Gollwitzer erinnert sich an jenen Tag:

»Hauptthema hernach im Haus ist der geplante Roman über Katharina von Bora gewesen. Es war zum Staunen, wie gründlich Klepper dafür die Quellen studiert hatte, um sich bis ins Detail zu vergewissern, wie der Luthersche Haushalt beschaffen war. Katharina habe offenbar Luthers Kernsatz, das Wort Gottes allein müsse alles tun, nie ganz getraut. Auf ihr lag ja die Last, den Haushalt zu organisieren, aber auch zu finanzieren, z. B. auch die zahlreichen

Tischgäste und mitessenden Studenten, mit denen Luther seine Tischgespräche zu führen pflegte. Später, nach Luthers Tod, schien ihr bei den Erbauseinandersetzungen alles verlorenzugehen; sie machte sich im Winter auf den Weg zum Kurfürsten, um dessen Fürsorge zu erlangen, wurde auf diesem Wege überfahren und starb.

Wie Klepper dieses Lebensbild entwickelt hat, ist für mich ebenso wie beim ›Vater‹ beeindruckend gewesen, daß er wiederum eine Gestalt mit starken Widersprüchen gewählt hatte. Das ist zu jener Zeit noch etwas Außergewöhnliches gewesen. Übrigens hat Klepper im Blick auf diesen Plan auch geäußert, einen Roman mit Luther im Mittelpunkt könne man wohl kaum schreiben; es gehe nur so, daß man ihn von einer Seitenfigur her anvisiert und ins Spiel bringt, und dafür sei ihm die Gestalt Katharina von Boras die zutreffendste Kontrast- und Partnergestalt geworden.

Verglichen mit Kleppers damaligen Schilderungen ist mir das später veröffentlichte Fragment enttäuschend und kaum damit vereinbar erschienen. Denn aus jenem Gespräch war eine besonders epische Gestaltungskraft zu erhoffen, stark auf die Realitäten geschichtlicher Wahrheit bezogen, um diese ins Wechselspiel mit biblischem Zeugnis und theologischer Behauptung zu bringen.

In diesem Zusammenhang war Klepper noch eine Bemerkung wichtig: Was wollt ihr Theologen mit der bei euch üblichen Unterscheidung zwischen Reformation und Revolution? Selbstverständlich sei das eine Revolution gewesen, die tief in die gesellschaftlichen Verhältnisse eingegriffen habe, z. b. mit der Auflösung von Klöstern. Auch darum sei er zum Ansatz bei Katharina von Bora gekommen.

Theologisch, so hatte ich den Eindruck, war Klepper im Blick auf Luther im wesentlichen auf Studieneindrücke bei Rudolf Hermann beschränkt geblieben. Zweifellos ist ihm von diesem einiges an Kernsubstanz Lutherscher Theologie erschlossen und eingeprägt worden, allerdings auch mit einer gewissen Vereinseitigung zur Individualfrömmigkeit bzw. zum individuellen Glaubensverständnis. Was Hermann wie auch Klepper abging, war ein kritisches Kirchenverständnis, kritisch auch hinsichtlich des Verhältnisses von Staat und Kirche. Hierin hat sich R. Hermann doch in der herkömmlichen protestantischen Konformität dem Staat gegenüber verhalten. So blieb Rudolf Hermann wie Jochen Klepper im wesentlichen aus diesen Gründen auf einer Linie der Distanz gegenüber der Bekennenden Kirche. Ein staatskritisches Auftreten, wie es hier von uns geübt wurde, ließ sich nicht in Einklang mit ihrer nationalen Einstellung bringen. Außerdem war, um es einmal so zu sagen, unsere Glaubensbetätigung in der BK ziemlich kämpferisch-extrovertiert, im Unterschied zu Kleppers mehr introvertierter Persönlichkeit.«[59]

Reni muß in die Fabrik

Unversehens haben sich die Menschen von dem Gedanken an einen raschen endgültigen Sieg gelöst und auf einen zweiten Kriegswinter eingestellt. Bis jetzt ging es mit der Versorgung noch leidlich dank der »skandinavischen Speisekammer« und dem »holländischen Garten«, daneben den französischen Gärten, dem Erz und Holz aus dem Norden und dem rumänischen Erdöl.

»Eine weitere Scheidung der Geister: die einen freuen sich, daß Deutschland sich aus den besetzten Gebieten versorgen kann; die anderen bangen sich auch um die Zukunft dieser Nationen.«[60]

Es gibt auch im alltäglichen Kaufverhalten Unterschiede: die einen sehen zu, was sich unter der Hand um jeden Preis einhandeln läßt, andere begnügen sich mit dem, was die Rationierung ihnen zuerteilt, wieder andere können nicht einmal kaufen, was ihnen zusteht. Kleppers halten sich an die legalen Möglichkeiten und freuen sich über unerwartete Geschenke; Besucher bringen Kaffee (im Schleichhandel kostet das Pfund jetzt 140 Mark), Seife und Zigarillos aus Holland, Karbe spendiert eine Flasche Cognac. Vielleicht weil er soviel Leiden in Lublin zu sehen bekommt, schickt Hannes von Moltke rührende Briefe und Schokolade an Reni. Das Mädchen muß sich jetzt beim Arbeitsamt melden. In der lastenden Ungewißheit, ob ihr Zwangsarbeit oder gar Deportation bevorsteht, verfaßt für sie Klepper – »Dies ist das Gedicht, das ich für mein Tochtel schrieb« – die folgenden Strophen:

Nun sich das Herz von allem löste,
was es an Glück und Gut umschließt,
komm, Tröster, Heiliger Geist, und tröste,
der du aus Gottes Herzen fließt.

Nun sich das Herz in allem findet,
was ihm an Schwerem auferlegt,
komm, Heiland, der uns mild verbindet,
wo uns die Welt nur Wunden schlägt.

Nun sich das Herz zu dir erhoben
und nur von dir gehalten weiß,
bleib bei uns, Vater. Und zum Loben
wird unser Klagen. Dir sei Preis![61]

Den 2. September verbringt er mit ihr von halb sieben bis halb zwei auf dem Arbeitsamt, wo man Reni freundlich empfängt und zu Siemens-Schuckert in die exponierte Rüstungsindustrie einteilt. Viele verarmte Juden nehmen die Zwangsarbeit erleichtert als vorläufige Rettung hin; es heißt: besser in Berlin als in Lublin arbeiten. In Nikolassee sind Juden und Ausländer aus allen Schichten und Altersstufen als Straßenkehrer und Kohlenträger tätig. Kürzlich kamen zwei bulgarische Gärtner zum Mähen der Hänge im Garten.

Merkwürdig ist, daß man bei Kleppers Lage noch mit offiziellen Aufträgen zu ihm kommt. Der Kulturreferent der Reichsjugendführung, Velmede, möchte ihn als Mitarbeiter an einem Prachtband »Der Führer und der Soldat« gewinnen, der einmal zur großen Sieges- und Friedensfeier Hitler, Göring und den anderen Heerführern von der Jugend überreicht werden soll. Aber wie kann er sich zu einem Huldigungswerk für die Verfolger seiner Frau und seines Kindes hergeben?

Reinhold Schneider publiziert nur noch Aufsätze und kleinere Schriften, die trotz aller Tiefe nur noch Splitter seines Werkes sind. Aus Baden erfährt Klepper, wie seine Lieder in den Gemeinden Eingang finden. Immer neue Vertonungen werden ihm zugeschickt. Der treuherzige Grenadier Fischbeck, von dem einige der ersten Kompositionen kamen, schreibt ihm, er habe als Angehöriger der aktiven Truppe in Frankreich keinen einzigen Schuß abzugeben brauchen.

Im eigenen Bemühen, die politische Entwicklung in Frankreich zu verfolgen, bedauert er die harten Bedingungen des Waffenstillstands; sie scheinen ihm als Vergeltung für 1918 mehr rückwärts- als vorwärtszuschauen. Andererseits sieht er in der Niederlage Frankreichs die Strafe für ein Volk, das vornehmlich auf Reichtum und materielle Sicherheit erpicht war. Wie er den Juden zum Vorwurf macht, daß sie nicht die metaphysische Dimension ihrer Leiden begreifen, so wirft er nun den Franzosen vor, sie würden ihren neuen Führer Pétain im Stich lassen, der sein Volk mit väterlicher Hand durch alle Prüfungen zu führen vermag, wie es Hindenburg nach der deutschen Niederlage getan hat. Das stets wiederkehrende Vaterbild beherrscht Kleppers Anschauungsweise um so mehr, als er selbst den ersehnten väterlichen Schutz entbehren muß.

»Es ist furchtbar, wenn in dem Begriffe Vaterland das Väterliche ganz für einen ausgelöscht wird und der Drohung weicht. Schwer, schwer tut das himmlische Vaterhaus sich auf.«[62]

Helmut Gollwitzer, mit dem sich Klepper noch einmal trifft, hat neuerdings Rede- und Predigtverbot für ganz Deutschland erhalten und ist aus Berlin ausgewiesen. Einstweilen kann er sich noch in Klein-Machnow aufhalten, wo die Bekennende Kirche für seine Existenz sorgt, wie sie schon ihren ganzen Nachwuchs, der keine kirchenoffizielle Anstellung mehr findet, unterhält.

Der Kompromiß, den die offizielle Kirche von den jungen BK-Theologen verlangt, scheint Klepper allerdings noch tragbar zu sein. Pastor Brinkmann, der seit dem Polenfeldzug Kriegspfarrer ist, erzählt von dem primitiven, sehr leicht zu erschütternden Vorsehungsglauben der meisten Soldaten; gläubige Christen hätten sich kämpfend und leidend besonders bewährt. Der gleichaltrige Geistliche, der das Eiserne Kreuz erhalten hat, deutet Klepper scheu seine Freundschaft an mit dem Geschenk des Buches »In der Finsternis wohnen die Adler« von dem Norweger Andreas Markusson, das ihm Kramp und Ihlenfeld schon gerühmt hatten.

Für Klepper hat die Stunde der Musterung geschlagen. Am 7. September erklärt ihn der Stabsarzt für kriegsdienstverwendungsfähig in der Ersatzreserve I. Einstweilen habe sein Jahrgang noch nicht mit der Einberufung zu rechnen. »Welchen Reichtum an wehrfähigen Männern besitzt dieses Land!« Auch seine Brüder Erhard und Billum dürfen vorläufig noch ihrem Beruf nachgehen. Auf Wunsch der Mutter hat er sich zu ihrem Geburtstag mit den Berliner Geschwistern in ihrer Wohnung getroffen. Ihm war ja, besonders durch den Krieg, an der Aussöhnung gelegen. Erhard und Billum, die ihm nicht ohne Herzlichkeit begegnen, sehen wohl aus; beide verdienen gut, der jüngere Bruder durch seine Garage und Lastautos.

Reni zuliebe – ihre freien Tage sind nun gezählt – machen Kleppers einen Ausflug nach Caputh, das man ihnen als ländliches Idyll gepriesen hat, sie aber enttäuscht. Besser denn je gefällt ihnen der abendliche Sonntagsspaziergang durch Potsdam mit den klaren Silhouetten der Garnisonkirche und des Stadtschlosses in der Dämmerung und der anschließende Genuß eines guten Weines in einem kleinen Lokal.

Tags darauf beginnt »Renate Sara Stein« schon die Arbeit als Montiererin in den Siemens-Schuckert-Werken. Sie muß künftig jede zweite Woche zur Frühschicht von 6.10 bis 14.40 Uhr täglich um viertel nach vier aufstehen, da Jüdinnen sich eine Viertelstunde vor den anderen versammeln sollen. Jeden zweiten Sonntag wird gearbeitet; der Stundenlohn beträgt 50 Pfennig, 75 Pfennig werden pro Tag für Steuern abgezogen. Man beschäftigt sie im fünften Stock eines älteren Fabrikgebäudes mit der Herstellung undefinierbarer Lampenplättchen (600 Stück täglich). Von der Verwaltung ist alles ordentlich organisiert – sie darf in der Kantine essen –, der Ton der subalternen Vorgesetzten ist allerdings weniger nett. Doch gleich am ersten Tag wird sie von Bob Adamek, der Kleppers seinerzeit nach Wittenberg mitgenommen hat, in einem noblen französischen Auto heimgefahren. Mit diesem Dienstwagen ist er aus den besetzten Gebieten im Westen zurückgekehrt, wo man Aufbauarbeiten, ja sogar eine Autobahn plant. Hanni findet, das Mädchen sei sehr eitel geworden, vor allem auf ihr »arisches Aussehen«, und würde in so schwerer Zeit noch zu sehr verwöhnt. »Aber hier ging es doch um die Illusion einer schönen, unbelastet scheinenden Jugend – ach, eine sehr schwache Illusion, die Renerle schon recht bewußt mitzuretten versuchen mußte.«[63]

Spuren des Krieges

Damit Hanni etwas Entspannung findet, leisten sie sich einen Spaziergang im Glienicker Park und einen Kaffee am Brandenburger Tor, kommen noch zurecht zu einer Stunde schöner Musik in der Gedächtniskirche mit dem geschätzten Solisten Rudolf Watzke. Die Vitalität der Großstadt, die trotz Krieg und Luftangriffen aufs intensivste weiterlebt, beeindruckt beide sehr. Eine unübersehbare Menge junger Leute, darunter viele »propre« Soldaten, strömt in die Theater und Kinos, die wegen der nächtlichen Alarme abends wesentlich früher beginnen. Viele Leute mit Kindern sollen allerdings aufs Land und vor allem ins Gebirge verzogen sein. Gerhart Pohl schreibt, die schlesischen Gebirgsorte seien mit Berlinern überfüllt. Alles sucht Häuser in abgelegenen Plätzen zu kaufen. Kleppers denken ebenfalls daran, zumal ihnen dadurch vielleicht ein Leben ohne »Judenschild« möglich wäre. Auf ein Inserat im »Hirschberger Boten« kam nur ein Angebot: ein Grundstück mit Mietswohnung zum gegenwärtig hohen Preis von 2500 Mark. Klepper denkt an einen Sonntag vor neun Jahren, als er den Regisseur Jürgen Fehling in der Villa seiner Freundin Ida Sachs – wo mag sie heute sein? – zu einem Interview aufsuchte. Immerfort mußte er damals auf den laubbedeckten Garten hinausblicken, und es gab ihm einen Stich durchs Herz, daß manchen ein so stilles, schönes Haus samt Garten vergönnt ist, zumal Hannis ganzes Vermögen verlorenzugehen drohte und er seine erste berufliche Krise erlebte.

Durch Renis Fabrikarbeit ist allerdings ein Landaufenthalt nicht so ohne weiteres zu realisieren. Wenn sie bis 23 Uhr Nachtschicht hat, muß Klepper sie wegen der drohenden Fliegeralarme abholen. Meistens schlafen dann seine Damen im Luftschutzkeller, während er die Zeit zur Lektüre nutzt, um beispielsweise Zolas »Germinal« endlich kennenzulernen, das er grandios und gleichwohl abstoßend findet. »Je unproduktiver ich bin, desto lernbegieriger – jedoch nur in meinem eigensten Fach – werde ich. Auf alle Weite habe ich seit Jahr und Tag endgültig Verzicht geleistet.«[64]

Zum ersten Mal spricht die deutsche Presse von Großangriffen auf deutsche Städte. Reni hat selbst von ihrer Arbeitsstelle aus den Brand des Elmowerkes zu sehen bekommen. Der Alarme wegen werden die Arbeitsschichten in den Fabriken von sechs auf vierzehn und vierzehn bis zweiundzwanzig Uhr vorverlegt. Zu den Gerüchten um die neuen Waffen schreibt die DAZ: »Wir haben die stärkste Luftwaffe der Welt, wir haben auch andere Kriegsmittel unserer Wehrmacht, die die Briten noch kennenlernen werden.«[65] Erschrocken liest Klepper am 19. September die Meldungen von Bombentreffern in den Betheler Anstalten bei einem englischen Luftangriff auf Bielefeld. Die politische Presse spricht von der »Stadt der Barmherzigkeit« und daß die Greueltat »unbarmherzig vergolten werden« soll; es hat den Anschein, als solle dieser Vorfall der Anlaß zur endgültigen Kriegsverschärfung werden. Soll also die »eigentliche« Offensive gegen England doch noch vor Anbruch des Winters beginnen? Nach einem Vergeltungsangriff auf Cambridge telegrafierte Brigitte zu Kleppers Beruhigung an die Schwiegermutter des Spandauer Orgelbauers Schulze in der Schweiz und an Meschkes in Schweden. Der letzte Luftangriff auf Berlin, der von 22 Uhr bis drei Uhr dauerte, hat den Lehrter Bahnhof, den Bahnhof in der Putlitzstraße, das Robert Bosch-Krankenhaus, ein Kinderheim und einen S-Bahnzug getroffen. Gleichwohl herrscht in der Stadt noch die gewohnte Betriebsamkeit, wobei sich Kontraste zeigen: die vielen Soldaten, die deprimierende Warenknappheit und das elegante Publikum, das die Cafés im Westen der Stadt bevölkert, jeden Abend Konzerte und Theater füllt. Von Paul Bildt eingeladen, sieht Klepper die Aufführung von Ostrowskis Komödie »Der Wald« im

Staatstheater am Gendarmenmarkt, das er in besonderem Maße schätzt.

Nach langer Zeit gelingt wieder einmal ein Besuch im Antiquitätenviertel, wo jetzt erste Stücke aus den besetzten Ländern auftauchen. Für das Haus erwerben sie eine Stadtsilhouette von Wittenberg aus dem Jahr 1695, ein naives Guckkastenbild vom Potsdamer Stadtschloß und einen aparten Stich vom Schloß Monbijou. Das Aufatmen während der Heimfahrt durch den Grunewald geschieht nun doppelt bewußt. Aber auch die bisher verschont gebliebenen Vororte werden allmählich aus ihrem relativen Frieden gerissen; seitdem fünf Bomben auf den Tempelhofer Flugplatz gefallen sind, hat man Teile des OKW in ein Barackenlager am Zehlendorfer Gut Düppel, also nahe bei Nikolassee, verlegt. Im Gemeindehaus ist ein Stab von 80 Mann untergebracht, und im Ort gibt es jetzt sehr viele Flak-Stellungen (zum zweiten Mal ist ein großer Granatsplitter in den Garten nebenan niedergegangen).

Der benachbarte Dr. Panick hat sich mit seinen Verbindungen als hoher Polizeiarzt wirksam eingeschaltet und Klepper vor der Einberufung bewahrt, als in diesen Septembertagen überraschend der amtliche Bescheid eintraf, er habe in der nächsten Zeit mit seiner Kommandierung in die Polizeireserve zu rechnen. Das wirkte auf ihn konsternierend:

> »Ich beneide jetzt jeden Mann, der Soldat ist. Jede Reklamation bei einer militärischen Einberufung hätte ich abgelehnt; und ich weiß auch, wie Pagel über die reklamationssüchtigen Autoren denkt, die ihr Werk für das Vaterland so überaus hoch ansetzen. Aber nun liegt der Fall anders, und ich bin auf Pagels Vorschlag eingegangen, daß er, obwohl ein Verlag seine Autoren nicht reklamieren kann, einen Antrag auf Zurückstellung an die Polizeierfassungsstelle richtet, den Dr. Panick als Polizeiarzt in die richtigen Hände leiten will ... Soldatengedichte sind eine große Sache; wie schön schreibt Siegbert Stehmann in Norwegen! Aber Polizeigedichte –? Dort liegt der Unterschied! Ferner, man könnte in meiner Lage wohl einmal auf dem Propagandaministerium sagen: ›Ich bin ja auch Soldat gewesen.‹ Aber Polizist?«[66]

Einstweilen können also die Bemühungen um das neue Buch, andererseits die sonntäglichen Verabredungen weitergehen. Ein Ausflug nach Potsdam läßt sich mit einem Besuch bei Ilse Jonas verbinden, deren Wohnung nahe bei derjenigen liegt, wo einst Reinhold Schneider die »Hohenzollern« schrieb. In der kargen Vikarsstube mit der Menge von theologischen Büchern erinnern nur ein Bild und eine Rokoko-Kommode an das väterliche Schloß, dem die Vikarin entstammt. Zum Tee kommt Pastor Lilge, der Hilfsprediger der Nikolasseer Gemeinde, die jetzt 5000 Glieder zählt. Klepper bedauert, daß in keinem Gottesdienst ein Dank für die überstandenen Luftangriffe ausgesprochen wird (bei einem kürzlichen Angriff wurden das Virchow-Krankenhaus, ferner Geschäfts- und Wohnhäuser getroffen; es gab Tote und Verletzte). Professor Beyer aus Leipzig, jetzt als Kriegspfarrer auf der Durchreise von der Westfront, berichtet von seinen positiven Eindrücken im Heer, nachdem er zunächst auf eine fast unheimliche Verantwortungslosigkeit gestoßen sei. Das Urteil über Frankreichs »moralischen Zusammenbruch«, schon öfters von Heimkehrern aus dem Westen gehört, macht sich Klepper gern zu eigen. Spät abends trifft noch Käthe Staritz als Logiergast ein und erzählt, wie die Breslauer Gestapo die jüdischen Partner von Mischehen quält. In derselben Nacht träumt Klepper, er spräche mit Hitler über Hannis Lage und würde anschließend sofort einberufen. Am nächsten Morgen erreicht ihn die Mitteilung vom Wehrmeldeamt, er habe demnächst mit seiner Einberufung zu rechnen. Hanni fällt die Nachricht schwerer, als er dachte; aber sie versteht es, daß er trotz seiner mangelnden Eignung und ihrer schwierigen Lage Soldat sein will. »Dies bedeutet nun etwas für das ganze Leben. Dies muß der Mann erfahren haben. Und nicht den Krieg als Zivilist verbringen!«[67] Die Trennung wird leichter fallen, da Reni jetzt »als Stieftochter eines bekannten Schriftstellers« von Siemens entlassen und auf Anweisung der Gestapo für Umschulungskurse zur Auswanderung von der Zwangsarbeit dispensiert worden ist.

Auf dem Schreibtisch, wo gerade das neue Weihnachtslied »Wer warst du, Herr, vor dieser Nacht?«[68] entstanden ist, häufen sich die Formulare für den Antrag auf Familienunterstützung. 19 Unterlagen sind beizubringen. Der Höchstsatz für Soldatenfrauen – es soll angeblich keinen Unterschied zwischen arischen und nichtarischen geben – beträgt 200 Mark und für jedes Kind 30 Mark.

Bei einer dienstlichen Besprechung hat Kleppers Nachbar erfahren, daß man aus den Jahrgängen 1901–1903 drei Divisionen bilden will, da ein großer Teil der aktiven Truppe für Afrika bereitgestellt würde. Einstweilen, während der militärischen Ruhe, herrscht höchste politische Aktivität: Hitler trifft sich mit Mussolini am Brenner und in Florenz, mit Franco in Hendaye, mit Pétain und Laval in Montoire. Man erwartet einen Sonderfrieden mit Frankreich; die

Schweiz befürchtet eine Annexion durch Deutschland und Italien, welches Krieg gegen Griechenland führt. Berlin wird zur Völkerstadt: Slowaken, Ungarn, Bulgaren kommen als Arbeiter, um die Lücken auszufüllen, die durch die Einberufungen zum Militär entstanden sind.

Trotz der bevorstehenden Einberufung, trotz der Kontributionslast und der Sorge vor einer irgendwann drohenden Deportation haben Kleppers den Gedanken an ein Landhaus im Riesengebirge nicht aufgegeben. Die Rheinische Hypothekenbank erklärt sich zu einer zusätzlichen Hypothek von 5000 Mark auf das Nikolasseer Haus bereit. So fahren sie für drei Tage nach Hirschberg. Das Hotel Strauß, in dem sie absteigen, wie insgesamt »die schlesische Betulichkeit, Redseligkeit, Geschäftigkeit, Freundlichkeit, die Zärtlichkeit der Sprache« wirken gleich anheimelnd auf sie.

Tags darauf fahren sie nach Schreiberhau, wo ein befreundetes Ehepaar ein Landhaus für sie entdeckt hat. In der alten Kirchenschenke am verschneiten Kirchplatz mit dem alten bunten Holzpfarrhaus und der Barockkirche essen sie zu Mittag, von lauter elegantem Publikum umgeben – zumeist reichen Berlinern und Hamburgern, die hier den Fliegeralarm in der Großstadt entgehen wollen. Anschließend stapfen sie, im Schnee bis an die Knie versinkend, zur Besichtigung des angebotenen Hauses. Unterwegs treffen sie mit dem ehemaligen Beuthener Kantor Rothe zusammen, der jetzt Rektor und Leutnant beim Wehrmeldeamt in Hirschberg ist. Auch er, »der zu unserer Hochzeit einst beim Beuthener Boykott Blumen schickte«, hat mit Begeisterung den »Vater« gelesen.

Das Haus ist eine Enttäuschung: für seinen hohen Preis von 28 000 Mark viel zu minderwertig ausgeführt und noch dazu abseits vom hübschen Ort in einer Siedlung über dem Bahnhof gelegen. Trotz der Enttäuschung nutzen sie die übrige Zeit ihres Aufenthalts zur Entdeckung der Hirschberger Renaissance, des Warmbrunner Barock, der schlesischen Glasbläser- und Schnitzerkunst. Ein letzter Gang vor der Rückreise führt sie auf den belebten Markt mit seinen malerischen Laubengängen zum Einkauf von Gemüse und Karpfen, die es in Berlin nicht mehr gibt. So können sie nach der Rückkehr wenigstens Hannis 50. Geburtstag gebührend feiern.

Sobald sie wieder in Berlin sind, geht Klepper auf die Suche nach Geburtstagsblumen, die rar und teuer geworden sind (für ein Alpenveilchen werden 3,75 Mark verlangt, ein Strauß Winterastern, der im vorigen Jahr noch für 1,50 Mark zu haben war, kostet jetzt 3,50 Mark). Die Nacht zum Geburtstag verbringen sie bei Kerzenschein zwischen den Fliegeralarmen. In den Briefen, die aus ihrem Bekanntenkreis eingetroffen sind, fehlt es nicht an schmerzlichen Neuigkeiten. Aus Baden und der Pfalz sollen die Juden in das gefürchtete Pyrenäenlager Gurs »evakuiert« worden sein. Nach den Informationen, die Pastor Grüber erhalten konnte, handelt es sich um eine harte Sonderregelung für das westliche Grenzgebiet und die hinzugekommenen eroberten Gebiete, wo die ehemaligen Verbündeten jetzt auch ihre Bomben abladen. Der in der gleichen Lage wie Klepper lebende Schriftsteller Joseph Winckler schreibt besorgt über diese Deportationen, obwohl Mischehen einstweilen davon verschont bleiben. Bei der Dichtertagung in Weimar habe man Leute mit Sondergenehmigungen wie ihn und Klepper, aber auch sonst »christliche Autoren« wie Schröder, Winnig, Schneider und Kramp außer acht gelassen. Andererseits berichtet Kurt Ihlenfeld, der bereit wäre, Klepper vom Eckart-Verlag reklamieren zu lassen – besser gefiele diesem eine Reklamation durch den Kompaniechef vom 9. Potsdamer Traditionsregiment, Graf Matuschka, für sein Wehrbezirkskommando –, daß ständig für den Autor des »Kyrie« neue Aufforderungen zu Vorträgen und Lesungen (von der Leipziger Theologischen Fachschaft schon zum vierten Mal) eintreffen.

Diskussion um den »christlichen Roman«

Daß Klepper alles andere als eine Kämpfernatur ist und leicht verletzt auf Kritik reagieren kann, enthüllt auf bemerkenswerte Weise die von Mißverständnissen belastete Korrespondenz mit seinem Freund Gerhart Pohl im Spätherbst 1940. Die Schrift »Der christliche Roman« hatte dessen Widerspruch hervorgerufen, da er dieser »radikalen« These nicht beipflichten kann, und er möchte im Einverständnis mit Rudolf Pechel eine Diskussion darüber in der »Deutschen Rundschau« entfesseln. Dieser »will Bergengruen oder einen anderen bitten, Deine These zu halten und anschließend meinen ›Angriff‹ bringen. Das kann ganz interessant werden«[69]. Klepper reagiert verstimmt und spricht nebenbei von »Gefahren«, die damit heraufbeschworen werden könnten, worauf Pohl erwidert:

»Die Zeiten sind schwierig, daran ist nicht zu zweifeln. Doch erweisen wir uns ihnen nicht gewachsen und der deutschen Überlieferung als unwürdig, wenn wir deshalb jeder Diskussion aus dem Wege gingen. Das ist meine Meinung zu dem Thema, die sich mit der Pechels im übrigen grundsätzlich deckt. Selbstaufgabe ist die erste Phase der Selbstvernichtung. Ich bin traurig darüber . . .«[70]

Pohls Vorwurf, Klepper wahre in seinem Aufsatz zu wenig die Belange der Kunst, ist nicht unberechtigt, denn dieser kommt hier zu dem Schluß, der christliche Dichter könne bei »aller ihm gewährten Freiheit des Künstlertums« nur Knecht des göttlichen Wortes sein und Gottes Führung im menschlichen Schicksal darstellen. Es spricht viel dafür, daß er sich damit selbst in einen unauflösbaren Zwiespalt zwischen theologischer Maxime und literarischem Gestaltungsvermögen gebracht hat, der die Weiterarbeit am »Ewigen Haus« eher erschweren mußte. Diese Problematik hat Reinhold Schneider zweifellos in ihrer Tiefe erfaßt und angesprochen, wenn er in seinen Erinnerungen schreibt:

»Das Problem des Lutherromans scheint mir unlösbar wie das der christlichen Kunst. Aber es ist doch möglich, daß Klepper in seiner Stellung eine Lösung gefunden hätte. Wäre er aber vor dem letzten Gipfel gescheitert, so hätte er eben damit das Wesen der christlichen Kunst dargetan, die bis hinauf zu Dante, zum Äußersten, was er gewollt hat, ein Scheitern ist.«[71]

Um dieses Thema entspinnt sich »eine warme, aber unklare Diskussion« im »Deutschen Pfarrerblatt«, an der sich Klepper ebensowenig beteiligt, da er – hierin von Ihlenfeld bestärkt – »die literarischen Fehden« haßt[72]. Indessen ist ihm insgeheim dieser Aufsatz längst fragwürdig geworden, und in seiner Selbstkritik hätte er sich eigentlich mit Pohl treffend verständigen können.

»(Dieser Aufsatz) soll mein Abschied sein von dem Gebiet auch dieser Tätigkeit . . . Denn ich befinde mich ja immer wieder nur zu leicht in der Gefahr, das Dichterische in mir zu unterdrücken oder gar zu fliehen, weil der Schaffensvorgang bei mir so quälend geworden ist.«[73]

Anderthalb Jahre später wird er noch einmal daran zurückdenken, wobei jetzt ihm bezeichnenderweise Reinhold Schneider vor Augen steht:

»Bei der Lektüre von Schneiders neuen kleinen Novellen wurde mir klar: er in diesen Novellen und ich in meiner Schrift vom christlichen Roman haben einen Schritt getan, der an die Grenze der christlichen Kunst führt, und die wir ungestraft nicht überschreiten dürfen. Wir haben von der Kunst etwas preisgegeben, was der Glaube gar nicht von uns fordert, vielmehr verweist er uns darauf zurück; aber aus uns selbst können wir dieses blühende, freie, schöpferische Künstlerische gar nicht wiedererlangen. Beide nehmen wir eine eigentümliche

Zwitterstellung ein; beide sind wir in der Gefahr des Verlöschens, nur daß hinter Schneider schon ein großes Werk steht. Seine äußeren Schicksale sind sehr viel leichter als meine; von den inneren meine ich, daß sie genauso schwer sind; die, die das eigenste Ich angehen. Jener Schleier, der über sein ganzes Wesen gebreitet ist, verrät mir viel.«[74]

Äußerst bedenklich erscheint ihm ein in Hannover kursierendes Gerücht, wonach für Ina Seidels »Lennacker«, Willy Kramps »Die Fischer von Lissau« und den »Vater« kein Papier mehr bewilligt würde.

Vor der Einberufung arbeitet er noch auf der Staatsbibliothek an Biographien von Nebenfiguren zum »Ewigen Haus« und begleitet seine Frau bei ihrem üblichen Rundgang durch das Antiquitätenviertel. Seit dem letzten Jahr sind die Preise um das Doppelte gestiegen; der einfachste Sessel kostet zwischen 250 und 400 Mark. Eine andere Käuferschicht taucht auf, namentlich Heiratende, weil Neues so schwer aufzutreiben ist. Wie billig hatten sie seit 1932 ihre Wohnung mit schönem alten Hausrat einrichten können! Wenigstens finden sie eine bäuerliche Geistestaube, so daß künftig zu jedem Fest das entsprechende Symbol im Hause ist: zu Weihnachten die Madonna mit dem Kind, zu Ostern der Schmerzensmann und der Grablegungs-Christus. Vergeblich suchen sie seit langem nach einem edlen Kruzifixus.

Dank einer Einladung von Paul Bildt, der im »Theater der Jugend« die Titelrolle von Hermann Burtes »Katte« spielt, sieht Klepper seit langem wieder einmal ein Schauspiel, das er mit seiner christlichen Tendenz aber sehr schwach findet. Nachdem ihn von Kindheit an die Bühnenwelt derart angezogen hatte, fühlt er sich jetzt dem Theater geradezu entfremdet.

Von den vielen Einladungen, die mit dem Spätherbst eintreffen, nehmen Kleppers nur die von Glums an, nicht zuletzt, weil sie mit für Reni gilt und sie das Mädchen in dieses erlesenste Haus von Nikolassee, eines der großen Berliner Häuser insgesamt, einführen wollen.

Professor Glum, der ehemalige Generaldirektor der Kaiser-Wilhelm-Gesellschaft, erinnert sich durchaus an den jungen Journalisten, von dem er sich vor neun Jahren für Rundfunk und Presse interviewen ließ. Die zur Geselligkeit großen Stils ausgestatteten Räume verraten einen kundigen Sammler mit Vorliebe für italienische Renaissance, Barock und Klassizismus. Von dem Empfang – im Empire-Musikzimmer singt die blinde Margarete von Winterfeld, die sie schon von Grunewalder Kirchenkonzerten her kannten – hatte Klepper eigentlich nur einen gesellschaftlichen Einblick für Reni erwartet, der es eigentümlich vorkommt, sich hier mit Frau von Siemens über ihre Arbeit in deren Unternehmen zu unterhalten. Tatsächlich hinterläßt der Abend im Kreis gewählter Gäste, zu denen auch der Ortspfarrer zählt, bei ihm einen starken Eindruck.

Am 21. November ist er zur Hochzeit seines jüngsten Bruders Billum eingeladen. Bei dieser Gelegenheit möchte die kranke Mutter alle ihre Kinder vereint sehen. Margot, die er seit 1933 nicht mehr getroffen hat, bleibt dann doch der Feier fern, die in Erhards Wohnung stattfindet. Die Kontraste in Erhards Leben sind ihm unverständlich; bei einem Einkommen von annähernd 3000 Mark kümmert er sich kaum um seinen Haushalt, wiewohl er zwei geschmack- und stilvolle Empirezimmer besitzt. Anstatt einer Hochzeit mit Beuthener Gepräge, wie er es erwartet hatte – aus der Heimat ist der einstige Pfarrhausgenosse und Oderkapitän Lothar Eberhard erschienen –, geben einige emigrierte Russen dem Zusammensein das Kolorit, das Billums früh entwickelter Neigung zum Osten entspricht. Die Mutter sitzt mit an der Festtafel, macht sogar gewandte Konversation und will ihren Jochen unentwegt neben sich haben. Auch wenn er mit seinen Geschwistern nur noch wenig gemeinsam hat, ist er doch froh, daß sie soweit wieder versöhnt sind.

Einige Tage vorher hatte er in Erwiderung der Glumschen Einladung eine festliche Teerunde arrangiert, zumal sich der Kronprinz von Sachsen und Reinhold Schneider, eben aus Freiburg zurückgekehrt, an einem Wiedersehen interessiert zeigten. Zu den Gästen zählte unter anderem Dr. Petzert, ein junger Historiker, von dem er erfuhr, daß der »Vater« auch unter Fachhistorikern Ansehen genießt. Der Gastgeber ist beeindruckt, »wie uns alle die Kirche bindet«.

Doch bleiben die Gespräche nicht am Kirchlichen haften. »Das zweite Hauptthema war unversehens die Musik. Über allem der schwere politische Ernst. Uns fällt auf, wie allmählich alle Prognosen, die man sonst ›aus sichersten Quellen‹ hatte, geschwunden sind. Aus dem Warthegau hört man, es gebe dort überhaupt keine Kirche mehr. Reinhold Schneider und der Kronprinz von Sachsen sind überzeugt, daß es nach dem Krieg zu einer wachsenden Verfolgung der Kirchen kommen wird. »Klepper hält dem entgegen, daß seine neuen Kirchenlieder wieder unbeanstandet freigegeben worden sind, und hält sich an das Lutherwort: »Was fürchten wir nun die überwundene Welt gleich als wäre sie der Überwinder!«[75]

Zu einem Hauskonzert bei der Cembalistin Schlee-Michalke eingeladen, äußert Klepper sein Wohlgefallen an der »wachsenden Hausmusikströmung«, in der sich der starke Zug zur Innerlichkeit ebenso manifestiert wie in den Dichterabenden vor geladenem Kreis in Privathäusern, die er dagegen mit größter Skepsis betrachtet, denn »ich fürchte die Atmosphäre der Verlogenheit, die bei allen solchen Veranstaltungen herrscht«[76].

»Unser Haus könnte jeden Sonntag ein großes Auditorium sein, aber Gott verschließt mir die Lippen. Es ist nicht gewährt, sich durch Reisen, Vorlesungen, Vorträge hinwegzutäuschen über Lähmung und Unterhöhlung der Arbeit ... Dabei ist fast erschreckend, wie gebieterisch der Plan des Buches bleibt, das ich nach menschlichem Ermessen als gescheitert ansehen müßte.«[77]

Die Einberufung

Kleppers Einberufung ist für den 3. Dezember – also noch vor Weihnachten – festgelegt. Letztes Jahr galt sein »Weihnachtslied im Kriege« den anderen Soldaten, diesmal gilt es auch ihm selbst. Man hat ihn der 5. Fahr-Ersatzschwadron in Fürstenwalde zugeteilt. Lieber wäre er unter dem Kommando des Grafen Matuschka in Potsdam »aktiverer« Soldat geworden; die Aussicht, bei den Fahrern zu dienen, deprimiert ihn einigermaßen: bloß nicht Radfahrer sein! Vielleicht hat er wenigstens eine Aussicht, da es auch berittene Fahrer gibt, richtig reiten zu lernen. Das wäre Männersache.

»Es hätte die Möglichkeit bestanden, Sanitäter zu werden, wo alles sinnvoll wäre. Aber da hat mich eine seltsame Furcht gefaßt, gerade die weichen und dienenden Züge in mir zu verstärken, wo es um das andere geht.«[78]

Die Materialmappen zum »Ewigen Haus« darf er für die Zeit seiner Abwesenheit dem Luftschutztresor der Preußischen Staatsbank anvertrauen, wo die kostbarsten Schätze der Berliner Museen wie der Kopf der Nofretete während der Kriegszeit untergebracht sind. Stundenlang diktiert er Hanni die noch zu erledigende Korrespondenz mit Verlegern, Freunden und Lesern. Mit Ihlenfeld bespricht er die Neuauflage des »Kyrie« (9.–14. Tausend). Am 26. November erscheint noch sein Ende August für Reni geschriebenes Gedicht »Nun sich das Herz von allem löste«[79]. Das Holz von den eigenen Bäumen liegt gespalten und gestapelt für den Kriegswinter bereit. Für den Lebensmittelvorrat im Keller hat Hanni fleißig vorgesorgt. Sie wird nach Abzug aller Steuern über ein Monatseinkommen von 700 Mark (400 Mark Fixum von der DVA, 185 Mark Mieteinnahme und 115 Mark Zinsen von der Breslauer Hypothek) verfügen. Davon will sich Klepper 50 Mark für das Nötigste schicken lassen.

Das Haus ist schon ganz auf den Adventsbeginn eingestimmt. Im Gespräch mit seiner Frau bedenkt Klepper, daß »die gelähmte und versäumte und unvollbrachte, zusammenstürzende Arbeit am ›Ewigen Haus‹ gerade in den letzten Tagen durch einen Prozeß der inneren Heilung ging, in dem mir alles wie neu geschenkt ist nach großer Verzweiflung«[80]. Frau und Kind, dazu auch die kranke Mutter unter den gegenwärtigen Verhältnissen zurücklassen zu müssen, fällt ihm schwer. So innig er Reni liebt, er entbehrt gerade jetzt wieder das eigene Kind, das ja auch als Mischling nach den gegenwärtigen Gesetzen ein starker Schutz für die jüdische Mutter hätte sein können.

Reinhold Schneider wollte noch darauf drängen, daß Klepper seine »einzigartige Situation« als Autor des »Vater« bei den Offizieren ausnützen müsse, um sich vom Kriegsdienst freistellen zu lassen. Doch das scheint ihm falsch: erst muß er Soldat sein. Freilich kann und darf er nichts anderes sein als Soldat seines geliebten, schmerzensreichen Friedrich Wilhelm I.; doch was wird er von der alten Armee seines Königs wiederfinden?

Am Sonntag vor dem Aufbruch, dem 1. Advent, geht er zum letzten Mal mit Frau und Tochter in die mit Herrnhuter Stern, Kranz und Adventsbäumchen geschmückte Kirche. Pastor Wiese betet eigens für diejenigen, »die gerade in diesen Tagen einberufen werden«. Pastoren und Kirchgänger verabschieden sich anschließend herzlich von ihm. Hilfsprediger Lilge gesteht, nichts binde ihn so an die Nikolasseer Gemeinde wie ihre freundschaftliche Beziehung.

Nachmittags findet sich noch eine Bekanntenrunde zum Kaffee ein: Hannes von Moltke, der als Gefreiter von Lublin nach Frankfurt abkommandiert ist, dessen Bruder Hello, der Reni aus Holland den ersehnten Radioapparat mitgebracht hat, und Löwenthals, die demnächst über Sibirien und Japan in die Dominikanische Republik auswandern. Der einst so reiche Dave Löwenthal führt ihnen die Zauberkunststücke vor, die er als 67jähriger zum Broterwerb in der »Negerrepublik« erlernt hat. In der Abenddämmerung macht Klepper mit Reni einen letzten Spaziergang an der Rehwiese entlang, die »im Reif der Dämmerung« liegt.

Am 3. Dezember, bei sieben Grad Kälte – der Winter scheint früh zu kommen – verläßt er das geliebte Haus in der Teutonenstraße und begibt sich zur Sammelstelle in der Deutschlandhalle. Die Stationen des Weges, der von hier aus seinen Anfang nimmt, sind noch verborgen. Dessen sicher nicht bewußt, tritt er ihn an auf der Suche nach neuer Geborgenheit und bereit zu einem langen Urlaub von seiner bisherigen Existenz.

VI. Der beste Diener seines Königs

1940–1941

Hanni fällt es doch schwerer, als ich dachte, daß ich Soldat werde. Aber sie versteht es vollkommen, daß ich trotz meiner mangelhaften Eignung und trotz alles Negativen, das wir wissen, Soldat sein will . . . Dies muß der Mann erfahren haben. Und nicht den Krieg als Zivilist verbringen.

Tagebuch, 17. Oktober 1940

Rekrut in Fürstenwalde

Während der ersten Wochen in Fürstenwalde geht Klepper durch eine harte Schule. Er muß sich erst an das unsanfte Kasernenleben, an das Gebrüll der Unteroffiziere (»Klepper, Sie haben 'nen Geist wie'n Nachttopp«), an das Schnarchen der Stubenkameraden, an die ungewohnte Arbeit im Stall gewöhnen. Die ersten Reitstunden verursachen derartige Wunden, daß er nachts vor Schmerzen nicht einschlafen kann. Obwohl das Essen ordentlich ist, hat er keinen Appetit, friert bei der zunehmenden Kälte und leidet an seiner alten Migräne. Um so willkommener ist ihm der unerwartete Weihnachtsurlaub. Am frühen Nachmittag des 22. Dezember bricht er von Fürstenwalde auf, überquert mit der Fähre durch eine schmale Fahrtrinne die vereiste Spree und trifft einige Stunden später bei Hanni ein, die ihn im ersten Augenblick kaum wiedererkennt, »so gut fand ich ihn in Uniform und Haltung und so viel jünger noch aussehend«.

Das Haus ist schon liebevoll zum Fest gerüstet, auf dem Kaffeetisch brennen die Lichter des Adventskranzes, und zur Freude des Wiedersehens kommt noch, durch Meschkes übermittelt, die Nachricht aus England von Brigittes Verlobung mit Karl Molnar, einem aus Wien stammenden Schicksalsgefährten. Mit welcher Sehnsucht schweiften in den schlaflosen Kasernennächten seine Gedanken um das geliebte Haus, und jetzt darf er Weihnachten darin verbringen, mit Frau und Tochter in der Christnacht wieder den Weg zur Kirche antreten, danach die häusliche Bescherung beim Gesang der Weihnachtslieder im kerzenschimmernden Barockzimmer erleben.

Zum Fest fehlt wohl manche traditionelle Äußerlichkeit, aber so wird es eher noch reicher und noch tiefer empfunden. »Fast war's zuviel für das bewegte Herz«, wie Pastor Wiese im Gottesdienst nach dem Weihnachtsevangelium sein »Abendmahlslied für Weihnachten« spricht. Aber noch etwas anderes beeindruckt ihn: »daß die vielen hier arbeitenden ausländischen Proletarier dichte Reihen füllten, kein Wort verstehen, nur dem Anblick des weihnachtlich geschmückten Altars hingegeben«[1].

Vor der Rückfahrt macht er sich noch auf den Weg zu seiner kranken Mutter und sitzt bei ihr am alten »Brüdergemeinbett« aus dem Beuthener Pfarrhaus, dann heißt es wieder ins Ungewisse ziehen, denn die Kriegslage ist ernster, als man es nach den Siegen im Sommer vermuten konnte, und wie man hört, soll der Fürstenwalder Ersatz in Kürze an die Front versetzt werden.

Über Neujahr können Hanni und Reni ihn dort besuchen. Durch sie erfährt er von Pastor Grübers Verhaftung und Einlieferung ins Sachsenhausener KZ. Sofort erscheinen ihm damit verglichen die Strapazen des Kasernendaseins, das Exerzieren bei zehn Grad Kälte, ganz erträglich.

Während seines Aufenthalts in Fürstenwalde kann er noch die Sonntage mit Hanni verbringen. Sie sitzen dann einige Stunden auf seiner Stube, gehen gemeinsam zum Drei-Uhr-Gottesdienst und anschließend zu einem Glas Grog in den Rathauskeller. Der Dahlemer Kreis um Helmut Gollwitzer würde gern seine Reklamation betreiben, aber er bittet höflich, alle Schritte in dieser Hinsicht zu unterlassen. Die militärische Ausbildung wird von Tag zu Tag straffer betrieben, wobei man dem Schriftsteller gar zu schwere Dinge, die er einfach nicht schafft, stillschweigend erläßt.

Das Frühjahr in Masuren

Der erste Schub verläßt Fürstenwalde am 21. Januar in Richtung Norwegen. Am 26. Januar kann Klepper noch für einige Stunden auf Abschiedsurlaub nach Nikolassee fahren, dann heißt es zum Abmarsch packen. Mit Proviant für zwei Tage geht die Reise im

Zug über Posen zur Frontsammelstelle Deutsch-Eylau. Dort erhält er den weiteren Marschbefehl als »Fahrer vom Sattel beim I.R.203, III. Bat. 9. Kompanie« in Ostrolenka am Narew, direkt an der russischen Grenze.

Der Weg zur Kaserne mit schwerem Gepäck bei 13 Grad Kälte dehnt sich weit, und der Empfang der alten Soldaten, die sie sind, ist seitens der jüngeren ohne besondere Herzlichkeit. Das Quartier in der alten Russenkaserne wirkt zunächst unbequem, ist aber nicht ohne Romantik. Wasser muß von draußen geholt werden; dafür liegen wenigstens die primitiven Aborte im selben Stockwerk. Der Tag vergeht mit Pferdeputzen, Kohlentragen, Mobiliarschleppen. Auf seiner Stube liegen zumeist Berliner, Rüstungsarbeiter, und ein Urbayer, der im Zirkus Krone die Gorillas pflegte, nach seinem Eindruck alles gute, einfache Kameraden, die für ihn eigens einen hohen Schemel auftreiben, damit er leichter sein hochgelegenes Bett erreicht. Der Troß im Stall hingegen, obwohl auch da ein paar gute Kerls zu finden sind, nimmt sich wild und rüde aus. Dafür werden die Rabauken leichter mit den schweren Pferden, Wagen und Lasten fertig, während Klepper alle Mühe hat, die Pferde zu tränken und zu füttern und das Geschirr zu putzen. Auf einer Fahrt ins Städtchen bei 37 Grad Kälte erfriert ihm die Nase, so daß er nun gleich vielen anderen jeden Tag ins Revier zur Behandlung muß, wobei ihm jedesmal die Unterhaltung mit dem Sanitäter, einem Kaplan, zugute kommt. Was Klepper besonders vermerkt: auch dieser bucht die Soldatenzeit, ohne sie zu idealisieren, positiv. Wie er hört, werden jetzt alle Kleriker, auch Mönche eingezogen, jedoch nur zu den Sanitätern. Nachts träumt er von Katharina von Boras Pferden. Der Kompaniechef, Freiherr von Roedern, 24 Jahre alt, ein sympathischer, schwer verwundeter Oberleutnant, findet: »Ein Schriftsteller im Stall – eine ziemlich wüste Sache. Da haben wir bessere Verwendung!« und will ihn zur Propaganda-Kompanie (PK) des Nachschubs anfordern lassen.

Die Abende vergehen beim glühenden Riesenofen mit Wäsche waschen, Strümpfe stopfen, Skat oder Schach spielen, Tageseindrücke notieren oder Briefe schreiben. Jochen und Hanni Klepper schreiben sich täglich. Die besorgte Frau schickt Päckchen mit allem, was sie nur auftreiben kann: Pullover, Leibnizkekse, Zigaretten, warme Strümpfe, Coryfin-Tabletten. Beim Empfang von Hannis Briefen und Gaben versinkt die kriegerische Welt: »Ach Hannerle, was ist eine Ehe! Und wenn man nur Mensch wäre, um das zu erfahren!«[2]

Da die Kälte etwas nachläßt, auf fünf bis zehn Grad, geht man duschen. Kleppers Bronchien scheinen dem Klima nicht gewachsen; die Untersuchung ergibt eine leichte Angegriffenheit der Atmungsorgane. Aber den Sonntag verbringt er doch lieber mit Kameraden im Gasthof bei Kaffee, Kuchen, Grog und Zigarre. Anschließend geht man ins Kino.

»Hier in dieser Abgeschiedenheit von allem abgeschnittener Soldaten hat der Film eine jener großen Möglichkeiten, die Vater so früh erkannt hat. Das Ganze erinnert sehr an Vaters Kino in der alten Beuthener Reitbahn, das Verzögern des Beginns, das anfängliche Versagen der Apparatur, der Raum. Der Film ›Bismarck‹ – Paul Hartmann statt Jannings wie seinerzeit geplant – sehr ordentlich. Gedanklich politisch viel Substanz; Milieu, namentlich Babelsberg ausgezeichnet.«[3]

Die Gespräche der Landser bei Schnaps und Konfekt kreisen vornehmlich um Zukunftspläne, um kinderlose oder kinderreiche Ehe, auch viel um den Tod und das Tötenmüssen, denn wer weiß, wohin der Marschbefehl morgen führt? Kleppers nächste Etappe liegt am 1. März fest: eine Versetzung zum Divisionsnachschub in Muschaken-Moddelkau (Masuren). Zuvor ist es ihm aber noch möglich, das Wochenende in Willenberg, wo Napoleon während seines Rußlandfeldzugs Station machte, und im Neidenburger Pfarrhaus zu verbringen. Dort erwartet ihn zum Kaffee mit Kuchen ein wahrer »Theologenkonvent«, darunter auch Divisionspfarrer Plate, ein eleganter, bei der Marine ausgebildeter Brandenburger, der ihn gleich als Küster für den Sonntagsgottesdienst mit 20 Offizieren, 600 Soldaten und 300 Zivilisten engagiert. Beim Gespräch im Pfarrhaus wird Helmut Gollwitzers Verlobung mit der nichtarischen Schauspielertochter Eva Bildt erwähnt. Man findet die Verlobung belastend für die angegriffenen kirchlichen Kreise, zumal sie ohne Heiratsgenehmigung veröffentlicht worden war. So wie Klepper diesen Vorgang in seinem Brief an Hanni schildert, hat er selber scheinbar dazu geschwiegen, also selbst in dieser Runde von Pfarrern und Theologen die Schicksalsgemeinschaft, die ihn mit der Familie Bildt verbindet, und seine freundschaftliche Beziehung zu Helmut Gollwitzer, der seine Braut bei ihm kennengelernt hatte, nicht offenbaren mögen. Was ihn dazu bewegt haben mag, erhellt wohl am ehesten eine spätere Tagebuchnotiz:

»Zu allen, von allem kann ich frei reden: nur nicht zur Judenfrage. Hier seh ich, daß die Propaganda ihr volles Werk geleistet hat. Doch wüßte ich, daß ich durch das Erzählen von Einzelschicksalen die Augen und die Herzen öffnen könnte. Dies aber darf ich als Soldat nicht.«[4]

Dieses Argument wirkt überraschend, wenn man sich an Kleppers Erbitterung über die Offiziere erinnert, denen er ihre »moralische Kapitulation« vor der antisemitischen Politik des NS-Staates vorwarf. Seine Haltung erscheint um so weniger einsichtig, da er weiß, welche Hochachtung ihm in militärischen Kreisen als Autor des »Vater« entgegengebracht wird. Es gibt nur die eine bestürzende Erklärung, daß sich Klepper hier bis zur äußersten Konformität einem soldatischen Mythos unterwirft, voller Sorge, nur ja nicht aus der »gottgewollten Gemeinschaft des Volkes« ausgestoßen zu sein. Dieser Grundzug wird sich auf verschiedene Weise im weiteren Verlauf seines Lebens bei der Truppe bemerkbar machen. Kritische Wahrnehmungen und Bemühungen um politische Information schrumpfen zu einer Art Landserperspektive zusammen.

Im Transport nach Rumänien

Kaum eine Zeile von ihm läßt darauf schließen, daß er die Verlegung seiner Division von Masuren nach Rumänien in ihren militärpolitischen Zusammenhängen sieht: dem Aufschub der Offensive gegen Rußland, um zunächst die Situation auf dem Balkan in den Griff zu bekommen. Am 1. März hat Bulgarien dem Drängen Hitlers nachgegeben und wie schon Rumänien seinen Beitritt zum Dreimächtepakt erklärt. Bereits am nächsten Tag rücken deutsche Truppen im Land ein, um von dort aus gegen Griechenland vorzugehen.

Klepper sieht diese massierte Umgruppierung im Blickwinkel des Bahntransports, an der Atmosphäre fremder Landschaften und Orte interessiert. Am 15. März erblickt er den Sonnenaufgang über Warschau, weiter unterwegs die Klöster und Barockkirchen im Land. Die Fahrt geht über Tschenstochau und Mährisch-Ostrau durch das Protektorat nach Österreich, dann weiter durch die ungarische Puszta, am Lichterberg von Budapest vorüber. Nach drei Tagen Regen und Schneefall ist die rumänische Grenze erreicht. Der unter Hochwasser liegenden Ebene folgt das Gebirge mit

Weinbergen und bunten, geordneten Dörfern in Sonne und Klarheit. Wie in Polen und Ungarn fehlen auch hier nicht die Scharen bettelnder Kinder, in hohen Pelzmützen und barfüßig. Auf den Zäunen der ärmlichen Häuser trocknen bunte Webereien; Spinnerinnen und Weberinnen hocken daneben.

Arad, Vintul de Jos, Hermannstadt folgen einander, dann das Balkangebirge, die Fahrt durch den Hochpaß bei Turnu-Rosi, das öde, sandige Bergland um Slatina, und bei jedem Halt Hunde, bettelnde Kinder, Händler und Krämer, die den durchreisenden Soldaten allerlei Kleinigkeiten zum Kauf anbieten. Nach kurzem Aufenthalt im Marktgewimmel der Stadt Alexandria bringt sie ein Wagen zur Übernachtung in das schon stark orientalisch geprägte Dorf Draganesti. Seinen Geburtstag feiert Klepper auf der Landstraße nach Epuresti. Zum ersten Mal erlebt er dort einen rumänischen Sonntag bei Volkstänzen der Jugend vom frühen Nachmittag bis in den Abend am Brunnenplatz. Tee und Fastenbrezel werden in der Schenke serviert, die zugleich Bazar, Magazin und Teestube ist. Die rumänischen Wirtsleute fragen rege nach »Madame« und »Casa in Berlin«. Aber das Dorf hat auch üble Schattenseiten: das entsetzliche Elend der meisten Einwohner, die Syphilis und die durch Krankheit zerrütteten Kinder.

An der Tränke wurde Klepper von einem Pferd derart heftig geschlagen, daß die Wunde und der Bluterguß am Arm ihn zur Ruhe zwingen. Da es kühl ist, haben ihn die Quartierwirte in die geheizte Stube herübergeholt und ihn mit heißer Milch bewirtet. Während die junge lebhafte Frau Soldatenwäsche plättet, kann er sich dem Studium der bevorstehenden Strecke durch Bulgarien widmen. Der Mann, ein durch den Verlust dreier Finger nicht mehr arbeitsfähiger Schmied, unterhält ihn zwischendurch radebrechend mit kleinen Witzen, bei denen die Männer beschimpft, die Frauen gelobt werden.

Vormarsch auf dem Balkan

Plötzlich muß gepackt werden, und nachts ist die Kolonne wieder auf dem Marsch. Für die nächsten Etappen hat man Klepper die Funktion des Quartiermachers und Dolmetschers übertragen, wozu er manchmal mit dem jetzt zum Hauptmann beförderten Chef im

Jochen Klepper als Soldat mit Reni auf Weihnachtsurlaub 1940

Am Ostermontag 1941 auf dem Arabakonakpaß in Bulgarien

Im Sommer 1941 auf dem Vormarsch in der Ukraine

Die seßhafte Schreibstube (in Pascani, Klepper 2. v. l.)

Die fahrende Schreibstube

Wagen vorausfahren darf und die Bevölkerung noch intensiver kennenlernt. Oft lockt es ihn zum Schreiben. Aber jeden Morgen heißt es einen neuen Stellungswechsel vorbereiten, meistens mit dem Fahrrad über beschwerliche Bergwege. Allerorten überreichen Bauern Brot, hartgekochte Eier und Zigaretten zum Empfang. Als Dolmetscher finden sich immer wieder Geistliche, Lehrer oder ehemalige Kriegsgefangene, einmal sogar eine Bäuerin, die drei Jahre als Dienstmädchen in Paris lebte, des Glaubens wegen aber in die Heimat zurückgekehrt ist.

Die Aufenthalte werden immer kürzer. Es reicht gerade zum Waschen, Rasieren und Essen. Die Erschöpfung hilft zu einem viel zu kurzen, aber festen Schlaf. In dieser blühenden Gebirgslandschaft kommen Klepper Reisepläne mit Hanni nach seiner Rückkehr in den Sinn.

»Wie schulde ich Dir die im Sommer durch meine Schuld ausgefallene Reise! Ach, daß wir mit dem Kindlein reisen dürften! . . . Bleibt mir behütet! Genießt jenes Idyll, das Euch, wenn auch als tragisches Idyll, gewährt ist. Es wird für uns nichts anderes mehr geben.«[5]

Am 31. März ist die Donau erreicht, und die Stadt Ruse nimmt sie als erste bulgarische Ortschaft auf. Die Männer tragen einen Turban, die Frauen eine Blume am Ohr. Hin und wieder gibt es ein Minarett zu sehen. So scheint der Orient ein Stück nähergerückt. Die Tage vergehen aber zumeist auf öden, steinigen Gebirgsstraßen, in einer ständigen Staubwolke. Pferde bleiben erschöpft zurück, tote Pferde liegen am Weg.

Vor Beginn der Karwoche steht Klepper in mondbeglänzter Nacht Wache, bis die Sonne über dem barockähnlichen Glockenturm inmitten blühender Obstgärten aufgeht. Sie sind in Lucene. Am Sonnabend ziehen die Kinder in Trachten bei 46 Grad Hitze singend durch die Straßen. Frauen bringen den Soldaten in bunten Krügen frisches Wasser, Bauern kommen immer wieder mit Gaben auf den Rastplatz. Der Hitze wegen bricht die Kolonne nachts nach Grivica auf, wo sie, wie schon oft, in der Schule Unterkunft finden und vom deutschen Einmarsch in Jugoslawien und Griechenland hören. An den Häusern sind die schwarzen Fahnen der Karwoche ausgehängt.

In Dolo-Doebnik, einem städtisch wirkenden Dorf, sind von 6500 Einwohnern 2500 Männer zum verbündeten Militär einberufen. Während sie die Nacht im Zelt am Chausseerand verbringen, ziehen Truppenverbände und ein Troß mit Material für eine ganze Division vorbei:

»Infanterie, Infanterie, Reiter, Radler, Kradfahrer; Artillerie, mit sechs und acht Pferden bespannt; schwere Panzer, Panzerabwehrgeschütze und die Leichten Panzerjäger; riesige Bomben einzeln auf Lastwagen; noch schwerere Lastkraftwagen, auf denen Pontons aufmontiert sind – Schiffe, die in der Wolke über das Gebirge drängen.«[6]

Bei Sturm und Regen erreichen sie Jablanica. Auf den Balkonen sehen sie Zitronenbäume mit reifen Früchten; die Häuser zeigen ganz und gar bulgarischen Stil mit Überbau, Holzpfeilern und bündigen Fenstern. Um halb vier Uhr morgens wird aufgebrochen und um halb vier nachmittags, nach einem Marsch durch schönes Mittelgebirge, kommt das nächste Quartier, Lözane, in Sicht, dessen Gärten am Fuß der Berge Klepper an Gethsemane denken lassen. Die Bauern bieten den Soldaten Essen an. In der Karfreitagnacht, bei unablässigem Schneefall, macht sich die Kolonne auf den mühsamen Weg über den Arabakonak-Paß. Der Karfreitag ohne Glokken, ohne Gottesdienst, in einem griechisch-orthodoxen Gebiet, das Ostern acht Tage später feiert, wirkt auf Klepper deprimierend. Er denkt an Hanni und Reni, die nun wahrscheinlich von der Matthäus-Passion heimkommen, und kann nicht wissen, daß in derselben Nacht Bomben auf Sanssouci und das Neue Palais gefallen sind, daß Staatsoper, Staatsbibliothek, Universität und das Palais Kaiser Wilhelms I. gebrannt haben.

Es stürmt, schneit und regnet in Rabokanaschtja. Klepper bekommt die kalte Gebirgsnacht als Wachtposten zu spüren. Sanitätsauto an Sanitätsauto, Lastwagen an Lastwagen fährt vorüber. Die verstreuten Berghöfe bieten auf Stunden ein Unterkommen gegen Sturm und Schnee, doch außer einem grauen Bach keinerlei Reinigungsmöglichkeiten zum Säubern der Kochgeschirre. Brot gibt es zum ersten Mal nicht mehr geschenkt, sondern nur zu kaufen. Während die deutschen Rundfunksender ständig große Erfolge auf dem Balkan melden, taumelt Kleppers Kolonne vor Müdigkeit auf der nächtlichen Gebirgsstraße dahin. Schrittweise geht es voran, anderthalb Stunden erschöpfter Schlaf unter der Plane eines Munitionswagens dazwischen.

Am Ostermorgen stapfen sie durch Lehm und Wasser, überschreiten mit zehn Ochsen oder Büffeln vor jedem Wagen – die erschöpften Pferde werden geführt – den Paß von Arabakonak. Die

Spitze der Division soll bereits Mazedonien erreicht und Berührung mit dem Feind haben. Nach dem öden, unwirtlichen Paß leuchten jetzt herrliche Bergzüge in allen Stufen von Blau in der Abendröte auf. Man schläft zur fünfstündigen Rast auf dem Boden einer Schenke. Dabei plagt Klepper immer wieder der Gedanke an das Haus in der Teutonenstraße, das jetzt vielleicht ohne genügend Heizung und Lebensmittel das freudlose Obdach seiner Lieben ist.

Das Dorf Gornibogrow, das sie in der kühlen Sonne des zweiten Ostertags aufnimmt, hat wenigstens klares Wasser zur ersten Reinigung nach vier Tagen. In der Schenke kann man Schokolade und Zucker, im Bazar etwas Honig kaufen. Auch gibt es Post und Päckchen aus der Heimat. Die Nacht über wird auf der mit Flüchtlingen aus Sofia überfüllten Straße gefahren, und so durchqueren sie mit Stahlhelm und Karabiner die allnächtlich von alliierten Luftangriffen heimgesuchte Hauptstadt Bulgariens.

In 16 Tagen haben sie 420 Kilometer zurückgelegt, und schon geht es wieder weiter vom höheren Gebirge hinab in die lebendige Geschäfts- und Bergwerkstadt Pernik, wo sie in einer modernen Schule mit Duschbad unterkommen. Ihre Route soll nach der Kapitulation Jugoslawiens geändert werden. Einstweilen bleiben sie etwa ein bis zwei Wochen hier.

Klepper sitzt nach dem täglichen Reinigungs- und Ordnungsdienst beim Hausmeister der Schule, hört Haydn und Schubert im Rundfunk, trinkt Mokka und schreibt nach Hause. Was möchte er seinen Frauen hier alles kaufen: Schuhe, französische Seife, die bunten Kopftücher als Frühstücksdecken, Apfelsinen, Schokolade, die charakteristische und billige Keramik des Landes – ein Mokkaservice für sechs Personen kostet 2,50 Mark. Abends kann er Nachrichten hören, auf dem Pult eines Klassenzimmers deutsche Zeitungen lesen und schreiben, während die Kameraden in der Stadt bis in die tiefe Nacht hinein promenieren und tanzen. Nur der Schlaf ist wieder erbärmlich. So gut er sich mit den Handwerkern versteht, so schwer fällt es ihm, zum Landvolk, ob Bauern oder Landarbeitern, ein Verhältnis zu finden.

Die Tage in dieser gastfreundlichen Stadt lassen sich angenehm verbringen. Das Quartiergeld, das hier aus Gastfreundschaft nicht angenommen wird, erhalten die Soldaten mit der Frontzulage zusätzlich ausgezahlt. Vertreter der Nachbardörfer überbringen zu alledem noch freiwillige Spenden. Aber anstatt sich gemütlich in ein

Lokal zu setzen, das bei guter Rundfunkmusik Kaffee mit Schlagsahne, einem Gläschen Likör und frischem Wasser serviert, stürzen sich die meisten in die Schenken und vertrinken das ganze Geld, so daß die anfänglich wohlwollende Bevölkerung mit wachsendem Befremden die wüstesten Szenen erlebt und immer mehr von den häufig betrunkenen Deutschen abrückt. Was Klepper andererseits bekümmert, ist die völlige Mißachtung des Sonntags.

»Was ich von allem dem Neuen am schwersten lerne, ist die völlige Entheiligung, ja Erniedrigung des Sonntags. Hier steckt eins der Hauptprobleme, das wie die meisten schwerwiegenden Probleme als solches gar nicht erkannt wird. Nach wie vor steht eine Metaphysik des Soldatentums aus – sie wäre erschütternd tragisch. In der soldatischen Ethik demgegenüber soviel Positives.«[7]

Heimaturlaub

Am 27. April erreicht ihn die Nachricht vom Ableben seiner Mutter. Ob sie wenigstens noch erfahren haben mag, daß sein Soldatsein zur Aussöhnung mit der älteren Schwester Margot geführt hat? Den Tod der Mutter nach so schwerem Leiden empfindet er als Erlösung. Sein Chef, Hauptmann Cartheuser, fährt eigens 150 Kilometer zum Kommandeur, General de Angelis, um für ihn einen Sonderurlaub nach Berlin zu erwirken. So sitzt der Soldat Klepper, nachdem er noch schnell für seine Damen Seife, bunte Kopftücher und Schokolade eingekauft hat, am 30. April im Autobus von Pernik nach Sofia. Eine charmante Offizierswitwe, mit der er sich unterwegs auf französisch unterhält, lädt ihn noch zum Déjeuner und zu einem Rundgang durch die Hauptstadt ein. Die lange Nacht im überfüllten einzigen Balkanzug vergeht ähnlich angenehm im Austausch mit einer Arztwitwe. An der rumänischen Grenze, wo er den Zug verpaßt, nimmt ihn ein Militärtransport bis Bukarest mit. Dann fährt er, nun schon zum zweiten Mal, ohne dort Station machen zu können, durch Budapest und Wien. Bei Schneefall, am kalten Morgen des 3. Mai, erreicht er Glatz, wo einst seine Schwester Margot wohnte, dann Breslau, Fürstenwalde und gleich nach der Meldung auf der Berliner Kommandantur Nikolassee. Hanni, die sich gerade zum Mittagsschlaf in der blauen Mansarde hingelegt hat, wacht »von lauten, eiligen Schritten auf, und Jochen stand vor mir: tiefbraungebrannt, frisch, wenn auch mitgenommen von der weiten Fahrt, mit einem Riesenstrauß grüner Schneeballen«[8]. Der Abend gehört ganz seinen beiden Frauen, denen er im friedlich geordneten Hause vom »Leben draußen« erzählt.

Die Urlaubstage in Berlin vergehen schnell. Zuerst trifft Klepper in Erhards Wohnung die Geschwister, mit denen er das Grab der Mutter in Charlottenburg aufsucht. Nun hat sie ausgelitten und ist sanft unter Hildes und Billums Obhut eingeschlafen. »Trauern kann ich um Tote nicht. Und bei diesem Tode bleibt nur der Dank, daß Gott drei Jahre so unermeßlichen Leidens beendet hat.«[9]

Daheim läutet das Telefon unaufhörlich zur Begrüßung des heimgekehrten Schriftstellers. Abends laden die Nachbarn zu einer Flasche Sekt ein. Man hört die Führerrede, in der die Dienstverpflichtung der Frauen und eine noch bessere Ausrüstung für das kommende Jahr angekündigt wird. In der Stadt herrschen Warenmangel und schlechte Stimmung; man erzählt Klepper von den vielen Pastorenverhaftungen, von der Drosselung der kirchlichen Zeitschriften, von der auch die angesehene katholische Zeitschrift »Hochland« betroffen ist, während der »Eckart« erhalten bleiben soll. Das Schlagwort Berlins lautet jetzt »Fünf Jahre Blitzkrieg«. Es heißt neuerdings, jüdisch versippte Soldaten und Offiziere würden aus dem Heer entlassen. Welche Konsequenzen könnte eine derartige Maßnahme für Klepper haben? Auf dem Propagandaministerium, wo ihn Dr. Koch freundlich empfängt, will man nichts davon wissen und erklärt sich bereit, seine Anforderung für eine Propaganda-Kompanie oder für die Filmstelle des Luftfahrtministeriums zu unterstützen. Der »Vater« soll jetzt im 85. Tausend erscheinen; man hat ihm trotz Papierknappheit eine Neuauflage von 20 000 bewilligt.

Nach den vielen zum Alltag gewordenen Sonntagen im Heer empfindet er es als Wohltat, an Hannis Seite den Kantate-Gottesdienst mit vier Pastoren zu erleben. Den vielen Einladungen entzieht er sich. Er will diese knappen Tage möglichst mit Frau und Tochter im warmen, blumengeschmückten Heim verbringen. Der trügerische Frieden von Berlin wird jedoch von ihm als Abdrosselung empfunden. Sogar bei Kempinski ist das Mittagessen kärglich geworden. In den Schaufenstern ist fast überall die Bezeichnung »Unverkäufliches Schaustück« angebracht. Gerüchte kursieren über einen Krieg mit Rußland. Rudolf Heß, der Stellvertreter des Führers, ist auf einem rätselhaften Flug in England gelandet. Aber das »tragische Idyll« bleibt nach wie vor begehrenswert: die Besorgungen in den kleinen Läden mit Hanni, ein Spaziergang an der Rehwiese, die ersten Blüten der Kirschbäume und bei endlich eingetretenem milden Wetter das erste Zusammensitzen auf der Terrasse, Tulpen im Garten und im Haus, Gartengießen, Vogelsang und Abendstille.

Die jüdische Modeschule, die Reni besuchte, wurde geschlossen, und man hat alle Schüler ohne Altersunterschied (von 14–60 Jahren) zum Arbeitseinsatz geschickt. Sie selber muß jetzt als Näherin in eine Konfektionsfirma gehen, die im fünften Stock eines Hinterhauses in der Schützenstraße untergebracht ist. Dort arbeitet das verwöhnte Mädchen in einem der kleinen, überfüllten Räume unter einem Glasdach ohne genügend Lüftung. Aber für seinen letzten Tag daheim bekommt sie frei.

Am 15. Mai hat die Stunde der letzten Abschiedsbesuche, der letzten Kaffeerunde im Garten geschlagen. Hanni und Reni begleiten ihn noch zum Bahnhof Charlottenburg, nehmen schmerzlich von ihm Abschied. Und wieder geht es auf die weite Strecke, im Nachtzug nach Wien, das er diesmal dank den Hinweisen seiner Reisegefährtin, einer jungen Wiener Schauspielerin, vor der Weiterfahrt rasch besichtigen kann. Bukarest, die rumänische Hauptstadt, begeistert ihn. So berichtet er in einem Brief nach Hause:

»Am Sonntagmorgen, gestern, nachdem ich an Euch schrieb, machten der Schiffskoch, einer vom Schlage meiner Rüstungsarbeiter, und ich uns auf den Weg. Übrigens erzählte er mir sehr interessantes von seinen Erfahrungen im ›Esplanade‹ und auf der ›Bremen‹, z. B. die riesige Schiffsspeisekarte genügte nicht, es mußte immer noch besonderes Personal für die Sonderwünsche (Max Schmeling!) da sein. Der Rundgang mit diesem einfachen, 28jährigen Mann, mit seinen offenen Augen und seinem offenen Herzen, hat mir wieder viel Freude gemacht. Wir waren in einem großen griechisch-orthodoxen Gottesdienst; sehr, sehr eindrucksvoll und von höchster Intensität der Popen, Diakone, der großartig singenden Gemeinde, der Beter mit ihren Stiftungskerzen . . . Am eindrucksvollsten im Sonntagsgottesdienst die Wechselgesänge eines alten, milden, heiteren Popen (Baß) mit einem jungen, asketischen, auf edle und echte Weise ekstatischen (Tenor). Nein, noch eindrucksvoller war: daß man in der fremden Sprache nichts verstand als die Worte ›Jesus Christus‹ mit solcher Inbrunst gesungen. Der ganze Gottesdienst Liturgie . . .

Erst nach dem Essen sollten wir wieder zur Frontsammelstelle kommen, unsere Ziele erfahren. Zu unserer Freude haben der Schiffskoch und ich zunächst gemeinsame Fahrt, 10 andere mit uns . . . Interessant der überfüllte Zug, Frauen und Männer in Trachten auf den Trittbrettern: der einzige Tageszug einer fremden Welt und armen Volkes, armer Soldateska. Aber wir hatten

Plätze, und ich dolmetschte wieder sehr lohnende, fesselnde Gespräche mit einem französisch sprechenden Mathematiklehrer und Agrarstudenten. Wir fuhren von 16–1 Uhr durch öde Ebene aber reich am kostbarsten Schatze des Landes; wir hatten auf der Frontsammelstelle Brot, Dauerwurst, Speck mitbekommen. Dazu habe ich noch immer von meinen guten Sachen, denn durch Speisewagen und Soldatenheim hatte ich ja trotz gutem Appetit nicht viel verbraucht . . .

Um 1 Uhr nachts am neuen Verteilungsort; ordentliches, nahes Kasernenquartier; mit 1 Phanodorm von 2–8 fest geschlafen. Nun frühstücken und schreiben wir zwölf. Die meisten reisen aus Lazaretten ihrer Truppe nach. Urlauber sind nicht darunter. Ein angenehmer, kühler Tag. Neue Eindrücke heute noch nicht. Wir werden uns erst umsehen, bevor wir weiterfahren. Essen werden wir wohl in der Stadt (20 000 Einwohner).«[10]

Am Bahnhof von Bacau fällt Klepper das Zeichen seiner Division ins Auge. In der halb städtischen, halb ländlichen Erdölstadt nimmt er die vielen Juden und ihre noch größere Angst vor den Rumänen als vor den Deutschen wahr. Beim Frühschoppen mit Schiffskoch Müller erzählt ihm ein rumänischer Major a. D., Bacau sei angeblich als Zentrum einer gemeinsamen rumänisch-deutschen Operation gegen Rußland vorgesehen. Kleppers Weg soll weiter über Pascani, eventuell zu Fuß nach Contesti führen. Wie es der Zufall im Krieg will, wird er zur Übernachtung im besten Hotel von Roman eingewiesen, wo ihn einige Soldaten und Offiziere zu Zigeunermusik einladen, ihn am Ende noch per Auto an den Zug bringen. Während der Fahrt träumt er, daß Hanni so viel weine.

Sonderaufträge

Auf vergeblicher Suche nach seiner Kolonne gelangt er am 21. Mai zum Divisionsstab in Botosani, wo ihn Major Krüger als »bekannten Mann« begrüßt und ihm mitteilt, daß bereits Divisionsnachschubführer Major Eras und Divisionskommandeur Generalleutnant de Angelis den Auftrag auf militärische Sondergenehmigung für ihn als Mann einer nichtarischen Frau eingereicht haben. Alle kennen seine Situation, und alle wollen ihm dienstlich wie beruflich helfen.

»Meine beiden – nun geht es nicht mehr um Äußerungen eines sagenhaften Generals, sondern mein General, ein naturhafter General, österreichischer Nationalsozialist, steht hinter mir. Man will mich als Autor, als Soldat – man will unsere Ehe unangetastet wissen. Ich habe eine große Scheu, Gottes Führungen erkennen zu wollen, bevor er sie enthüllt. Seit Prof. Burckhartds Versagen habe ich fast einen Schauder vor dem Erkennenwollen. Aber was ist das für ein Bewußtsein, an der niedersten Stelle einer Division ihre Spitze hinter sich zu wissen. Ich kann nicht anders als glauben, daß Gott Stunde um Stunde auf meiner Irrfahrt weiter einen Engel vor mir hersandte.«[11]

Am Himmelfahrtnachmittag stößt Klepper endlich auf seinen Nachschubstab in Pascani; es gibt Geld, Verpflegung und ein sauberes Quartier bei Volksdeutschen, die bisher nicht deutsch sprechen durften und es fast vergessen haben. Dort trifft er auch seinen Chef, Hauptmann Cartheuser, der ihn im Wagen zu seiner Kolonne in das zwölf Kilometer entfernte Dorf Contesti mitnimmt. Das Gespräch ist besonders herzlich.

»Auch er hat alles gewußt. Der Gruß an Dich, die Frage nach Dir hatten also einen besonderen Akzent. Seit er von unserer Situation wußte, sagte er, habe er mich doppelt geschätzt. Lebte ich in Scheidung von Dir, das Gegenteil wäre der Fall. Was für eine Ehe müsse es sein, die solche Belastung ertrüge. Der Chef ist P. G.[12], hat mir vor dem Urlaub nicht geraten, zu O.K.W. und Propagandaministerium zu gehen, da es einen wirksameren Schritt als das Gesuch der Division nicht gebe. Er will nun mit einer Veränderung meiner Lage nicht warten, bis meine Versetzung sich verwirklicht. Sobald Major Eras aus dem Lazarett zurück ist, will er ihn bitten, daß er mich zum Nachschubstab nimmt. Doch möchte er weder, daß ich Dienst in der Stabskompanie tue, noch daß ich den Schreibstubenkram mache. Man soll mir einen Sonderauftrag geben: Sprache – Studien über das Land.

Ich bin also wieder auf einem armen Dorf, jedoch in reizvoller Vorgebirgslandschaft. An Ruhetagen werde ich im nahen Wald liegen und die so lange unterbrochene Lektüre von ›Krieg und Frieden‹ wieder aufnehmen, obwohl es mir jetzt in weiter Ferne steht. Mein privater Eindruck von unserer Lage ist, daß wir eher dazu da sind, einen Krieg unserer Verbündeten zu verhüten als einen eigenen zu beginnen!«[13]

Der tägliche Dienst hat sich dank des Wohlwollens seines Chefs wesentlich verändert. Klepper ist von nun ab, bis zu seiner Abrufung zum Nachschubstab, von allen üblichen Obliegenheiten befreit und hat nur noch für die geistige Betreuung der Truppe – seine Kameraden nennen es »geistige Bestreuung« – zu sorgen (Unterricht in unterhaltender Form, Bericht über die politische Lage, für den er Unterlagen erhält, Informationen über Land und Leute, Behandlung aktueller Einzelthemen). Außerdem soll er, da niemand im Dorf französisch spricht, die Sprache des Landes erlernen und zur besseren Kenntnis des Landes den Chef auf größeren Dienstreisen im Wagen begleiten.

»Der Chef sagte mir, er habe mich ganz bewußt einer Prüfungszeit unterworfen, um zu sehen, wie ein Mann in meiner Lage sich als Soldat verhält . . . Nun aber halte er meine Prüfung für bestanden und die Rückkehr vom Urlaub sei der geeignete Anlaß, diesen Abschnitt meines soldatischen Lebens für beendet zu erklären. Gerade jetzt hat er die Formulare bekommen, nach denen ich entlassen werden müßte. Aber man denkt bei der Division nicht an meine Entlassung, so lange der Antrag für mich läuft. An Dich, geliebte Frau, bedarf es wohl keine Frage in all diesen Zusammenhängen, wie Du dazu stehst. Du bist wohl mit mir sehr glücklich, wenn ich Soldat bleiben dürfte; Soldat, nun auch für Dich und gebe es Gott für unser Kindlein, dessen Leben nun doch auch schon unter besonderem Zeichen stand.«[14]

Der erste Unterricht im Freien (»Rückblick auf Bulgarien«) verläuft überraschend gut. Klepper kann es kaum fassen, daß diese eigentlich schwerfällige Hörerschaft sich durchaus interessiert zeigt und sogar von sich aus Fragen stellt und Bitten äußert, manches aufzuschreiben. Das freie Sprechen, vor dem er sich jahrelang gescheut hat, macht ihm jetzt ausgesprochene Freude, und er hofft, darin allmählich an das Talent seines Vaters heranzukommen. Die Erfahrungen aus der Rundfunkzeit leisten dabei auch große Hilfe. Anstatt den Schulmeister zu spielen, macht er »Rundfunk im kleinen«: zuerst gibt er die genaue Zeit, dann folgt ein Überblick über die neuesten Nachrichten und zum Abschluß der »Vortrag«, der nach Möglichkeit vom Erzählen in eine lockere Unterhaltung übergeht, woran sich jeder beteiligen kann. Als erste Themen hat er »Bilder und Eindrücke aus Bulgarien«, »Preußische Wehrgeschichte« und eine Schilderung der »Langen Kerls« (das Zeichen der Division) gewählt. Am Unterricht müssen auf Befehl des Hauptmanns auch alle Wachtmeister und Unteroffiziere teilnehmen. Manche kommen über diese »Bevorzugung« des Soldaten Klepper und das »Herrenleben«, das er nun in der Kolonne führt, nicht hinweg. Die meisten aber suchen ihn spontan in seiner Stube auf, wollen sich mit ihm unterhalten, von ihrer eigenen Vergangenheit erzählen oder etwas von ihren Sorgen bei ihm abladen. Er merkt: das Leben dieser einfachen, aus ihrem Alltag gerissenen Menschen verläuft nicht so reibungslos, wie man es sich an höherer Stelle einbildet. Die Situation in dieser von Geschlechtskrankheiten verseuchten Gegend ist derart problematisch, daß auf Wunsch der Feldärzte bis zum kleinsten Standort Wehrmachtsbordelle eingerichtet werden sollen. Hauptmann Cartheuser versucht dem »Übel« durch kulturelle Veranstaltungen, Sport und Musik zuvorzukommen. Es gelingt ihm auch, seine Truppe in ein größeres Dorf in der Nähe des Nachschubstabs zu verlegen, wo die Landser Kino und Lokale finden. Für

Klepper bedeutet dies eine willkommene Veränderung. Er wohnt jetzt bei einem jungen Bahnbeamten, in einem kleinen Haus mit »mitteleuropäischen« Betten und einem großen Tisch zum Schreiben. Die Frau spricht gut französisch, besorgt seine Wäsche und richtet ihm das Abendbrot.

Am 5. Juni hört er im Rundfunk vom Tod des Kaisers und seiner schlichten Beisetzung in Doorn. Ihn erstaunt die Haltung des Regimes den Hohenzollern gegenüber; beim Erwähnen des Kronprinzen ist nicht einmal vom »ehemaligen« die Rede. Gespannt wartet er auf Pressestimmen, die er zwei Tage später in seiner neuen Dienststelle lesen kann[15]. Denn Hauptmann Cartheuser hat ihn in die Schreibstube rufen lassen, wo ihm Major Eras persönlich den Sonderauftrag mitteilt, er solle bis zum Eintreffen seiner Abberufung zu einer Propagandakompanie die Feldzugsgeschichte der 10. Kolonne niederschreiben. Bei dieser Aufgabe handle es sich nicht um etwas, das man sich als eine ihm gemäße Beschäftigung ausgedacht habe, sondern um eine Sache, die vom OKW schon wiederholt dringlich angefordert wurde.

Wiederum ändern sich Kleppers Quartier und Tageseinteilung. Wieder wohnt er in Pascani bei den alten Volksdeutschen, die ihn während seiner Irrfahrt auf der Suche nach seiner Kolonne so freundlich aufgenommen hatten; er verfügt über ein breites, sauberes Bett, einen großen Tisch, bequeme Stühle, elektrisches Licht und hat sogar einen eigenen Eingang mit einer kleinen Veranda, auf der er sich morgens beim Aufstehen wie ein Feriengast vorkommt. Nach dem primitiven Landleben genießt er es, so zivil in der Kleinstadt zum Café oder zum Abendbrot einladen zu können, von den braven Zorngiebels mit Pfingstkuchen und Wein bewirtet zu werden. Dienstlich, so berichtet er an seine »Frau Stabschronistin« nach Hause, untersteht er jetzt der Adjutantur, so daß er nicht mehr morgens und mittags bei der Kolonne anzutreten braucht und sich direkt an seine Arbeitsstelle mit geregelten Arbeitsstunden von acht bis dreizehn und von fünfzehn bis achtzehn Uhr begeben kann. Dort sitzen sie zu vieren an ihren vier Tischen und versorgen sich gegenseitig mit Zigaretten und Schokolade.

Vor allem soll er seine eigenen Skizzen für den Vormarschbericht schreiben, bis das Material, das durch ausgeschickte Meldefahrer und einen zu diesem Zweck erlassenen Stabsbefehl hereinkommen soll, eintrifft. Man gibt ihm Einblick in die Wünsche des OKW, läßt ihm aber völlige Freiheit für die Anlage seiner Schrift, auf die er sich mit der ihm eigenen Gründlichkeit und inneren Hingabe einstellt, als gelte es noch einmal sich dem Soldatenkönig und seinen jetzigen Auftraggebern gegenüber willfährig und würdig zu erweisen. Da es sich um einen Divisionsnachschub und nicht um eine kämpfende Truppe handelt, zieht er der chronologischen Gliederung eine Schilderung vor, die mit einer historischen Einleitung beginnen würde, das erstmalige Auftreten eines geordneten preußischen Nachschubs im Rheinkrieg 1735, das Traditionszeichen der Division und deren Verhältnis zum Potsdamer Infanterieregiment erklärend. Danach gäben drei Hauptteile – ein Dokumentarbericht, eine Fotoreportage und Erlebnisberichte – Einblick in Leben und Leistung einer bespannten und einer Kraftfahrkolonne mit allen Gebieten des Nachschubs (Sanitätskolonne – Veterinärkompanie – Munition – Verpflegung – Bekleidung – Tankstelle – Werkstattkompanie). Zum Abschluß würde er Theorie und Ideologie des Nachschubs erörtern, der sich allmählich vom rückwärtigen Dienst zur Versorgungstruppe entwickelt hat.

Damit ihn alle Offiziere gleich kennenlernen, hat Major Eras den Schriftsteller gebeten, diesen einen Vortrag über die Entstehung und die wissenschaftlichen Grundlagen seiner Bücher über den Soldatenkönig zu halten[16].

»Was war das für ein schöner und wunderlicher Abend und von welcher Stimmung. Als ich kam, promenierten die Offiziere in dem kleinen Marly-Garten vor dem ›Kasino‹, einem weißen kleinen Häuschen. Dann verfügte sich alles in den großen, einzigen Raum: weißgetüncht, Karten an der Wand, langer Tisch mit Biergläsern. Und die Ähnlichkeit mit der Tabagie noch dadurch so besonders groß, daß der Major ein so großer, schwerer, sehr feudal aussehender Herr ist, mehrere Offiziere den Dr. hatten und die Ärzte des Stabs dabei waren. Im ganzen 18 Offiziere. Der Major führte mich kurz ein . . . So etwas von Zuhörern könnt Ihr Euch gar nicht vorstellen, so etwas von Eifer und wachsender Wärme, die es ermöglichte, von den religiösen Dingen ohne jede Reserve zu reden. Ich hatte meinen Vortrag, wie angeordnet, auf eine halbe Stunde bemessen.

Aber als ich fertig war, mußte ich noch über eine halbe Stunde weiterreden. Da ja das Ganze eine dienstliche Angelegenheit war, wollte ich nun brav als Soldat mit deutschem Gruß abtreten, aber da kam es anders. Der Major stand auf und hielt eine reguläre Ansprache an mich, in der sich herausstellte . . ., daß mir mein ganzes Glück hier vom Ministerialdirektor Brandenburg, seinem Chef (der Major ist Ministerialrat) herkommt. Von Brandenburg wißt Ihr durch Gollwitzer. Dann unterrichtete der Major die Offiziere über meinen Sonderauftrag (welche Bedeutung spielt in meinem Leben das Wort Sonder!) und schloß: Und dann steht wohl außer Frage, daß, wenn nun die einzelnen Stäbe ihre

Feldzugsberichte einzureichen haben, unser Stab weit, weit von allen andern abstechen wird. Danach mußte der Offizier, der neben Major Eras saß, mir seinen Platz geben und ich mußte den ganzen Abend neben ihm sitzen, der sich völlig mir widmete. Der Major fragte sofort nach Deinem Befinden, Deiner Situation, geliebte Frau, und sagte, was mein Kummer und meine Belastung sei, das sei vor allem meine größte Ehre. Es soll kein Schritt, mir zu helfen, unversucht bleiben. Er wollte alles nur Erdenkliche erzählt haben. Während des Gesprächs hatte sehr viel Reiz für mich, wie immer wieder Melder kamen mit dicken Briefpaketen, Befehle ausgegeben, Karten studiert wurden. Als die Zeit meines Zapfenstreichs sich als längst überschritten erwies, bat ich um Entlassung. Aber mein soldatischer Abschied wurde nun auch wieder völlig zunichte gemacht. Sämtliche Offiziere standen auf, verabschiedeten sich einzeln, bedankten sich und es waren noch einmal ganze Gruppen um mich – für einen alten Landser eine sehr merkwürdige Situation. Vor allem welche Herzlichkeit in der gesellschaftlichen Haltung, die man mir gegenüber eingenommen hatte.

Es hat aber auch, damit die Illusion der Tabagie vollkommen wäre, am komischen Widerspiel nicht gefehlt. Und dafür sorgte die Ordonnanz, die Mund und Augen weit aufriß, was da mit einem Landser geschah. Beim Heimgehen mußte ich durch die Küche, und nun konnte die Ordonnanz vor Sprachlosigkeit gar nichts anderes mehr, ihren Gefühlen Ausdruck zu geben, als fassungslos auf ein Glas Bier auf dem Küchentisch zu zeigen, mir zwei belegte Brötchen in die Hand zu drücken und zu stammeln: ›Iß, trink, ich bin Schriftsetzer.‹ Einer der Melder aber, der todmüde von weiter Fahrt zurückgekehrt war und durch die Tür geguckt hatte, hatte extra gewartet, um mich nach dem großen Ereignis heimzufahren. Männer haben ja die seltsamste Art, ihre Gefühle auszudrücken. Und dabei: was für Rabauken! Überhaupt die Kameraden! Einer brachte mir zum Abendbrot Wurst, Konserven, Apfelsaft. Ein anderer ein Kochgeschirr mit Landwein. Immerzu kommen sie mich besuchen. Und zwar in einem rührenden Stolz auf mich ... Meine Beiden – heute war der Engel mit mir in der Tabagie.«[17]

Das Wohlwollen der Offiziere äußert sich manchmal in unerwarteter Weise. Bei der siebenten Cholera-Impfung betrachtet ihn der Stabsarzt: »Klepper? – ›Vater‹ geschrieben? Gelesen.« Darauf gibt er ihm eine besonders behutsame Spritze.

Doch schon wieder heißt es von den liebgewonnenen Wirtsleuten Abschied nehmen, wieder heißt es zur nächsten Etappe aufbrechen, diesmal motorisiert, im Autobus der Kommandantur, wo viel gesungen, gelacht und getrunken wird. Büro und Quartier schlägt man in einer landhausähnlichen Schule des Dorfes auf, wo der kleine Hund Bobby, der noch nicht einmal bellen kann, sich als neuer Kumpan zu ihnen gesellt. Die Dörfler – Männer mit Konfektionshüten und zum Teil altmodischen Schirmen, Mädchen mit Rosen und Pfingstrosen geschmückt – tanzen, da es Sonntag ist, auf dem Dorfplatz zu den

Klängen einer kleinen Musikkapelle, die auf hohem Gerüst unter riesigen Linden sitzt. Trotz der aufgeweichten, schwer befahrbaren Wege und der primitiven, weitverzweigten Wohngelegenheiten treffen ununterbrochen weitere Truppenteile ein. Man errichtet ein Feldlazarett, das fieberhafte militärische Treiben neben der ländlichen Idylle bereitet auf ernste Ereignisse vor. Klepper sitzt im blühenden Quartiergarten beim Brunnen, in dem er soeben gebadet hat, und beantwortet Hannis sorgenvolle Briefe:

»Geliebtes, Du hast nicht nur Gutes und Schönes durch unsere Ehe gehabt. Denke allein an den ganzen Komplex Beuthen, der allein genügt hätte, immer und gegen alles bei Dir zu bleiben, auch wenn unsere Ehe nicht glücklich geworden wäre. Ohne Dich wäre ›der Vater‹ nie geschrieben worden und ich weiß nicht, was aus mir geworden wäre, ob tot oder verrückt. Das darfst Du nie vergessen. Ich habe nur nicht geahnt damals, daß ich es Dir würde vergelten können. Damals war ich noch Gott gegenüber so ungeduldig und habe in einer falschen Weise sehr unter alledem gelitten. Im Anfang unserer Ehe kam alles Gute einzig und allein von Dir.

Ich bin sehr glücklich, daß es mir persönlich doch weiter vergönnt ist, am Heere hängen zu dürfen. Denn es ist nun einmal geistig und seelisch eine der größten Manifestationen Deutschlands, wenn auch Heer ganz gewiß immer etwas Tragisches ist und durch das Negative bedingt.«[18]

In diesem »am Heere hängen« spielt neben der Überzeugung, am Geschick des Vaterlandes teilzunehmen, auch Frau und Tochter besser schützen zu können, nicht zuletzt das intensive Gruppenerlebnis eine beträchtliche Rolle. Wenn er nach einem anstrengenden Tag mit Kameraden in der Sonne badet, wenn sie singend und plaudernd beim gemeinsam zubereiteten Abendbrot sitzen, wenn er nachts die zutrauliche Hand des Einundzwanzigjährigen, der seine Lagerstatt teilt, in der seinen fühlt, ist ihm nach eigenen Worten, »als holte ich meine versäumte Jugend nach«[19]. »Die Kriegsnächte, die ich mit Kameraden auf einem Lager verbrachte, werde ich nicht vergessen.«[20]

»Pilgerfahrt des Herzens«

Doch das »am Heere hängen« manifestiert sich noch auf eine besondere Weise, nämlich in Gestalt einiger kleiner literarischer Arbeiten, von denen hier eigens die Rede sein muß, geben sie doch zu erkennen, was der namhaft gewordene Autor des »Vater« an neuem zu sagen hat und wie er sein Format behauptet. Ferner sind sie für ihn selber von beträchtlichem Gewicht, sollen sie ihm doch wenn möglich gar zu einem Sonderauftrag verhelfen.

Am 12. Juni notiert er in seinem Tagebuch: »Ich schreibe meine eigenen Vormarsch-Erlebnisse als Beitrag zu meiner dienstlichen Arbeit und für den ›Eckart‹.«[21] Drei Tage darauf heißt es: »Das Propagandaministerium fordert auf dem Dienstweg über das OKW Stilproben zu meinem PK-Gesuch an (unter dem 24. Mai) . . . Auf der Adjutantur meinen sie, ich wäre nach Einreichung der Stilproben, die ja aber erst angefertigt sein müssen und möglichst militärischer Natur sein sollen, nur noch vier Wochen hier.«[22] Und am 1. Juli kann Major Eras »meine Stilproben für das Ministerium noch sehen (›Die Wolke‹, ›Die grüne Maske‹, ›Die beiden Fenster‹) und den Antrag unterzeichnen, daß man mich beim Einsatz *hier* als PK-Mann arbeiten lassen soll«[23].

Zu den drei genannten Stücken kommen in den folgenden Wochen noch »Die Teestube« und drei Beiträge zu einer Skizzenreihe »Die Ströme«. Zieht man in Betracht, unter welchen erschwerten Bedingungen sie entstanden sind, bleibt doch kein Zweifel daran, daß sie genau das zum Ausdruck bringen, was ihm, wie er meint, in dieser Zeit und an diesem Platz zu sagen aufgetragen ist. Vermutlich ist ihm gar nicht bewußt, wieweit er hierbei zum Walter Flex redivivus 1941 wird: völlig aufgegangen im »Wir« der großen Erlebnis- und Schicksalsgemeinschaft an der Front, mit erhabener Sprache – »Der Pruth war unser. Und abermals verlangt der Pyretos nun nach dem Griffel des Herodot« – und jeweils am Ende gern das Ganze zu einem biblischen Bild überhöhend.

Ein Leitmotiv der Verinnerlichung, oft und gern im Kriegstagebuch wiederholt, enthält die »Grüne Maske« mit dem Satz, »daß der Vormarsch eines Heeres zu einer Pilgerfahrt des Herzens werden kann«[24]. Ähnlich bleibendes Gewicht behält für ihn das Bild des Engelgeleits, in unzähligen Reproduktionen während des Ersten Weltkriegs unter das Volk gebracht und so sicher auch dem Beuthener Pfarrerssohn vor dem inneren Auge geblieben:

»›Zwei Brüder sind im Kriege gegen euch gefallen‹, sagte sie. So viele deutsche Worte standen ihr, der Wäscherin deutscher Soldaten, zu Gebote. Danach sah sie uns fest und klar an und reicht uns die Hand: ›Deutsche Soldaten alle gut. Alle.‹

Unter dem Blick dieser Mutter entschwanden die leeren, toten Augen der grünen, verblichenen Maske. Und in das innere Schweigen vor der Rätselhaftigkeit eines undeutbaren Bildes waren die Worte gesprochen: ›Alle gut. Alle‹.

Unser Herz war wieder warm geworden. Und das wog mehr als die kurze Rast und die flüchtige Geborgenheit vor einer Weite und Kälte, die ohne Maß und Ende schienen.

An diesem Abend kam der Bibelspruch in meine Hände: ›Siehe, ich sende einen Engel vor dir her, der dich behüte auf dem Wege und bringe dich an den Ort, den ich bereitet habe.‹

Über der Erinnerung an die grüne Maske und an das Gesicht der Wäscherin leuchtete das Antlitz des Engels auf.

Mancher deutsche Soldat ist mit einem Engel in den Krieg gezogen.

Ein unsichtbares Heer ist mit uns ausgezogen und bringt uns an den Ort, den Gott bereitet hat, es sei im Himmel, oder auf Erden.«[25]

In der gleichen Blickrichtung sieht der Verfasser der »Wolke«, wie sich Staub- und Wetterwolken beim neuen Alexanderzug seiner Nachschubkolonne über den Arabakonak-Paß am Ende zum Bild der biblischen Wolkensäule verdichten:

»Uns ist, als wäre sie, unter der wir vor wenigen Tagen noch litten, nun wir sie wieder sehen, zum Zeichen des Sieges geworden – wandernde Wolkensäule wie in alter Zeit. Stumm blickt man dem schweigenden Heerzug nach. Nur die Geräusche der Wagen dringen aus der Wolke zu einem. Und doch hört man Gottes Wort auch in dieser Stunde: ›Der Herr zog vor ihnen her, des Tages in einer Wolkensäule, daß er sie den rechten Weg führte, und des Nachts in einer Feuersäule, daß er ihnen leuchtete, zu reisen Tag und Nacht.‹

Die Wolke wandert; die Wolke ballt sich dichter und dichter; auf allen Straßen vom Gebirge her naht die Wolke.

Feindliche Heere vergehen vor ihrer Wirklichkeit, seit aus der ersten Wolke, die sich über sie herabsenkte, das Feuer brach.

Denn letztlich birgt die Wolke das Feuer, das Völker umschmilzt.«[26]

Alle kritischen Fragen nach dem Recht oder Unrecht dieser Kriegführung, alle Einsichten der jungen Generation nach dem Ersten Weltkrieg in die falsche Gleichsetzung »Mit Gott für König und Vaterland« sind hier völlig verdrängt, ebenso das eigene, oft ausgesprochene Urteil über die Hybris der Staatsführung. Noch vor einem Jahr hatte er über die Armee geklagt, »die sich mit der ruhmvollen militärischen Aufgabe hinwegtäuschen läßt über die Frage, wofür dies alles geschehe und auf welchen Weg Deutschland gerate«[26a]. Unbedenklich und fügsam hat sich Klepper auch als Schriftsteller in Reih und Glied eingefügt – und zeigt sich damit literarisch unter seinem Niveau. Doch diese Zeugnisse einer unpolitischen Innerlichkeit aus dem Feldquartier sind nicht allein für ihren Autor aufschlußreich, sondern ebenso für alle Leser, die ihm dankbar bezeugen, daß er ihnen damit aus dem Herzen gesprochen habe: in besonderem Maße Offiziere und Kriegspfarrer, die sich so vor einer Identitätskrise bewahren können[27]. Kurt Ihlenfelds Erwiderung ist dafür bezeichnend:

»... ich erkenne in jedem Ms., wie entschlossen Du den Schritt in die neue Wirklichkeit getan hast: die Fülle des Geschauten und Erfahrenen ist wunderbar gefaßt von ... dem Glück einer unendlichen Gewißheit, der das biblische Wort das einzig Gemäße ist ... Du wirst *dankbare* Leser finden. Selbst der Zensor, den ich heute im Prop.-Min. aufsuchte, um einige Streichungen rückgängig zu machen, sagte, als er das Blatt gelesen: ›Ich glaube gerne, daß es vielen etwas geben wird‹ – und nahm den Radiergummi und tilgte die Blaustiftstriche seines Kollegen wieder aus. Es war ein vertrauenswürdiger Mann mit vielen Orden aus dem Weltkrieg, der auch schlicht zugab: im Kriege draußen haben wir doch alle wieder beten gelernt ... In den folgenden Heften je ein Kapitel, so viel Du mir weiterhin anvertrauen willst. – Mir geht es eigentümlich beim Lesen Deiner Berichte: ich merke, daß eine große Kluft gespannt ist zwischen Euch und uns, dort und hier. Und ich werde darüber nicht eher wegkommen, als bis ich auch Dein Kamerad geworden bin.«[28]

Davon, daß Klepper diese Arbeiten in militärischer Hinsicht nicht förderlich gewesen sind, wird noch die Rede sein. Gegen die Äußerung eines Lektors bei der Division, daß die »Grüne Maske« zu polenfreundlich sei und die »Teestube« die rumänischen Verhältnisse zu negativ darstelle, steht einstweilen mit mehr Gewicht das Lob der eigenen Vorgesetzten für den stets zuvorkommenden Chronisten ihrer kriegerischen Taten.

Im Bus durch die Ukraine

Die Sowjetunion dementiert die Gerüchte von einem bevorstehenden Krieg mit Deutschland, während sich Kleppers Division bereits ernsthaft auf den neuen Feldzug vorbereitet. Alle haben sich mit dem Gedanken an eine längere Kriegsdauer abgefunden, und der Schriftsteller fragt sich, ob er nicht hier mit seinen Paulus-Studien beginnen sollte. Als Gesprächspartner hat er neuerdings einen Musiklehrer gefunden, der bei Professor Mersmann studiert hat. In diesen Stunden ist alles vom Gefühl beherrscht, am Vorabend gewaltiger Ereignisse zu stehen.

Die Nachricht vom Vorrücken deutscher Truppen in die Sowjetunion erreicht den Nachschub durch Gerüchte und Rundfunkmeldungen in den ersten Stunden des 22. Juni, nachdem die ganze Nacht hindurch schwere Flugzeuge ihr neues Quartier, das elende

Dorf Stauceni, dröhnend überflogen hatten. Beim Morgenappell verliest der Adjutant, Leutnant Krüger, den Tagesbefehl Hitlers an die Soldaten der Ostfront und teilt ihnen mit, daß auch sie als Nachschub jetzt in höchster Alarmbereitschaft ständen. Während Klepper Gasmaske und Waffen prüfen läßt und an den Tarnvorrichtungen für den Wagenpark mitarbeitet, erreicht ihn gerade Post von Kurt Ihlenfeld, der ihm mitteilt, daß seine Kirchenlieder in Höhe von 5000 Exemplaren neu aufgelegt seien. In der Nacht träumt er zum ersten Mal vom Soldatensein, vom Krieg und besonders von der Gefangenschaft, ein Gedanke, der ihn wie viele Kameraden in diesen Tagen beschäftigt. Die Nacht verläuft ruhig. Am nächsten Morgen ist Geschützfeuer zu hören, da in 40 Kilometer Entfernung gekämpft wird. Zwei rumänische Divisionen sollen den Russen nicht standgehalten haben. Munitionskolonnen fahren zur Front, Lastautos kehren mit rumänischen Verwundeten (überwiegend Kopfschüsse) zum neu errichteten Feldlazarett zurück.

Riga, Kowno sind gefallen. Deutsche Truppen sollen schon 300 Kilometer tief in Rußland eingedrungen sein. Dabei betonen alle Heeresberichte, wie zäh sich im Unterschied zum Frankreichfeldzug der Gegner verteidigt. Die Russen nützten ihre Landeskenntnisse, ihre zum Teil noch an dem einstigen Bürgerkrieg geschulten Methoden zu hinterhältigem Kampf und zur Anlage gut getarnter Feldbefestigungen aus. Die Leitartikel der deutschen Zeitungen berichten, die Kämpfe nähmen in den russischen Wäldern und in den unübersehbar großen Räumen immer mehr den Charakter eines Bandenkrieges an. In Deutschland will sich jedermann über Rußland informieren, so daß nirgends mehr eine Beschreibung des Landes aufzutreiben ist. Die Stimmung bei Kleppers Truppe ist nicht übel. Trotz drückender Hitze und Durchfall – das kurze Mittagsbad und der Drillichanzug ohne Unterwäsche sind die einzige Wohltat – feiert die Omnibusbesatzung mit Cognac und Wandervogelliedern die sternenklare Johannisnacht.

Die sowjetische Grenze ist nur 20 Kilometer entfernt, und die Spitze der Division rückt bereits in die Ausgangsstellung für einen massierten Vorstoß bis zur Grenzstadt Stefanesti vor. Es ist ein gewaltiger Heerzug die öde Straße hinauf zur Grenze: rumänische Infanterie, deutsche Kavallerie, Panzer und Panzerjäger, Geschütze mit Pferden bespannt. Deutsche Soldaten singen, rumänische Soldaten singen, ohne daß es die geringste Beziehung zwischen den verbündeten Armeen gäbe, und die Bevölkerung betrachtet teilnahmslos die vorüberziehenden Kolonnen.

In der Nacht vom 1. zum 2. Juli überschreitet die Division den Grenzfluß Pruth. Wegen Mangel an Leuten bei der jetzt stark beschäftigten Stabskompanie muß Klepper als Wachtposten einspringen. Kommandantur und Adjutantur sind in der Schenke des verlassenen Dorfes Stanca aufgeschlagen, in dem nur noch hungernde Katzen und Hunde umherirren. An der weißen, freundlichen Kirche sind die ersten deutschen Gräber mit frischem Holzkreuz, Stahlhelm und Blumen aus den Bauerngärten zu sehen. Am Morgen des 4. Juli trifft auch der Nachschub in Stefanesti ein, das inzwischen schwere Bombenschäden erlitten hat und noch ständig von russischen Fliegern bombardiert wird. Gleich hinter Stefanesti liegen acht frische deutsche Soldatengräber. Den Pruth muß man auf einer Pionier-Notbrücke überschreiten, da die andere verbrannt ist. In diesen an Rußland abgetretenen Gebieten ist die Bevölkerung zum größten Teil noch rumänisch. Trotz eines drohenden russischen Panzerangriffs sitzen sie noch lange – so müde sind sie vom Tag – auf Kisten unter einem Nußbaum in der klaren Mondnacht. Am Morgen setzt Gewitter und furchtbarer Regen ein. Der Wagen des Majors bleibt schon bei der Abfahrt stecken, Tankwagen, Verpflegungswagen – nichts kommt voran; die Räder der Autos und Krads drehen glatt durch und versinken im Schlamm, so daß man die Verwundeten, die nur dürftig verbunden sind, in beschlagnahmten Panjewagen weitertransportieren muß.

In Berlin liest Hanni mit wachsender Besorgnis die Berichte in der DAZ, die jeden Tag mehr Todesanzeigen bringt, darunter von erstaunlich vielen blutjungen Leutnants im Alter von 19 bis 21 Jahren. Trotz Warenmangel geht das Leben in der deutschen Hauptstadt weiter seinen normalen Gang. Elise Topell veranstaltet nach wie vor ihre Modenschau, die finnische Gesandtin, dick und vulgär, sitzt Hanni gegenüber. Die Frau von Mathias Wieman, schick und witzig wie immer, bemerkt zum Schluß: »Und jetzt schauen wir wieder unsere Brotkarten an!« Der Direktor der Schlösser und Gärten lädt die Damen zu einem Orgelkonzert in der Eosander-Kapelle des Charlottenburger Schlosses ein, wo Herbert Schulze Buxtehude und Bach bei Kerzenlicht spielt. Die Fliegeralarme haben nachgelassen. Dafür fanden schwere Angriffe auf Erfurt, Münster und Bielefeld statt. Über Bremen schossen die Engländer in die Stadt aus niedriger Höhe mit Maschinengewehren. Alles fragt sich, wie lange dieser Krieg noch dauern wird; manche meinen fünf, manche zehn Jahre. Mit Logik ist hier nichts errechenbar.

Der politische Leiter kommt fürs Rote Kreuz sammeln, unterzieht Fräulein Anni und die Untermieterin einem förmlichen Verhör über Hannis Haushalt, beanstandet anschließend das Halten eines Dienstmädchens und die ungenügende Beflaggung des Hauses. Hanni glaubt immer mehr, daß das Soldatsein nur sinnlose Gefahr für ihren Mann bedeutet:

»Nun siehst Du, wie es hier weitergeht und immer so weitergehen wird. Du darfst Dich nicht in Gefahr begeben, weil Du denkst, uns hier zu nützen. Von den Menschen aus gesehen gibt es keine Handlung, die diesen Geist ändern würde. Und von Gott aus brauchst Du kein Verdienst durch irgendeine Tat.«[29]

Währenddessen setzen sich die Kämpfe an der russischen Front trotz Regen und Schlamm fort. Der schlechten Wege halber können manche Kolonnen ihre Melder nur noch zu Pferde ausschicken. Drei Stunden lang muß Klepper schon am Morgen mit Hand anlegen, um die Fahrzeuge aus dem Schlamm zu ziehen und auf die Dämme aus Maisrohr zu schieben. Der Divisionsstab lebt nur noch in Zelten. Am Hauptverbandplatz operiert ein junger Chirurg 28 Stunden nahezu ununterbrochen: 36 Operationen, 12 Amputationen. Die Weltkriegsteilnehmer finden diesen Rußlandfeldzug schwerer als alles früher erlebte. Der Tischler fertigt ein Grabkreuz nach dem anderen an. Die 22. Division soll durch schweres Artilleriefeuer schon 60 Prozent Verluste erlitten haben.

Kleppers Truppe muß weiterziehen über öde, hügelige Wüstenstrecken, auf denen Flüchtlingsfamilien mit ihren Handkarren dem Kampfgebiet zu entkommen suchen. Ein Blindgänger explodiert hinter einem Gespann. Gedunsene Pferde und zerstörte Panzer säumen den Weg. Der Nachschub bewegt sich jetzt dicht hinter der Front, über das Kampfgelände des Vortags mit frischen Gräbern und noch herumliegenden Toten, die von besonderen Kommandos identifiziert und bestattet werden. Klepper meint alles im Geiste vorher so durchlebt zu haben, daß er fast keine Erschütterung mehr spürt. Jede Nacht schläft er ruhig, ohne Schlafmittel, was ihm nur selten in Friedenszeiten gelang. Auch berühren ihn zum Glück nicht im geringsten all die Spannungen zwischen Kommandantur, Adjutantur und Stabskompanie, die allzumenschlichen Schwächen der Offiziere, die von der Truppe immer mehr beklagt werden.

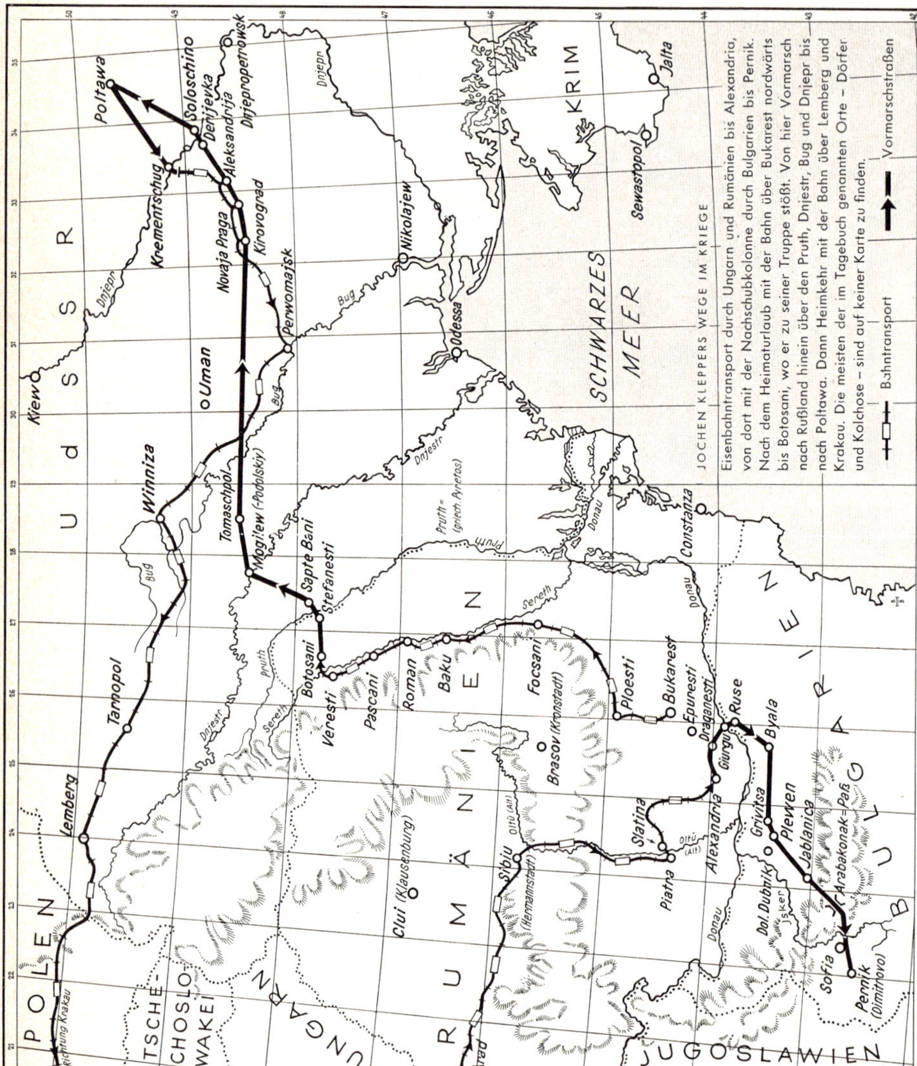

Jochen Kleppers Wege im Kriege

Er nimmt nur die freundlichen Seiten wahr. Major Eras will ihn trotz aller Schwierigkeit so rasch wie möglich zum Gefreiten, dann zum Unteroffizier und Offiziersanwärter mit Auszeichnung befördern lassen. Er und der Adjutant, Leutnant Krüger, nehmen den Stabschronisten auf ihre Dienstfahrten zur kämpfenden Truppe mit. Man wäscht sich mit ein wenig Regenwasser, das man im Kochgeschirr aufgefangen hat. Brot ist knapp. Und immer wieder der gußartige Balkanregen, die stockenden Wagenreihen, an denen nur noch gelegentlich ein Raupenschlepper vorbeikommt. Der Kommandeur der 22. Division, der ohne Fortüne gekämpft hat, soll sich das Leben genommen haben. Die Kolonne lebt nur noch von ungewissen, widersprüchlichen Gerüchten. Man stapft auf Kothurnen von Dreck, sobald man den Wagen verläßt. Im Adjutanturbus vertreibt man sich die Wartezeit mit Kartenspielen oder Lesen, während er seinen Bericht niederschreibt oder auf die beliebte Madagaskar-Melodie einen neuen Liedtext verfaßt, wobei es einem schwerfällt, daran den Dichter des »Kyrie« wiederzuerkennen:

Wir fahren so lange durch Rußland
und kommen durchaus nicht vom Fleck.
Unterwegs kein Gruß, keine Kußhand
und abwechselnd Hitze und Dreck.

Wir haben noch eine Zigarette.
Wie macht man dem Ärger nur Luft?
Geflucht wird im Bus um die Wette,
doch wer meutert, bleibt draußen, der Schuft . . .[30]

Der Busfahrer, ein einsamer Sonderling, vollbringt wahre Wunder mit seinem liebevoll gehegten Fahrzeug. Noch ein letztes Dreckloch als Hindernis, und das Dorf Dondosani ist erreicht, ihr schon für vorgestern angenommenes Ziel. Damit haben sie auch wieder Anschluß an die Division, die den Dnjestr noch nicht überschritten hat. Hier gibt es Post. Man kann sich wieder einmal waschen, Wächse wechseln, den Bus aufräumen und säubern, Stiefel putzen und im Garten sitzen. Die alte Holzkirche erinnert ihn an Schlesien. Immer wieder kreisen Kleppers Gedanken; er macht sich Sorgen, ob sich mit dem neuen Kriegsabschnitt etwas an Hannis und Renis Lage verändert hat. In Stefanesti, der rumänischen Grenzstadt, die er noch brennen sah, sollen schreckliche Pogrome vorgekommen sein: die Rumänen hätten einige Juden auf der Stelle erschossen, die anderen mißhandelt und schonungslos abtransportiert. Tief und innig klingen jetzt Hannis Briefe, offenbaren dabei ihre Sorge um die Tochter in England und um ihren Soldaten im Feld, aber auch Melancholie und Einsamkeit. Im Tagebuch stehen darauf nur ein paar Worte: »Das Herz erfüllt vom Sonntag und Zuhause. Die Phantasie läßt einen alles besitzen.«[31] In Hannis und Gottes Liebe eingehüllt zu sein, verringert aber nicht seinen Wunsch, den Kampf an der Front zu erleben.

Der Wehrmachtsbericht vom 18. Juli 1941 meldet:

»Auf der gesamten Ostfront ist ein gewaltiges Ringen um die Entscheidung im Gang. Rund neun Millionen stehen sich im Kampf gegenüber, dessen Ausmaß alle geschichtlichen Vorstellungen übertrifft. Große Erfolge bahnen sich an.«

Am 20. Juli mittags überschreitet der Nachschubstab den Dnjestr auf der Pionierbrücke bei Mogilew. Zuvor war eine verbissen standhaltende Bunkerbesatzung am anderen Ufer niedergekämpft worden. Verwesungsgeruch schwebt in der Luft. An einer Wegkreuzung hilft Klepper einem Hauptmann und dessen Kradfahrer beim Ausschachten eines Grabes für seinen eben gefallenen Adjutanten, der in seine Zeltbahn gehüllt auf einem Bauernwägelchen liegt. Diese Szene über dem leuchtenden Strom, der dem Rhein erstaunlich ähnelt, mit Waldhöhe, Kirche und Kloster wie am Chiemsee, prägt sich ihm tief ein. Im nächsten Dorf sind Häuser zerschossen oder niedergebrannt. Gefangene werden abgeführt, Flüchtlinge irren durch die Straßen, viele hocken vor den Wohnungen mit Bündeln und Eimern voller Sachen, Säuglinge im Arm. Die Fahrt zum heißumkämpften Dnjestr-Bunker enthüllt Klepper Bilder des Grauens; in dem rußig-feuchten Labyrinth entdeckt er ein »Germinal« in höchster Steigerung. Eine wahre Raserei des Todes muß hier stattgefunden haben. Man tappt in den nachtschwarzen Gängen über Mäntel, verbrannte Leichen, Lederzeug, Waffen, Bücher, Eier, Zigaretten. Vor dem Bunker das Massengrab der Rotarmisten und ein flaches Einzelgrab mit Frauenschuhen darauf. War es eine Telefonistin? Eine Ärztin? Eine Krankenschwester? Es sollen mehrere Frauen im Bunker gewesen sein.

»Schlaf unter den Sternen – wie nach meiner Feuertaufe; bei den Rebstökken; in vier Wochen werden die Trauben reif sein. Wo werden wir da sein? Sterne, Sterne. Reine Nachtluft. Man entsinnt sich des Brand- und Verwesungsgeruches. Dunkle, klare Umrisse der Höhen. Sanfte, reine Kühle von dem

Flußtal her. All der große Frieden hatte das Grauen besiegt. Es ist also so: es ist im Inneren alles vorher durchlebt gewesen.

Neu eine nervöse Reaktion: alle Gesichter werden plötzlich dem verbrannten Russen ähnlich. Schatten des furchtbarsten toten Antlitzes über dem lebendigen Menschengesicht.«[32]

Gleichwohl schreibt er am selben Tag an Hanni:

»Bei dem Bombenangriff war der einzige Gedanke, Euch erhalten zu bleiben, weil Ihr mich ja wirklich braucht, wie Frau und Kind Mann und Vater sonst nicht brauchen. Aber Ihr werdet es verstehen, daß ich an die Front will; es ist auch der Wunsch des Majors und des Adjutanten, in deren Begleitung ich ja bin und die die Situation völlig mit mir teilen.«[33]

Der Nachschub hat bereits die Stadt Mogilew erreicht. Klepper zeigt sich stark beeindruckt von der Kampfkraft und Disziplin der weiter vordringenden deutschen Truppen, ohne dabei dem geringsten Zweifel an dem Recht zu dieser Okkupation Raum zu geben. In einem Brief vom 25. Juli schreibt er an seine Frau: »Wir sind immer stolzer auf unser Heer, das für alle Kriegs- und Friedensaufgaben alle Fähigkeiten besitzt und dem Feind als der humanste Sieger begegnet.«

Enttäuscht und verständnislos spricht er von den plündernden und feminin kreischenden Rumänen, und es ist ihm unbegreiflich, weshalb die bessarabische Bevölkerung so wenig Begeisterung für die »deutschen Befreier« an den Tag legt. In seiner Gutgläubigkeit nimmt er das verletzte Selbstbewußtsein dieser Verbündeten des Dritten Reiches nicht wahr, die als verwahrloste, rückständige Menschen nur gut genug dafür sind, den Bedarf an Naturalien zu decken und alle niedere Arbeit zu verrichten.

Auch in der Ukraine braucht er einige Zeit, bis ihm nach und nach aufgeht, daß das von der deutsche Propaganda geprägte Bild einer unter kommunistischem Terror lebenden Bevölkerung nicht der Wirklichkeit entspricht. Sonderkommandos halten Ansprachen auf den Dorfplätzen, Lautsprecherwagen der Wehrmacht verbreiten Aufrufe in russischer Sprache, der Sieger wolle die Bauern beschützen; sie sollen die Ernte einbringen, das Land sei nun ihr Besitz. Doch die Einwohner, meist Frauen, Kinder und alte Leute, da die Männer eingezogen sind, zeigen sich seinem Eindruck nach zurückhaltend, oft verstockt und ungefällig, auch wenn Putzfrauen und Mädchen hier und da mit Landsern scherzen.

Hitler hält sich im Frontabschnitt auf, läßt sich aber nicht beim Nachschub sehen, der durch öde, armselige Dörfer der Stadt Poltawa entgegenzieht. Viele leiden an Fieber, Durchfall und Mattigkeit. Allgemein wird über die Ansprüche und die Arroganz der Offiziere geklagt. Klepper selbst hat nicht darunter zu leiden, ihm gegenüber bezeugen sie stets besonderes Entgegenkommen. Hauptmann Cartheuser sucht ihn bei jeder Durchfahrt auf; mit Major Eras will er neue Schritte für seine Beförderung unternehmen, obwohl diese für Soldaten in Mischehen neuerdings ausgeschlossen ist. Beide Offiziere meinen, den Frontsoldaten gegenüber müsse der Staat nach dem Krieg einen Strich unter diese Dinge ziehen. Bei jedem Besuch fragt Hauptmann Cartheuser eingehend nach Hannis und Renis Befinden, das Kleppers Gedanken bei allem intensiven Erleben der Kriegswirklichkeit unaufhörlich beschäftigt. So gilt bezeichnenderweise sein erstes Kirchenlied aus dem Feld, »Trostlied am Morgen«[34], ganz der Situation der Zurückgelassenen in Nikolassee. Ihn schmerzt gerade bei der Gastlichkeit ihres Hauses, Hanni in dieser schweren Zeit einsam, kaum eingeladen zu wissen. Immer wieder versucht er, sie wenigstens zu einer Ferienreise, zu etwas Zerstreuung anzuhalten:

»Hannerle, willst Du nicht für drei Wochen in das katholische Haus in Oberschreiberhau gehen? Vielleicht mit ein paar Zeilen von Pater Georg, der doch als Spezialgebiet gerade die katholische Frauenarbeit hat. Oder zu Schmid-Noerr nach Percha am Starnberger See? Sicher können die einen zahlenden Gast gut brauchen, verstehen zudem die Gründe solcher Anfrage.«[35]

Er glaubt aber selbst nicht an die Möglichkeit solchen Ausweichens, wenn er zwei Wochen später an Hanni angesichts der ihnen aufgebürdeten Last schreibt:

»In Schneiders wunderschöner Schrift über Lenau[36] steht so vieles, was auch uns gilt, unsere Erfahrungen fast genauso ausdrückt, wie ich es in meinem Tagebuch wiederholt getan habe. Am schwersten ist die Last, die dem Menschen auferlegt ist auf Lebenszeit: er kann sie nicht abwerfen; aber er kann sich bemühen, indem er sie trägt und er würde seiner Aufgabe gewiß nicht gerecht werden, wenn er sein Leid verfälschen und mit täuschender Siegesgewißheit oder verkünsteltem, erzwungenem Frieden die Nacht erhellen wollte, die nur von oben erhellt werden kann oder aber erst mit dem Dasein endet. Der Schmerz, der uns überlassen worden ist als unser Anteil an Schuld und Not, an der Verlorenheit der Dinge und ihrem Angewiesensein auf die Gnade, will angenommen und ausgetragen werden. Er ist da, und wenn er bestimmt ist, auf eine uns vielleicht verborgene Weise mitzuhelfen an der Ausbreitung des Lichts und der Überwindung der Mächte, die ihm entgegenstehen, so kann es wohl nur dadurch geschehen, daß wir diesen Schmerz erkennen und ergreifen in seiner ganzen Umbarmherzigkeit.«[37]

Diese Last, an der man sich wohl wund reiben kann, trägt er nun schon acht Jahre hindurch. Gern spräche er sich darüber mit Reinhold Schneider aus. Er wundert sich, warum der Freund wohl schweigt, während dieser in Wahrheit anteilnehmend mit Hanni korrespondiert und von ihr die wesentlichen Neuigkeiten aus Kleppers Briefen weitervermittelt bekommt.

Durch Feldwebel Nienaß bekommt Klepper die Geheimverfügung vom 8. April 1940 über die Soldaten in Mischehen zu lesen. Militärisch sind Männer in seiner Situation den Mischlingen gleichgestellt. Indessen wollen ihn seine Vorgesetzten nur auf ausdrücklichen Befehl entlassen, obwohl ein Mischling die Nachschubkompanie bereits vor Wochen verlassen mußte. Alle außer Klepper hoffen auf Ablösung; für ihn käme sie einem weiteren Ausgestoßensein gleich, ein Gefühl, das ihm das Herz wie in den härtesten Tagen seines Lebens beschwert. In der Glut des Augustsonntags, der grauen tibetähnlichen Ebene, während die Bauersfrau im Garten Geschirr abwäscht und Milch kocht, betrachtet er die letzten von Hanni erhaltenen Fotos: vom geliebten Garten in seiner sommerlichen Schönheit, von Reni im Reitdreß und im Boot auf dem Wannsee, den sie künftig nicht mehr aufsuchen darf. Wie sieht das Mädchen der Mutter mit 26 Jahren ähnlich! Hannis Ausdruck wirkt einerseits weich und jugendlich, andererseits herb und sorgenvoll. Freude und Bedrückung zugleich empfindet er beim Anblick seiner »Herzenswonnen«. Aber im Brief an Hanni hat er sich bei diesem Wort verschrieben, und es sind »Herzenswunden« daraus geworden.

»Noch nie hat mich in einem Brief von Hanni etwas so erschüttert wie der erste Satz, den ich nach so langer Zeit nun wieder von ihr las: ›Vergiß doch bitte wieder das ‚Herzenswunden'. Mein Gewissen ist so schon überlastet.‹«[38]

Hinter der Dorfbrücke spielen Musiker einer Nachrichtenabteilung zum Tanz auf. Jupp, der Bursche des Kommandanten, holt Klepper zum Abendspaziergang ab. Wie der vereinsamte Heinz Hinze, der wochenlang sein Nachtlager teilte, beweist ihm der 22jährige Westfale eine rührende Anhänglichkeit. Der einfache Junge liest ihm einen frommen Brief seiner katholischen Braut vor. Er hat das Soldatenleben satt und fürchtet, zu alt heimzukommen. Während sie mit einem Glas Rotwein auf einer Gartenmauer sitzen und den Sternenhimmel bestaunen, spricht er vom »innern sich zu Tode siegen«. »Auch ihm, der so leichtsinnig lacht und singt, fehlt die Kirche.«

Am frühen Morgen des 19. August erfolgt unter schon stark brennender Sonne – die Infanterie marschiert nur noch nachts – der Aufbruch zum Überschreiten des Bug, also nicht wie erst vorgesehen zum ersehnten Schwarzen Meer. Den Vormarsch sieht Klepper insgesamt im Zeichen der Ströme, und so soll auch eine seiner Feldzugsskizzen »Die Ströme« heißen. Sie unterbrechen die Monotonie der Steppe und bilden den Auftakt zu neuen Anstrengungen. Zum ersten Mal begegnen ihnen ungarische Einheiten; die rumänischen schätzt man immer weniger als Verbündete wegen der mangelnden Kampfkraft und ihrer Räubereien. Erstmals bekommen sie auch Waffen-SS zu sehen.

In den ärmlichen Dörfern, durch die sie jetzt ziehen, bestaunt Klepper, was geistig-politisch an der Wand einer Bauernstube beieinander Raum hat: Christusbild und Christbaumkugeln, ein Foto des Bauernpaars als Braut und Bräutigam (zaristischer Soldat) und eine Ehrenurkunde vom landwirtschaftlichen Kollektiv mit den Bildern Lenins und Stalins. In Alexejewka ist das Kollektiv weiter in Betrieb; viermal in der Woche arbeiten die Einwohner dort jeweils zwölf Stunden. Viel hübsche Jugend ist zu sehen. Der 17jährige Petroff im Quartier, der eine ganze Bibliothek samt Chemie- und Physikbüchern sein eigen nennt, schwankt zwischen scheuer Ablehnung und jugendlicher Begeisterung gegenüber den fremden Männern. Er zeigt glühendes Interesse für ihre Schreibmaschinen, für Taschenlampe, Fernglas und Kocher, tritt dagegen ängstlich vor Gewehren und Seitengewehren zurück. Nachts teilt er ihr Lager, sein Kätzchen dicht neben seinem Kopf.

Unter den Landsern taucht jetzt die bange Frage auf, ob sie etwa den Winter über in Rußland bleiben müssen, da der Zahlmeister schon Anweisungen für die Winterbekleidung erhalten hat. Neben den härteren Strapazen fürchten sie vor allem die schlechte Laune und Verständnislosigkeit der Offiziere, die zunehmend ungeniert die kärglich eintreffenden Marketenderwaren für sich in Anspruch nehmen.

»Dem Verhältnis der Offiziere untereinander und der Mannschaften untereinander, dem Verhältnis von Offizier und Mann fehlt ohne Frage der Kampf, das Aufeinander-Angewiesensein vor dem Feind. Meine persönlichen guten Erfahrungen mit diesen wie jenen sind für den Gesamtzustand nicht maßgebend. Sie lassen mich nur gerecht urteilen, und leider muß sich dieses Urteil verschärfen. Dabei lastet auf all diesen Menschen doch nur die Gegenwart, nicht die Zukunft, an der ich ungleich schwerer trage als an der Gegenwart.«[39]

Landsergespräche im Quartier. Einer ist Koch im »Adlon«, »Bristol«, im Nürnberger »Deutschen Hof« und bei Minister Speer gewesen. In Nürnberg hat er wiederholt für Hitler gekocht – sehr einfach, aber nicht so asketisch, wie manche meinen: zum Frühstück Kräutertee, mittags Suppe, Gemüsegericht, irgendeinen Auflauf, hin und wieder ein Kalbssteak, abends entweder eine süße Mehlspeise oder Kräutertee und Aufschnitt. Sein Appetit sei mäßig gewesen, abends habe er oft nur ein belegtes Brot gegessen.

An den Gesprächen mit den Kameraden und den Stellen, die sie gern aus ihren eigenen Briefen vorlesen, fällt Klepper auf, daß die meisten überhaupt nicht selbständig und unvoreingenommen beobachten, sondern klischeehaft das wiedergeben, was ihnen durch Presse und Propaganda eingeprägt worden ist.

Er selber ist sehr vorsichtig mit dem Vorzeigen von Bildern von daheim.

»Es hat Gott sei Dank noch niemand hier nur einen Augenblick gemerkt, mit welchem verkapselten Schmerz ich hier unter ihnen lebe – einem unsinnigen, lastenden, immer lastenderen Schmerz.«[40]

Der Schandfleck

Auf der Durchfahrt durch Kirowograd sieht er zum ersten Mal Juden mit der neuen Armbinde und dem oft primitiv gestickten Zionsstern. Ob Hanni und Reni jetzt auch diesen Schandfleck tragen müssen? So unbedingt ihm daran liegt, Soldat zu bleiben, bewegt es ihn doch Tag für Tag, daß ihm, sollten Meschkes tatsächlich Reni zur Auswanderung über Schweden nach Amerika verhelfen können, die letzte Zeit des Kindes daheim verloren geht.

Die neue Enttäuschung läßt nicht lange auf sich warten. Am 30. August erfährt Klepper von Major Eras und Leutnant Kulig, daß vom Propagandaministerium ein abschlägiger Bescheid eingetroffen sei.

»Es wird gebeten, dem Soldaten Klepper mitzuteilen, daß keine Möglichkeit besteht, ihn in einer Propaganda-Kompanie zu verwenden, da keine Stellen frei sind. Heil Hitler! I. A. Stephan, Ministerialrat.«[41]

In alledem, meinen Eras und Kulig, sei immerhin kein Hinweis enthalten, daß er nicht Soldat sein dürfe. Statt der Sondergenehmigung gibt es den Sonderfall. Für Klepper ist ausschlaggebend, daß seine PK-Meldung vorliegt und aktenmäßig bearbeitet wurde. Sonderführer hätte er ja so wenig wie Offiziersanwärter werden können. Trotzdem ist er enttäuscht.

In ähnlicher Weise wie einst Dr. Koch auf dem Propagandaministerium deutet der Adjutant, ein politisches Ethos konstruierend, die Möglichkeit der Scheidung an, da er und Major Eras ihm doch so gern zum militärischen Vorwärtskommen verhelfen möchten, das immer »an der einen Sache scheitere«. An eine Zwangsscheidung glauben sie nicht, da man bei der Rassengesetzgebung keinen Anlaß gehabt hätte, diesen Punkt nicht sofort mitzuregeln. Die Bewunderung, die er schon so oft zu hören bekommen hat – daß er »so zu dieser Frau halte«, daß er trotz der Bergeslast, die er schleppe, so arbeite und mit den größten Widerständen fertig wurde –, bereitet ihm bloß noch Schmerzen.

»Nun die P. K. hinfällig geworden ist, besteht freilich keine Aussicht mehr, acht Wochen der Ausbildung im Kriege in Hannis und Renerles Nähe zu sein.

Geht Renerle weg, darf sie weg – wie zählt da jeder Tag. Und ich habe das Kind nicht mehr, so lange schon nicht mehr.

Das kann auch von den wohlwollendsten Beschützern eben keiner nachfühlen, wie Erfolg und Vorwärtskommen und ›Sicherheit‹ und all dies vor solchem Kummer verblassen und wie wenig es ist, was sie einem für den ungeheuerlichsten Preis zu geben vermöchten . . .

Und vielleicht stimmt auch das nicht, was Leutnant Kulig meint, daß wir beide kaputt gehen müßten, wenn nicht der ›herrliche Erfolg‹ wäre. Aber ich glaube nicht, daß wir an etwas Irdischem zugrunde gehen. Nur: ob man weiter Bücher schreiben könnte? – So, wie es jetzt ist, müssen sie geschrieben werden; soll auch der Gedanke an Zukunftspläne überhaupt weitergehen, an das Haus, das Hanni sich wünscht, an die Zukunft der Kinder.

Ich könnte mir denken, daß andere Männer ihren Frauen aus dem Felde viel zärtlicher schreiben als ich. Aber mir, der ich so zur Zärtlichkeit neige und vor dem Aussprechen von Gefühlen keine Hemmungen habe, scheint in unserem Falle die Sprache doch zu versagen. Was soll ich Hanni noch sagen, wenn ich schreibe: meine Frau! Aber mir tut es sehr wohl, daß Hanni mir viel zärtlicher schreibt als früher. Denn wir führen hier halt doch ein recht leeres, hartes Leben.

Und daß man die Kameraden immer wieder hergeben muß; wenn auch, Gott sei Dank, nicht an den Tod.«[42]

Während man in Deutschland religiöse Einrichtungen schließt – Pfarrer Wenzel teilt mit, unter den Anstalten der Inneren Mission in Berlin sei das Schwesternhaus Bethanien von der Gestapo besetzt und der NS-Volkswohlfahrt übergeben worden; der Eintritt in ein Kloster ist seit zwei Jahren verboten –, ordnet das OKH die Wiedereröffnung der von den Bolschewisten ihrer Bestimmung entfremdeten Kirchen an. An allen Orten der eroberten Gebiete soll wenigstens eine Kirche dauernd der Feldseelsorge zur Verfügung stehen, nach Möglichkeit den einheimischen Gemeinden überlassen und nur im äußersten Notfall für militärische Zwecke in Anspruch genommen werden. Bei solchen Maßnahmen ist die propagandistische Wirkung, auf die politische Entwicklung des Landes bedacht, offenbar das Ausschlaggebende.

Klepper möchte aber auch darin einen nicht zu unterschätzenden Rückhalt für manchen Soldaten erkennen. In diesen ersten Septembertagen befindet sich ihre Division mit drei anderen zur Seite in schweren Kämpfen um den Dnjepr-Übergang. Sein Gesprächspartner, der Musiklehrer Karl Lilienfein, lag zwei Tage auf der Dnjepr-Insel unter Trommelfeuer. Er selbst erlebt am 7. September den Übergang über die 1200 Meter lange Pionierbrücke, neben der schon alles Ersatzmaterial auf Booten für den Fall einer Beschädigung bereitgehalten ist. Der Dnjepr mit seinen bewaldeten Ufern, den blauen Höhen, der seenhaften Weite des Wasserspiegels wirkt auf ihn »wie eine ins Riesenhafte übersetzte Havel«. Am anderen Ufer fallen ihnen viele frisch aufgeschüttete Grabhügel mit neuen Kreuzen auf. Und überall Truppen, Truppen auf dem Marsch, bei der Rast, manche gleich wieder beim Wäschewaschen.

Einige Kilometer weiter finden sie im Dorf Soloshino Unterkunft bei gefälligen älteren Leuten. Diesmal befinden sie sich mit dem ganzen Nachschub im eigentlichen Frontgebiet. Weidenbüsche und Pappeln erinnern Klepper an die Oderebene, manche Strohdächer des Dorfes lassen an Häuser an der Nordsee denken. Der Stahlhelm muß ständig zur Hand sein, denn die Entfernung zur Front beträgt nur drei Kilometer, und russische Bombenflugzeuge nehmen unaufhörlich Kurs auf die nahegelegene Brücke. Am frühen Morgen des 10. September fallen Bomben in hundert Meter Entfernung von Kleppers Quartier; zum Glück gibt es nur Splitterschäden und zertrümmerte Fenster im Quartier des Zahlmeisters. Heftiges deutsches Artilleriefeuer gilt der Abwehr eines russischen Panzerangriffs beim nächsten Dorf. Im Bus der Kommandantur und Adjutantur, der jetzt Telefon bekommen hat und doch keine Verbindung mit den Einheiten herzustellen vermag, herrscht eine nervöse, deprimierte Stimmung.

Die Tage werden allmählich herbstlich, trübe und regnerisch. Die Luftangriffe haben kein Ende, manchmal kommen sie so plötzlich, daß gar keine Zeit mehr bleibt, den Schutzgraben im Garten zu erreichen. Bei MG-Beschuß von russischen Fliegern auf die Artillerie im Ort hat es Tote und Verwundete gegeben. So machen sie erregende Stunden durch, die Klepper aber nicht von seinem verborgenen Kummer ablenken. Hanni hat in ihrem letzten Brief mitgeteilt, sie habe einen Fragebogen für das Wehrkreiskommando ausfüllen müssen. Das kann kaum etwas anderes bedeuten als seine über kurz oder lang erfolgende Entlassung aus dem Heer, auf die er sich nun innerlich einzustellen hat.

»Je tiefer ich mich in mein Unglück finde, je klarer ich es sehe, desto ruhiger werde ich. Es geht allein darum, daß in unserem Leben das gewirkt hat, was Gott in ihm wirken will. Und er tut auch hier das Seine gegen alle Macht und alle Machenschaften der Menschen.«[43]

Doch das Maß seiner Leiden ist noch nicht voll. Kaum hat er sich mit dem Gedanken seiner Entlassung aus dem Heer abgefunden, da trifft ihn ein neuer Schlag. Was er für seine beiden Lieben befürchtete, ist eingetreten. Unter den »sonstigen Nachrichten« melden die hektografierten Mitteilungsblätter des Nachschubs:

»Für das deutsche Reich ist eine Polizeiverordnung ergangen, nach der alle Juden in der Öffentlichkeit sichtbar auf der linken Brustseite des oberen Kleidungsstückes einen gelben Judenstern tragen müssen.«

Nach wie vor ist ihm bei solchen Nachrichten, als bliebe ihm das Herz stehen. Bis dahin hatte es für Hanni und Reni noch manche Erleichterungen gegeben, weil ihr Aussehen keine Jüdinnen vermuten ließ. Damit ist es nun aus: sowohl mit Renis Reitstunden als wahrscheinlich auch mit den Kirchenkonzerten, in die sich Hanni als letztes gewagt hatte, und mit den Reisemöglichkeiten.

»Mit einem ›klaren‹ in seiner Art begrenzten Unglück sich abzufinden, ist so unvergleichlich leichter als dies Jahr für Jahr in einem Schrecken ohne Ende leben zu müssen. Während ich alle Weltuntergangsstimmungen ablehne, muß ich hier doch sagen: es hat für uns etwas von dem Schrecken der Endzeit an sich; das heißt zugleich aber auch, daß damit für uns die Wiederkehr Christi sich eher ankündigt als für andere. Gibt es Momente, in denen mich all dies Unglück zu erdrücken droht, so halte ich mir nur das Unglück vor Augen, wenn wir nicht schon 1931 geheiratet hätten. Eine vor Gott geschlossene Ehe ist ja zugleich auch ein Bund, den Gott mit den Menschen schließt.«[44]

So sieht er alles schon als Abschied an. Bei dem nach wie vor freundlichen Benehmen seiner Vorgesetzten nimmt er wahr, »wie sie einen ansehen, so, wie man kurz auf jemand blickt, den man preisgegeben hat«[45]. Fast leidenschaftslos notiert er in seinem Tagebuch das unsäglich ernüchternde Erlebnis, wie er am Abend nach der Ausgabe von Marketenderwaren als Wachposten vor dem »Kasino« steht und das wüste Grölen der Offiziere bis zur Verhöhnung von »Wie schön leuchtet der Morgenstern« anhören muß – die Verzerrung des so lange verklärt erhaltenen Bildes der »Tabagie«, das ihn an jenem Abend in Pascani beseligt hatte[46].

Ernüchtert wirken auch manche Wahrnehmungen im Blick auf die russische Umwelt. So fragt er sich, ob Angst allein die Disziplin in der Roten Armee aufrechterhält, oder ob das sowjetische System den Völkern dieses riesigen Landes nicht doch ein gewisses Zusammengehörigkeitsgefühl vermittelt hat; »vielleicht ist der Kommunismus doch festgefügter, als wir ahnen«[47].

Nach wie vor glaubt er sich aber unbeirrt auf dem richtigen literarischen Weg, bestätigt von solchen Zuschriften wie der von Pastor Dannenberg:

> »Bei den Besuchen bei Angehörigen von Gefallenen und bei den Gedächtnisfeiern für die Gefallenen hat mir und den Leidtragenden das Wort aus dem Schluß Ihrer Skizze ›Die grüne Maske‹ im ›Eckart‹ sehr geholfen.«[48]

Aufs weitere bietet sich also Innerlichkeit als Zuflucht an und Kunst als Botschaft der Innerlichkeit.

> »Wenn unser Leben nun von außen noch eingeengter wird; wenn uns immer mehr genommen wird: im Hause, wenn Gott dies gewährt, wollen wir es uns immer schöner machen ... Alles, was uns versagt wird als Wirklichkeit, wird in den Büchern erst recht leben ... Und Hanni, der man die geliebte Kunst raubt, wird in Katharina von Bora selbst Kunst.«[49]

Über den Äckern und Weiden von Gorodinskoj liegt die Stimmung der kühl dämmernden Septemberabende von Beuthen, an denen es in dem ganzen Städtchen nach Pflaumen duftete und man in den offenen Hausfluren die Feuer unter den Pflaumenkesseln lodern sah. Trotz der äußeren Ruhe und des unbehinderten Arbeitsplatzes fühlt sich Klepper wie zermalmt. Er grübelt, welchen Ausgleich er Reni verschaffen könnte, da nun alles für sie aufhört. Es gibt ja so wenig zu kaufen! Vielleicht besorgt ihm ein Kamerad einen guten Radioapparat von seiner Firma? Oder Wein, damit sie sich Gäste einladen kann? Oder einen Hund? Aber Wein ist schwer aufzutreiben, und einen Hund kann man bei der Lebensmittelknappheit kaum durchfüttern. Es bleibt nur ein Zeitschriftenabonnement. Hanni bedarf keines Ausgleichs mehr.

> »Ach, wessen Wunden von uns dreien mögen am größten sein? Und kann

Hanni noch – gewinnt Deutschland den Krieg – jemals auf ein Wiedersehen mit Brigitte hoffen? Und in alledem das Gefühl, daß meine quälend schwere Arbeit am ›Ewigen Haus‹ sofort unverändert weitergehen muß, wenn ich zu Hause bin, – auf diese bedrückende, ängstigende Weise zu Hause.

Ein so zukunftsloses Leben muß tief in der Eschatologie münden.«[50]

Vor dem langen Abend, an dem – da keine Verdunkelungsmöglichkeiten vorhanden sind – er sich nicht einmal in die Arbeit stürzen kann, graut ihm. Doch die drückende Einsamkeit verwandelt sich in einen beschwingten Kameradenkreis. Ein junger Feldwebel, Sohn des Nikolasseer Stationsvorstehers, ein Unterfeldwebel, vormals das »Schlagzeug« im Orchester des Glogauer Stadttheaters, dazu ein Pianist und ein Musikstudent gesellen sich mit einer Flasche Hennessy und Zigaretten zu ihm aufs Stroh. Sie verhängen die Fenster mit Mänteln, zünden Kerzen und Petroleumlampen an, singen und pfeifen nach Herzenslust, mal ein Stück aus Glucks »Orpheus und Eurydike«, mal eines aus »Figaros Hochzeit«, mal Rossini, mal Puccini. Bei all seiner Scheu und inneren Zerrissenheit wird Klepper in solchen Stunden bewußt, welch starke Wirkung er auf Menschen ausübt; »auch bin ich durch die Kameraden zum Erzähler geworden, und so sehr es mich noch befremdet, würde ich nun nach dem Kriege, hat nicht alles sich geändert, zu meinen Lesern sprechen, zu ihnen reisen, wie sie es wollen seit Jahr und Tag«[51]. Die Geborgenheit in der kleinen Runde tut ihm wohl. »So schlief ich nun diese Nacht auf einem Lager mit einem Nikolasseer.«

Am Sonntag darauf beziehen sie ihren neuen Standort in Kobeljaki, Gogols Stadt. Büro und Quartier befinden sich in einem alten Küsterhaus, das zuletzt Kinderheim war; in Schränken sind noch Knetarbeiten der Kinder zu sehen. Da am selben Ort auch die Feldpost stationiert ist, gibt es jetzt doppelt soviel Post: herzliche Briefe seiner Geschwister Margot und Erhard, eine enttäuschende Antwort von Hermann Anders Krüger, dem er als Verfasser der Erziehungsromane »Gottfried Kämpfer« und »Kaspar Krumbholz«, in denen sein Vater als Student vorkommt, zum 70. Geburtstag gratuliert hatte[52]. Fünf Briefe von Hanni sind dabei, die von schweren Luftangriffen auf Berlin und den neuen Maßnahmen gegen die Juden berichten. Die Entlassung der Mischehen-Soldaten, auch derer, die schon die Feldzüge in Polen, Frankreich, auf dem Balkan und in Rußland mitgemacht haben, könnte wohl mit Wohnungs- und Besitzfragen zusammenhängen; ohne Verpflichtung fällt das Enteignen leichter. In München sollen die Juden bereits in Baracken eingewiesen sein. Jüdische Frontkämpfer aus dem Ersten Weltkrieg dürfen keine entsprechenden Abzeichen und Auszeichnungen mehr tragen, und das Heer läßt dies alles geschehen. Ein Kamerad, der Klepper auf der Durchfahrt besucht, erzählt, er komme aus einem Ort, wo man 4000 Juden für 200 umgebrachte Volksdeutsche erschossen hat. Wenigstens braucht Hanni nicht den gelben Fleck zu tragen. Reni leidet sehr darunter; sie kommt frierend von der Arbeit heim, ißt eine Kleinigkeit und legt sich fassungslos weinend ins Bett. Auf Klepper lastet die ganze Ohnmacht, dem Mädchen etwas Lebensmut und Freude zu vermitteln.

Wehrunwürdig

Am 22. September ist der Bescheid vom Wehrmeldeamt da, er sei unverzüglich zu entlassen. Sein Aufbruch nach Hause wird für den 27. September festgesetzt.

Major Eras diktiert sofort neue Anträge über die Division an das OKH, an den Kommandeur in Fürstenwalde und an Hauptmann Göring, Neffen und Adjutanten des Reichsmarschalls, kann aber an der jetzigen Weisung nichts ändern. Wird er noch einmal Soldat sein? Der Abschied von den Kameraden fällt ihm schwer, denn »nun habe ich auch ein Neues, Positives erfahren: daß ich unter die Männer passe. Wie haben sie mir ihr Bestes erschlossen«[53].

Den meisten kann er nicht einmal den Grund seines Fortgehens sagen. »Überall nur die eine, mir unangehmste Deutung für meinen Weggang: Anfang besonderer militärischer Laufbahn.« Die braven Kerls suchen emsig, was sie nur zur großen Abschiedsfeier auftreiben können; sie kochen harte Eier, lassen zwei Gänse braten, spendieren ihre raren Zuckerrationen. Ein »Blumen-Spätkommando« überreicht ihm die letzten Sonnen- und Studentenblumen. Pastor Plate, der von seiner Entlassung und ihren Gründen gehört hat, besucht ihn, recht bedrückt über die wachsende Niederlage des Heeres gegenüber der Partei.

Abschiedsbesuche ringsum »so herzlich und gedankenlos«, auch bei Major Eras; er »stellte alles Vorangegangene in den Schatten«:

»Zwei Äußerungen waren mir wichtig: ›Wer den ‚Vater‘ geschrieben hat, hat einen solchen Anteil an der Heranbildung des Soldatentums, daß er, erst einmal Soldat, auch Offizier werden müßte.‹ Und: ›Ich möchte einmal die Welt mit Ihren Augen sehen – so individuell und so objektiv-gültig.‹ Er erklärt mir noch einmal die operative Lage vor meinem Weggang. Noch hofft man auf den Rußlandsieg im Oktober.«[54]

In der Zwischenzeit hat seine »Familie« nach seinem Vorbild den »Tisch für besondere Gelegenheiten« gedeckt: mit ihrem armen Soldatengerät, requirierten Tellern aus den Parteibüros, den letzten Blumen und Kerzen. Leutnant Kulig hat noch eine Flasche Burgunder aus der Eisernen Reserve gestiftet.

Früh um dreiviertel fünf Uhr kriechen alle nochmals zum Abschied aus ihrem Nachtlager hervor. Am Osthimmel geht die rote Sonne auf und wirft ihren Widerschein auf die Stroh- und Lehmdächer der Häuser, während der Wagen des Stabsarztes Klepper zum fünf Kilometer entfernten Schirkowka bringt. Seltsam dieser Aufbruch:

»Nichts scheint, menschlich gesehen, sinnloser als diese abgebrochene Soldatenzeit im Felde. Ich muß immerzu zurückdenken: das Absterben aller freien künstlerischen Berufe in Breslau; die Funk-Entlassung in Berlin; die Ullstein-Kündigung; der Ausschluß aus der Schrifttumskammer – jedesmal ging es um die ganze Existenz. Und wie hat immer Gott alles gewendet.«[55]

Auf der Heimreise

Das Feldpostauto, das ihn zur Bahn mitnehmen sollte, ist schon abgefahren, so daß er für die Nacht im Quartier eines abwesenden italienischen Offiziers Unterkunft findet. Draußen fällt der erste Schnee, alles verkriecht sich frierend in die Mäntel, rückt um den warmen Ofen zusammen. Tags darauf geht es im Feldpostauto, auf einem Berg von Paketen, weiter nach Klimowka, einem großen Dorf ganz im Grünen. Alle beneiden ihn um seine Rückkehr nach Berlin, während er sich zur Front zurücksehnt, hinter der – erhält Gott das Leben – eine soviel bessere, »normalere« Heimkehr und nicht dieses qualvolle Leiden unter dem anormalen Zustand seines Lebens stände. Bei der Postverteilung kommen die letzten Briefe für ihn zum Vorschein: einer von Ihlenfeld, der sich als Treuester erwiesen hat und frühere Enttäuschungen vergessen macht, einer von Professor Hermann. Nichts von Hanni und Reni.

Da wegen des Regens und der glitschigen Straßen an Weiterfahrt nicht zu denken ist, liest er in Gorkis »Aus meiner Kindheit«. Abends sitzt er bei heißem »Kaffee« und Pfeife rauchend im gewärmten Küchenraum der Feldpostleute. Um Kerzen zu sparen, geht man früh schlafen. Alles baut sich kleine Verschläge und Höhlen zu dritt und viert. Wieder liegt der Heimkehrer auf fremdem Soldatenlager und hört vom Leben der anderen. »Niemals mehr im Leben wird wohl dem Epiker so viel erzählt wie als Landser.«[56]

»Ich habe, obwohl nie in einer Schlacht, im Kriege die Engel und die Dämonen erfahren. Ein eigentümliches Gefühl von Leere bleibt in mir zurück, daß ich den Krieg ohne Kampf erlebte. Hanni fragt danach, ob ich ihn mir nicht gewünscht habe . . .

Je stiller und ruhiger ich werde, desto größer wird die Wunde in mir. Meine beiden ›Herzenswunden‹. Und ›Des Satans Engel‹.

Es wäre leicht zu erkennen: ›Ich kann nicht mehr.‹

Aber ich ›kann‹ noch.«[57]

Zur langwierigen Rückreise hat sich jetzt ein Reisegefährte, ein Artillerist, dessen Vater in Aachen gestorben ist, dazugesellt. Beide brechen am 2. Oktober nachmittags auf nach Poltawa, dem motorisierten Vormarsch in Richtung Charkow entgegenfahrend. Die Stadt, deren Barockkirche und Kloster in der Spätnachmittagssonne hinter einem Kiefernwald sichtbar werden, bedeutet Klepper noch einmal einen besonderen Abschluß im Gedenken an Karl XII. und Peter den Großen. An der Einfahrt kreuzen sie eine lange Kolonne russischer Zivilisten, die unter militärischer Aufsicht von ihrem Arbeitsplatz heimkommen. Der Bahnhofsplatz mit ein paar repräsentativen Bauten wirkt verwüstet und öde, das Zentrum aber eindrucksvoll durch die von modernen Häuserblocks unterbrochenen Straßenzüge der Jahrhundertwende mit »weißem« Klassizismus, Gärten, hohen und dichten Bäumen. Überall deutsche Truppeneinheiten und gleich bei der Ankunft russische Flieger in der Luft. Den Abend verbringen sie zusammen mit Österreichern und Sachsen im zentralen Feldpostamt. Im grauen Morgen findet Klepper einen LKW, der sie nach Krementschug und über die Pionierbrücke, wo seinerzeit der Durchbruch erfolgt war, zu einem wieder in Betrieb genommenen Bahnhof befördert. Endlich können sie sich zu viert – darunter ein Zehlendorfer – in einem dunklen, kalten Eisenbahnwagen einrichten, zur Fahrt ins Ungewisse bereit. Nachts blicken sie öfter hinaus, ob ihr Waggon noch angehängt ist und ob sie noch eine Lokomotive vor sich haben, die sie nach Lemberg bringen soll. Zum Trinken und Waschen gibt es nur Wasser von der Lokomotive; von der Eisenbahnkantine erhalten sie ein Kochgeschirr voll Linsen. Die von den Deutschen übernommenen russischen Bahnhöfe machen einen ordentlichen Eindruck.

Nachts, beim Teilen des Zuges, bekommen sie einen verlassenen Packwagen mit kleinem Ofen und Ledersitzen. Unterwegs, in der Nähe der Stationen, versuchen Russen illegal zuzusteigen. Entgegen allen Befürchtungen – manche Eisenbahner meinten, sie würden neun Tage bis Lemberg brauchen – hält der Zug ein relativ gutes Tempo. Auf dem Ofen kochen sie russischen Tee, tagsüber sitzen sie in der offenen Tür und blicken auf die vorüberziehenden Wälder im Glanz dieser farbenreichen sonnigen Herbsttage. Das letzte Mal teilt Klepper Mantel und Decke mit einem Kameraden für das Nachtlager.

Am frühen Morgen halten sie an der ersten polnischen Station, wo es Äpfel zu kaufen gibt. Überall ist die ländliche Bevölkerung dieses »reicheren« Gebiets noch beim Einbringen der Ernte zu sehen. Kurz vor Lemberg steigen sie aus und machen sich auf den Weg zur Straßenbahn. In dem häßlichen grauen Stadtteil treffen sie fast nur Juden mit weißer Armbinde und lila Zionsstern. Polen und Juden müssen besondere Straßenbahnwagen benützen; vor den geschlossenen Länden warten lange Schlangen von Käufern. Die Betriebsamkeit der Stadt scheint nur vom deutschen Militär auszugehen, für das man, laut den Anschlägen, wieder ein gewisses Kulturleben in Gang gebracht hat. Im noch stark zerstörten Bahnhof gibt es eine saubere Wehrmachtswartehalle mit Erbsensuppe und Kaffee, ferner einem heiß ersehnten Waschraum.

Der Andrang zum Abendzug nach Krakau, der auch Zivilisten mitnimmt, führt zu wahren Kämpfen. Die Fahrt dauert erheblich länger als vorgesehen. Durch die sechsstündige Verspätung ist der Anschluß zum regulären Zug Krakau–Berlin verpaßt. Soll man bis zum nächsten Tag bleiben und die Stadt besichtigen? Jeder hat einen gewichtigen Grund, gleich weiterzufahren. Ein außerfahrplanmäßiger D-Zug nach Berlin enthebt sie aller weiteren Überlegungen. Während ein junger nach Holland zurückfahrender Flieger vom Haß der dortigen Bevölkerung gegen die Deutschen berichtet, blickt Klepper hinaus auf das weite oberschlesische Industriegebeit, die großen Wälder seiner Heimat. Vom altvertrauten Breslau sieht er vom Zug aus nur den Ausschnitt der Schweidnitzer Straße, der ihm als Kind auf den Reisen zur Nürnberger Großmutter stets frohes Herzklopfen bereitete. Um halb elf Uhr abends treffen sie in Berlin ein. Klepper will nicht heimlich auf eine kurze Nacht heimkehren, und Hanni anzurufen erscheint ihm zu spät. Er meldet sich auf der Kommandantur in der Alexanderkaserne und übernachtet im Durchgangs»hotel« für Soldaten. Wie in Kattowitz erblickt er in Berlin den gelben Stern der deutschen Juden mit der hebraisierenden Aufschrift »Jude«, so daß er den ersten Schock hinter sich hat vor dem Wiedersehen mit Reni. Am Morgen des 8. Oktober fährt er gleich nach Fürstenwalde zur Erledigung der Entlassungsformalitäten. Noch am selben Tag kann er endgültig den Heimweg antreten.

In der Dämmerung bietet das noch an Blumen reiche Nikolassee ein friedvolles Herbstbild. Jubelnd eilt ihm Reni die Treppe entgegen, »sehr schmal, sehr blaß und sehr anlehnungsbedürftig, als könne sich durch mich alles ändern; und ich weiß doch, daß dies nicht der Fall sein kann«. Hanni, die nur ungefähr von einer bevorstehenden Entlassung wußte, steht von der unerwarteten Heimkehr ergriffen im Treppenhaus. Auch sie sieht mitgenommen aus. Kleppers Entlassung bedeutet für beide Frauen zunächst nur die Freude, ihn überhaupt und gerade jetzt bei sich zu haben. Indessen, so tief diese Liebe und dieses Vertrauen ihn berühren und so dankbar er ist, unversehrt aus diesem Krieg heimgekehrt zu sein, ihn beherrscht – auf das Irdische gesehen – nur das Gefühl, einem Abgrund entgegenzuleben, angesichts dessen er sich an die Bibelworte über ihrer dreier Leben klammert:

»Nun mag es wohl in letzte Tiefen gehen. Ich komme aus dem Kriege, aber der Zukunft vor allem gilt das Gefühl, das mich bei der Heimkehr beherrscht: ›Ich bin hindurch‹ (Römer 8).

Das Schicksal heißt für mich ›Überwindung‹, die Aufgabe ›Trost‹. Das ist mir immer klarer geworden. Das ›Ewige Haus‹ ist nichts als ein Buch von Überwindung und Trost.

Bin ich nun, von Engeln geleitet, an dem Ort, den Gott mir bereitet hat?«[58]

VII. Die Flucht in den Tod

1941–1942

Von Kindheit an haben Trauerhäuser für mich etwas seltsam Anziehendes gehabt, so wunderlich das klingt; aber das ist es: die Stille und die Milde, die dann über manchen Häusern liegt wie im Leben sonst nie; die Tatsache, daß mitten heraus aus ihnen einer nun dieses Leben überwunden hat und in das ewige Haus ging. – Hanni und ich werden gegenüber den Toten, die dieses unser Leben abstreifen dürfen, das Gefühl eines heimlichen Neides nicht mehr los . . .

Tagebuch, 30. Januar 1942

Den Abgrund vor Augen

Die ersten Tage nach der Heimkehr gehen ganz und gar mit den amtlichen Wegen, der Anmeldung auf der Polizei, bei der Bezugskartenstelle für Heimkehrer aus dem Felde, dem Arbeitsamt und dem Wehrmeldeamt dahin. Sieht er Soldaten auf der Straße oder in der S-Bahn, ist Klepper noch eigenartig zumute. Sonst hat sich die Umstellung auf das zivile Dasein rasch vollzogen; wiederum hat er das Gefühl, alles schon voraus durchlebt zu haben.

Auf seinen Wegen durch die Stadt fällt ihm auf, daß Berlin namentlich im Geschäftsleben und im Straßenbild trübe und dürftig geworden ist. Dennoch kann es ihn nach den entsetzlich toten Städten im Osten auch wieder beeindrucken. Der Luxus, der hier und da schamlos zutage tritt, scheint weithin vom Raubbau in den besetzten Gebieten herzurühren.

Der lebhaft erwartete erste Gottesdienst enttäuscht ihn durch seine innere und äußere Leere. Pastor Wiese ist seit drei Wochen wegen Kollekten für die Bekennende Kirche in Haft, »sehr vermeidbarer« Dinge halber, wie Klepper meint.

Von aller Herzlichkeit, mit der ihn die Bekannten in Nikolassee begrüßen, will er sich nicht mehr bestechen lassen; »ich stelle mir nur die Frage: Wer hat nach Hanni und Renerle überhaupt auch nur gefragt? Wie wenige waren es! Hanni, die über Einsamkeit am wenigsten klagt, sagt, sie war so einsam, wie man nur einsam sein kann«[1].

Beglückt nimmt er die Gelegenheit wahr, ein Brahmskonzert in der Philharmonie mit dem Kittelschen Chor und Emmy Leisner (»herrlicher denn je«) zu besuchen; aber auch solch ein Erlebnis bleibt nicht ungetrübt.

»Ganz gewiß geht neben dem behaupteten auch ein wirkliches Kulturleben während des Krieges weiter. Ginge nur nicht neben alledem das namenlose, stumme Unheil und Unglück her.

Ja, ich habe das Unglück der Völker gesehen und stehe so nahe an dem mystischen Unheil des einst auserwählten Volkes. Muß es alle Schuld selbst abbüßen? Rettet es Gott, indem er es durch ›unschuldiges und stellvertretendes Leiden‹ Christus ähnlich macht? Wirkt er das Seine unter den Juden durch die Judenchristen, deren äußeres Schicksal sich nicht unterscheidet? Schon erfährt man von den Schwierigkeiten, die sie unter den anderen Juden haben.«[2]

Vorerst ist jeder Tag noch ein »Herantasten an die Ordnung und Wiederaufnahme aller Dinge«. Die Reisepläne, die er mit Hanni erwägt und die – da sie keinen Judenstern zu tragen braucht – noch möglich wären, werden um Renis willen wieder aufgegeben. Die Einführung des gelben Sterns wirkt bereits fast gelinde angesichts neuer, noch größerer Bedrohungen: man kündigt den Juden jetzt die Wohnungen, ohne daß sie neue mieten dürfen. Sie sollen Listen über ihr restliches Eigentum einreichen und sich mit ihrem sehr begrenzten Gepäck bereithalten.

»Daheim und draußen: alles scheint jetzt den totalen Sieg der Partei zu erkennen. Die Partei hat über Volk und Heer gesiegt. Ihr Staat steht durch eiserne Härte.«[3]

Dem Rat eines Anwalts folgend, begibt sich Klepper ins Polizeipräsidium zur Abteilung »Nürnberger Gesetze«, wo ihn Regierungsrat a. D. vom Rath anhört, der Vater des in Paris ermordeten Legationsrats, durch dessen Tod die furchtbare »Kristallnacht« ausgelöst worden war. Der korrekte Beamte alten Stils weiß von keiner Sonderregelung, die Renis Lage erleichtern könnte.

Abends, was ihn sehr erschüttert, bittet ihn Reni, er möge ihr ausmalen, »wie ihre Jugend verlaufen wäre, wenn nicht ...«. Sie glaubt fest an Gottes Hilfe, nachdem er sie durch acht, fast neun Jahre Drittes Reich hindurch behütet hat. Was für ein Vertrauen, während kein Tag mehr vergeht, ohne daß sie mit Schreckensnachrichten aus dem Betrieb heimkommt! Auch im jüdischen Bekanntenkreis spricht man nur noch von Abtransporten ins Barackenlager oder von Deportationen nach Litzmannstadt, wie jetzt Lodz umbenannt ist. Pastor Wiese, der Klepper nach der Entlassung aus der Haft einen Besuch abstattet, hat davon gehört, daß man Synagogen zu jüdischen Asylen herrichtet. Immer mehr verdichten sich die Deportationsgerüchte. Hat man es auf die Wohnungen abgesehen? Oder auf die Personen? Und nichts, gar nichts läßt sich vorausschauend tun. Ob wohl, wenn das Furchtbare eintreten sollte, jener Mann von der Geheimen Staatspolizei, der Reni von Siemens forthalf, noch einmal zu ihrer Rettung tätig werden könnte? Das früher so sorglose Mädchen beschäftigt sich damit, ob sie schon alles bereithalten soll, um dann – sollte man sie abholen – nichts von den wenigen erlaubten Dingen zu vergessen.

»›Sie hat sich mit dem Gedanken abgefunden‹, sagte Hanni. Und als ich zu Hanni sagte: ›Und wir nicht im Grunde auch schon, weil wir nicht mehr hoffen?‹, weinte Hanni zum ersten Male wieder seit den furchtbaren Novembertagen 1938. Bei Brigittes Auswanderung hat Hanni nicht geweint.«[4]

Bis jetzt liegt Reni jeder Gedanke an Selbstmord fern. Sie hofft, alles, was kommen kann, zu überstehen, weil sie jung sei und Millionen – denn nun, durch die annektierten Ostgebiete, sind es Millionen – ihr Schicksal teilten. Hanni, der dieser Gedanke oft nahe war, möchte wenigstens noch das »Ewige Haus« vollendet sehen. Doch eines steht für sie fest: sollte sie beide eine Zwangsscheidung trennen und müßte sie außer Landes gehen, ihr Mann aber hier bleiben, dann wäre sie zu diesem letzten Schritt entschlossen.

»Wir wissen, was der Selbstmord in unserem Falle wäre: dreifacher Mord, Ungehorsam gegen Gott, Preisgabe der Geduld, Flucht aus der Führung Gottes, Behaupten der negativen dem Menschen belassenen Macht, Hinwerfen des Vertrauens –.

Aber es ist nicht die unvergebbare Sünde gegen den Heiligen Geist, ist nicht mehr als die Sünde, die der Christ unter dem *fortiter pecca* mit sich schleppt bis ans Ende. Ach, auch unser bis ans Ende getragenes Leben ist ein gar schlechtes Zeugnis für Gott. Ich kenne keinen Christen in der ›Heiligung‹.«[5]

Den Wunsch nach dem Selbstmord hegt Klepper gegenwärtig am inständigsten, vielleicht weil er sich davor fürchtet, in der völligen Ausgeschlossenheit weiterzuschaffen.

»Sieg, Erfolg, Aufstieg; man hört es Tag für Tag, und sieht nur den Abgrund. Aber wohl nur, wer den Abgrund erblicken muß, sieht auch den Grund.«[6]

Ihm ist klar: man führt die radikale Lösung der Judenfrage, die Konfiskation der Klöster, die Abschaffung der konfessionellen

Schulen, die Tötung ›lebensunwerten‹ Lebens durch, während das Heer an den Fronten gebunden ist. Nachher können die Offiziere ihre Hände in Unschuld waschen. »Auch diese Brücke ist nun diabolisch gebaut.«

Der »Schutzbrief«

Fast ohne Hoffnung gehen neue Briefe nach Schweden zu Meschkes und zu Sigrid Schacht, der Nichte des früheren Reichsbankpräsidenten, um keine Möglichkeit für Renis Auswanderung zu versäumen. Auf ihre Bitte entschließt sich Klepper noch zu einem weiteren Schritt: er schreibt an Innenminister Frick, der so oft den »Vater« verschenkt hat, und bittet ihn um eine Audienz. Bereits zwei Tage darauf erhält er Bescheid, der Minister erwarte ihn morgens um halb eins.

»Nun heißt es, das Herz fest in Händen zu halten, daß man nicht wieder hofft und nicht wieder sichtbare Führungen erkennt, wie damals, als es um Renerles Auswanderung nach der Schweiz ging, und in allen meinen militärischen Angelegenheiten.«[7]

Am 23. Oktober wird Klepper vom Minister empfangen. Der Eindruck ist problematisch; »was am meisten für ihn spricht, ist, daß Frick gequält aussieht«. Ob die Haltung einer gewissen Menschlichkeit mehr als Pose ist, bleibt ungewiß. Hinter den Maßnahmen stehe, so sagt er, der entschiedene Wunsch des Führers, ohne welchen sich nichts tun ließe. Er erklärt sich bereit, sobald Kleppers militärische Sondergenehmigung vorliegt, diese als positiven Ausgangspunkt zu verwenden und dem Führer seine Sache in Verbindung mit Renis Angelegenheit persönlich vorzutragen. Was die Deportation betreffe, so habe sie zum Ziel, angesichts der Wohnraumknappheit und der Bauschwierigkeiten Wohnraum zu schaffen, bedrohe also keineswegs das in seinem Hause lebende Mädchen. Dennoch sei er bereit, »zur Befreiung von diesem Druck ›im Interesse meiner Arbeit‹ zu veranlassen, daß sie davor auf weitere Sicht – das Beste sieht er in einer Auswanderung nach Schweden – bewahrt bleibe . . . Bei aller großen Zurückhaltung und Vorsicht erklärte Minister Frick doch noch, daß ›wir es damit‹, Renerle ›aus dem Arbeitseinsatz und der Dienstverpflichtung herauszubekommen‹, im Falle einer Einwanderungserlaubnis nach Schweden schaffen würden. Irgendein Schritt außerhalb des Gesetzesrahmens kann aber nicht getan werden«[8].

Den von Frick gewünschten Brief, der nochmals die Situation umreißen soll und den entsprechenden Beistand erbittet, schreibt Klepper am 25. Oktober[9]. So gut wie umgehend läßt ihm der Minister Antwort geben, und damit hat Klepper so etwas wie einen »Schutzbrief« in der Hand, der tatsächlich für eine gewisse Zeit von Nutzen sein soll:

Der Persönliche Referent
des Reichsministers des Inneren

Berlin, den 27. Oktober 1941

Sehr geehrter Herr Klepper!

Im Auftrage von Herrn Reichsminister Dr. Frick teile ich Ihnen auf Ihr Schreiben vom 25. Oktober 1941, in dem Sie Ihre häusliche und persönliche Lage nochmals referieren, mit, daß Sie sich wegen des Verbleibs Ihrer Stieftochter Renate Stein bei Ihnen keine unnötigen Sorgen zu machen brauchen. Sie fällt nicht unter die Maßnahmen, die in Verbindung mit dem Evakuierungsprogramm zur Zeit durchgeführt werden.

Heil Hitler!

Dr. Langsdorff[10]

Indessen hat Hanni ihre alte Tante Talka Gerstel besucht, deren siebzigjährige Schwester, einst die Besitzerin des großen Gerstel-Geschäfts in Köln, nachts um drei Uhr aus ihrem Zimmer geholt und nach Litzmannstadt deportiert worden ist. Die Selbstmorde sollen sich derart gehäuft haben, daß den Juden in den »Sammel-Synagogen« Scheren, Nagelfeilen usw. abgenommen werden. In ihren Wohnungen gehen ganze Familien miteinander in den Tod. Weithin bringt die »arische« Bevölkerung Berlins den Juden Lebensmittel; vor der Synagoge in der Levetzowstraße soll es erstmals fast so etwas wie eine Demonstration gegeben haben.

Die gehetzten, abgespannten Menschen suchen, wo es noch irgend geht, einen Rest Zerstreuung von ihrer Qual. Klepper hat sich zu Reitstunden in Schlachtensee angemeldet; die arme Trude Weill, deren Schwester und Schwager in ein Sammellager nach Grüssau geschickt worden sind, kommt immer wieder zum Klavierspielen. Selbst den Kulturbund, die letzte Zuflucht der Juden, gibt es nicht mehr. Vor diesem Hintergrund wird Klepper überempfindlich für das Verhalten seiner nichtjüdischen Freunde. So vermerkt er bitter, daß Kilpper der letzten von ihm unterzeichneten Verlagsabrechnung nicht einmal einen persönlichen Gruß hinzugefügt hat. Was ihm Reinhold Schneider schreibt, empfindet er phrasenhaft. Nur Kurt Ihlenfelds Anrufe schätzt er ohne Vorbehalt; »mit ihm kann ja von allem so gesprochen werden, wie es in seiner letzten Wirklichkeit ist. Auch er ist so hoffnungslos. Und auch er hat doch so lange wie ich nach Brücken zu der neuen Zeit gesucht«[11].

Dank der Vermittlung des Journalisten Karbe treffen sie sich mit Sigrid Schacht, die aus Schweden zu Besuch in Berlin ist. Ihre Informationen lauten ungünstig: in seiner unentschiedenen und gefährdeten Lage sperrt sich dieses Land gegen jede Einwanderung. Indessen verspricht sie vor ihrem Abflug nach Stockholm, von dort aus die Korrespondenz für Reni mit Kleppers Freunden und Verwandten in Amerika aufzunehmen. Aber wird es nicht über kurz oder lang zum Krieg mit den USA kommen?

Klepper glaubt an keine menschliche Lösung mehr. Er reitet morgens aus, nimmt sich des Gartens an, bereitet die Feier zu Hannis Geburtstag mit liebender Sorgfalt vor. Als nachträgliches Geschenk zum zehnten Hochzeitstag hat er im Antiquitätenviertel den lang gesuchten Barocksessel für 250 Mark, einen preiswerten Empire-Spiegel und polnische Renaissance-Kirchenleuchter erstanden. Hätte er solche Anschaffungen für spätere, bessere Zeiten aufschieben sollen, wenn sie nicht einmal wissen, ob sie solche jemals erleben werden?

Zur Feier des Tages sind alte Freunde, Hans Marcuse aus Nürnberg, Trude Weill und neue Berliner Bekannte wie Ursula Foelsche, die Frau eines Kameraden im Feld, Renis Freunde Karbe und Bob Adamek erschienen. Über sechs Stunden sitzt man beisammen und unterhält sich lebhaft beim Tee und apartem Abendbrot. Solche Stunden müssen jetzt Reisen, Theater und Gesellschaft ersetzen. Ausgesprochen paradox kommt einem in solchen Umständen Pagels Mitteilung vor, der Führer verschenke immer wieder zwei Bücher der DVA, Prawodins »Tschingiskhan« und Kleppers »Vater«! Das Papier für eine Neuauflage (86.–105. Tausend) sei bewilligt, sie scheitere aber an dem stockenden Herstellungsgang. Solcherlei Kontakte wie die zu Pagel verlaufen – wie zu so vielen Bekannten, die nicht begreifen wollen, was geschehen ist – auf freundlich-belangloser Basis.

Dagegen entzieht er sich nicht einem Empfang bei Frau von Kracker, einer früheren Hofdame der Kaiserin, zu Ehren des Kronprinzen von Sachsen, so wenig ihm solche halb ökumenischen, halb monarchistischen Zusammenkünfte behagen. Er trifft dort manche Bekannten aus früheren Zeiten, so Gertrud Bäumer, August Winnig, Hanns Lilje, Persönlichkeiten aus Literatur- und Kirchenkreisen. Von Pater Georg erfährt er, daß gleichzeitig mit den Soldaten aus Mischehen sowie den Mischlingen alle eben erst eingezogenen Jesuiten, ferner 21 Prinzen der Häuser Hohenzollern, Wettin, Wittelsbach und Habsburg aus dem Heer entlassen worden sind, nachdem man sie vorher schon bei Beförderungen übergangen hatte. Der Priester, hinter dem der Fürst stark spürbar ist, wirkt verbittert. Indessen nimmt Klepper von dieser Veranstaltung den Eindruck mit, daß der Katholizismus an Intensität gewinnt. Während Prälat Lichtenberg, der in der Hedwigskirche für die katholischen Juden gebetet hat, verhaftet worden ist, sollen sich namhafte Offiziere, wie die berühmten Jagdflieger Mölders und Galland, mutig zu ihrer Kirche bekannt haben. Gäbe es mehr solcher Christen, wären sie eine Macht.

»In der Tat scheinen all diese Kreise unter einer wirklichen Depression durch die jüdischen Dinge zu stehen: gerade die Kreise, in denen immer ein politisch begründeter, berechtigter Antisemitismus zu finden war.«[12]

Klepper ist von diesem Nachmittag im ganzen doch sehr angetan, aber Dr. Liljes Bemerkung, er möchte diese Zusammenkunft geheimhalten, wirkt wiederum ernüchternd auf ihn.

»An solcher Geheimniskrämerei, an solchen Spielen mit Gefahren, die man sich nur einbildet, um sich interessant zu fühlen, haben wir nicht das leiseste Interesse und halten uns von dem ganzen illustren Kreise ganz zurück.«[13]

Der Ring des Schreckens

Vier Wochen nach seiner Heimkehr entschließt sich Klepper, seine Bora-Studien aus dem Tresor der Preußischen Bank zu holen und eine neue Leserkarte für die Staatsbibliothek zu besorgen. Er geht ohne Zuversicht an die Arbeit, sondern nur, weil darin ein Trost für Hanni liegt, auch um den »Ring des Schreckens«, der sich jeden Tag enger um sie zieht, ein wenig zu lockern.

Dabei behält weiter das Tagebuch den Vorrang im Bemühen, die immer neuen Bedrängnisse in Worte zu fassen. Der letzte Brief und eine Geldsendung an Brigittes Schwiegereltern Molnar in Wien kommen mit dem Vermerk »nach Polen verzogen« zurück. Dann

Katharina von Bora, von Lukas Cranach porträtiert, sollte die Hauptfigur von Kleppers unvollendet gebliebenem Roman »Das ewige Haus« werden

Manuskriptseite mit Auszügen aus einer Lutherpredigt zu Vorarbeiten für das »Ewige Haus«

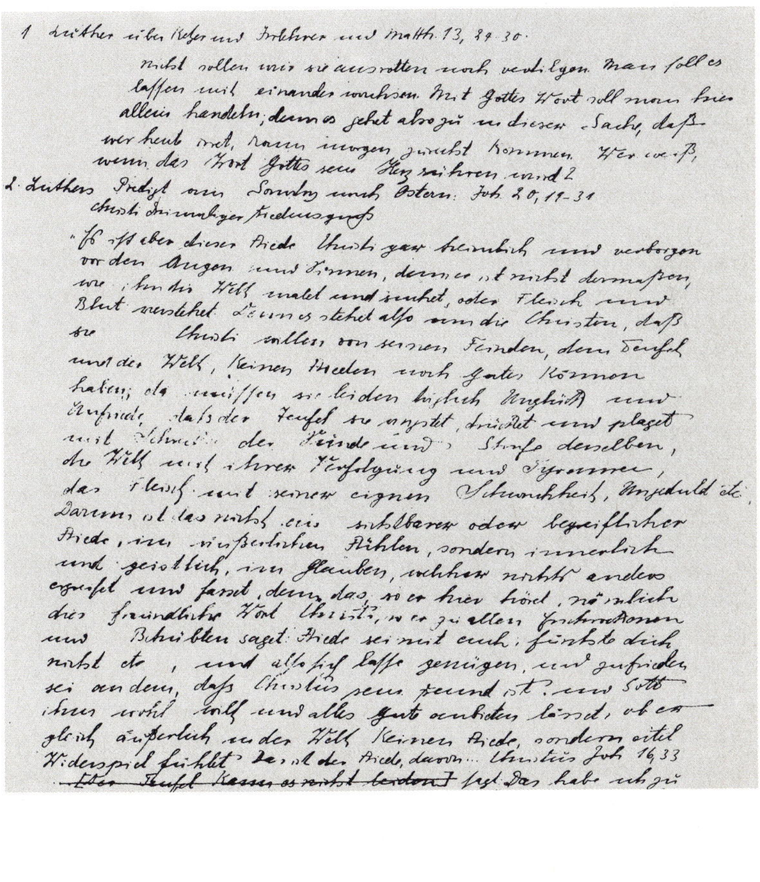

1 Luther über Ketzer und Irrlehrer und Matth. 13, 24-30.
nicht sollen wir sie ausrotten noch vertilgen. Man soll es
lassen mit einander wachsen. Mit Gottes Wort soll man hier
allein handeln; denn es gehet also zu in dieser Sache, daß
wer heut irrt, kann morgen zurecht kommen. Wer weiß,
wenn das Wort Gottes sein Herz rühren wird?
2. Luthers Predigt am Sonntag nach Ostern: Joh. 20, 19-31
Christi dreimaliger Friedensgruß
"Es ist aber dieser Friede Christi gar heimlich und verborgen
vor den Augen und Sinnen, denn er ist nicht dermaßen,
wie ihn die Welt malet und suchet, oder Fleisch und
Blut verstehet. Denn es stehet also um die Christen, daß
sie Christi sollen von seinen Feinden, dem Teufel
und der Welt, keinen Frieden noch Gutes können
haben; da müssen sie leiden täglich Unglück und
Unfriede, daß der Teufel sie ängstet, drückt und plaget
mit Schrecken der Sünde und Strafe derselben,
die Welt mit ihrer Verfolgung und Tyrannei,
das Fleisch mit seiner eignen Schwachheit, Ungeduld etc.
Darum ist das nicht ein sichtbarer oder begreiflicher
Friede, im äußerlichen Fühlen, sondern innerlich
und geistlich, im Glauben, welcher nichts anders
ergreift und fasst, denn das, so er hier hört, nämlich
dies freundliche Wort Christi, so er zu allen Erschrockenen
und Betrübten saget: Friede sei mit euch; fürchte dich
nicht etc., und also sich lasse genügen, und zufrieden
sei an dem, daß Christus sein Freund ist, und Gott
ihm wohl will und alles Gute anbieten lässt, ob er
gleich äußerlich in der Welt keinen Friede, sondern eitel
Widerspiel fühlet. So ist der Friede, davon ... Christus Joh. 16,33
~~[Der Teufel kann es nicht leiden]~~ sagt: Das habe ich zu

Hanni und Jochen Klepper im letzten Jahr

Das Ehepaar Klepper (rechts) mit Pastor Wiese, dessen Frau und Tochter im Pfarrgarten von Nikolassee im Sommer 1942

das bald von Freunden bestätigte Gerücht, daß der Schauspieler Joachim Gottschalk, der seinerzeit wie Klepper eine Sondergenehmigung erhalten hatte, mit Frau und Kind in den Tod gegangen ist. Von Karbe hören sie bald die näheren Einzelheiten:

»Es geht also um die Mischehen der Künstler, und zunächst gerade der Schauspieler, die die beachtlichsten Privilegien besaßen. Durch den Fall Joachim Gottschalk ist plötzlich alles offenbar geworden. Er wurde zu Hinkel zitiert wegen der Goebbelsschen Alternative: Beruf oder Ehe. Er antwortete: Ehe und einen anderen Beruf, und sei es: Arbeiter. – Hinkel: Auch das würde ihm nichts nützen; er habe die künftigen Erlasse in seiner Mappe; Gottschalk würde seine Frau nicht bei sich behalten und sie nicht vor der Deportation bewahren können . . .

Gottschalks haben aus ihrem Tode kein ›Fanal‹ gemacht. Der Selbstmord, in den sie ihren Jungen einbezogen, erfolgte durch Veronal und Gas, in aller Stille. Bildts haben sie gut gekannt und wissen, daß beide fromme Christen waren.

Als wir von Gottschalks Tode hörten, nahmen wir an, daß er vielleicht von den Künstlern mit Sondergenehmigung deren Entzug abwenden könne.

Inzwischen geht aber alles schon weiter . . .«[14]

Wie Klepper hört, sollen zwei andere Theaterleute mit jüdischer Frau, der Regisseur Felsenstein, den man mit großen Zusicherungen aus der Schweiz zurückgeholt hatte, und der Schauspieler Heinz Fiedler, zu Goebbels bzw. Hinkel beordert worden sein. Von Gründgens, dem Intendanten der Staatstheater, heißt es, er habe seinen Schauspielern zu ihrer Beruhigung versprochen, er wolle sich informieren, habe sich aber noch bei keinem wieder gemeldet. Außer ihm setze sich immer wieder Hermine Körner ein, die viel mit Görings Frau verkehre. Doch Göring selbst soll in dieser Hinsicht gänzlich kapituliert haben; allenfalls sei er bereit, den Schauspielern die Auswanderung zu ermöglichen, sofern ein Land sie aufnimmt.

»Weihnachten vorbereiten, das Haus pflegen, Gäste empfangen und zu Gast sein, ordnen und arbeiten: alles ist nur noch wie zum Schein. Es geschieht, aber wie in einem luftleeren Raum.

Wird einmal eine Zeit kommen, in der man in seinem Tagebuch dies alles als die Geschichte der wunderbaren göttlichen Führung wieder liest? Dazu führe ich Tagebuch. Oder wird man eines Tages alle Habe aufteilen und jedes solche Dokument seines Lebens vernichten und so ruhig aus dem Leben gehen, wie wir es alltäglich jetzt vermöchten? Alle Entscheidung liegt bei Renerle, die immer noch auf Schweden hofft.«[15]

Daher fällt ihnen ein Stein vom Herzen, als das Mädchen, mit dem sie sich wie jeden Abend über den Tagesverlauf unterhalten, ihnen erklärt, sie und ihre achtzehnjährige Freundin hätten beschlossen, sich im Fall der Deportation das Leben zu nehmen. So steht der mit Hanni so oft ins Auge gefaßten Flucht in den Tod nichts mehr im Weg, und Klepper trägt mit beklemmender Ruhe am 17. November in sein Tagebuch ein: »So wollen wir, tritt dies Schreckliche ein und vermag kein Frick noch sonst jemand es abzuwenden, uns drei mit Gas vergiften.«[16]

Nahezu erkaltet scheint in solcher Stunde die Beziehung zu Reinhold Schneider, der während seines Berliner Aufenthalts Klepper beim Abendempfang wiedersehen möchte. Lieber besucht er seine Schwester Hilde, die einiges Rare für sie aus Hildesheim mitgebracht und Kleidungsstücke der Mutter für die Deportierten zusammengesucht hat. Weder Konvention noch interessante Geselligkeit, nur noch Verständnis und Wärme können das erstarrte Herz anrühren.

Fast scheint es, als könne Kurt Ihlenfeld belebend auf ihn einwirken, wie dieser nach Vorträgen in Ostpreußen und Thüringen von einem ganz gegenwärtigen Interesse am Autor des »Vater« berichtet und deshalb von ihm unbedingt etwas Neues im Weihnachtsheft des »Eckart« bringen möchte. Klepper hat bereits eine Idee: eine Dreikönigserzählung »Die Mohrengräfin«, in der er Kindheitserinnerungen an das Beuthener Puppentheater und an die geheimnisvolle Geschichte der Gräfin Schlabrendorff-Seckau, die eine »Mohrin« war, verwerten könnte. Aber nun muß Ihlenfeld nach seinen Erfahrungen mit der strengen Zensur abwinken: die Mohrin sei aus rassischen Gründen unmöglich, außerdem »geht nicht das christliche Thema«[17].

So wenig es zu kaufen gibt, ist Hanni dennoch emsig beschäftigt mit Pfefferkuchenbacken und dem Herrichten von Weihnachtspäckchen für Kleppers Kameraden im Feld. Major Eras, wieder an seinen zivilen Arbeitsplatz zurückgekehrt, wirkt nun auch deprimiert; »überall die Partei, und Göring hat nichts mehr zu melden«. Selbst dieser feudale Offizier rät jetzt zur Ablehnung einer eventuell möglichen Rückkehr ins Heer, sollte diese nicht mit Gewißheit Hannis und Renis Rettung aus der drohenden Gefahr bedeuten. Im Feld sei der Mangel jetzt so groß, daß man den gefallenen Soldaten nicht einmal mehr Hemd und Zeltbahn läßt, sondern sie einfach in der Gasplane begräbt. Auch er meint, nach dem neuen Leitartikel von Goebbels im »Reich«[18] sei nichts anderes mehr als die Vernichtung des Judentums zu erwarten.

So sehr Kleppers sonst jegliche apokalyptische Stimmung abwehren, für sie wie für viele andere gilt jetzt das Wort »Es ist das Ende aller Dinge nahegekommen« (1. Petr. 4,7), das auch Charlotte Staritz im Blick auf das Los ihrer Schwester Käthe in einem Brief an Hanni zitiert. Was Klepper an den anderen Pastoren vermißt, hat die junge Vikarin und ehemalige Kommilitonin aus eigener Initiative gewagt.

»Sie hatte, als die Stern-Verordnung herauskam, an alle Breslauer Amtsbrüder ein Schreiben gerichtet, das die Geistlichen auf die aufbrechende Not für unsere Gemeindeglieder, die durch diese Verordnung betroffen werden, aufmerksam machen sollte. Sie hatte auch in dem Schreiben Hinweise und Vorschläge gegeben, wie man verhüten könne, daß der Gottesdienst durch irgendwelche Provokationen gestört werde und wie die Gemeinde sich in taktvoller Weise der gezeichneten Gemeindeglieder annehmen könne. Dieses Schreiben wurde von der Stapo beschlagnahmt, d. h., nachdem es den Amtsbrüdern zugestellt worden war, nur die restlichen Exemplare. Es wurde an sämtliche Parteistellen, bis zum Ortsgruppenleiter, weitergegeben und nun in Parteiversammlungen von dem ›Weib‹ geredet, das die Juden protegiere. Das Konsistorium beurlaubte Käthe unter Weiterzahlung des Gehalts, aber sie sollte Breslau verlassen. Käthes Arbeit (Fürsorge für die getauften Juden) liegt z. Z. völlig brach, für eine Vertretung ist bisher noch nicht gesorgt worden.«[19]

Pastor Wieses sonntägliche Predigt in Nikolassee berührt ihn schmerzlich; sie ist nicht schlechter als die früheren, aber »im Schatten des Todes« leidet man unter dem Pathos, bei dem nicht an die Juden mit dem Stern im letzten Winkel der Kirche gedacht wird.

Von Tag zu Tag verdichten sich die düsteren Wolken über dem »tragischen Idyll« in der Teutonenstraße. Hannis Verwandte in Prag, wo es den Juden besonders schlecht gehen soll, hat sich das Leben genommen. Ehrenbergers, ihre Nürnberger Verwandten – er ein 64jähriger Oberlandesgerichtsrat a. D. – telefonieren, sie kämen in ein Judenlager nach Riga. Und mit einem Mal ist der Brief da, abgesandt von der Jüdischen Gemeinde, über die alle Mitteilungen der Gestapo laufen, gerichtet an »Frau Renate Stein« mit der Aufforderung, die Wohnung zu räumen, die Listen über ihr Eigentum aufzustellen und bei der Gemeinde vorzusprechen – jener Vorgang, der die Deportation einleitet. Klepper findet den Brief, der die Nummer 5833 trägt, nach seiner Rückkehr von einem Besuch bei Dr. Lilje vor, der seine Beziehungen zu den schwedischen und amerikanischen Kirchen für eine Auswanderung des Schriftstellers mit Frau und Stieftochter nutzen will. Durch dessen Vermittlung trifft er sich im Hotel »Excelsior« mit dem schwedischen Legationspfarrer Birger Forell und dessen Landsmann Hugo Cedergren, dem man wegen Elsa Brandströms Eintreten für die deutschen Kriegsgefangenen im Ersten Weltkrieg den Besuch der Kriegsgefangenenlager in Deutschland gestattet hat. Klepper glaubt nicht mehr recht an solche Hilfe:

»Wie erinnert alles an Professor Burckhardt! Auch die Verbindung von Diplomat, Kirchenmann, gepflegtem ›Herrn‹ in Cedergren; seine christlich-humanitäre Mission in dieser Zeit, die genau der Burckhardts entspricht; der ausgezeichnete Konnex im Gespräch, in dem das Kirchliche freilich stark durchsetzt war mit dem mir nun schon so schmerzlich gewohnten Literarisch-Gesellschaftlichen. Doch bot mir dies den Ausweg aus dem Politischen; denn für den Deutschen ist es ja nun bitterschwer, vor Ausländern über sein Vaterland zu sprechen.«[20]

Fricks Zusicherung, daß er Renis Auswanderung genehmigen würde, spielt eine ziemliche Rolle für die Bemühungen der beiden Schweden bei den zuständigen Stockholmer Stellen; andererseits erweist sich der »Schutzbrief« momentan so wirksam wie nötig, als Klepper mit ihm bei der Jüdischen Gemeinde vorspricht, wo all die unglücklichen Hinzitierten in Scharen warten, als »Arier« sofort an ihnen vorbei zur oberster Stelle geführt wird und dort erreicht, daß Reni von der Evakuierungsliste gestrichen wird. »Für uns gibt es ja nur noch solch etappenweise Lösung.«

Damit hat bereits die Adventszeit begonnen. Dieses Jahr erhält jeder Haushalt nur 125 Gramm Kerzen; Judenchristen sind davon ausgeschlossen. Tannengrün und Adventskränze sind rar. Gleichwohl ist das Kleppersche Haus wieder mit Tannenzweigen geschmückt (»Es ist alles wie sonst«).

»›– die da sitzen in Finsternis und *Schatten des Todes.*‹ *So* haben wir dies Wort des 1. Advent noch nie gehört. Menschlich gesehen halte ich unser Verhängnis für unentrinnbar; der Advent hat dennoch nichs von seiner Leuchtkraft eingebüßt; hier eben geht es um etwas, das nicht menschlich ist.«[21]

Jetzt wirken auch ganz andere Kirchenliedstrophen auf ihn, so z. B. die des Justus Jonas:

Wo der Herr nicht zu uns hält,
wenn unsere Feinde toben,
und er nicht unserer Sach zufällt
im Himmel hoch dort oben,
wo er Israels Schutz nicht ist
und selber bricht der Feinde List,
so ist's mit uns verloren.

Eine Rede von Goebbels spricht von der letzten Konsequenz, mit der man die Vernichtung der Juden durchführen werde. Will er damit von Stockungen und Rückschlägen auf den Kriegsschauplätzen ablenken? Selbst der Wehrmachtsbericht gibt das »wechselvolle« Schicksal des Afrika-Korps zu. Neue Gerüchte kursieren über ein Zwangsscheidungsgesetz für den Anfang des neuen Jahres.

Die Kontakte mit Schweden für Renis Auswanderung, daneben die Erörterungen des Testaments für den Fall des Selbstmords mit Justizrat Scholz und seiner Schwester Hilde beanspruchen soviel Kraft und Zeit, daß an literarische Arbeit kaum mehr zu denken ist. Wozu länger die Fiktion aufrechterhalten?

»Nun alle große Arbeit nicht mehr entstehen kann, werde ich wohl auch kein Gedicht, kein Kirchenlied mehr schreiben können; es geht von innen und von außen nicht mehr, obwohl die Liebe zu Gott sich nicht wandelt. Aber im Vertrauen und im Gehorsam und in der Hoffnung ist ein Bruch.«[22]

»Und daß nun selbst meine Kriegserinnerungen schriftstellerisch brachliegen müssen. Dieses kann ich nicht schreiben, weil ich aus dem Heer entlassen bin; jenes nicht, weil es zu kirchlich ist. Und endlich muß jetzt das Vorlegen von Arbeiten beim Propagandaministerium möglichst ganz vermieden werden. Zur Arbeit am ›Ewigen Haus‹ aber – für eine weitere Sicht – bin ich noch nicht frei, noch nicht fähig.«[23]

Dr. Lamprecht, der nach langer Zeit wieder einmal anruft, will ihm aufgrund seiner Schlaflosigkeit Veronal verschreiben. »Veronal – Gas – Gottschalks ruhiges Ende . . .« Abends sitzt er mit Hanni bei Reni, um Opernszenen zu hören. Die Nächte sind weiter elend; manchmal träumt er, er sei wieder Soldat; er erlebt beängstigende Unwetter, den vernichtenden Zusammenstoß der Sterne, auch Verfolgung und Flucht. Gleichzeitig aber wird der Gedanke an Weihnachten in ihm wirksam wie jedes Jahr seit früher Kindheit.

Erinnerung an das versunkene Glück

In der Gärtnerei am Kirchenhügel hat er eine schlanke, ebenmäßige Tanne zu 15 Mark gefunden. Von den Bauern aus Moddelkau ist eine Gans gekommen (normalerweise kostet eine jetzt 80 bis 150 Mark). Ein Pastor aus Schlesien schickt vier Säcke Kartoffeln und Kohl zum Fest.

Das Haus bekommt wieder seinen Blumen- und Tannenschmuck.

Alles duftet und leuchtet, Tanne, Weidenkätzchen, Stechpalme und Mispel im Zinnkübel, Lichtersterne, Silber, Pfefferkuchen, Glaskugeln, Rauschgoldengel – es ist wie das Feiern einer Erinnerung an das versunkene Glück, denn das Unheil hat noch kein Ende. Am 11. Dezember, während Klepper bei Ministerialrat Eras – ohne Hanni, auch hier das menschliche Versagen – zum Kaffee eingeladen ist, überträgt der Rundfunk die Reichstagssitzung mit der Kriegserklärung an Amerika, die sofort eine neue Hetzkampagne gegen das »satanische Weltjudentum« im Gefolge hat. Nun werden auch diejenigen Juden deportiert, die aus Rücksicht auf den arischen Partner oder als Kinder getrennt von ihrer Familie wohnten. Drei von Renis Arbeitskolleginnen sind für die nächste Deportation am 6. Januar bestimmt. Große Plakate kündigen an, daß die Wehrmacht die Waffen nicht eher aus der Hand legen werde, bis der Jude vernichtet sei. Die Gegenüberstellung Wehrmacht – Jude ist neu und soll vermutlich ablenken von den wachsenden Schwierigkeiten in Afrika und an der Ostfront, wo eine große Offensive der Russen im Gange ist. Der Wehrmachtsbericht erwähnt ein »Verkürzen« der deutschen Linien. Hitler hat jetzt persönlich das Oberkommando des Heeres übernommen; nach der Ablösung v. Brauchitschs spricht man vom Rücktritt des Generalstabschefs Halder, der Generäle Rommel, v. Kleist, v. Bock und v. Rundstedt[24]. Wie man ferner hört, soll Fricks Stellung bedroht sein und das Innenministerium Himmler, dem Vollstrecker aller Maßnahmen gegen die Juden, übergeben werden.

In seiner Verzweiflung sucht Klepper eine Hellseherin auf, die ihm versichert, die Rettung für ihre Ehe liege in Reni, wenn er sie als sein eigenes Kind ausgeben würde. »Aberglaube, Meineid, Selbstmord – welche Gedanken! Welche entsetzlichen Zeichen der Ausweglosigkeit, während Gott doch den Weg zu Ihm für uns weiß, würden wir auch auf Erden so grauenerregend auseinandergerissen . . .«[25]

Der Gedanke an das Weihnachten der einstigen Kameraden im Feld tritt zurück hinter der Sorge um das Weihnachten der deportierten christlichen Juden. Immerhin enthält Pastor Wieses Christnachtpredigt einen Abschnitt über »den Gott, der Rat und Hilfe weiß, wo die Menschen keinen Ausweg mehr sehen«; er gedenkt diesmal eigens aller, die mit schwerem Herzen der Weihnacht entgegensehen. In der Nikolasseer Kirche haben Kleppers ihren gewohnten Platz aufgegeben, weil sich Reni mit ihrem gelben Stern hinter einer Säule verbergen möchte. Ihre Eltern nehmen am Abendmahl teil; für die christlichen »Sternträger« hat man noch keine Lösung gefunden. Und was für eine Weihnacht erleben die unterworfenen Völker?

Zum ersten Mal haben sich die Klepper-Geschwister wieder richtig beschenkt und Wünsche ausgetauscht. Hilde, die jetzt die Last der Testamentsvollstreckung zu tragen hat, kommt öfters ins Haus. Erhard ist über die Feiertage ins Riesengebirge gefahren. Der jüngere Bruder Billum ist trotz Fuß- und Drüsenoperation immer noch Soldat; seine Frau führt allein das Transportgeschäft weiter. Die ältere Schwester Margot bangt um ihren einzigen Sohn, der als Flieger vor Moskau stationiert ist. Die Wehrmachtsberichte lauten für den Heiligen Abend und die Feiertage ungewöhnlich ernst. Der Krieg in Afrika scheint nahezu verloren. Vom Osten wird gemeldet: »Heftige Kämpfe bei 35 Grad Kälte. Tag für Tag stellen die Truppen aller Waffengattungen an der gesamten Ostfront ihre Abwehrkraft den schweren bolschewistischen Angriffen entgegen.«

Das Fest hat 40 Briefe ins Haus gebracht, darunter viele von Kleppers Kameraden aus dem Feld. Es gehört aber auch eine Karte von Brigittes Schwiegermutter dazu, die den Tod ihres Mannes in Litzmannstadt mitteilt, und Meschkes berichten aus Schweden von der Ablehnung des zuständigen Amtes für Renis Einwanderung.

Das Mädchen hat über die Weihnachtszeit nicht einmal Betriebsurlaub bekommen; es müssen Soldatenhandschuhe genäht werden. Dafür freut sie sich um so mehr an der lebhaften Teerunde in der Dämmerstunde bei Kerzenschein, zu der auch die sympathische »Hellseherin« gehört. Silvester feiern sie, nach dem Kirchgang im Rauhreif, mit Nowaks und Birkenfelds, drei Schriftstellerehepaare also, zusammen. Um Mitternacht ist nur eine Glocke zu hören, weil ja alles andere Geläut im Kriege stillgelegt ist.

»In das neue Jahr, sofern es nicht umflossen ist von dem ›gottseligen Geheimnis‹ der Festzeit, vermag man sich kaum hineinzutasten. Ist es denn nur noch ein Zustand des Ausgeliefertseins? Kommt uns Gott im neuen Jahre denn nicht mehr entgegen? Oder heißt er uns denn nicht, zu ihm zu kommen, wie Petrus über das Meer schritt? Es ist ein Gefühl des Versinkens und Zermalmtwerdens zugleich.«[26]

Besonders quälend ist der Gedanke, er könne bei der Fülle neuer Einberufungen wieder eingezogen werden, es käme dann zu Renis

Deportation und sie könnten nicht zusammen sterben. Die Deportationslisten, deren Reihenfolge undurchsichtig bleibt, übertreffen an Grausamkeit die Todesbotschaften von der Front, vom Beginn der russischen Winteroffensive. Und Menschen, von denen man glaubt, sie stünden einem nahe, gratulieren gedankenlos mit »Prosit Neujahr!« . . .

Klepper klagt darüber, daß in sein Leben keine Ordnung mehr zu bringen ist, daß Reni und er über alledem zum Zerrbild werden mit dem Bedürfnis, aus dem armen Leben herauszuholen, was noch möglich ist, während Hanni bereits mit allem Schluß gemacht hat und nur das eine wünscht: daß er weiterschreibt bis zu dem Tag, an dem alles für sie zusammenbricht.

Es gibt unterdessen noch Augenblicke der Entspannung: das Reiten am Morgen in kleiner Gesellschaft, eine gute Unterhaltung mit Pastor Lilge und der jungen Gemeindehelferin, die Dreikönigsfeier in Hildes Wohnung. Beim brennenden Christbaum der Schwester sitzen, aus den Beuthener Tassen Kaffee trinken, Reste seines Puppentheaters wiederentdecken und in einem Textbuch mit eigenen Regieanmerkungen blättern, Familienbilder, Bühnenfotos von Tante Liesel und Jugendzeichnungen seines Bruders Erhard ansehen – all das führt noch einmal zurück in die geborgene Kindheit. Auch Erhard hat ihn eingeladen, um ihm seine Andersen-Illustrationen zu zeigen. Er überredet ihn und Hanni zu einer Fahrt ins Riesengebirge, wo es ihm so gut gefallen hat, und leiht Jochen dazu all seine Wintersachen.

Sonntags ist wieder einmal Ilse Jonas aus Potsdam zu Gast. Was sie aus der kirchlichen Arbeit berichtet, zeugt von immer größerer Einengung von außen bei immer stärkerem Bedürfnis von innen her. Auch das Problem des Selbstmords kommt zur Sprache: er bedeute wohl eine Auflehnung gegen Gott und besonders zu dieser Zeit auch eine Belastung für das Zeugnis des Evangeliums, aber keine andere Sünde als alle übrigen.

Anrufe über Anrufe. Schweizer Bekannte wollen für Reni einspringen. Man spricht von Bestechungsmöglichkeiten bei SS-Leuten zum Ausstellen falscher Pässe und zu illegalen Transporten über die Schweizer Grenze – »undiskutables Paktieren mit der Unterwelt«. Zu alledem meldet das »Evangelische Deutschland«:

»Zur kirchlichen Stellung evangelischer Juden haben die evangelischen Kirchen und Kirchenleiter von Sachsen, Hessen-Nassau, Schleswig-Holstein, Thüringen, Mecklenburg, Anhalt und Lübeck eine Kundgebung und entsprechende Kirchengesetze erlassen; die kirchliche Mitgliedschaft von Judenchristen wird danach in den betreffenden Kirchengebieten aufgehoben.«[27]

Bergwinter

Am 13. Januar fahren Hanni und Jochen Klepper für vierzehn Tage ins Riesengebirge. Wie im Oktober 1941 machen sie erst in Hirschberg Station und wohnen im »Braunen Hirschen«. Das Hotel, das gegenwärtig nur zehn Gäste hat, macht einen gepflegten Eindruck mit Halle, Musikzimmer, Schreib- und Bibliotheksraum, sonniger Winterveranda und kleinem Speisesaal, in dem jeder seinen eigenen Tisch hat. Doch es zieht sie so sehr in die Stille der Bergwelt, daß sie schon am nächsten Morgen wieder aufbrechen, mit der Talbahn über den Warmbrunner Schloßplatz nach »Himmelreich« und weiter nach Hain fahren, um dort im selben Hotel einzukehren, in dem Erhard seine Urlaubstage verlebt hatte.

»Dorf und Landschaft sind Friede und Stille. Schon in der Frühe lag rötlicher Schein über dem Schnee, dann stieg mit großer Klarheit die Sonne empor. Die weichen Täler, die Höhenzüge darin, der Kamm des Riesengebirges, die verschneiten Wälder lagen im Glanz ... Es gibt reizende Bauernhöfe in alten Obstgärten, mit hohen Holzstößen davor, eine Wassermühle tief drunten an einem der vier Wildbäche, zwischen deren Eis man das reine, klare Wasser rinnen sieht. Es ist alles lieblich, heimatlich, zauberhafter Bergwinter.«[28]

Aber auch hier, in diesem abgelegenen Gebirgsdorf, macht sich die politische Umklammerung bemerkbar. Die Leiterin des Hotels erzählt, die Geheime Staatspolizei komme öfter ins Haus, um neue Aushänge mit Vorschriften anzubringen oder die Verringerung der Tischwäsche, die wegen Waschmittelersparnis nicht mehr verwendet werden darf, zu kontrollieren. Die wenigen Männer unter den Gästen tragen alle das Parteiabzeichen, grüßen aber auch mit »Guten Tag« statt »Heil Hitler«.

Vor ihrer Abreise von Berlin hatten Kleppers überlegt, ob sie sich in Agnetendorf zu einem Besuch bei Gerhart und Margarete Hauptmann, zu denen verschiedene indirekte Beziehungen vorhanden sind, ansagen sollten. Der Plan wird jedoch aufgegeben, weil Hanni wenigstens während dieser Reise einmal keine gesellschaftlichen Verpflichtungen wünscht und er den 80jährigen Schriftsteller, zu dem er über dessen schlesische Dramen hinaus kein inneres Verhältnis hat, nicht stören möchte. Es kommt lediglich zu einer

Schlittenfahrt bis hinauf zu dem Tannenhügel, wo Hauptmann ein relativ bescheidenes Schlößchen bewohnt. In der Gegend von Wolfshau bis Hain liegt so mancher schlesische »Dichtersitz«; Klepper erinnert sich an seinen Besuch bei Hermann Stehr 1931 und liest vor dem Einschlafen in dessen Werken, im damaligen ungünstigen Eindruck bestätigt. Um ein Wiedersehen mit Gerhart Pohl hat er sich, da das Tagebuch darüber schweigt, offenbar nicht bemüht.

Reni schreibt, sie habe von der Jüdischen Gemeinde die Aufforderung erhalten, ihre Wintersachen, Pelz und Skier abzuliefern. Was für ein neuer Verzicht für das Mädchen, das die Winterfreuden im Riesengebirge so genoß! »Leider verläßt einen das Bewußtsein für das, was in Berlin auf einen wartet, überhaupt nicht.« Doch den Beschluß zu dieser Reise hat Klepper noch keinen Augenblick bereut. Jeder schlechte, gequälte Schlaf ist bei den Spaziergängen in der geliebten schlesischen Landschaft vergessen.

»Es ist noch einmal die Stimmung, die man als Kind an einem sonnigen, verschneiten Neujahrstag empfand. ›Siehe, ich mache alles neu.‹ Und das ist ja nicht nur ein Kindheitsgefühl, sondern ein Bewußtsein, das über *jeden* Tod hinausreicht.«[29]

Hier regt sich auch wieder ein flüchtiger Anreiz zum Schreiben, doch er reicht nur zu mühseligen Etüden aufgrund von Kriegserlebnissen und Jugenderinnerungen (»Der goldene Berg«, »Ghiorghi«, »Die Mohrengräfin«). Die ersehnten Novellen, die ihm einen neuen Zugang zum Buch bahnen sollten, kommen nicht zustande, und Fragmente will er nicht hinterlassen. Auch auf den stillsten und schönsten Spaziergängen verfolgen ihn immer wieder die Gedanken an das, was geschehen ist, noch geschieht, noch geschehen kann.

»Hanni und ich, so seltsam ist das Schicksal gekommen, sind uns nicht zum Verhängnis geworden, Renerle und ich sind es. Renerle bin ich zum Verhängnis geworden, weil sie, genau spürend, daß sie ›das Kind‹ für mich ist, trotz aller Abenteuerlust und trotz mancher Last, die damals schon hier auf ihr ruhte, meinetwegen nicht mit Brigitte nach England ging; ich zerstörte ihre schönsten Jugendjahre: und das wäre noch die mildeste Lösung, wenn dieser entsetzlichen Jugend noch ein anderes Leben folgte. Renerle aber ist mein Verhängnis, weil in meinen für das Schaffen wohl wichtigsten Jahren alle Arbeit so qualvoll durchkreuzt ist. Hanni aber steht nun mit allem eigenen Unglück zwischen dem besonderen Unheil, das über mich und Renerle hereingebrochen ist und vielleicht sehr bald für uns drei zum Tode führt. Die Mischehe, so sehr ist man nun an das Verzerrte, Quälende gewöhnt, ohne Renerle wäre sie, wie die Dinge bisher sich gestalteten und zur Zeit noch liegen, nicht unerträglich. Was mit Renerle zusammenhängt, das kommt dem Unerträglichen nahe.«[30]

Unterdessen schreibt das Mädchen jeden Tag sehr vernünftig und genießt offenbar den Reiz, als Hausherrin walten zu können, dann und wann einen Gast empfangen zu dürfen.

Der letzte Ausflug vor der Heimfahrt gilt dem alten Warmbrunner Kloster und der in ihm bewahrten Schaffgottschen Bibliothek mit ihren 80 000 Bänden und kostbaren Dokumenten wie dem Pilsener Revers von 1634, den Piccolomini, Butler und Isolani unterzeichneten. Das Zusammentreffen mit dem Bruder eines Glogauer Klassenkameraden, in dessen Elternhaus sie einst das Abitur gefeiert haben, bietet noch einmal Gelegenheit, bei einer guten Flasche Wein etwas von Glogau und Beuthen zu hören. Beuthen sei so geblieben, wie es der Schriftsteller in seinen Entwürfen zu »Hoffnungslosigkeit« sah. Ehe die Arbeitsbeschaffung durch die nationalsozialistischen Programme kam, war es mit der Arbeitslosigkeit so schlimm geworden, daß die Beuthener nur noch auswärts Arbeit suchen konnten. Sechs Jahre lang wurde darüber verhandelt, welche Reichsinstitution zur wirtschaftlichen Belebung nach Beuthen als Notstandsgebiet verlegt werden könnte; darüber kam der Krieg, und alles unterblieb. Glogau indessen sei wieder eine große Garnisonstadt und habe durch den Warthegau sein altes Hinterland wiederbekommen.

Noch ein kurzer Spaziergang mit Hanni, ein letzter Blick in die Pracht der Winterbergnacht.

»Über den Schneegruben stand die sich füllende Sichel des Mondes. Ihr klarer, stiller, ernster Schein floß ins Tal mit dem dunklen Dorf an den vier Wildbrücken; klar und edel hoben sich die von Wäldern dunklen, weißverschneiten Höhenzüge um den Berg der Burgruine Kynast ab. Der Orion strahlte wie in einer heiligen Nacht; Sterne, Sterne glänzten allenthalben, und noch zu Füßen leuchtete der reine, frische Schnee der Vornacht. Kein Laut als das Knirschen des Schnees unter meinen Füßen.

Wir sind noch einmal so nach Schlesien heimgekehrt, wie es nur sein kann – mit allen heimatlichen Gefühlen.«[31]

Klepper hätte gern noch etwas in den Hirschberger Antiquitätenläden gekauft, wo sie 1938 so schöne Sachen fanden. Fast lebt sein alter Jähzorn noch einmal auf, als er die Minderwertigkeit der knappen Waren und die Wucherpreise feststellt. Die Teuerung ist allgemein: für den kurzen Ferienaufenthalt haben sie 500 Mark ausgegeben. Zum Glück beträgt das DVA-Konto trotz entnommener Steuerzahlungen noch 43 000 Mark, so daß sie einstweilen keine Geldsorgen haben.

Alpträume

In Berlin erwarten sie allerhand Briefe und Neuigkeiten. Kilpper teilt seinen Rücktritt als Generaldirektor der DVA mit, sein Sohn habe die Geschäftsführung der Verlagsabteilung übernommen. Der Sohn von Dr. Panick ist mit 17 Jahren vor Sewastopol gefallen. Der hübsche, gewandte Baron Heintze hat bei einem Fliegerangriff schwere Beinverletzungen davongetragen; ein Bein bleibt sechs Zentimeter kürzer, er geht jeden Schritt mühsam am Stock. Der Schwager von Ministerialrat Eras, ein 32jähriger Rittmeister, ist ebenfalls gefallen. Ein neuer Brief von Tappolets aus Zürich muß eilig beantwortet werden, da in ihm so undurchsichtig wie dringlich ein ärztliches Attest für Reni zu einem Kuraufenthalt in der Schweiz angefordert wird.

Die Reichstagung der Arbeitsgemeinschaft für Evangelisation wünscht einen Vortrag über »Aussage zum Glauben in Hinblick auf Lyrik und Epik der Gegenwart«. Dürfte Hanni die Reise nach Württemberg und Nürnberg mitmachen, hätte er vielleicht die Aufforderung angenommen. Aber er glaubt, »daß diese Klausur noch immer nicht von Gott aufgehoben ist: in keinem Falle, solange der Entschluß zum Selbstmord nicht widerrufen ist . . . jetzt ist es noch immer ein Leben mit Krücken und Brücken über Abgründe, die in der Tat gar nicht zu nennen sind. Über solchen Abgründen aber ›tritt man nicht hervor‹«[32].

Bedeuten Kurt Ihlenfelds Berichte von all seinen Vortragsreisen immer noch einen Kontakt zu seinem eigentlichen Wirkungskreis, so sprechen ihn die zunehmend religiös getönten Briefe von Reinhold Schneider und dem Kronprinzen von Sachsen immer weniger an.

». . . einen so hohen Vorrang ich dem Glauben vor der Ethik gebe; aber einmal in so namenlos schwerer Zeit müßte es spürbar werden: ›Die Liebe Christi dringet uns also.‹«[33]

Hitlers Rede zum 30. Januar redet nach Kleppers Eindruck die alte Sprache von der Vernichtung der Juden in Europa. Juden erhalten nunmehr weder Mehl noch Brötchen oder Kuchen. Bei Todesfällen müssen sie in Berlin wegen der täglich 20 bis 30 jüdischen Selbstmorde eineinhalb Wochen auf die Bestattung warten. Für die winterlichen Deportationen stehen nur noch Viehwagen zur Verfügung.

»Heute nacht träumte ich, daß – so wie ich in Rußland planlos Flüchtlingsströme aneinander vorbei aus Städten und in Städte irren sah – in ganz Deutschland, im ganzen besetzten Gebiet alles floh und ratlos umherirrte, hin und zurück, nach allen Richtungen und aus allen Richtungen: Deutsche, Norweger, Polen, Holländer, Franzosen darunter die Juden all der Völker.«[34]

In den kurzen Intervallen, in denen er nach drei Uhr morgens zu schlafen beginnt, muß ihn Hanni aufwecken, so schrecklich ist sein Stöhnen. Trotz der Schlaflosigkeit gelingt es ihm endlich wieder, ein volles Tagesprogramm durchzuführen und die »Ghiorghi«-Etüde abzuschließen. Nach Hermann Stehr liest er jetzt Gerhart Hauptmann, dessen Gestalt des Schluck[34a] ihn zutiefst rührt; wäre er Schauspieler geworden, er hätte darin seine Lieblingsrolle gefunden. Streckenweise überfliegt er auch Biographien, »Peter I.« von Bartz und Reck-Malleczewens »Sophia Dorothea«. Nach dieser Lektüre sind Reinhold Schneiders kleine Schriften der letzten beiden Jahre an der Reihe.

Zum Einkaufen von Geschenken – Porzellan und Bücher – begleitet er Hanni in die Stadt, wo sie zum Tee bei Elise Topell eingeladen sind. Anschließend machen sie nach langem Entbehren einen Versuch mit der Staatsoper, die noch immer ihr Notdomizil in der häßlich renovierten Kroll-Oper hat, in der seit dem Reichstagsbrand auch die sogenannten Reichstagssitzungen stattfinden.

»Theater um Theater täglich ausverkauft – und wie sind die Theater bei dem verbürgten Erfolg auf den Hund gekommen. In so revolutionärer Zeit: welch muffiges, spießbürgerliches Theater, wie lieblos, gedankenlos, phantasielos, ganz und gar stil- und illusionslos. Eine Aufführung der ›Entführung‹, die weder von Mozart noch vom Orient des Rokoko je einen Hauch verspürt hat. Orchester recht schön. Und eine unvergleichliche, gesanglich wohl vollkommene Mozartsängerin Erna Berger als Constanze. Seltsamerweise der Osmin (Manowarda) recht nobel. Sonst: das alte Theaterherz könnte einem bluten ... dies nun der Mozart der Berliner Staatsoper ... (Unsereins hört jetzt fast zu sehr den leidensvollen Mozart heraus) ... Die Vorstellungen finden der Verdunkelung wegen von 5–½8 statt ... Das Publikum hat mit dem alten Staatsoperpublikum eigentlich nichts mehr gemein; aber man gewann sehr bald ein sehr herzliches Verhältnis zu ihm, weil so viel Soldaten und Verwundete darunter waren.

Es ist keine Frage, daß ich künstlerisch zwei Begabungen mit ins Leben bekommen habe. Kaum daß der Vorhang aufgeht, reiht sich Regieeinfall bei mir an Regieeinfall. Seltsam ist, daß aus dichterischer Begabung, starker dramaturgischer Anlage, Regiefähigkeit, kein Dramatiker wird.«[35]

Sieben Grad Kälte in Berlin. Ein Kriegskamerad, der Klepper aufsucht, erzählt von den Massenangriffen der Rotarmisten bei 35

Grad Kälte. Keiner an der Front könne sich vorstellen, wie Deutschland die Sowjetunion besiegen solle, es sei denn, es verfügte über ein Reservoir an Menschen und Material wie die Sowjets. Zur Zeit scheint das Schwergewicht ganz bei den Siegen der Japaner zu liegen, die Singapore genommen haben; innenpolitisch ist allenhalben die stillschweigende Machtübernahme der SS spürbar. Die entsprechenden Veränderungen zu einem verschärften Kurs zeichnen sich auch im Propagandaministerium ab. Dr. Koch hat seinen Platz dem fanatischen Parteimann Hans W. Hagen räumen müssen und geht an die Front. Klepper ist sich darüber im klaren, daß er jetzt nur noch mehr auf jedes Hervortreten durch Vorlage von Manuskripten, Lesungen oder Vorträge verzichten muß.

»Auf einem Felde nach dem anderen gilt nun für mich der Rückzug. Das Los, für den Schreibtisch auf ungewisse Zukunft zu schreiben, teilen aber viele deutsche Autoren mit mir, wenn auch vielleicht bei den meisten der Verzicht nicht so radikal sein muß wie bei mir . . . Schneider, der Weihnachten einen Sonderdruck seiner unveröffentlichten Sonette erscheinen ließ, soll auf Grund dieser Sonette Schreibverbot haben. Nun ist die geistige Freiheit wirklich fast völlig hin, und die Papierknappheit ist zum unfehlbaren politischen Mittel geworden.«[36]

Soviel schwerer anderes auf ihm lastet, bedrängt es Klepper doch auch sehr, nach seinem entscheidenden Erfolg und in seinen besten Jahren sich so völlig absperren, nahezu auslöschen zu müssen.

»Der letzte Rest Eitelkeit, vielleicht aber auch die Freude soll wohl in einem getilgt werden, und nur die Last des nie mehr von mir angezweifelten Auftrags, Dichter der Kirche zu bleiben, besteht fort; die Last der großen Gestalten und Stoffe.«[37]

Paul Bildt schickt Freikarten für Hauptmanns »Iphigenie in Delphi«, das im Schauspielhaus am Gendarmenmarkt aufgeführt wird, von Jürgen Fehling inszeniert und mit Hermine Körner in der Hauptrolle. Klepper erscheint das Ganze wie eine Farce und Schande.

»Das deutsche Theater ist in Erfolg und staatlicher Förderung erstickt, und nun steht man vor einem aufgeblähten Gespenst, in so schwerer, schwerer Zeit.«[38]

Beeindruckt kehrt er hingegen von der Aufführung der Mozartschen c-Moll-Messe in der überfüllten Musikhochschule heim. Jede Begegnung mit großer religiöser Kunst mündet für ihn in einem einzigen »Vivit«.

Die Tragik der protestantischen Position

Ein ähnliches Gefühl hat er bei der Lektüre von Büchern der Getrud von Le Fort. Er kann es kaum fassen, »daß diese tiefste Katholikin evangelisch war, ich glaube sogar, evangelische Theologin«. Auf dieses Problem wird er in einer dichten Folge von Begegnungen gestoßen. Ihlenfeld äußert ihm gegenüber seine Besorgnis wegen der immer weitergreifenden Konversionsbewegung gerade im Umkreis des »Eckart«. Wie Dr. Fischer vom Wiener Oberkirchenrat berichtet, ist auch in Österreich die Abwanderungswelle der »besten Protestanten« zum Katholizismus spürbar. Zur gleichen Zeit sind Kleppers zusammen mit Romano Guardini bei Glums eingeladen; damit sieht er sich mit einem Mal der Persönlichkeit gegenübergestellt, die wie kaum eine andere in Berlin die starke Ausstrahlung und Anziehungskraft der katholischen Kirche verkörpert; zu seinen Vorträgen drängen sich gleicherweise katholische wie evangelische Zuhörer.

»Ich empfand wieder die ganze Tragik der protestantischen Position – dies viel mehr als eine etwaige Ungleichheit der Dialogfähigkeit zwischen dem alten und dem jüngeren Mann, der alten und der jungen Kirche. Jene bange Frage taucht für den Protestanten immer wieder auf: ›Ist, was ich nicht preisgeben kann, nun wirklich biblisch bestimmt – in tieferer Auslegung, als der Katholizismus sie besitzt – oder aber etwa ›nordisch, deutsch‹?

Eins glaube ich fest: das Bild, das der Katholizismus vom gläubigen Menschen besitzt, ist nicht der Sünder unter der Gnade, wie er uns in der Bibel begegnet. Dem sind wir Protestanten näher. Der Katholizismus tritt uns heute sehr milde, achtungsvoll und bußfertig entgegen. Aber Einigung, die er so nennt, kann für ihn immer nur unsere Rückkehr sein . . .

Völlige Einigkeit mit Guardini darin: jeder aktuelle, politische Impetus muß erst ausscheiden, ehe die wahre, tiefe Auseinandersetzung erfolgen kann. Die gemeinsame politische Bedrohung begründet zu wenig.«[39]

Dieses Gegenüber in der Abendgesellschaft des Glumschen Hauses läßt sich gewiß nicht an anderen Begegnungen und Partnerschaften messen, wie sie zu dieser Zeit im kirchlichen und politischen Widerstand zustande kommen und bei denen das ungleiche Machtverhältnis zwischen den Konfessionen keine solche Rolle spielt. Gleichwohl drängt sich die Frage auf, wieweit auch hier der passive Grundzug hervortritt, der immer wieder an Klepper auffällt, und wieweit er von da her dem aktiven verantwortlichen Eintreten nicht genug Verständnis entgegenbringt. So empfindet er schmerzlich das

Schicksal seiner Breslauer Kommilitonin Käthe Staritz, die von der Gestapo verhaftet und schließlich nach Ravensbrück deportiert wird, weil sie als Pfarrvikarin ihre Amtsbrüder zur Hilfe für die verfolgten Judenchristen aufgerufen hat. Doch er verurteilt, wie er es stets den Mitgliedern der Bekennenden Kirche gegenüber getan hat, ihren »Aktivismus«, ihr »Eingreifen in Gottes Führung«.

»Dies ist nicht Gottes Weg, uns zu Bekennern und Märtyrern zu machen. Wir müssen lernen, daß Gott auch ohne uns wirken kann. Wissen wir, was Gott in uns wirkt, indem er uns zu dieser Zeit Schweigen auferlegt? . . . für uns und die in irgendeinem Sinne unsersgleichen sind, heißt es schweigen, tragen, warten; und nicht hoffen auf das Irdische. Im Irdischen kann uns Gott zugrunde gehen lassen; er hat es je und je auch an den Frömmsten getan. Es steht bei ihm, wodurch er wirken will.«[40]

Diese passive Einstellung, die in Kleppers Ablehnung jeglicher Opposition – sei sie gegen die Obrigkeit oder die Kirchenbehörde gerichtet – zum Ausdruck kommt, erreicht im Fall von Käthe Staritz ihren paradoxen Höhepunkt. Denn die Pfarrvikarin handelt nicht aus politischen oder kirchenpolitischen Gründen; sie übt lediglich die christliche Tugend der Nächstenliebe und Mitmenschlichkeit, die er selber so oft und so bitter angesichts der Judenverfolgung in der Kirche vermißt hat.

Die Müdigkeit der Völker

Für ihn sind Tag und Nacht wieder gleich schwer, wenn auch immer wieder einmal Pausen und erschöpfter Schlaf eintreten. Seinen Geburtstag erlebt er im Glanz der ersten Frühlingssonne und der Fülle von Blumen in den Räumen. Hanni hat für ihn noch »Das Schweißtuch der Veronika« von Gertrud von Le Fort auftreiben können und eine neue Biographie Moritz' von Sachsen. Noten des Orgelauszugs zu seinen »Badener Liedern«, Kunstbücher mit Menzel-Faksimiles, über Leo von König und Passionsdarstellungen liegen dazu auf dem Gabentisch. Reni hat für ihn zwei große Porträtfotos von sich machen lassen. Wie zu Renis 20. Geburtstag empfangen sie die Gratulanten mit gedeckten Teetischen, dazu gibt es den letzten vorrätigen Sekt. Nun ist er in das 40. Lebensjahr eingetreten – und nur den »Vater« und das »Kyrie« will er als seine Schöpfungen gelten lassen.

Sein Bruder Erhard erzählt ihm von ihrem Neffen Jost, den er auf Urlaub in Hildesheim getroffen hat. Man habe den jungen Flieger ohne besondere Ausbildung als Infanterist in vorderster Linie eingesetzt, wo er sechs Wochen ohne warmes Essen in einem Schneebunker gehaust habe, dessen Versteifungen die gefrorenen Leichen russischer Gefallener waren. Selbst er, sonst ein begeisterter Soldat, habe gemeint: »Das ist kein Krieg, das ist ein sinnloses Hinschlachten auf beiden Seiten.«

Geradezu verzerrt erscheint Klepper nach solchen Berichten das Leben der Hauptstadt, der Kurfürstendamm mit der Talmi-Eleganz der von Neureichen aus den besetzten Gebieten eingebrachten Waren, der Drang zu Osterreisen, obwohl diese ohne besondere Genehmigung jetzt bis zur Drohung mit dem KZ strafbar sind. Dabei lassen sich selbst die primitivsten Dinge wie Zahnpasta, Schuhcreme, Schnürsenkel, Briefpapier nicht mehr auftreiben, und die Teuerung kennt keine Grenzen. Kleppers haben im ersten Quartal 4895 Mark verbraucht, und seine Einkünfte nehmen zusehends ab, da es, wie bei Joseph Winckler, für seine Bücher wegen der Mischehe keine Papierzuteilung mehr gibt. Das letzte Exemplar von »In tormentis« hat der Stuttgarter Verlag zum Präsent für Fricks 65. Geburtstag geliefert. Zum Verkauf sind nur noch 838 Exemplare vom »Vater« vorhanden, so daß die Einkünfte von 10 000 auf kaum 1000 Mark zurückgegangen sind. Das Jahr 1941 brachte ihm 22 600 Mark, das heißt 14 000 Mark weniger als das vorhergehende ein. Kleppers einziger Luxus sind die 20 Mark für das Reiten im Monat, bei Hanni die Kosmetik. Auch Zigaretten sind jetzt rationiert: bei Männern vier Stück pro Tag, bei Frauen drei Stück für zwei Tage, Frauen unter 25 Jahren bekommen keine.

»Die Tage recht fest in der Hand, das Herz aber gar nicht.« Unaufhörlich setzt sich die Deportationswelle rings um sie fort, weithin ohne vorherige Benachrichtigung. Wobei die »Evakuierten« vor der Abfahrt einen Revers unterschreiben müssen, sie hätten sich staatsfeindlich betätigt und verließen deshalb Deutschland. Für die »Reise« haben sie 50 bis 200 Mark zu zahlen.

»Unter dem Zerrbild Europas, unter den Leiden der Menschen unter dem Kriege, unter dem grandios geführten deutschen Kriege, auf dem aber der Makel des Raubzuges lastet, würde man viel mehr leiden, wäre nicht alles in den Schatten gestellt durch die nicht endenwollende, wachsende Qual des Judentums. – Nun beten viele für die Juden.

Was die deutsche Habgier ist, das weiß ich nun aus der Gegenwart und der Reformationsgeschichte zugleich. Die deutsche Grausamkeit habe ich vordem nicht gekannt.

Der Patriotismus macht in dieser Zeit einen ähnlichen Läuterungs- und Vertiefungsprozeß durch wie der Glaube.«[41]

Etwas von diesem Vertiefungsprozeß findet Klepper bei der Jugend im Gange, die Mitte April zu einer Tagung im Nikolasseer Gemeindehaus versammelt ist und ihn im Gottesdienst entdeckt hat. Eine Abordnung kommt zu ihm ins Haus, alles seine Leser, und richtet ihm die Bitte der anderen aus, doch wenigstens eine kurze Zeit an ihrer Bibelarbeit teilzunehmen.

»Ich war so inkonsequent, dies zu tun, weil die Jungen im Hause einen so sehr guten Eindruck machten. Aber ich ahnte nicht die Begrüßung; solches Trampeln habe ich in Kollegs nur selten gehört; auf solche Freude war ich nicht gefaßt. Ich habe auch nur ganz kurz gedankt . . . und einige Worte gesagt von der Frömmigkeit der Soldaten, nun ich unter so vielen sauberen, frischen Jungen stand, die über der Bibel saßen, und dies, Jungen über der Bibel, war der entscheidende, der ergreifende Eindruck. Es wird nicht enden – nein, es wächst . . .«[42]

Daß Studenten seine Leser sind, hatte er gewußt, nicht aber, daß er sie auch unter den Vierzehn- bis Siebzehnjährigen hat und daß seine Lieder, seit es das »Kyrie« nicht mehr zu kaufen gibt, in vielen Abschriften verbreitet werden.

Das Erlebnis dieser Begegnung hat ihn »ungewöhnlich mitgenommen«, ist doch damit aufs neue die Frage aufgerührt, ob er unter die Menschen gehen soll oder nicht.

»Ich bin alles andere als Asket, Märtyrer – weiß, daß es unaufgeforderte Opfer vor Gott nicht gibt; aber dies darf nicht sein, ohne daß nicht große und eindeutige Wandlungen in mir geschehen sind. So beginne ich auch diese Woche, indem ich eine Absage schreibe.«[43]

Dabei drängen sich längst wieder andere Gesichter in sein Blickfeld. Wohnungen, in denen ein »Sternträger« wohnt, müssen künftig durch einen Stern gekennzeichnet sein. Die Benutzung der Verkehrsmittel ist den Juden ab 1. Mai verboten; nur wer mehr als sieben Kilometer von seiner Arbeitsstätte entfernt wohnt, darf fahren, die anderen müssen nach dem langen Dienst heimlaufen. Damit entfallen für sie die letzten Möglichkeiten zu gesellschaftlichen Kontakten wie ein Krankenbesuch oder eine Kaffeestunde bei Bekannten. In Grunewald, wo Klepper eine Aufführung des »Messias« besucht hat, ist ihm aufgefallen, wie viele »Sternträger« – namentlich alte Leute – vor dem Inkrafttreten des Fahrverbotes unterwegs sind, das sie, nachdem ihre Angehörigen nun in aller Welt verstreut sind, auch noch in derselben Stadt voneinander trennt. Für Hanni ist außer einem Musikabend und häuslicher Geselligkeit überhaupt nichts mehr denkbar, während er um Renis willen noch zu mancher Inkonsequenz fähig ist; so begleitet er sie zu einem Offiziersabend bei den Nachbarn, wo der junge Hello von Moltke seine in Holland und Rußland aufgenommenen Filme vorführt. Währenddessen hat sich Trude Weill noch einmal vor der Deportation, die bis zum 15. Mai aufgeschoben ist, an das Klavier bei Kleppers geflüchtet. Mit immer größer werdenden Augen – in Renis Gesicht findet er neuerdings auch diesen jüdischen Leidenszug – spielt sie mit Inbrunst nur noch Beethoven.

Der schwedische Legationspfarrer Forell kämpft verzweifelt um die Aufnahme getaufter deutscher Juden in seiner Heimat, wo man sich nicht im mindesten in die deutschen Verhältnisse hineinversetzen kann. Dieser Kontakte wegen nimmt Klepper dessen Einladung zu einem Vortrag über die Kunst der Ikone im Pfarrhaus der schwedischen Kirche an. Unter den Gästen – Theologen aller christlicher Konfessionen, Physiker, Ärzte, Diplomaten und er selber als Schriftsteller – ragt Pater Georg (»der gestürzte Fürst im Priesterkleid«) hervor. Besonders angeregt unterhält sich Klepper mit dem ersten schwedischen Legationssekretär Almquist, einem bescheidenen jungen Mann, der sich in der jetzigen Diplomatie nicht wohl fühlt und sein Hauptinteresse in der Religiosität der unglücklichen Völker Europas findet. Starken menschlichen Eindruck macht auf ihn der alte weißhaarige Professor Emil Fuchs, früher eine der führenden Kräfte bei den religiösen Sozialisten. Es rührt ihn, daß ein Mensch, der so viel Schweres durchlebt hat, solche Güte und Freundlichkeit auszustrahlen vermag, im Gegensatz zu der bei allem Ernst der Zeit noch bestehenden Oberflächlichkeit solcher Empfänge.

»Diese neue, gerade aus dem Ernst der Zeit erwachsend scheinende Geselligkeit aber ist nicht ohne Gefahr: die Empfänge im Hause Kracker-Schwarzenfeld; die Abende der ›Weißen Blätter‹; die Autorenlesungen bei dem kulturpolitischen Redakteur der DAZ – dies alles scheint mir doch ein politisches Forum derer, die heute beiseitegestellt sind und bereitgehalten werden sollen. Ich gehe nicht gern zu Zusammenkünften, auf denen gebeten wird, die Namen der Anwesenden zu vergessen. Dort ist nicht mein Platz, wie ich auch niemals zu denen gehören werde, die man bereithält. – Für die Kirche aber bin ich niemals bereiter, als wenn ich still am Schreibtisch bleibe.«[44]

Auch dies ein Zeichen der Zeit: beim Abendessen genießen die deutschen Gäste in besonderem Maße die am selben Morgen aus Schweden frisch eingetroffene Milch. Kleppers Arzt, der ihn wegen einer Furunkulose behandelt, berichtet ihm von der zunehmenden Entkräftung der arbeitenden Bevölkerung; wie sollen die körperlich schwer beanspruchten Menschen durchhalten, wenn sie höchstens noch einmal am Tage satt werden? Indessen, über Mängel dieser Art will er wahrhaftig nicht klagen, obwohl sie schon allein mit dem Proviant vor Problemen stehen, den Reni für die elfeinhalb Stunden braucht, die sie jeden Tag von zu Hause fort ist. Was für ihn schwerer wiegt: er wird nicht mehr fertig mit all den Belastungen, auch wenn ihm jeden Augenblick bewußt ist, was ihnen noch immer gewährt ist. »Aber die Kreise des Unglücks, die um einen gezogen sind! Und nur Perspektiven des Unglücks vor einem: das Ende des Krieges nicht denken dürfen!«[45] Dazu kommt die Gleichgültigkeit ringsum. »Man lebt weithin in flachstem Fatalismus und stellt sich die Zukunft in deus-ex-machina-Lösungen vor.«[46] Er klammert sich an den Glauben, es sei doch Gottes Wille, daß sie weiter leben, wirken, schaffen, beklagt aber zugleich das Versiegen der inneren Kräfte und sieht sich als Schriftsteller in der Gefahr des Verlöschens.

»Es ist ja nur das Scheindasein eines zu Tode organisierten Lebens. Ich, der ich Bürger bin durch und durch, sehe nun doch, so spät, daß die Kunst ein Minimum an Freiheit braucht und daß auch die größte Geduld und Fügsamkeit nicht hilft, die Gefahren des erstickenden Kleinkrams zu bannen.«[47]

Innerlich zermalmt und unbeteiligt, klammert er sich an das Exzerpieren für das »Ewige Haus«. Auch was er an neuer Literatur zu lesen bekommt, bereitet ihm keine Freude mehr. Gertrud von Le Forts Lyrik enttäuscht ihn wie Bergengruens Roman »Am Himmel wie auf Erden«; Ernst Jünger, in Eitelkeit vereist, ruft seine Abwehr hervor, während ihm der einst so nahestehende Reinhold Schneider in nicht mehr gesunden Übersteigerungen erstarrt zu sein scheint. Entschlossen, einfach und fromm klingen ihm dagegen die kurzen Berichte von Käthe Staritz aus dem hessischen Arbeitslager Breitenau. Sie arbeitet in einer Fabrik der Kreisstadt und klagt über nichts; Bibel und Gesangbuch sind ihre Lektüre.

Der märkische Frühling erfüllt Klepper mit Melancholie, er sehnt sich manchmal nach der Fülle der Erde, nach einer »glückseligeren« Landschaft. Auch der Arzt rät zur Luftveränderung wegen seiner

Furunkulose, die von neuem im Gesicht einsetzt. Aber in dieser Zeit und ohne Hanni mag er keine Reise antreten. Ein Konzert in der Philharmonie muß genügen: die c-Moll-Messe Mozarts mit Elisabeth Schwarzkopf, die ihm für den Ausdruck dieser Rokokofrömmigkeit wie geschaffen erscheint.

Trotz des deutschen Sieges auf der Halbinsel Kertsch spricht man in Berlin von ersten Anzeichen einer Demoralisierung bei der Truppe. Hauptmann Cartheuser, der sich auf Sonderurlaub in Berlin aufhält und mit dem er sich im Café Kranzler trifft, wirkt mitgenommen von den furchtbaren Eindrücken des zurückliegenden russischen Kriegswinters. Er erzählt, wie Menschen, Tiere, Wagen, Material über alles Vermögen beansprucht wurden und als welche zähen Gegner sich die Russen erweisen. Die Waffen-SS habe sich als bevorzugte Truppe in der Winteroffensive keineswegs bewährt. Ganze Divisionen hätten an einem Morgen je 800 Mann verloren und seien schließlich in Kompaniestärke zurückgeblieben. Ihre eigene Division sei aufgerieben. In seiner alten Kompanie habe man neun Kameraden nach Erfrierungen amputieren müssen.

Im Berliner Straßenbild nimmt Klepper immer mehr Verwundete, auch Schwerverwundete wahr. Da es fast keine Autos mehr gibt, konzentriert sich aller Verkehr auf S- und U-Bahn, Straßenbahn und die wenigen Autobusse. Die Geschäfte wirken leer und tot, die Buchhandlungen nehmen sich nur noch wie eine Farce aus. Bei den Blumenläden stehen die Käufer vor Pfingsten in langen Reihen an. Das stille und grüne Nikolassee erscheint von alledem wie entrückt; dabei hat auch dieser friedliche Ort ein Kriegsgesicht durch die Insassen des Lazaretts und die französischen Gefangenen auf ihrem Feiertagsspaziergang. Auch das geliebte Potsdam ist vom Krieg verwandelt: von Soldaten entleert, die Läden verödet, fast alle Cafés und Restaurants geschlossen, die Havel ohne Dampfer und Boote, Sanssouci zum Schutz gegen Luftangriffe ummauert.

Karbe, der aus Holland und Frankreich heimgekehrt ist, berichtet von der Müdigkeit in diesen Ländern. Hunger drohe einstweilen noch nicht, aber die Lage sei ernst, und die Maßnahmen gegen die Juden würden denen im Reich angeglichen. Erschütternd ist das Zusammentreffen von Berichten über den Leidensweg zahlloser Menschen – wieder sollen 400 Juden ins KZ gebracht, 250 von ihnen erschossen worden sein – mit dem Schicksal eines vertrauten Menschen in unmittelbarer Nähe.

»Hanni bei Trude Weill, die sich für Montag früh zur Deportation bereitzuhalten hat. Es ist so furchtbar, dies aus der Nähe mitzuerleben. Eine sechzigjährige, kranke Frau, der ihre Söhne schon genommen sind. Wohin, wohin führt dieser Weg des Grauens? . . .

Herz, Geist und Wille sind über Deutschland und dem Judentum fast am Zerbrechen. Aber noch immer rettet Gott uns drei hindurch – durch all die furchtbaren Gesetze und Maßnahmen, die so unausdenkbar sind. Noch weiß *niemand,* was mit den Deportierten geschieht.

Von den Bekenntnistheologen ist Prof. Günther Dehn nach Verbüßung seiner Gefängnisstrafe nicht freigelassen, sondern ins Konzentrationslager gebracht worden.

Gefangene, Deportierte – was ist aus den Menschen um uns geworden.
Und die Mahnung dieses grauenvollen Kriegs bleibt ungehört.«[48]

Ein Bekannter vom Arbeitsamt rät Klepper, sich spätestens zum 15. Juni von einem ihm gewogenen Arbeitgeber verpflichten zu lassen, da man sonst als Ersatz für die vielen zur Wehrmacht Einberufenen willkürlich irgendwo eingesetzt werden kann. Sofort sind die Buchhändler Andrews und Steiner, seine einstigen Nachbarn in Südende, dazu bereit, ihn im Dietrich Reimer-Verlag unterzubringen, dessen Inhaber sie sind; dort soll er halbtägig pro forma als Lohnbuchhalter, in Wirklichkeit an einer Chronik zur Hundertjahrfeier des Verlags arbeiten. Da sein neuer Arbeitsplatz in der Nähe des Deutschen Verlags liegt, sieht er dadurch des öfteren seinen Bruder Erhard, der nach seinem großen Andersen-Zyklus nun Illustrationen zu Werken Balzacs und Zolas beginnt. Eine bedeutende Entlastung bedeutet ihm auch eine inoffizielle Neuauflage des »Vater« (10 000 Exemplare), weil dadurch wenigstens die Steuern dieses Jahres gedeckt sind. Sie verbrauchen jetzt durchschnittlich 800 bis 900 Mark im Monat.

Über Schweden, durch Meschkes, erreicht Kleppers die Nachricht aus England, daß sie im November Großeltern werden sollen.

»In der großen Freude war aber doch ein dreifacher Schmerz: die unabsehbare Trennung von Brigitte; die Bitterkeit, die diese Nachricht für unser Renerle hat, das doch auch schon Mutter werden könnte; der Schmerz, daß wir selbst kein Kind haben. Und Karls Mutter in der Deportation . . .«[49]

Der Mann seiner älteren Schwester Margot, Eberhard Fischer, ist Generalmajor geworden; ihr Sohn Jost soll beim Fallschirmabsprung auf Kertsch in russische Gefangenschaft geraten sein. Nun wünschen die Eltern, die so sehr um das Schicksal ihres vermißten Jungen bangen, Jochen Kleppers Besuch, den er als letzte in der Familie ausstehende Versöhnung nicht ablehnen will. So fährt er am

23. Juni für vier Tage nach Hildesheim, vorbei an den Städten Katharina von Boras: Magdeburg, Helmstedt, Braunschweig, Königslutter. Nach zehn Jahren der Trennung sieht er die Schwester wieder und den Schwager, der als Fliegerhorstkommandant über einen beträchtlichen Lebensstandard verfügt: ein repräsentatives Haus, einen drei Morgen großen Garten, zwei Autos, Jagdwagen, Burschen und Fahrer.

Margot liest in diesen Tagen im »Kyrie«, das ihr der Bruder mitgebracht hat, während es den Schwager in seiner Unruhe hinaus auf die Jagd treibt. Sie bedauern, Hanni nicht empfangen zu können, da im Fliegerhorst zu viele von ihrer Abstammung wüßten. Es ist deutlich zu spüren, daß beide mit seiner Scheidung gerechnet hatten (»Eberhard sagte, so viele hohe Offiziere haben es getan!«). Abends sitzen sie noch eine Weile zusammen. Ausgesprochen Politisches wird vermieden, doch äußert der Schwager seine Sorge über eine gewisse Verwahrlosung, die sich besonders bei den jungen aktiven Offizieren bemerkbar mache.

Seine Bildstelle hatte alle flugfotografischen Vorarbeiten für Rommels siegreichen Angriff auf Tobruk geleistet. Trotz der Erfolge fühlt er sich als Offizier nicht mehr wohl, hatte auch gewünscht, daß Jost zur Medizin umsattelt. Wehmütige Erinnerungen an glückliche Zeiten kommen auf.

Am 26. Juni reist Klepper wieder nach Hause, erlangt mit Mühe und Not eine Zulassungskarte, da wegen eines schweren Luftangriffs auf Bremen die Strecke für fünf Tage gesperrt werden soll. Hanni und Reni empfangen ihn, als wäre er Wochen fort gewesen.

Nach wie vor kommen Aufforderungen zu Leseabenden, diesmal aus Zehlendorf und von Gemeinden im Berliner Westen. Joseph Winckler lädt sie zum Abendessen bei Kempinski ein; in dem einst hervorragenden Restaurant muß man jetzt oft zwei Stunden auf die Bedienung warten, wenn es nicht sogar wegen Überfüllung geschlossen ist. Frau Winckler erzählt von den Zerstörungen in der Stadt Köln, in deren Nähe sie ihren Landsitz haben. Ihre äußere Lage läßt nichts zu wünschen übrig, da der 60jährige Schriftsteller den Erfolg seiner Bücher auskosten kann, aber auch er muß sich von allem zurückziehen, auch er bangt wegen der Mischehe um die Zukunft.

Trotz neuer Siegesmeldungen wird der Krieg den Menschen mehr und mehr zur schweren Last. Sewastopol ist nach Monaten hartnäkkigen Widerstands gefallen. Im Mittelabschnitt und im Süden der Ostfront hat die neue Offensive der deutschen Truppen begonnen. Die Verluste des ersten Kriegsjahres gegen die Sowjetunion sind grausam: 271 612 Tote und 65 730 Vermißte; über die Zahl der Verwundeten liegen keine Angaben vor.

Um die knappen häuslichen Vorräte zu sparen, essen jetzt viele in Restaurants, wo es noch markenfreie, wenn auch kaum sättigende Speisen gibt. Brot ist so selten geworden, daß man es auch trocken als etwas Besonderes genießt; Kleppers freuen sich über jeden Laib Brot, den ihnen Margot aus Hildesheim schickt oder Lotte Staritz aus Brieg mitbringt. Nach dem harten Winter ist es für die meisten ein Sommer ohne Blumen und ohne Obst. In der politischen Atmosphäre ist mehr und mehr der verschärfte Kurs unter Himmlers Einfluß spürbar.

Nachdem man den Juden schon nahezu alles abgenommen hat, müssen sie nun auch noch Aktentaschen und Uhren abliefern. Jüdische Krüppel dürfen sich nicht mehr auf der Straße zeigen, damit sie mit ihrem gelben Stern kein Mitleid erregen. Dieser stille Untergang in der Nähe anderer Menschen ist grausam.

Lotte Staritz traf bei der Gestapo in Fürstenberg einen früheren Schüler ihres Vaters, der sich seiner, weil er ein guter, aber minderbegabter Junge war, Jahr um Jahr kostenlos mit Nachhilfestunden angenommen hatte, so daß er mit seinen Töchtern ihn durch das Abitur bringen konnte. Er hat es nicht vergessen und überlegt, auf welchen Wegen er Käthe helfen könnte. Die Kirchenbehörde hat jetzt ihr Gehalt gesperrt. Zu den Paradoxen der Zeit gehört auch dies: das »Helmlied«, das Klepper für seine Kameraden schrieb – was er längst bereut –, wird nun mit neuer Vertonung zum Divisionsmarsch.

Im blumengeschmückten Haus sind die Geschwister Hilde und Erhard sowie der Schriftsteller Willy Kramp mit seiner Frau beim Abendbrot zu Gast. Wie Otto von Taube in Gauting und R. A. Schröder im oberbayerischen Bergen springt auch Kramp bei dem großen Pastorenmangel in seiner ostpreußischen Gemeinde als Prediger ein. Bei ihm, einem Mann der Bekennenden Kirche, findet Klepper volles Verständnis für seine Klage über die Mängel des derzeitigen Gottesdienstes, daß wohl für jeden verhafteten Pfarrer namentlich gebetet, aber die Fürbitte für die Kriegsgefangenen und die getauften Juden unterlassen wird.

»Kramp, Erhard – sie sind noch ungebrochen produktiv, voller Freude an der Arbeit. Da empfinde ich einen unsinnigen Schmerz. Es muß ja eine große, große Hilfe geschehen, wenn ich noch einmal schreiben soll.«[50]

Während Fräulein Anni Urlaub hat, hilft er seiner Frau im Haushalt und leidet darunter, daß Reni keinen Blick für den elenden Zustand ihrer Eltern übrig hat; in ihrem Bedürfnis, das Schwere ihres Lebens auszugleichen, geht sie in ihrer Freizeit uneingeschränkt ihren eigenen Bedürfnissen nach und droht herzlos, egoistisch und oberflächlich zu werden. »Unser Leben heißt aber Überwindung, nicht Ausflucht.«

Da Butter knapp ist, machen sich Kleppers wie zahllose andere Berliner auf den Weg nach Werder, um dort zum Einkochen von Marmelade Obst zu erstehen. Der Ort vermittelt wenigstens einmal einen Eindruck von Fülle: Gemüse- und Obstgärten wie in der Kinderzeit, Obstduft und Schüsseln voller Früchte im Haus!

Am 20. Juli tritt Klepper seinen Dienst im Reimer-Verlag an. Eine Stunde am Tag hat er Landkartenaufträge der verschiedenen staatlichen Ämter abzurechnen, und jeweils drei Stunden widmet er sich der Hundertjahrschrift des Verlags. Er arbeitet Montag, Mittwoch und Freitag von acht bis zwölf Uhr. Als Schriftsteller überkommt ihn ein wahrer Neid angesichts des vorzüglichen Schreibmaterials, glattem weißen Papier und spitzen klaren Federn, woran er immer seine handwerkliche Freude hatte; der »Rüstungsbetrieb« wird von seinen Auftraggebern beim Heer und der Marine mit dem Material beliefert. Alles, worunter er in den beiden Jahren bei Ullstein so litt: die Betriebsatmosphäre mit ihren Obmännern und politischen Überwachungsorganen, das Eingefügtsein in ein Netz von Formalitäten – berührt ihn kaum mehr.

»Von meinem kleinen Büro in der Wilhelmstraße aus sehe ich wenigstens noch ein kleines Stück von Hindenburgs Palais, dem Schwerinschen Palais aus Friedrich Wilhelms Zeit: ganz ohne Historie und ohne Natur geht es ja für mich nur sehr schwer. So aber weiß ich, bedrückt von so viel Häßlichkeit ringsum: Dies eine hat der König gesehen!«[51]

Bei der wachsenden Teuerung und seiner totalen beruflichen Stagnation fallen die knapp 250 Mark, die er hier verdient, materiell wie psychologisch durchaus ins Gewicht.

Zwei Tage darauf trifft er sich zum Mittagessen im einstigen Regierungshotel »Kaiserhof« mit Cedergren und dem dänischen Pfarrer Christensen, der schon zweieinhalb Jahre in Berlin in der

Kriegsgefangenenhilfe arbeitet. Beide berichten, wie stark der Deutschenhaß im Ausland anwachse, »aber unablässig kämpft ein Teil immer wieder für das Verständnis für das echte, ›unsichtbare‹, eigentliche Deutschland«. Cedergren sieht jetzt neue Möglichkeiten für Renis Auswanderung, da ein Bekannter von ihm an die zweitwichtigste Stelle im zuständigen Ressort aufgerückt sei. In die Deportationslager bekomme niemand Einblick; es heiße, das sei eine innerdeutsche Angelegenheit. Hier handle Deutschland wie die Sowjetunion, die ihnen den Besuch der dortigen Kriegsgefangenenlager verweigert.

Ein Chef im Verlag erzählt Klepper von der niedergeschlagenen Stimmung, der er auf Reisen durch die katholischen Gebiete in Württemberg und im Elsaß begegnet sei. Übertroffen wird dies von dem, was ein Pfarrer aus dem Warthegau bei einem überraschenden Besuch von der Lage der Kirchen in diesen Ostgebieten zu berichten hat; »wenn dies ein Experiment sei, das nach dem Krieg auf das ganze Reich ausgedehnt werden solle, dann gnade uns Gott! Die Kirche dort ist nur noch auf freiwillige Gaben der Gemeinden angewiesen und aller öffentlichen Geltung beraubt. Ich sehe in diesem harten Weg aber auch viel Positives.«[52] Erstaunt nimmt er wahr, mit welcher Offenheit unter den Angestellten im Reimer-Verlag über die gegenwärtigen Mißstände gesprochen wird, was 1935 bei Ullstein undenkbar war. »Wo steht nun eigentlich das Volk? Unzufriedenheit ist dies nicht mehr; es ist viel, viel mehr: Müdigkeit, Kummer, Angst . . .«

Lotte Staritz hält sich wieder bei ihnen auf, um erneut mit dem Fürstenberger Jugendfreund zu versuchen, ihrer Schwester zu helfen. Aber es scheint Klepper alles ohne Plan und Sinn, nur noch eine hilflose Selbstbeschwichtigung angesichts der Lage ihrer Schwester, die gefaßt aus Ravensbrück schreibt:

> »Ich gehe hin in Frieden und sorge nicht und vertraue, daß der mir bisher von einem Tag zum anderen geholfen hat, das auch weiter tun wird. Ihr könnt darüber, wie über die Arbeit, beruhigt sein. Auch ich bin nicht ohne kleine Freuden.«[53]

Die schwedische Gesandtschaft in Berlin verfügt über Informationen, denen zufolge nun die Deportationen beschleunigt durchgeführt werden sollen. Der junge Diplomat Almquist ist darüber so beunruhigt, daß er sofort bereit ist, in Kleppers Angelegenheit nach Stockholm zu fliegen. Er stößt dort aber auf großes Mißtrauen, da gerade von Forell befürwortete deutsche Juden in Stockholm in Spionageaffären verwickelt sind; durch Drohungen, daß man ihre Angehörigen in Deutschland als Geiseln habe, wurden sie von der Gestapo zur »Auskunftstätigkeit« erpreßt. Auf Kleppers lastet nun der Verdacht, daß Innenminister Fricks Hilfe und Schutz mit einem ähnlichen Preis erkauft ist. Doch nach wie vor ist Rektor Sundberg bereit, Reni in Viggbyholm aufzunehmen. Almquist will seiner Regierung Garantien verschaffen (»Wie könnte er es?«).

Die schwedischen Politiker und Diplomaten sind übrigens der Überzeugung, daß ihr Land, wie Portugal und die Schweiz, bis jetzt deshalb weder von Deutschland noch der Sowjetunion annektiert worden sei, weil es ausgesprochenermaßen ein Hort der Spionage sei.

Stalingrad, wo Kleppers Division liegt und erbitterte Kämpfe wüten, rückt jetzt in den Mittelpunkt des Geschehens; im Wehrmachtsbericht ist von »unmenschlicher Schwere und Härte der deutschen Angriffe« die Rede. »Die deutsche Heimat verfolgt seit Tagen angespannt diese harten Kämpfe und gibt sich über ihre Schwere keiner Täuschung hin.«[54]

Trotz allem Interesse entzieht sich Klepper einem Treffen mit Otto von Taube und Siegbert Stehmann, der zum Urlaub von der Ostfront da ist, denn er hält nichts mehr von Autorenbegegnungen, auch nicht im »Eckart-Kreis«. Nun ist schon wieder ein Jahr seit seiner Rückkehr von der Front vergangen, und die ehemaligen Kameraden schreiben, es sei kein Ende, geschweige eine Zukunft bei diesem grauenhaften Krieg abzusehen.

> »Kommt der Sieg, so sind wir wohl verloren. Kommt die Niederlage, so wird immer noch soviel Macht und Zeit bleiben, alles Jüdische und dem Jüdischen durch die Ehe Verbundene zu vernichten.«[55]

Reinhold Schneider schickt ein neues Bändchen mit Kreuzweg-Meditationen, Gerhard Schroeder Kompositionen. Der Kronprinz von Sachsen berichtet am Telefon, daß Werner Bergengruens Wohnung in München-Solln durch Bomben zerstört, er selbst leicht verletzt ist. Elise Topell, die gerade aus Italien und der Schweiz heimgekommen ist, hat viel zu erzählen. Herbert Bahlinger, zum Aufbruch der Heeresbücherei nach Prag versetzt, wartet mit bitteren Erinnerungen an Polen auf, wo man die Intelligenz des Landes vernichtet habe.

Spätherbst in Süddeutschland

In Berlin sind die ersten Oktobertage von seltener Schönheit und Klarheit; dennoch kann Klepper nur noch an das Schwere, Qualvolle denken. Auch Rudolf Hermann und seine Frau, die überraschend zu einem kurzen Besuch kommen, wirken elend und müde. Selbst solch ein lieber Besuch wie dieser bedeutet nur noch eine Last, denn »wir gehen wie benommen und schwindlig herum, todmüde vom Morgen bis zum Abend, unruhig in der Nacht«. Auf Andrews' Zureden entschließt sich Klepper, noch in diesem Monat Urlaub zu nehmen und mit seiner Frau nach Süddeutschland zu fahren.

Drei Tage vor ihrer Abreise ist das Haus in der Teutonenstraße aber noch einmal voller Gäste, »Aristokratie, Wissenschaft und Diplomatie«. Zwar fehlt Romano Guardini, auf den sich viele freuten, aber sonst sind sie wieder da: der Kronprinz von Sachsen, der alte Professor Dessoir, Friedrich Glum mit seiner Frau, Graf und Gräfin Zoubov, Baron und Baronin Essen, Ministerialrat Eras mit seiner Frau und das Diplomatenehepaar Almquist, und unterhalten sich wie in den friedlichsten Zeiten.

Am 15. Oktober, in aller Morgenfrühe, beginnt die Reise vom Schlesischen Bahnhof aus, denn man kann es bei dem Platzmangel nicht mehr riskieren, erst in Charlottenburg oder Zoo einzusteigen. In Würzburg ist für sie ein Zimmer im Hotel »Excelsior« durch Moltkes vorbestellt. Hoteleintragung, Kennkarte, Ausweise bereiten keine Schwierigkeiten; da Frau und Kind nur auf dem Formular des Mannes mitnotiert werden, hätte sie sogar Reni begleiten können. Freilich gibt es weder Heizung noch warmes Wasser. Der einzige Winkel in dem teuren Hotel, wo man abends ohne zu frieren sitzen kann, ist die Halle, in der ein paar schöne alte Bilder hängen. Täglich werden hier 20 bis 30 Menschen abgewiesen; bis zum Monatsende ist alles schon voll belegt. Im Straßenbild zeigen sich viele Offiziere, auch Amputierte aus den Lazaretten. Das Publikum benimmt sich ruhig und unauffällig. Die Stadt hat wie andernorts auch die Entstellung durch Reklame und Luftschutzhinweise über sich ergehen lassen müssen. Ihr Kolorit als Universitätsstadt kommt allein von den vielen Buchhandlungen und den schönen alten Apotheken. Das naßkalte und sonnenlose Wetter läßt die Eindrücke vom Ort und der Landschaft zu einer rechten Enttäuschung werden.

»Diese Reise wird mir keinen Vers, keine Skizze entlocken, mich aus meiner

Stummheit nicht befreien, hat mich aus größter Aufgeschlossenheit in Abwehr gebracht ... Ablenkung der Gedanken gibt es wohl. Aber die Schwere des Herzens will nicht weichen –. Nicht eine Stunde.«[56]

Von Würzburg fahren sie über Ochsenfurt, dessen Verelendung durch den Krieg ihnen besonders auffällt, in Hannis Heimatstadt Nürnberg, wo sie noch ein Zimmer im teuren, unfreundlichen »Württembergischen Hof« bekommen. Im Gegensatz zu Würzburg gibt es hier wenigstens Theaterkarten, aber die Aufführung von Gerhart Hauptmanns »Florian Geyer«, die sie sehen, wirkt schlechthin provinziell. Mehr sagt ihnen der Film »Andreas Schlüter« zu, den sie abends im UFA-Palast sehen. Nachdem dort ein Zimmer freigeworden ist, ziehen sie ins »Grand-Hotel« um, wo es anständigen Kaffee und Mahlzeiten mit Fisch und Pilzen gibt, sofern man pünktlich um zwölf Uhr zum Mittagessen und um sechs Uhr zum Abendessen erscheint. Die Stadt, aus der Kleppers Großmutter zu Weihnachten Spielsachen und Lebkuchen schickte, wo Hanni ihren einstigen Schulweg, ihre Schule, ihr Café, die Stätten ihrer Kindheit und Jugend wiederfindet, hat sichtbar unter Krieg und Luftangriffen gelitten. Viele Scheiben sind zersprungen und wegen Glasmangels mit Holz verschalt. Die alte Antiquitätenhändlerin freut sich wie ehedem über den Besuch der »Gersteltochter«. Aber von Hannis Verwandten ist niemand mehr da; die einen sind ausgewandert, andere haben sich das Leben genommen. Kleppers Onkel und Tanten leben noch in Ziegelstein, aber der Kontakt mit ihrem provinziellen Dasein macht ihm erst bewußt, was sein Bruder Erhard und er durch die oft geschmähte Reichshauptstadt gewonnen haben, welche Schule sie durchlaufen haben, wie ihr Künstlertum durch sie geschliffen worden ist.

Den Abend verbringen sie bei einem Glas Rotwein mit dem Sänger Stetefeld, der Hannis Vater soviel Förderung verdankt. Klepper erlebt, daß ihm von seinen Nürnberger Lesern Exemplare vom »Vater«, von »In tormentis« und vom »Kahn« zum Eintragen einer Widmung ins Hotel gebracht werden. Auch kleine Geschenke, Zigarren, ein kunstgeschichtliches Werk, bekommt er überreicht. Zu denen, die ihm besondere Aufmerksamkeit erweisen, gehören der Chefredakteur des »Fränkischen Kuriers« und der Oberkirchenrat Julius Schieder, der ihn zu einer »theologischen Tabagie« mit mehreren Dekanen, Pfarrern, kirchlich interessierten Kaufleuten und Redakteuren einlädt.

Durch Schieders Vermittlung fügt sich in die Nürnberger Tage noch ein Tagesausflug nach Augsburg ein: ein strahlender Oktobertag mit freundlichen Bildern der fränkischen Waldlandschaft während der Fahrt. In Augsburg werden sie vom Dekan Wilhelm Bogner und Pfarrer Schmidt von St. Ulrich erwartet und durch die Stadt geführt. Der Goldene Saal, in dem die Confessio Augustana übergeben worden ist, und die reichgefüllten Antiquitätenläden beeindrucken sie in besonderem Maße, und eine gotische Figur des segnenden Christus gibt den Ausschlag, daß sie ihren Kauf trotz des schönen Herbstwetters einem weiteren Aufenthalt im oberbayerischen Gebirge vorziehen.

Zu Hannis Geburtstag wollen sie wieder daheim sein bei dem Kind, dessen Briefe von quälenden Eindrücken aus dem Dienst erfüllt sind. Die Heimfahrt durch Thüringen »in der höchsten Färbung des Herbstes« und der Blick auf Wittenberg in der Dämmerung bilden noch einmal einen besonderen Abschnitt der Reise. Doch bei jedem Transport ausländischer Arbeiter, den sie unterwegs zu sehen bekommen, stockt ihnen das Herz – der Gedanke an die »anderen« Transporte will ihnen nicht aus dem Sinn.

Nikolassee wirkt spätherbstlicher als Süddeutschland. Die ersten Tage nach der Heimkehr vergehen rasch mit Ordnen, langen Mahlzeiten, viel Erzählen und der Feier von Hannis 52. Geburtstag. An allem spürt man den Krieg; die Geschenke sind rar und teuer, Gäste können wegen der knappen Lebensmittel nur zum Tee eingeladen werden.

Von seinen Kameraden, die in Erdlöchern vor Stalingrad hausen, erhält Klepper die »Deutsche Zeitung im Ostland« vom 11. Oktober 1942 geschickt, die den »Vater« als ein »erschütterndes, urdeutsches Epos« hervorhebt, das »jeden Volksgenossen heute, morgen und immerdar angeht«. Aber das erforderliche Papierkontingent zu einer Neuausgabe bekommt der Verleger nicht. Bei der allgemeinen Büchersammlung für die Front wird Kleppers Haus mit dem Vermerk »Mit einer Jüdin verheiratet« ausgelassen.

Der Krieg in Afrika scheint große Ausmaße zu gewinnen.

»Die Vorgänge in den französischen Kolonien erfüllen einen mit höchster Spannung. Und diesmal ist auch die Bevölkerung aufgerüttelt und nicht von dieser lähmenden Gleichgültigkeit, die nun schon zur Regel geworden war . . .

Die deutschen Truppen – sie sind von Frankreich nicht gerufen worden – marschieren durch das unbesetzte Frankreich ans Mittelmeer, den Amerikanern entgegen. Gerade Frankreich, das innerlich dem Kriege gar nicht gewachsen war, erlebt nun die tragischste Art der Kriegführung: auf einer Seite der beiden einrückenden Armeen muß es nun im eigenen Lande mitkämpfen, dessen Verteidigung es Mai 1940 seelisch und militärisch nicht mehr gewachsen war. Und nun hat es, gegen zwei Armeen, keine Maginotlinie mehr und die Deutschen mitten unter sich. Es ist noch einmal eine große Stunde der Prüfung für Frankreich gekommen.«[57]

Durch den Schweden Cedergren, der ihn vor seiner Abreise nach England in den »Kaiserhof« gebeten hat, erfährt Klepper, daß die Amerikaner bereits 140 000 Mann auf französischem Boden gelandet haben, Laval arbeite ernsthaft auf ein Zusammengehen mit Deutschland hin, daher gebe er auch die jüdische Bevölkerung in Frankreich preis. General Giraud und Admiral Darlan hätten sich zu den Amerikaner abgesetzt. Indessen habe das französische Volk, die französische Kirche, ja sogar die Polizeibehörde trotz des Drukkes der deutschen Besatzung gegen die Deportation von 10 000 Juden aus dem Land protestiert. In Norwegen soll die Bevölkerung – mit Ausnahme der »Quislinge« – die ihr angebotenen Überschüsse aus deutschen Feldküchen trotz Hungers zurückgewiesen haben. Die Weihnachtszuteilungen für das deutsche Volk gehen Hand in Hand mit einer Kürzung der Lebensmittelrationen in den schon bitter darbenden besetzten Gebieten.

Da sich durch die Mischehe für den Klepperschen Haushalt immer wieder lokale Schwierigkeiten ergeben, hat sich Klepper entschlossen, beim Kreisleiter der NSDAP, einem tüchtigen Emporkömmling, selber vorzusprechen. Im Hintergrund spürt er bei den Parteileuten die Instruktion, die Juden würden doch alle deportiert. Immerhin vertritt der Kreisleiter den Standpunkt: Was dem Schauspieler recht ist, ist dem Schriftsteller billig.

»Daß solche Unterredungen große Erschütterungen und große, große Erschöpfung bedeuten: werden spätere Zeiten das verstehen? Über welchen Wall hinweg müssen da Mann und Mann, Deutscher und Deutscher sich zu verständigen suchen, muß Mensch dem Menschen zugestehen, daß es auch noch rein Menschliches gibt.«[58]

Dabei ist Kleppers Werk auf der Gerhart-Hauptmann-Ausstellung mit präsentiert, obwohl er in den Augen des Propagandaministeriums doppelt – durch Mischehe und »Christlichkeit« – belastet ist. Ihm ist jetzt klar, daß er nicht mehr Soldat werden mag; die Sorgen um die beiden Frauen wären zu groß, zumal man jetzt sogar die Kinder aus den Waisenhäusern verschleppt und die Lage an den

Fronten bedenklich zu werden scheint. Auch Kleppers Schwager, der Fliegergeneral, den er kurz in Hildesheim sieht, sagt jetzt, man müsse sich mit dem Gedanken an einen verlorenen Krieg und Deutschlands Zerstückelung vertraut machen.

Aus Schweden kommt keinerlei Antwort auf alle Bemühungen um Renis Einreisebewilligung, so daß die Angst um die nächste Zukunft immer lähmender wird. Trotz Ihlenfelds dringender Bitte um einen Beitrag für das Neujahrsheft des »Eckart« vermag Klepper keine Zeile mehr zu schreiben.

»Die Lähmung liegt aber tiefer. Wie kann ich ›Christliches‹ schreiben, solange der Gedanke an Selbstmord nicht überwunden ist? Anderes aber als Christliches ist mir nicht schreibenswert, nicht lebenswert. Ich kann von dem nicht los, auch völlig versagend nicht, was mich da angerührt hat. Und wäre alles Irrtum: ich wüßte nur von diesem Irrtum als dem Größten, das unter die Menschen trat, zu sagen. Nein, mein Schweigen ist noch nicht zu Ende, und vielleicht bedeutet die harte Zeit, die hinter mir liegt, nur den Anfang des endgültigen Schweigens.«[59]

Weihnachtsvorbereitungen und Testamentsergänzungen

Trotz immer quälenderer Deportationsgerüchte wird das Haus abermals adventlich geschmückt. »Weihnachtsvorbereitungen und Testamentsergänzungen gehen in diesen Tagen nebeneinander her.« Sonnabends, am 5. Dezember, erreichte sie über Stockholm die Nachricht, daß Brigitte ein Mädchen mit Namen Katharina geboren hat[60].

»Wie schmerzlich ist es, daß man so dafür danken muß, daß das Kind nicht in Deutschland, dem Deutschland dieser furchtbaren Gegenwart, geboren ist.«[61]

Derselbe Tag bringt einen Anruf von Almquist, das schwedische Außenministerium habe die Einreise für Reni bewilligt. Klepper schreibt daraufhin sofort an Innenminister Frick und bittet ihn um eine Audienz; nun wird es sich erweisen müssen, ob er die im Oktober 1941 versprochene Ausreise wirklich erlaubt.

Bereits am Montag vormittag ruft das Ministerbüro bei Klepper an, Frick erwarte ihn am nächsten Vormittag. Der Minister, jetzt im Kriege noch dazu Generalbevollmächtigter für die Zivilverwaltung, hat sein Versprechen nicht vergessen und will Reni aus Deutschland heraushelfen. Hier könne er sie nicht mehr schützen. Niemand könne es. Zur Besprechung wird noch ein Major der Polizei und

Ministerialrat Draeger hinzugezogen; der letztere soll sogleich die nötigen Schritte beim gefürchteten Sicherheitsdienst einleiten, damit dieser Reni aus dem jüdischen Arbeitseinsatz entläßt und die Ausreisegenehmigung erteilt. Frick selber kann das nicht, dieser Machtbereich ist ihm entzogen.

Das Gespräch ist von Frick aus schon so gut wie beendet, als Klepper ihn um Beantwortung der Frage bittet, ob er für seine Frau die gleichen Schritte unternehmen müsse wie für seine Tochter. Erregt und bedrückt, am Schreibtisch auf und ab laufend, teilt ihm dieser darauf mit, es seien Bestrebungen im Gange, bei Mischehen, die Zwangsscheidung durchzuführen, und das bedeutet gleich nach der Scheidung die Deportation des jüdischen Teils. Einen Schutzbrief wie seinerzeit für Reni könne er für Hanni nicht mehr geben, nur den Rat und die Zusicherung, auch ihr zur Ausreise nach Schweden zu verhelfen.

»›Ich kann Ihre Frau nicht schützen. Ich kann keinen Juden schützen. Solche Dinge können sich ja der Sache nach nicht im geheimen abspielen. Sie kommen zu den Ohren des Führers, und dann gibt es einen Mordskrach.‹ Für ihn, der seinerzeit Hitler erst die Möglichkeit geschaffen hat, gewählt zu werden.«[62]

So müssen sie in furchtbarer Spannung weiter warten. Für den Fall, daß der Sicherheitsdienst trotz Fricks Fürsprache die Ausreise verweigert, will Reni mit den Eltern sterben. Gelingt die Ausreise, will sie weiterleben.

Am 9. Dezember ist Klepper zu Eichmann in den Sicherheitsdienst bestellt. Auch dieser drängt auf die sofortige Ausreise Renis und verspricht die endgültige Antwort für den nächsten Tag um 15 Uhr, das heißt, sobald er festgestellt hat, ob keine sicherheitspolizeilichen Bedenken gegen diesen Schritt bestehen. »Ich habe noch nicht mein endgültiges Ja gesagt, aber ich denke, die Sache wird klappen.«[63] Eine gemeinsame Ausreise von Frau und Tochter würde allerdings nicht gestattet. Klepper wird strenges Schweigegebot über die folgenden Schritte auferlegt.

»Ich war nun in der Welt meiner Träume, es waren die Menschen, die Stimmen, die Räume –. Dort, dort liegt die Macht.«[64]

Am Abend des trüben, dunklen Tages sitzt Klepper mit seiner Schwester Hilde zusammen, um mit ihr letzte Dinge zu besprechen. Für den Fall des Selbstmords hat er ihr neben den testamentarischen Bestimmungen seine Wünsche bis in jede Einzelheit aufgeschrie-

Das Reichssicherheitshauptamt in der Prinz-Albrecht-Straße

Das letzte Blatt im Tagebuch

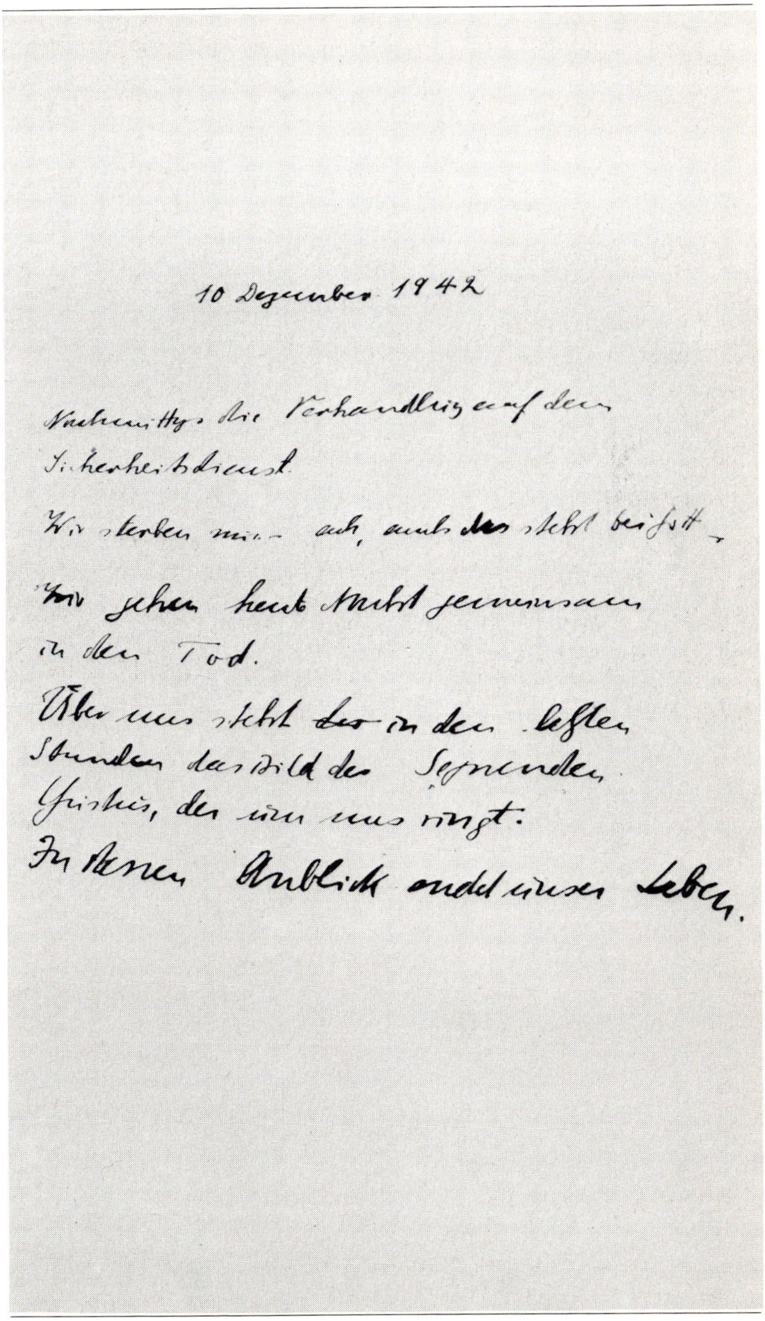

10 Dezember 1942

Nachmittags die Verhandlung auf dem Sicherheitsdienst.

Wir sterben nun – ach, auch das steht bei Gott –

Wir gehen heute Nacht gemeinsam in den Tod.

Über uns steht in den letzten Stunden das Bild des segnenden Christus, der um uns ringt.

In dessen Anblick endet unser Leben.

Adressen für Todesanzeigen

1.Herrn Dr. Hans Karbe ,Berlin-Nikolassee,Teutonenstrasse 23 a
2.Herrn und Frau Dr.Panick,Berlin-Nikolassee,Teutonenstrasse 23 a
3.Herrn und Frau Oberregierungsrat Zimmermann,Teutonenstrasse 23
4.Herrn und Frau Pfarrer Dr. Wenzel ,Nikolassee,Teutonenstrasse 22
5.Herrn und Frau Dr. Kappel,Nikolassee,Teutonenstrasse 25
6.Herrn und Frau von Moltke,Nikolassee,Teutonenstrasse 21
7.Herrn und Frau Dr.Topel ,Nikolassee,Prinz Friedrich Leopoldstr.
8.Frau E. Heinsohn ,Nikolassee,An der Rehwiese 25
9.Herrn und Frau Dr. Nimptsch ,Nikolassee,An der Rehwiese 25
1o.Frau Edzards ,Nikolassee,An der Rehwiese 25
11.Herrn und Frau Professor Glum ,Nikolassee,Kirchweg 28
12.Herrn und Frau Pfarrer Dr.Wiese ,Nikolassee ,Kirchweg 19
13.Herrn und Frau Schiller ,Nikolassee,Am Waldhaus 34
14.Herrn und Fräulein Schlochow,Nikolassee,Am Waldhaus 10
15.Fräulein Dr.Merten,Nikolassee,Prinz Friedrich Leopoldstrasse 48
16.Herrn und Frau Dr.Pagel,Berlin-Zehlendorf ,Quermatenweg 182
17.Herrn und Frau Dr. Ihlenfeld,Berlin-Steglitz,Leydenallee 38
18.Herrn Pastor Karl Lilge ,Berlin-Schöneberg ,Mersaburger Str.14
19.Seiner Königlichen Hoheit Pater Prinz Georg von Sachsen ,
Berlin-Charlottenburg 5,Neue Kant[illegible]
Berl[illegible]
[illegible] Cologny
1o3.Herrn Wilhelm Veerbeek,Winterswijk ,Holland, Morgenzonweg 56
1o4.Frau Pfarrer Rohr , Oberhofen am Thuner See /Schweiz
1o5.Herrn und Frau Dr. Meschke , Viggbyholm via Stockholm,Viggbyholms-skolan .

An die Auslandsadressen kann wohl während des Krieges eine Drucksache nicht geschickt werden ;Du müsstest in diesen Fällen eine kurze briefliche Mitteilung machen.An Herrn und Frau Dr. Meschke-Viggbyholm bitte einen persönlicheren Brief über Legationssekretär Almqvist senden .

Nachtrag:

1o6. Herrn Professor Dr.D. Ernst und Frau Melie Lohmeyer
Greifswald ,Arndtstrasse 3
1o7. Herrn Oberkirchenrat Schieder ,Nürnberg , Burgschmietstrasse 1o
108 [illegible] Frohenbeck 04812 B
109. Herrn Gerhard Pohl Wolfshau im Riesengebirge/über [illegible]
110. Herrn Major Goetze, Berlin Tattersall am Schlachtensee
111. Dr. Walter Drum, Berlin, W15, Kaiserallee 18

Jochen

Alles sorgfältig vorbereitet: die Adressenliste für Todesanzeigen ben: die Abfolge der Beerdigung, die Art der Bestattung, eine Liste all derer, denen sie ihren Tod mitteilen soll, und der Geschenke, die den treuesten Freunden zugedacht sind.

Miteinander in den Tod

Am Nachmittag des 10. Dezember um 15 Uhr findet die zweite Verhandlung mit Eichmann statt. Die Ausreisegenehmigung wird nicht erteilt. Klepper kehrt zum äußersten entschlossen heim. Hilde Klepper, die auch diesen Abend nach dem Dienst Bruder und Schwägerin aufsucht, schildert, was sie miterlebte.

»Es mag 17 Uhr 30 gewesen sein. Als ich die Treppe heraufkam, standen Jochen und Hanni etwas ängstlich da. ›Du hast so schwere Schritte; wir dachten schon, es sei die Gestapo.‹ Hanni ließ mich – wohl absichtlich – mit Jochen allein. Wir standen an der Zentralheizung im Eßzimmer. Jochens Gesichtshaut schien wie nach innen gezogen. Er sagte zu mir: ›Das ist das Ende. Ich war heute nachmittag bei Eichmann. Worüber wir gesprochen haben, das darf ich nicht sagen.‹

Indem er sprach, sah er so erbärmlich aus, daß ich das Bedürfnis hatte, ihn zu umarmen, ihm Mut zuzusprechen, es aber nicht fertigbrachte; solch eine Scheu erfaßte mich, ihm näherzutreten.

Dann sagte er unerwartet: ›Wir haben die Eltern gemordet . . .‹

Später setzten sich Hanni und Reni still und gelassen zu uns, und Jochen sagte mir: ›Schreib noch etwas für mich, ich kann nicht mehr schreiben.‹ Dann diktierte er mir noch einige Ergänzungen zu dem ein Jahr zuvor aufgestellten Testament. Ich saß an seinem Schreibtisch. Er lief ruhelos im Zimmer auf und ab.

Hanni sagte: ›Jochen, beruhige dich doch. Du läufst ja wie ein Tiger im Käfig hin und her.‹ Ich beschwor Jochen, den Mut nicht zu verlieren. Es könnte sein, daß morgen schon eine Rettung da wäre, daß die Ausreisegenehmigung doch noch käme. Ich bat alle drei, besonnen zu bleiben und es nicht zum äußersten kommen zu lassen, weil die Dinge oft am nächsten Tage anders aussähen. Hanni antwortete: ›Hilde, du kannst ganz beruhigt sein, wir tun nichts Unüberlegtes.‹ Ihre und Renis Gelassenheit und diese Worte beruhigten mich etwas.

Ich sprach weiter auf Jochen ein, daß er hier noch Aufgaben zu erfüllen habe. Er schüttelte ablehnend den Kopf. Ich drang weiter in ihn, daß er als Schriftsteller noch ein unvollendetes Werk vor sich hätte (die Katharina v. Bora), daß sein Tod eine furchtbare Erschütterung nicht nur für die Nikolasseer Gemeinde bedeuten würde, daß er es nicht verantworten könnte, Reni, die die Tragweite dieses Entschlusses nicht ermessen könnte, mit in den Tod zu nehmen.

Hanni meinte: ›Im übrigen, wenn wir nicht mehr lebten, könnte Jochen nicht mehr schreiben.‹ Daraufhin sah ich, wie Jochens Augen aufleuchteten und er die Zähne aufeinanderbiß, als ob er etwas sagen und zurückhalten wollte. Hanni, welche diese Regung nicht bemerkt hatte, sagte noch zu mir: ›Weißt du, wenn es hieße, ich solle morgen auf dem Alexanderplatz erschossen werden, so würde mich das ganz kalt lassen. Aber ins Ungewisse gehen, das mache ich nicht mit.‹ Dann fügte sie ruhig hinzu: ›Jochen ist überreizt. Er hat nächtelang nicht geschlafen. Er muß heute abend ein Glas Wein und Schlaftabletten nehmen, damit er endlich mal zur Ruhe kommt.« Ihre Ruhe wirkte entspannend auf mich.

Hanni und Reni gingen dann, um das Abendessen zu bereiten. Mir wurde Angst. Ich rief meine Schwägerin an und bat sie, sofort herzukommen, weil ich mich allein der Situation nicht mehr gewachsen fühlte.

Die Ankunft meiner Schwägerin brachte mir eine Erleichterung; Jochen und Hanni freuten sich offensichtlich, sie zu sehen. Während wir Abendbrot aßen, hörte ich das Badewasser rauschen, und eine tonlose Stimme erhob sich in mir: sie wollen noch baden, ehe sie sterben. Ich versuchte diesen Gedanken abzuschütteln, weil ich ihn wahrscheinlich nicht wahr haben wollte. Das Abendbrot verlief ruhig. Danach verabschiedete sich Reni mit einem lieben Lächeln: ›Morgen kann ich ausschlafen, morgen gehe ich nicht zur Arbeit.‹ Irgendwie beunruhigten mich diese Worte, aber sie sah mich so harmlos an. Wir saßen noch am Tisch, als mich plötzlich eine furchtbare Erregung ergriff und dieselbe Stimme mir wieder zuflüsterte: Du mußt jetzt gehen, sie müssen jetzt allein sein, gönn' den armen Menschen die Ruhe! Da trieb es mich wie mit Gewalt aus dem Haus. Ich stand auf und wandte mich zu meiner Schwägerin: ›Erika, wir können nicht mehr hier bleiben.‹ Jochen reagierte ganz impulsiv: ›Ich begleite euch zur S-Bahn.‹ Hanni war damit einverstanden. Unterwegs bat er mich, am nächsten Morgen, und zwar möglichst zeitig, zu kommen. Er begleitete uns bis auf den Bahnsteig, wo er stehen blieb, bis der Zug einfuhr. Dann umarmte er mich mit Heftigkeit, als klammere er sich an einen, und gab mir einen Kuß. Ich hatte das Gefühl: das ist der Abschied. Irgend etwas drängte mich in den Zug hinein, während ich noch dachte: warum bist du nicht da geblieben . . .

In vollkommen aufgewühltem Zustand fuhren wir in die Wohnung meiner Geschwister zurück. Jochen hatte mir im letzten Augenblick noch ein Heft mit schwarzem Lackeinband mitgegeben. Wir berichteten von unserem Besuch. Ich befürchtete das Schlimmste: ›Vielleicht leben sie in diesem Moment schon nicht mehr.‹ Da klingelte das Telefon; Jochen war am Apparat: ›Ich danke dir, daß du gekommen bist. Dein Besuch hat uns sehr beruhigt. Wir haben noch zusammen in der Bibel gelesen.‹ Seine Stimme wurde immer leiser und undeutlicher. Als letztes sagte er: ›Heute nacht werden wir im Paradiese sein!‹ Da riß ihn jemand vom Telefon weg, und ich vernahm Renis Stimme: ›Tante Hilde, hört jetzt auf zu sprechen. Der Jochen ist zu müde, er schläft ja schon ein.‹

Und damit war es aus.

Wir gingen ungefähr gegen zwei Uhr morgens schlafen. Das schwarze Heft (mit Jochens letzten Tagebuchaufzeichnungen) lag auf dem Tisch. Ich hatte nicht hineingeschaut. Ich konnte nicht mehr.

Am nächsten Morgen fuhr ich ganz zeitig in meine Wohnung. Da klingelte das Telefon; es war Hannis Hausgehilfin. Ich sollte sofort nach Nikolassee kommen, es wäre etwas Schreckliches passiert . . .

Ich kann mich noch entsinnen, wie ich weinend durch die Straßen lief und die

Die Grabstätte von Jochen Klepper, seiner Frau und seiner Stieftochter auf dem Friedhof von Nikolassee

Leute mich ansahen. Als ich ankam, hatte man die drei Leichen in Jochens Arbeitszimmer gelegt. Die Hausgehilfin, Frau Dr. Panick und zwei oder drei Männer in Uniform sagten zu mir: ›Den beiden Frauen haben wir noch die Hände falten können. Bei Ihrem Bruder ging das nicht mehr, die Arme waren schon zu steif.‹ Kleppers hatten der Hausgehilfin gesagt, sie möchten nicht gestört werden, sie wollten ausschlafen, sie solle inzwischen einen Blumentopf als Gratulationsgeschenk bei Bekannten abgeben. Als sie zurückkam, bemerkte sie an der Küchentür einen Zettel mit Hannis Schrift: ›Vorsicht Gas!‹ Sie öffnete die Küchentür, stellte die Gashähne ab, riß die Fenster auf. Die Toten lagen auf einer Daunendecke in der Küche auf dem Boden. Beide Frauen hielten sich umarmt; ihre Augen waren geschlossen. Jochens Augen waren offen geblieben und drückten ein großes Erstaunen aus.

Die Männer trugen später die Leichen zu einer Art Leichenwagen, in den sie diese wie in einen Backofen hineinschoben. Der eine bemerkte: ›Das sind nicht die ersten. Wir haben heute schon ein junges Mädchen in Wannsee abgeholt.‹«

Wie Hilde Klepper später vom Nachbarn Karbe erfuhr, soll Hitler, über Eichmanns »ungeschicktes Verhalten« sehr aufgebracht, die Bekanntgabe dieses Todesfalles verboten haben, um jegliches Aufsehen, zumal in den Offizierskreisen, die den Autor des »Vater« schätzten, zu vermeiden. Trotzdem verbreitete sich die Nachricht wie ein Lauffeuer[65]. Die Trauerfeier fand in der kleinen Begräbniskapelle neben der Nikolasseer Kirche statt. Obwohl Pastor Wiese sofort bereit war, die kirchliche Bestattung vorzunehmen, mußte er vorher noch die Genehmigung des Gemeindekirchenrates – der sie einstimmig gab – einholen. Vor den aufgebahrten Särgen hatten sich etwa sechzig bis achtzig Personen versammelt, um Kleppers die letzte Ehre zu erweisen. Wahrscheinlich befanden sich darunter auch Leute der Gestapo. Denn einige Tage später wurde Hilde Klepper zur Kriminalpolizei geladen – sie solle genau berichten, ob ihr Bruder Feinde gehabt habe, die ihn und die Seinen ermordet hätten; wenn nicht, warum er in den Tod gegangen sei.

»Das Volk, dessen Sprache ich schreibe, gehört auf ›Gedeih und Verderb‹, wie man immer sagt, in mein Leben und in mein Wesen. Auch wenn es in großer Geschlossenheit Wege geht, die für einen selbst nicht beschreitbar sind.«[66]

So dachte zu dieser Zeit ein rechtschaffener deutscher Bürger, dessen preussisch-lutherisch konservatives Weltbild nicht nur ihn, sondern die Mehrheit des deutschen Volkes in eine Sackgasse geführt hat.

Jochen Klepper – er gesteht es wiederholt in den Tagebüchern – hatte wie Tausende die Möglichkeit, einen Staat zu verlassen, der seit 1933 die elementarsten Rechte mit Füßen trat und seiner »nicht rein arischen Familie« eine normale Existenzmöglichkeit absprach. Er, der mehr und besser als viele andere über den Ernst der Lage unterrichtet war, hat sich dennoch ins Schweigen und Dulden geschickt. Er hat sich immer wieder »angepaßt«, bis kein Anpassen mehr möglich war.

Mancher hat sich bemüßigt gefühlt, nachträglich von Kleppers Selbstmord als von Sünde zu sprechen. Sünde – die verzweifelte Kapitulation von drei wehrlosen Menschen? Sünde war und ist das Eintrichtern – von Jugend auf – einer Ideologie der »gottgewollten Bindungen«, die den Geist seiner Urteilskraft beraubt. Sünde war und ist eine Lehre, die durch blindes Vertrauen auf Gottes Fügung und Führung den Menschen in resignierte Duldsamkeit drängt, ihm den Weg zur verantwortungsvollen Tat versperrt.

Was Dietrich Bonhoeffer im Gefängnis vor seinem Tode im Konzentrationslager erkannte, hat Jochen Klepper wie die meisten Zeitgenossen nicht erfahren: daß hinter dem Blendwerk des Irrglaubens, der Vorurteile, des Klassen- und Rassendünkels die »mündige Welt« existiert, die Welt derjenigen, die für Gleichberechtigung und freie Entfaltung aller Menschen ohne Unterschied des Glaubens, der Nationalität, der Hautfarbe leben und kämpfen.

Anmerkungen

Alle Verweise auf unveröffentlichte Texte und Korrespondenzen beziehen sich, wenn kein anderer Eigentümer genannt wird, durchweg auf den schriftlichen Nachlaß (N) Jochen Kleppers, den seine Schwester Hildegard in Berlin-Nikolassee verwaltet.
Häufiger zitierte Quellen, die dankbar benutzt wurden, sind in folgender Weise abgekürzt:

TB	Unter dem Schatten deiner Flügel. Aus den Tagebüchern der Jahre 1932–1942 von Jochen Klepper, hg. von Hildegard Klepper, Deutsche Verlags-Anstalt, Stuttgart 1956.
TBM	Manuskript der Tagebücher, zum schriftlichen Nachlaß gehörig.
Überwindung	Überwindung. Tagebücher und Aufzeichnungen aus dem Kriege von Jochen Klepper, hg. von Hildegard Klepper, Deutsche Verlags-Anstalt, Stuttgart 1958.
Briefe	Jochen Klepper, Briefwechsel 1925–1942, hg. von Ernst G. Riemschneider, Deutsche Verlags-Anstalt, Stuttgart 1973.
Gast und Fremdling	Jochen Klepper, Gast und Fremdling. Briefe an Freunde, hg. von Eva-Juliane Meschke, Eckart-Verlag, Witten/Berlin 1960.
Der Vater	Jochen Klepper, Der Vater. Roman eines Königs, Deutsche Verlags-Anstalt, Stuttgart 103.–111. Tausend 1954.
Kyrie	Jochen Klepper, Kyrie. Geistliche Lieder, Eckart-Verlag, Witten/Berlin 14. Aufl. 1965.
Nachspiel	Jochen Klepper, Nachspiel. Aufsätze des Erzählers, Eckart-Verlag, Witten/Berlin 1960.
Ziel der Zeit	Jochen Klepper, Ziel der Zeit. Die gesammelten Gedichte, Eckart-Verlag, Witten/Berlin 1967.
Der Fall Klepper	Ernst G. Riemschneider, Der Fall Klepper. Eine Dokumentation, Deutsche Verlags-Anstalt, Stuttgart 1975.
Jonas	Ilse Jonas, Jochen Klepper. Dichter und Zeuge, Evangelische Verlags-Anstalt, Berlin (DDR) 2. Aufl. 1968.
Wentorf	Nicht klagen sollst du: loben. Jochen Klepper in memoriam, hg. von Rudolf Wentorf, Brunnen-Verlag, Gießen/Basel 1967.

KAPITEL I

1. J. K., Walter Flex. Zu seinem 10. Todestag, in: Unsere Kirche, hg. vom Ev. Preßverband für Schlesien, Okt. 1927; auch: Breslauer Zeitung, 14. 10. 27.
2. J. K., Spinoza zu seinem 250. Todestag, in: Deutsches Pfarrerblatt, Nr. 9, 1927, 175; auch: Niederschlesische Zeitung, 20. 2. 27.
3. J. K., Zum 250. Todestag des Angelus Silesius, in: Unsere Kirche, 3. 7. 27.
4. J. K., August Hermann Francke, der Pädagoge des Pietismus. Zur 200. Wiederkehr des Todestages, in: Schlesische Zeitung, 9. 6. 27.
5. J. K., Zum Tode R. M. Rilkes, in: Neue Niederschlesische Zeitung, 1927; auch als Gedicht in: Deutsches Pfarrerblatt, Nr. 6, 1927, 111.

6. Siehe Anm. 1.
7. J. K., Aufzeichnungen zur Familiengeschichte (N).
8. Seth Demel, Goldene Kinderzeit, in: Wentorf, 11–21.
9. J. K., Verspielte Kindheit (N).
10. Siehe hierzu Kleppers spätere Erwähnung der Erziehungsromane von Hermann Anders Krüger »Gottfried Kämpfer« und »Kaspar Krumbholz«, die im Milieu der Brüdergemeine spielen und wo Kleppers Vater in einer Episode vorkommt (vgl. Überwindung, 207).
11. J. K., Der eigentliche Mensch, unveröffentlichtes Manuskript, im Besitz von Frau Dorothee Poelchau.
12. Muff.
13. Siehe Anm. 11.
14. J. K., Die Nacht in der Schachtel, in: Leipziger Volkszeitung, 5. 9. 32.
15. TB 201.
16. Im Nachlaß befindet sich die 1937 von Brigitte Hacker an J. K. gesandte Abschrift der »Lieder in der Nacht«, die er ihr 1919 offenbar als einziger anvertraut hat.
17. J. K., Hoffnungslosigkeit, begonnen im August 1932, Romanfragment mit Materialien (N).
18. J. K., Das Phänomen, 1920 (N).
19. J. K., Die braunen Augen, 1. 3. 20 (N).
20. J. K., Nächtliches Erwachen, 18. 3. 20; Die Stunde, 9./10. 4. 20 (N).
21. J. K., Die Heilige, 7. 5. 20 (N).
22. TBM 4. 5. 38.
23. Jonas, 17 f.
24. Kurt Meschke, in: Wentorf, 28.
25. Jonas, 18 f.
26. Jonas, 19 f.
27. Siehe Anm. 1.
28. Vgl. Anm. 11.
29. Brief an H. Poelchau, 1. 5. 26, im Besitz von Frau Dorothee Poelchau.
30. Brief an H. Poelchau, 8. 6. 26, ebd.
31. Jonas, 23.
32. Daß J. K. diese Einschätzung zu jener Zeit nicht teilte, beweist folgende unveröffentlichte Tagebuchnotiz vom 3. 8. 37: »Pastor Schwarz, nun Oberkonsistorialrat, schreibt zum Buche (›Der Vater‹) einen so warmen Brief, wie ich ihn von diesem meinem ersten von mir sehr abgelehnten und nicht verstandenen Chef nicht erwartet hätte.«
33. K. Ihlenfeld, Freundschaft mit Jochen Klepper, Witten und Berlin 1958, 9–13.
34. Siehe u. a.: Sonntag Kantate (15. 5. 27), Rogate und Himmelfahrt (22. 5. 27), Schöpfung und heiliger Geist (29. 5. 27), Die Franckeschen Stiftungen (12. 6. 27), Zur Zweihundertjahrfeier der Brüdergemeine (28. 8. 27), Der Bote Matthias Claudius (4. 3. 28), Das Lied des Glaubens (6. 5. 28), Bekenntnis (5. 8. 28); alle in: Unsere Kirche, 6. und 7. Jg., 1927/28.
35. »Unwetter«, Flugblatt, hg. vom Ev. Preßverband für Schlesien.
36. »Was hat Luther Dir zum Reformationsfest 1927 zu sagen?«, Flugblatt, aaO.
37. »Mord und Selbstmord«, Flugblatt, aaO.
38. R. Minder, Das Bild des Pfarrhauses in der deutschen Literatur von Jean Paul bis Gottfried Benn, in: Kultur und Literatur in Deutschland und Frankreich, Insel-Bücherei Nr. 771, Frankfurt/M. 1962, 60.
39. J. K., Der Dichter Hanns Johst und der Protestantismus, in: Tägliche Rundschau, Literatur-Beilage 11. 3. 28; auch: Deutsches Pfarrerblatt, Nr. 31, 1928, 489–491; ders., Hanns Johst. Dichter und Volkstum, in: Der Türmer, Januar 1930, Heft 4, 349–352.
40. Der verborgene Gott.
41. Sündige tapfer!
42. Gerecht und Sünder zugleich.
43. K. Ihlenfeld, aaO. 17 f.
44. Jonas, 26.
45. Brief vom 10. 6. 29, in: Jonas, 27.
46. Siehe Jonas, 25 f. und 32.
47. J. K., Der schlesische Volkscharakter im Urteil der Geschichte, in: Der Bote aus dem Riesengebirge, 7. 10. 28; Großstadt und Landschaft, in: Der Tag, 18. 7. 28; Vogeltragik, in: Fränkischer Kurier, 28. 2. 28; Der elegante Februar, in: Breslauer Zeitung, Unterhaltungsbeilage, 13. 2. 28; Frauen und Tiere, in: Rhein-Main-Zeitung, 23. 3. 29.
48. K. Meschke, Bilder auf den Stufen, in: Wentorf, 28.
49. J. K., Hans Grimm, in: Schlesische Zeitung, 16. 2. 29.

50 J. K., August Winnig, in: Schlesische Zeitung, 16. 2. 29.
51. J. K., Käthe Ephraim Marcus, in: Breslauer Zeitung, 24. 5. 28.
52. Geschrieben im Sept. 1928 (N). Vgl. die überarbeitete Fassung »Der Eremit«, in: Ziel der Zeit, 19.
53. TB 63.
54. J. K., Grock, der Kinder lieber Mann, in: Kölnische Zeitung, 25. 9. 29, auch: Grock, Gottes und der Kinder lieber Mann, in: Eckart 5, 1929, 91–93.
55. Hanni Steins Tagebuch, 2.–25. 11. 30 (N).
56. Ebd.
57. Aus dem Voltaire-Projekt entstanden schließlich zwei Novellen, »Die Geburt« (Nov. 1930) und »Die Geburt Voltaires«, in: Kölnische Zeitung, 4. 10. 32.
58. Zirkusnovelle, in mehreren Zeitungen erschienen (N).
59. J. K., Die Kultur des deutschen Expressionismus, in: Deutsches Pfarrerblatt, Nr. 23, 1927, 432.
60. »Literatur von morgen«, Antworten auf eine Rundfrage, zusammengestellt in: Die Brücke, Horen-Verlag Berlin, Febr./März 1931.
61. J. K., Die große Directrice, unveröffentlichtes Manuskript (N), 31.
62. Diese Wendungen sind von J. K. im Manuskript unterstrichen.
63. AaO. 125.
64. AaO. 237.
65. AaO. 252.
66. AaO. 255.
67. AaO. 168.
68. Brief an J. K., 23. 10. 30 (N).
69. Brief an J. K., 11. 2. 31 (N).
70. Mitteilung von M. Krell, Ullstein, 16. 4. 31 (N).
71. Brief an J. K., 18. 6. 31 (N).
72. Brief an J. K., 12. 3. 31 (N).
73. Brief an J. K., 21. 8. 31 (N).
74. TB 734.

KAPITEL II

1. Brief an Hanni, 8. 10. 31 (N).
2. Brief an Hanni, 10. 10. 31 (N).
3. Brief vom Knaur Verlag Berlin, 13. 11. 31 (N).
4. Eine Novelle, die J. K. sowohl in der Funkstunde Berlin (5. 12. 31) wie in mehreren Zeitungen anbringen kann (N).
5. Brief an Hanni, 16. 11. 31 (N).
6. Brief an Hanni, 17. 11. 31 (N).
7 J. K., Denker – Überwinder, Breslauer Vortragswoche 16. 11. 31, in: Der deutsche Rundfunk 9, 1931, Heft 46, 12.
8. J. K., Gefährdung der Forschung, in: Berliner Tageblatt (Morgenausgabe), 28. 5. 32, auch in: Die Woche, 5. 11. 31.
9. Brief an Hanni, 17. 11. 31 (N).
10. Brief an Hanni, 18. 11. 31 (N).
11. Brief an Hanni, 25. 11. 31 (N.)
12. Brief an Hanni, 16. 11. 31 (N).
13 K. Ihlenfeld, Theologia tenebrarum, in: Eckart Jahrbuch 1955/56, 269.
14. Brief an Hanni, 22. 11. 31 (N).
15. J. K., Launenhaftigkeit der Mode, in: Sonntagsbeilage der DAZ Berlin, 29. 11. 31. – Die Straße des Friedens (Rue de la Paix), in: Berliner Tageblatt, 24. 2. 32.
16. J. K., Vom Sterben der Kleinstadt, in: Der Abend, Spätausgabe des Vorwärts, 21. 12. 31; Hochzeit am Hafen, in: Berliner Tageblatt, 24. 2. 32; Die künstlerische Kultur des alten Beuthen, in: Heimatbote 1932.
17. Volksbühne Berlin, Januar 1932.
18. Rufer und Hörer, Februar 1932.
19. J. K., Der ›verschwundene‹ und der ›erfundene‹ Gott, in: Eckart 8, 1932, 542 f.
20. TB 160.
21. Siehe Anm. 19.
22. Kläre Krüger und J. K., Das Emigranten-Lehrstück, Hörspiel-Manuskript von 15 Seiten, datiert: 17. 11. 31 (N).
23. TB 17.
24. TB 18.
25. Brief vom 1. 6. 33 an Funkintendant Arenhövel (N).
26 TBM 1–3.
27. TB 20.
28. TB 21.
29. TB 34.
30. TBM 22. 4. 33.
31. TB 36.
32. Bis 30. 1. 33 saß kein einziger National-

sozialist in der Funkregie, siehe »Arnolt Bronnen gibt zu Protokoll«, Hamburg 1954.
33. TBM 22. 5. 33.
34. TBM 31. 3. 33.
35. TB 46.
36. TB 65.
37. TB 37.
38. TB 69.
39. TB 73.
40. TB 83 f.
41. TB 84.
42. Ziel der Zeit, 9–12, 20.
43. Ziel der Zeit, 9.
44. TB 80.
45. Ebd.
46. TB 94.
47. U. a. »Die literarische Welt«, »Eckart«, »Gartenlaube«, »Vossische Zeitung«, »Berliner Tageblatt«, »Neue Badische Landeszeitung«, »Kasseler Neuesten Nachrichten«, »Weserzeitung« (Bremen), »Dresdener Nachrichten«, »Nordschlesische Zeitung« (Glogau).
48. TB 97.
49. TBM 9. 8. 33.
50. TB 102.
51. TB 107 f.
52. Edlef Köppen, seit 1925 Mitarbeiter der literarischen Abteilung der Berliner »Funkstunde« und seit 1932 deren Leiter, ist 1933 wegen seiner engagierten pazifistischen Haltung fristlos entlassen. Seit 1930 publizierter Roman »Heeresbericht« (1976 im Scriptor-Verlag Kronberg/Ts. als Neudruck erschienen), der Remarques »Im Westen nichts Neues« an ideologischer Schärfe weit übertroffen hatte, wird 1935 verboten und über den Verfasser völliges Berufsverbot verhängt. Zwei Jahre später findet er eine zunächst untergeordnete Anstellung beim Film und steigt zum Chefdramaturgen der Tobis auf. In dieser Funktion wird sich zwischen ihm und Klepper ein neuer Kontakt ergeben (s. S. 385).
53. R. Schneider, Verhüllter Tag. Bekenntnisse eines Lebens, Herder-TB 42, Freiburg i. B. 1959, 93.
54. TB 170.
55. TB 170 f.
56. TB 177.
57. R. Schneider, Verhüllter Tag, 95.
58. TB 256.
59. TB 491.
60. Der Vater, 249.
61. K. Scholder, Neuere deutsche Geschichte und protestantische Theologie, in: Evangelische Theologie 23, 1963, 525.
62. TB 141.
63. Man denke u. a. an das von Otto Dibelius und Martin Niemöller noch 1937 publizierte Buch »Wir rufen Deutschland zu Gott«, das die Machthaber des Dritten Reiches beschwört, den Staat als Bollwerk gegen den Bolschewismus auszubauen und dafür das Christentum und die Kirchen nach dem Beispiel Mussolinis und Francos zu respektieren.
64. TB 162 f.
65. Reichsverband Deutscher Schriftsteller.
66. TBM 8. 12. 33.
67. Zu Reichsschrifttumsakten Kleppers siehe nun E. G. Riemschneider, Der Fall Klepper, Stuttgart 1975.
68. TB 163.
69. TB 114.
70. J. K., Das Ende, Witten, Berlin 1962, 59.
71. TB 176.
72. TB 177 f.
73. TB 124 f.
74. Eckart 10, 1934, Heft 4, 191.
75. Hier ergeben sich mannigfaltige Berührungen im Programm wie im Autorenkreis mit der 1933 gegründeten Zeitschrift »Das innere Reich«; eingehende Aufschlüsse und Analysen gibt neuerdings H. Denkler, Janusköpfig. Zur ideologischen Physiognomie der Zeitschrift »Das innere Reich« (1934–1944), in: H. Denkler / K. Prümm, Die deutsche Literatur im Dritten Reich, 328–405.
76. TB 193.
77. TBM 26. 6. 34.
78. TB 200
79. TB 200 f.
80. TB 203.
81. TBM 28. 8. 34.
82. Bekenntnis und Verfassung der Evangelischen Kirche, 23. 5. 34, in: Junge Kirche 2, 1934, 470–473; ebenso in K. D. Schmidt, Bekenntnisse des Jahres 1934,

81–83. Zu den Unterzeichnern gehören insgesamt fünf ehemalige Lehrer Kleppers.

83. Die Zeitschrift existiert bereits seit dem Juni 1933.

84. TB 193.

84a. Es gibt zu denken, daß der Name Karl Barth nur viermal in den über zehn Jahren der Tagebucheintragungen erscheint, davon dreimal einzig aufgrund der Lektüre eines Aufsatzes Barths zum Weihnachtsfest. Die vierte Erwähnung läßt den Abstand spüren, der den traditionsbewußten deutschen Lutheraner vom demokratisch geprägten Schweizer Calvinisten trennt.

»Die Kirchenbewegung ist der große Eindruck dieser Wochen«, vermerkt Klepper im November 1934. »Generalsuperintendenten, Hochschullehrer, unter ihnen Hermann, fordern den Reichsbischof geschlossen zum Rücktritt auf. (Aber er bleibt.) Karl Barth, der Bonner Theologe, dem wir es wohl schließlich doch verdanken, daß die Luther-Renaissance eine theologische Schule und Richtung wurde, hat den Eid auf Hitler nicht leisten können (der scharfe Trennungsstrich zwischen Glauben und Sittlichkeit hätte es ihm seinen Anschauungen nach ermöglicht); er ist vom Amte suspendiert, und man hat ein Disziplinarverfahren gegen ihn eingeleitet« (TB 215).

Wieder befindet sich Klepper auf der Seite der Verteidiger einer strikten Abgrenzung der Befugnisse von Kirche und Staat, wobei er die Geschlossenheit dieser Abwehr hervorhebt, die Mitglieder des Bekenntnis-Flügels, Vertreter der national-lutherischen Richtung wie Rudolf Hermann und die Bischöfe der lutherischen Landeskirchen zum gemeinsamen Protest gegen die »Gleichschaltung« vereint. Klepper beweist jedoch eine geringe Kenntnis der Barthschen Theologie, wenn er annimmt, daß der Schweizer Theologe die lutherische Dichotomie, die zu dieser Zeit in Schriften und Verhaltensweisen der evangelischen Kreise in Deutschland zum Ausdruck kommt, jemals hätte billigen können; für ihn ist die Welt in allen ihren Aspekten Gottes Werk der Liebe und der Gerechtigkeit. Daher kann das Gesetz wohl eine repressive Funktion ausüben, sein Hauptzweck sollte jedoch sein, die menschlichen Beziehungen durch eine Verminderung der Gewalt, der Ungerechtigkeit und der Willkür zu bessern. Dieser Sicht entspricht der Artikel 2 der Barmer theologischen Erklärung:

»Wir verwerfen die falsche Lehre, als gebe es Bereiche unseres Lebens, in denen wir nicht Jesus Christus, sondern anderen Herren zu eigen wären, Bereiche, in denen wir nicht der Rechtfertigung und Heiligung durch ihn bedürften.«

Karl Barth bleibt konsequent auf dieser Linie, wenn er – im Gegensatz zur Mehrheit der evangelischen Theologen im Dritten Reich – sich weigert, einen uneingeschränkten Eid auf Hitler abzulegen. Wobei der calvinistische Theologe im eigentlichen Sinne Luthers handelt, der in seinem Kommentar zum 117. Psalm 1530 erklärte:

»Jeder vor Menschen abgelegte Eid muß implizite die Einschränkung enthalten – auch wenn diese nicht formell ausgedrückt ist – unter der Bedingung, daß dieser Eid nicht gegen Gottes Wille ist, denn man kann nichts schwören, das gegen seinen Willen ist.«

Zur Eidesfrage in dieser Konstellation siehe u. a. E. Busch, Karl Barths Lebenslauf, 268 ff.; R. Thalmann, Protestantisme et Nationalisme en Allemagne 1900–1945, Klingsieck, Paris 1976.

85. TBM 5. 12. 34.

86. TB 217.

87. TB 221.

88. TBM 9. 1. 35.

89. TBM 13. 1. 35.

90. TBM 17. 1. 35.

91. TBM 13. 3. 35.

92. TB 242.

93. TB 243.

94. TB 245 f.

95. TB 248.

96. TB 251.

97. Zu der endgültigen Fassung sind zu diesen zwölf Teilen drei weitere hinzuge-

fügt: »Segel auf dem Wintermeer«, »Der Gott von Geldern« und »Gespräche aus dem Totenreich«.
98. TBM 27./28. 4. 35.
99. TB 256.
100. TBM 23./24. 5. 35. Offenbar geht Breitbach hier auf den Vorabdruck »Die Königstadt« aus dem »Vater« im »Eckart« vom Mai 1935 ein.
101. TB 268.
102. TB 271 f.
103. TB 281.
104. TB 278.
105. TB 286 f.
106. TBM 7. 9. 35.
107. TB 291.
108. TB 292.
109. TB 293.

KAPITEL III

1. TB 297.
2. Die »Evangelische Michaelsbruderschaft« wurde 1931 vom Berneuchener Kreis zur Erneuerung des kirchlichen Lebens unter Leitung von Wilhelm Stählin und Karl Bernhard Ritter gegründet.
3. TB 299.
4. TBM 4.–6. 11. 35.
5. Carl Ludwig von Guttenberg, 1902 geboren, war der Herausgeber der 1932 gegründeten »Weißen Blätter. Zeitschrift für Geschichte, Tradition und Staat«. Während des Krieges war er bei der Abwehr eingesetzt, zuerst in Berlin, dann in Zagreb. Im Rahmen der Verschwörung des 20. Juli festgenommen, wurde er am 23. 4. 45 ohne Urteil erschossen.
6. TB 303.
7. Ziel der Zeit, 40. Das erste Königsgedicht entstand am 30. 8. 35. Der Zyklus der »Königsgedichte« konnte erst – wie auch die »Olympischen Sonette« – 1947 publiziert werden.
8. H. von Koenigswald, Begegnung mit Jochen Klepper, in: Wentorf 58.
9. TB 302.
10. TB 306.
11. TB 308.
12. TB 309.
13. Über die Beziehungen zwischen Kleppers und Meschkes siehe den von Eva-Juliane Meschke herausgegebenen Briefband »Jochen Klepper. Gast und Fremdling«, Witten/Berlin 1960.
14. Der Band ist anonym 1936 im Ev. Preßverband Berlin erschienen.
15. TBM 8. 12. 35.
16. TB 322.
17. TBM 28. 12. 35.
18. TB 333.
19. TB 325.
20. TB 330 f.
21. TB 338.
22. TB 344.
23. TB 347.
24. Siehe Briefe 72 f.; in überarbeiteter Fassung in: R. Schneider, Sonette, Leipzig 1941, 36.
25. Werner Oehlmann, der sich als Musiker aus Berufsgründen von seiner Frau scheiden ließ, kann nach den Rassegesetzen nicht mehr mit ihr zusammenleben.
26. TB 351.
27. TB 353.
28. Klepper konnte sich nicht damit abfinden, daß seine Frau nur ihre Töchter und nicht auch ihn als Mitbesitzer des von ihrem Geld gebauten Hauses eintragen ließ. Ende Februar 1937 findet die Eintragung seines Mitbesitzes am Hause statt.
29. TB 354.
30. TB 359.
31. Laut TBM vom 8. 7. 36: »Wir mußten darüber nachdenken, in welche Lage unsere Mitglieder gesetzt sind, die in staatlichen und sonstigen Beamten- und Parteistellungen tätig sind, nichtarischen Personen und deren Nachkommen gegenüber, durch die neuen bezüglichen Gesetze und Verordnungen. Es wurde bedauert, daß wir dadurch Ihre Mitgliedschaft nicht bestätigen können.«
32. TB 367 f.
33. Sie konnten mit den »Königsgedichten« erst 1947 veröffentlicht werden. Heute in: Ziel der Zeit, 31–38.
34. AaO. 38.
35. Briefe, 73.
36. TB 376 f.

37. TB 386.
38. TB 393.
39. K. Prümm, Vom Nationalisten zum Abendländer. Zur politischen Entwicklung Ernst Jüngers, in: R. Grimm / J. Hermand (Hg.), Basis 6. Jahrbuch für deutsche Gegenwartsliteratur, Frankfurt/M. 1976, 28.
40. Im Blick auf diesen Problemzusammenhang siehe F. Schonauer, Deutsche Literatur im Dritten Reich, Olten 1961, und H. J. Baden, Wort im Widerstand, in: ders., Poesie und Theologie, 1971, mit ihrer negativen und positiven Bewertung der »Inneren Emigration«. Dazu neuerdings E. Lämmert, Beherrschte Prosa, in: Neue Rundschau 86, 1975, Nr. 3, 404–421, und R. Grimm, Im Dickicht der Inneren Emigration, in: H. Denkler / K. Prümm, Die deutsche Literatur im Dritten Reich, 1976, 406–426.
41. Kyrie, 34 f.
42. Dieser Aufsatz »Geschichte eines Romans« ist im Novemberheft 1936 der »Neuen Rundschau« erschienen.
43. TB 409.
44. Die völkisch-propagandistische Tendenz in Heinrich Bauers Büchern ist neuerdings analysiert bei W. Wippermann, Geschichte und Ideologie im historischen Roman, in: H. Denkler / K. Prümm, aaO. 195 ff.
45. TB 412.
45a. Kirchliches Jahrbuch 1933–1944, 145.
46. TB 376.
47. TB 419.
48. Junge Kirche 5, 1937, Heft 4, 154.
49. TB 420 f.
50. TBM 4. 2. 37.
51. Es handelt sich um Hitlers Erlaß vom 15. 2. 37 zur Einberufung einer verfassungsgebenden Generalsynode der DEK. Zu dieser ist es nie gekommen.
52. TB 426.
53. TB 427.
54. R. Hermann, Schriftdeutung und Schrift-Umdeutung, Referat auf der Herbsttagung des Apologetischen Seminars der Luther-Akademie in Sondershausen vom 5.–9. 10. 36; vgl. auch seine 1936 erschienene Schrift »Zur Frage der christlichen Geschichtsdeutung«.
55. TB 432 f.
56. TBM 2. 3. 37.
57. TB 433.
58. Der Fall Klepper, 32 f.
59. Dr. Paul Fechter widmet dem »Vater« einen Aufsatz im Aprilheft dieser Zeitschrift.
60. TB 451 f.
61. TB 449.
62. TB 474 f.
63. TBM 6. 8. 37.
64. TBM 6. 8. 37.
65. TBM 23. 6. 37.
66. TBM 27. 8. 37.
67. R. Schneider, Zum Geleit, in: TB 12.
68. R. Schneider, Verhüllter Tag, 95. Vgl. auch W. Braselmann, Glaube und Geschichte bei Jochen Klepper und Reinhold Schneider, Wuppertal-Barmen 1964.
69. TBM 26. 9. 37.
70. TBM 491.
71. TBM 12. 9. 37.
72. TB 501.
73. TBM 26. 9. 37.
74. Offenbar besteht hier ein gewisser Zusammenhang mit den Impulsen von den letzten Herbsttagungen des Eckart-Kreises und der Luther-Gesellschaft in Wittenberg und Wernigerode, vgl. S. 102.
75. J. K., Du bist als Stern uns aufgegangen, 1937 als Heft 1 einer geplanten Reihe »Neue geistliche Dichtung« im Eckart-Verlag erschienen. Zu Kleppers Auftreten und Würdigung auf der Kirchenmusikwoche siehe Gast und Fremdling, 95.
76. TB 509. – Rückblickend mag man bedauern, daß Klepper und Bonhoeffer bei dieser Gelegenheit – wie bereits im Januar 1933 in der Berliner Funkstunde – einander nicht zur Kenntnis genommen haben. Vgl. E. Bethge, Dietrich Bonhoeffer. Eine Biographie, München 1967, 307 und 747.
77. J. K., Johannes 15,3, in: Ziel der Zeit, 27.
78. TB 487. Dieser Aufsatz ist am 16. 1. 38 in der »Deutschen Zukunft« erschienen.
79. TBM 2. 11. 37.
80. Aus dem Jahr 1919; vgl. S. 23.
81. Allein während des Jahres 1937 haben 343 055 Christen, darunter 253 584

Protestanten und 89 471 Katholiken, ihre Kirche verlassen; siehe Sonderband »Kirchenaustritte« V 40, Deutsches Zentralarchiv Potsdam. Eine neuere Studie »Kirchenaustritte aus der DEK und Übertritte 1884–1949« (Amtsblatt der EKiD, Statistische Beilage Nr. 4) verzeichnet 319 708 Austritte aus der DEK im Jahr 1937.

82. TB 520.
83. TB 521.
84. TB 526.
85. TB 528.
86. TB 529.
87. Kyrie, 26–33; das Neujahrslied »Der du die Zeit in Händen hast« (aaO. 43 f.) ist bereits im Oktober dieses Jahres geschrieben und am 27. 10. der Schrifttumskammer zur Prüfung eingereicht worden; vgl. Der Fall Klepper, 51.
88. TB 534.
89. TB 540.

KAPITEL IV

1. TB 541.
2. J. K., In tormentis pinxit. Briefe und Bilder des Soldatenkönigs Friedrich Wilhelm I., Stuttgart 1938.
3. J. K., Der Soldatenkönig und die Stillen im Lande (Der Eckart-Kreis Bd. 41), Berlin 1938.
4. Siehe hierzu: Der Fall Klepper, 61–64.
5. AaO. 65 ff.
6. TB 544.
7. TB 545.
8. Der Fall Klepper, 68.
9. Dieser am 1. 7. 37 in TB erwähnte Essay über Kant, Voltaire und Ludwig Richter ist am 16. 1. 38 in der »Deutschen Zukunft« erschienen.
10. C. Hinrichs, Friedrich Wilhelm I. Jugend und Aufstieg, Berlin 1941. Der zweite Band liegt im Manuskript vor.
11. Briefe, 96.
12. TB 548 f.
13. TB 551. Der Tag von Hitlers Machtübernahme.
14. TB 556.
15. TBM 1. 3. 38.
16. TB 557.
17. TB 558.
18. TBM 22. 2. 38.
19. TB 560.
20. Briefe, 102.
21. TB 563.
22. TB 563 f.
23. Detaillierter in: Der Fall Klepper, 72–76.
24. TB 565.
25. TB 566.
26. J. K., Von der Größe und Schönheit Magdeburgs, in: Weiße Blätter 7, März 1939, 81–100; auch als »Stadt der Mitte« in: Nachspiel, 35–44.
27. Siehe S. 39, 42.
28. J. K., Von der Bedeutung des evangelischen Pfarrerstandes, in: Christliche Welt, 22. 3. 38, 225–232; später auch in: Weiße Blätter, April 1939, 100–109.
29. TB 572.
30. TB 573.
31. Der Rücktritt des bisherigen Leiters der Ministerialabteilung VIII »Schrifttum« führt zur direkten Überwachung des Schrifttums durch das Ministerium, kommt also einer »Kaltstellung« der Kammern gleich.
32. Kyrie, 75 f. bzw. Ziel der Zeit, 95.
33. TB 576.
34. TB 576 f.
35. TB 580.
36. TB 582. Auf die Zusammenhänge näher eingehend s. Der Fall Klepper, 84 ff.
37. TB 584.
38. TB 586.
39. TB 584.
40. Vgl. S. 31.
41. TB 589.
42. Kyrie, 16 ff. bzw. Ziel der Zeit, 51 f.
43. TB 590.
44. TBM 19. 5. 38.
45. Weiße Blätter 7. Mai 1938, 146.
46. TB 596.
47. TB 598.
48. TB 600.
49. Ebd.
50. TBM 5. 6. 38.
51. Kyrie, 12–15 bzw. Ziel der Zeit, 48–50.
52. TB 602.
53. Kyrie, 39 f. bzw. Ziel der Zeit, 67 f.
54. Der Aufsatz, im Sammelband »Das Buch der Christenheit«, Berlin 1939, er-

schienen, ist neu abgedruckt in: Nachspiel, 102–131. Das Zitat s. 114 f.

55. TB 611.
56. TB 613.
57. Briefe, 44.
58. Briefe, 45.
59. TB 615.
60. TB 616.
61. Siehe Kap. I, S. 51.
62. Der Fall Klepper, 89. E. G. Riemschneider bemerkt dazu: »Ob Koch Kleppers innere Not hier ganz richtig sieht, mag dahingestellt bleiben. Man könnte annehmen, daß – trotz aller freundschaftlichen Gefühle, die er Koch gegenüber hat – das Wissen seiner absoluten Abhängigkeit vom NS-Regime und dessen Vertretern hier dominiert« (ebd.).
63. TB 617.
64. Vgl. Anm. 54.
65. An Hanni, 15. 7. 38 (N).
66. TB 618 f.
67. TBM 10. 8. 38.
68. TB 622.
69. TB 627.
70. Ebd.
71. TBM 22. 8. 38.
72. TB 626.
73. Reinhold Wulle, Publizist und deutschnationaler Politiker, zeitweise Abgeordneter im Reichstag und im preußischen Landtag, auch Verfasser mehrerer politisch konservativer Schriften, u. a. Caesaren, Berlin 1934; Das neue Jahrtausend, Berlin 1936; Götter, Gold und Glaube, Berlin 1937; 20 Jahre später – der Weg zum 9. November 1918, Berlin 1938. Einen aufschlußreichen Aktenvorgang bei der RSK über Wulle bringt J. Wulf, Literatur und Dichtung im Dritten Reich, Rowohlt-TB 809–811, Hamburg 1966, 216 f.
74. TB 630.
75. TB 631.
76. Auf Anregung von Präsident Roosevelt fand in Evian am Genfer See am 6.–15. 7. 38 eine internationale Konferenz statt, auf der Lösungen für die akuten Flüchtlingsprobleme gefunden werden sollten. Die Vertreter von 32 Nationen kamen jedoch zu keiner konstruktiven Lösung. In der deutschen Presse wurde das enttäuschende Ergebnis mit Genugtuung kommentiert.
77. TB 633.
78. TB 635.
79. Gast und Fremdling, 122.
80. TB 641.
81. TB 642.
82. TB 645. – Daß zumindest im Berliner Bruderrat der Bekennenden Kirche in dieser Richtung konkrete Entscheidungen getroffen werden, die in einer besonderen Ordnung für einen Gebetsgottesdienst zum 30. 9. Gestalt gewinnen, kann Klepper schon aufgrund seines abgelegenen Platzes nicht wissen. Es ist auch fraglich, ob er je später von diesem »landesverräterischen Tun im geistlichen Gewand« (so das »Schwarze Korps«) erfahren hat, da seine wesentliche Informationsquelle, die Zeitschrift »Junge Kirche«, geflissentlich jede Erwähnung dieser Gebetsliturgie vermied, die »nach der Tradition von 1914 . . . 1938 einzigartig nüchtern und gewagt« war (E. Bethge, Dietrich Bonhoeffer, 683). Denn dieses Papier ist indessen zu einer hochnotpeinlichen Angelegenheit geworden, von dem sich auf Verlangen des Reichskirchenministers die Landesbischöfe von Hannover, Bayern, Württemberg und Baden sogleich »aus religiösen und vaterländischen Gründen« distanzieren. Praktisch ist dies der Moment, in dem die Bekennende Kirche auseinanderbricht. – Die andere Frage, die sich in diesem Zusammenhang aufdrängen mag, weshalb sich die heftige Auseinandersetzung um den Brief Karl Barths an den Prager Theologen Josef L. Hromádka nirgends in Kleppers Tagebuchnotizen spiegelt, ist ähnlich zu beantworten; wie so oft sonst befindet sich Klepper nur am Rande oder außerhalb der kirchlichen Kreise, in denen diese Informationen ausgetauscht und diskutiert werden. Zum anderen wird der Wortlaut jenes Briefes erst Anfang November in vertraulichen Rundbriefen bekannt, während in der ersten Erwähnung innerhalb der »Jungen Kirche« vom 19. 11. 38, 965 f., nichts vom Inhalt des Briefes mitgeteilt wird. Siehe hierzu u. a. E. Busch,

Karl Barths Lebenslauf, München 1975, 302 f.; E. Bethge, aaO. 683 f.
83. TB 646 f.
84. TB 647.
85. TB 648.
86. Ebd.
87. TB 648 f.
88. TB 650 f.
89. TB 653.
90. TB 654.
91. TB 655.
92. TBM 30. 9. 38.
93. TB 659.
94. Ebd.
95. TB 665.
96. Zur jüdischen Emigration aus dem Dritten Reich s. J. Tennenbaum, The Crucial Year 1938, Yad Washem Studies II; W. Rosenstock, Exodus 1933–1939, in: Leo Baeck Institute Yearbook, London 1958, 373–390.
97. Siehe R. Coudenhove-Kalergi, Judenhaß, 1937; Eliahu ben Elissar, La Diplomatie du IIIe Reich et les Juifs, Paris 1969.
98. TB 660.
99. TB 661.
100. TBM 13. 10. 38.
101. TB 664.
102. TB 669.
103. Vgl. Anm. 76.
104. TB 669.
105. TB 670.
106. TB 668.
107. TB 671.
108 TB 674.
109. TB 675.
110. Siehe K. Meier, Kirche und Judentum, Göttingen 1968, 33. – H. Gollwitzer bemerkt hierzu in einer Mitteilung v. 6. 8. 77: »Kleppers begründete Klage über das Schweigen der Kirche nach dem 9. 11. 38 bezog sich auf die Haltung der offiziellen Kircheninstanzen, die er – seiner Haltung entsprechend – ja immer noch (was die evang. Kirche anlangt) als die tatsächlichen Leitungen der Kirche ansah und respektierte.
Die Predigt von J. von Jan muß er ebenso gekannt haben wie meine Predigt vom Bußtag 1938 (enthalten in ›Zuspruch und Anspruch‹ I), denn wir haben die weit verbreitet, und ich habe ihm mindestens einmal eine Anzahl solcher Predigten von mir zugeschickt.«
111. R. Schneider, Verhüllter Tag, 127.
112. TBM 13. 11. 38.
113. TB 693.
114. TB 695.
115. TB 699.
116. TB 702.
117. TB 704.
118. TBM 3. 1. 39.
119. TBM 17. 1. 39.
120. TB 712.
121. TBM 2. 2. 39.
122. Siehe Protokoll der Konferenz vom 12. 11. 38, in: Dokumente des Internationalen Militärgerichts Nürnberg Bd. XXXVIII Doc. PS 1816.
123. TB 719 f.
124. TB 723.
125. TB 716.
126. TB 709.
127. TB 718.
128. Ebd.
129. TB 761 f.
130. TB 738.
131. TB 739.
132. Briefe, 130.
133. TB 751.
134. TB 753.
135. Ebd.
136. Es handelt sich um die »Godesberger Erklärung« der »Deutschen Christen«, der sich eine Reihe von Landesbischöfen und der Präsident des Ev. Oberkirchenrats in Berlin in einer Erklärung von 4. 4. 39 angeschlossen haben; s. Junge Kirche 7, 1939, 328–331.
137. TB 756.
138. TBM 12. 4. 39.
139. TB 756.
140. TB 765.
141. Die bis in den Krieg hinein übliche alljährliche Zusammenkunft der deutschen Buchhändler in Leipzig.
142. TB 766.
143. Siehe Kyrie, 7 bzw. Ziel der Zeit, 45.
144. Vgl. S. 219; siehe auch Briefe, 161 ff.
145. TB 777.
146. TBM 8. 6. 39.
147. Gast und Fremdling, 199.
148. J. K., Der Christbaum, in: Evangelische

Weihnacht, Folge 2, Berlin 1939, 96–104.

149. J. K., Baum der Erkenntnis des Guten und Bösen, in: Ziel der Zeit, 28 f.
150. Kyrie, 19 f.
151. TB 785.
152. TB 789.
153. TB 790.
154. TB 794.
155. TB 799.

KAPITEL V

1. TB 802, 800.
2. TB 797.
3. TB 804.
4. TB 806.
5. Kyrie, 36 und 51.
6. TB 816.
7. TB 823.
8. TB 826 f.
9. TB 842 f.
10. TBM 1. 2. 40.
11. Generaloberst Blaskowitz, der für die Militärverwaltung Polens zuständige Oberbefehlshaber Ost, versuchte vergeblich gegen die Greueltaten der SS einzuschreiten, informierte auch in Verbindung mit Admiral Canaris andere Generäle über diese Vorgänge. Er wurde darauf bald von Hitler abberufen, die Militärverwaltung aufgelöst und statt dessen das »Generalgouvernement« geschaffen. Siehe u. a. E. Bethge, Dietrich Bonhoeffer, 755; Chr. Müller, Oberst i. G. Stauffenberg, Düsseldorf o. J., 171.
12. TB 851.
13. TB 848 f.
14. TB 853 f.
15. TBM 26. 2. 40.
16. Kyrie, 72 bzw. Ziel der Zeit, 93.
17. Gast und Fremdling, 224.
18. TB 855.
19. Briefe, 170.
20. TBM 9. 3. 40.
21. TB 861 f.
22. TB 864 f.
23. TB 865.
24. Ebd.
25. TB 869.
26. TBM 13. 4. 40.
27. TB 873.
28. Wir haben einen Gott, der da hilft, und den Herrn, der vom Tode errettet.
29. TB 875.
30. TB 877.
31. TB 876.
32. Ebd.
33. TB 880.
34. Sein Gedicht »Zum Heldengedenktag« (Ziel der Zeit, 30) entwickelt die immer wieder von der Kriegstheologie benutzte Aussage von Joh. 15,13 zur Apotheose des Soldatentodes.
35. H. E. Holthusen, Polenfeldzug, in: Ekkart 10, April 1940, 14 f.
36. TBM 14. 5. 40.
37. Kyrie, 58 bzw. Ziel der Zeit, 82.
38. TBM 22. 5. 40.
39. Etwas später notiert er: »Die ersten, die aus Holland kommen, berichten, daß keine Katastrophe der Holländer so getroffen habe wie die Flucht ihrer Königin« (TB 890).
40. TB 887.
41. TB 888 f.
42. G. Schmidt, Anmerkungen zum historischen Roman, in: Die neue Literatur, Juni 1940.
43. TB 892.
44. TB 894 f.
45. TB 895 f.
46. TB 896.

46a. Während neben einigen Ausnahmen wie Dietrich Bonhoeffer und Hermann Stöhr die Mehrzahl der deutschen Protestanten diesen Standpunkt teilt, legt die katholische Kirche ein durchaus ähnliches Verhalten an den Tag; siehe hierzu G. F. Zahn, German Catholics in Hitler's Wars, London/New York 1963.

47. Siehe u. a. H. Graml, Die außenpolitischen Vorstellungen des deutschen Widerstandes, in: W. Schmitthenner / H. Buchheim, Der deutsche Widerstand gegen Hitler, 1966, 53 f.; Chr. Müller, Oberst i. G. Stauffenberg, o. J. 195.
48. H. Gollwitzer äußert sich hierzu in einer Mitteilung vom 6. 8. 77: »Klepper war falsch berichtet worden, daß ich mich hätte reklamieren lassen. Das zu versuchen, wäre bei einem ›illegalen‹ (d. h. nicht von der offiziellen Kirche, sondern

vom Bruderrat angestellten) Bekenntnispastor auch ganz aussichtslos gewesen. Kleppers Meinung mag dadurch entstanden sein, daß ich um Pfingsten 1940 einen Gestellungsbefehl bekommen hatte, der dann aber nicht realisiert wurde, weil einige Generale im Hintergrund ihn abblasen ließen, um mich den Dahlemern zu erhalten. Ich wurde dann am 5. 12. 40 (zwei Tage nach Klepper) eingezogen – wiederum auf Veranlassung dieser Generale, die mich, den Ausgewiesenen, vor der Stapo durch die Wehrmachtsuniform schützen wollten.«

48a. Siehe E. Bethge, Dietrich Bonhoeffer, 766 ff.

49. Siehe u. a. H. Graml, aaO. 37.
50. TB 898.
51. TB 909.
52. TB 906 f.
53. TB 898.
54. TB 902 f.
55. TB 904.
56. TB 907.
57. TB 910.
58. TBM 30. 8. 40.
59. Von H. Gollwitzer am 5. 7. 75 mitgeteilt.
60. TB 918.
61. Später als »Trostlied am Totensonntag« aufgenommen in: Kyrie, 63.
62. TB 914.
63. TB 923.
64. TB 929.
65. TBM 25. 9. 40.
66. TB 925.
67. TBM 17. 10. 40.
68. Kyrie, 24 bzw. Ziel der Zeit, 56.
69. Briefe, 222.
70. Briefe, 223.
71. R. Schneider, Verhüllter Tag, 97.
72. TB 941.
73. TB 869.
74. TB 1062 f.
75. TB 942.
76. TB 943.
77. Ebd.
78. TB 945 f.
79. TB 917; Kyrie, 63 bzw. Ziel der Zeit, 86.
80. TB 946.

KAPITEL VI

1. TB 953.
2. Brief an Hanni, 10. 2. 41 (N).
3. Brief an Hanni, 22. 2. 41 (N). Es gibt zu denken, daß Klepper in dieser Situation die sonst übliche Distanz gegenüber der offiziell geförderten Filmproduktion angesichts dieses politisch völlig konformen Films (Buch: Rolf Lauckner, Regie: Wolfgang Liebeneiner) vermissen läßt und so positiv urteilt.
4. Überwindung, 206.
5. Brief an Hanni, 9. 4. 41 (N).
6. Überwindung, 253.
7. Brief an Hanni, 27. 4. 41 (N).
8. Briefe, 148.
9. Gast und Fremdling, 266.
10. Brief an Hanni und Reni, 19. 5. 41 (N).
11. Brief an Hanni, 24. 5. 41 (N).
12. Parteigenosse.
13. Brief an Hanni und Reni, 24. 5. 41 (N).
14. Brief an Hanni, 25. 5. 41 (N).
15. Die Direktiven für die Presseberichterstattung gerade zu diesem Anlaß sind genau belegt in: W. A. Boelcke (Hg.), »Wollt Ihr den totalen Krieg?«, Die geheimen Goebbels-Konferenzen 1939 bis 1943, dtv 578, München 1969, 231 f.
16. Die Aufzeichnungen zu diesem Vortrag s. Überwindung, 231 ff.
17. Brief an Hanni, 11. 6. 41 (N).
18. Brief an Hanni, 15. 6. 41 (N).
19. Brief an Hanni, 17. 6. 41 (N).
20. Überwindung, 131.
21 AaO. 46.
22. AaO. 47.
23. AaO. 56.
24. AaO. 237.
25. AaO. 238.
26. AaO. 259.

26a. TB 877. Vgl. S. 255.

27. Siehe S. 325.
28. Überwindung, 151.
29. Brief von Hanni, 11. 7. 41 (N).
30. Überwindung, 272.
31. AaO. 76.
32. AaO. 89.
33. Brief an Hanni, 20. 7. 41 (N).
34. Ziel der Zeit, 26; Überwindung, 120.
35. Brief an Hanni, 31. 7. 41 (N).
36. R. Schneider, Lenaus geistiges Schicksal,

in: Schwermut und Zuversicht, Heidelberg 1947.
37. Brief an Hanni, 14. 8. 41 (N).
38. Überwindung, 192.
39. Brief an Hanni, 24. 8. 41 (N).
40. Überwindung, 161.
41. AaO. 171; Der Fall Klepper, 123.
42. Überwindung, 173 f.
43. AaO. 193.
44. Brief an Hanni, 16. 9. 41 (N).
45. Überwindung, 204.
46. Siehe S. 305 f.
47. Überwindung, 203.
48. AaO. 209.
49. AaO. 217.
50. AaO. 204.
51. AaO. 206.
52. Siehe Kap. I, Anm. 10.
53. Überwindung, 211.
54. AaO. 217.
55. AaO. 218.
56. AaO. 222.
57. Ebd.
58. TB 960.

KAPITEL VII

1. TB 962.
2. TB 964.
3. TB 965.
4. TB 968.
5. TB 969.
6. TBM 17. 10. 41.
7. TB 971.
8. TB 972.
9. Siehe Briefe, 227 f.
10. AaO. 229.
11. TB 967.
12. TB 878.
13. TBM 17. 11. 41.
14. TB 983.
15. TB 982.
16. TB 985.
17. TB 986.
18. TB 987; Klepper bezieht sich hier auf den Artikel »Die Juden sind schuld!« im »Reich« vom 16. 11. 41, in dem Goebbels jede Regung des Mitleids gegenüber den Juden verbietet. Klepper erinnert sich besonders an diese Stelle: »Die Juden sehen sich nun allmählich ganz auf sich selbst gestellt und versuchen jetzt, einen neuen Trick anzuwenden. Sie kennen doch den gutmütigen deutschen Michel in uns, der immer gerne bereit ist, für eine sentimentale Träne alles ihm angetane Unrecht zu vergessen: plötzlich hat man den Eindruck, als ob es unter den Berliner Juden nur noch putzige kleine Babies, die durch ihre kindliche Hilflosigkeit rühren sollen, oder gebrechliche alte Frauen gibt. Die Juden schicken ihre Mitleidsgarde vor. Sie mögen damit einige harmlose Gemüter in momentane Verwirrung bringen, uns nicht. Wir wissen ganz genau, woran wir mit ihnen sind . . . Jeder deutsche Soldat, der in diesem Kriege fällt, geht auf das Schuldkonto der Juden. Sie haben ihn auf dem Gewissen, und sie müssen deshalb auch dafür bezahlen« (H. D. Müller, Facsimile Querschnitt durch ›Das Reich‹, München 1964, 100 f.).
19. TB 988.
20. TBM 23. 11. 41.
21. TB 993.
22. TB 998.
23. TB 992.
24. TB 1004. Tatsächlich sind außer v. Brauchitsch die Heerführer v. Bock, v. Rundstedt und Guderian abgelöst worden. Der Generalstabschef Halder erhält Ende September 1942 seinen Abschied. Erst am 20. 8. 43 gibt Frick das Reichsinnenministerium an Himmler ab.
25. Ebd.
26. TB 1014.
27. TB 1019.
28. TB 1021.
29. TB 1024.
30. TB 1029 f.
31. TB 1027.
32. TB 1031 f.
33. TBM 2. 2. 42.
34. TBM 1033 f.

34a. In Gerhart Hauptmanns Schauspiel »Schluck und Jau«.

35. TBM 12. 2. 42.
36. TB 1036.
37. Ebd.
38. TBM 20. 2. 42.
39. TB 1044 f.
40. TB 1042.

41. TB 1051 f.
42. TB 1052.
43. TB 1053.
44. TB 1059.
45. TB 1061.
46. Ebd.
47. TBM 23. 4. 42.
48. TB 1069 f. Hervorhebung von J. K.
49. TB 1070. Mit Karl ist Brigittes Ehemann gemeint.
50. TB 1083.
51. TB 1087.
52. TB 1085.
53. TB 1089.
54. TBM 13. 9. 42.
55. TB 1096.
56. TB 1110.
57. TBM 10./11. 11. 42.
58. TB 1120 f.
59. TB 1124.
60. Wie Eva-Juliane Meschke berichtet, enthielt das Londoner Telegramm noch keinen Namen für das Kind. »Um der Freude einen besonderen Akzent zu geben, nahm ich mir die Freiheit vorzugreifen . . . und telegrafierte ›Katharina und Brigitte wohl‹« (Gast und Fremdling, 318).
61. TB 1127.
62. TB 1130.
63. TB 1132.
64. Ebd.
65. Dietrich Bonhoeffer, der mit Klepper nicht in persönlicher Beziehung stand, berichtete schon am nächsten Tag Oskar Hammelsbeck von diesem Ende; vgl. W.-D. Zimmermann, Begegnungen mit Dietrich Bonhoeffer, München 1964, 172.
66. TB 163.

Namenregister

Bildernachweis

Atlantis-Verlag, Zürich 80; Frau Marie-Luise Borchardt, Bergen/Obb. 155 rechts oben; Brunnen Verlag, Gießen 35 unten; Deutsche Verlags-Anstalt, Stuttgart 90, 314; Verlag Gräfe & Unzer, München 36 oben; Frau Brigitte Hacker, Bremen 35 Mitte; Frau Annie Ihlenfeld, Berlin 38 links; Chr. Kaiser Verlag, München 43, 155 links und rechts unten, 339 oben; Keystone Pressedienst, Hamburg 212; Frau Hildegard Klepper, Berlin 13, 16, 19, 20, 21, 22, 35 oben, 37 oben, 38 rechts, 69, 74, 77 oben, 79 oben, 91, 155 links oben, 156, 213 unten, 225, 231, 232, 233, 234, 293 oben und Mitte, 294, 339 unten, 340, 375, 376, 379; Frau Dorothee Poelchau, Berlin 36 unten; Scherz-Verlag, Bern 157 unten; Süddeutscher Verlag, München 374; Ullstein Bilderdienst, Berlin 77 unten, 78, 79 unten, 157 oben, 293 unten; Verlag Vandenhoeck & Ruprecht, Göttingen 37 unten; The Wiener Library, London 213 oben.